WISSENSCHAFTLICHE BEITRÄGE
AUS DEM TECTUM VERLAG

Reihe Sozialwissenschaften

WISSENSCHAFTLICHE BEITRÄGE
AUS DEM TECTUM VERLAG

Reihe Sozialwissenschaften

Band 49

Karim P. Fathi

Integrierte Konfliktbearbeitung im Dialog

Der Integrale Ansatz als Bindeglied unterschiedlicher Methoden

Tectum Verlag

Karim P. Fathi

Integrierte Konfliktbearbeitung im Dialog.
Der Integrale Ansatz als Bindeglied
unterschiedlicher Methoden
Wissenschaftliche Beiträge aus dem Tectum Verlag:
Reihe: Sozialwissenschaften; Bd. 49

Zugl. Univ. Diss. 2011, Europa Universität Frankfurt (Oder)
ISBN: 978-3-8288-2801-8
ISSN: 1861-8049
Umschlagabbildung: © 77studio - istockphoto.com

Druck und Bindung: CPI buchbücher.de, Birkach
Printed in Germany

Besuchen Sie uns im Internet
www.tectum-verlag.de

MIX
Papier aus verantwortungsvollen Quellen
FSC® C003147

Bibliografische Informationen der Deutschen Nationalbibliothek
Die Deutsche Nationalbibliothek verzeichnet diese Publikation in der Deutschen Nationalbibliografie; detaillierte bibliografische Angaben sind im Internet über http://dnb.ddb.de abrufbar.

Für meine Familie

VORWORT

Diese Arbeit ist in einem Prozess entstanden, der für Dissertationen untypisch ist.

Sie entstand aus einem „Hobby" heraus, gespeist von einem Anliegen, das sich während meines Masterstudiums der Friedens- und Konfliktforschung an der Philipps-Universität Marburg immer stärker herauskristallisierte. Zunehmend enttäuscht von der Eindimensionalität dieses (ansonsten faszinierenden) Studiengangs und der Unaufgeschlossenheit und Unkenntnis des Lehrkörpers in Bezug auf integrierende, verknüpfende, „das Neue denkende" Perspektiven, begann ich parallel zu meinem Studium immer intensiver der Frage „Was gehört zu einer integrierten Konfliktbearbeitung?" nachzugehen. Bereits im zweiten Studiensemester (SoSe 2006) fasste ich den Entschluss, den Integralen Ansatz von Ken Wilber, mit dem ich mich seit Anfang 2005 intensiv befasse, auf seine Beitragsfähigkeit für die Friedens- und Konfliktforschung hin zu erforschen. Im Zuge meiner Tätigkeit entstand eine Stoffsammlung, aus der ich im Jahre 2007 meine Masterarbeit destillierte. Während meiner Recherchen lernte ich Gudrun Kramer und Dr. Wilfried Graf kennen – zwei langjährig tätige Konfliktarbeiter und darüber hinaus auch profunde Kenner des Werks von Ken Wilber und anderer integraler Denker. Sie stellten mir wertvolles empirisches Material zur Verfügung, mit dem ich meine Masterarbeit unterfütterte. Mein Vorstoß erntete aber überwiegend skeptische Reaktionen und ich merkte deutlich, dass sich an diesem wenig erschlossenen Thema der „integrierten Konfliktbearbeitung" die Geister schieden. Obwohl sich das Forschungsfeld der Friedens- und Konfliktforschung durch eine kaum übertroffene methodische und theoretische Vielfalt, Uneinheitlichkeit und sogar Unübersichtlichkeit auszeichnet, wurde mein Forschungsvorhaben oft als „esoterisch", „viel zu ambitioniert" und „unwissenschaftlich" bewertet.

Mich konnten die Einwände der Skeptiker nicht überzeugen und ich nahm sie sogar als Ansporn, meine Forschung zu vertiefen. Direkt nach meinem Studium absolvierte ich bei Gudrun Kramer und Dr. Wilfried Graf eine einjährige Ausbildung zum Konfliktberater. Hierbei war ich auch als Protokollant des Lehrgangs tätig, was meine Forschung, insbesondere um Einsichten aus der konkreten Praxis, enorm bereicherte. Ermutigt von den beiden Trainern fasste ich zu dieser Zeit den Entschluss, den großen Wurf zu landen: Warum sollte ich nicht meine, inzwischen sehr umfangreiche Materialsammlung ernsthaft in den wissenschaftlichen Diskurs einbringen?

So entschloss ich mich aus meinem leidenschaftlich verfolgten Hobby ein „seriöses" Promotionsprojekt zu machen.

Mitte 2009 hatte ich aus meinem inzwischen sehr umfangreichen Forschungsmaterial einen ersten Entwurf für meine Doktorarbeit fertig gestellt, doch sollte es noch über ein halbes Jahr dauern, bis ich im gesamten deutschsprachigen Raum eine Person fand, die nicht nur mit dem Thema vertraut war, sondern auch die Möglichkeit hatte, mein im Grunde abgeschlossenes Forschungsprojekt zu begutachten. So kam ich während meiner Suche nach einem Doktorvater bzw. Gutachter auf über 50 (!) Absagen. Die meisten in Frage kommenden Personen, die ich kontaktierte, standen dem Thema durchaus aufgeschlossen gegenüber, gaben mir aber auch zu verstehen, dass mein Manuskript viel zu transdisziplinär ausgerichtet und daher ein „viel zu heißes Eisen" sei, um es in ihrem jeweiligen Fachbereich für eine Doktorprüfung durchzubekommen. Als ich – zunehmend frustriert von den bürokratischen Sachzwängen, insbesondere in der Universitätslandschaft Deutschlands – nahe dran war, die Hoffnung aufzugeben, ergab sich für mich schließlich doch eine glückliche Fügung: Mit Prof. Dr. Hartmut Schröder und Prof. Dr. Stefan Breidenbach von der Europa Universität Viadrina Frankfurt (Oder) fanden sich zwei äußerst erfahrene Kenner meines Themenbereichs, die sowohl das Interesse als auch die Möglichkeit hatten, mein Forschungsvorhaben als Promotionsprojekt zu begutachten. Mein Manuskript wurde Anfang 2010 auf Anhieb für ein Antragsverfahren zur Doktorprüfung zugelassen.

Ein Jahr später bin ich nun froh, mein Werk im akademischen Diskurs einbringen zu können und Ihnen, liebe Leserin, lieber Leser, in diesem Rahmen vorstellen zu dürfen. Meine Arbeit wurde ursprünglich von einem rein (meta-)theoretischen Interesse angetrieben; letztlich ist aber daraus ein Werk entstanden, das sowohl an den aufgeschlossenen (Meta-)Theoretiker *als auch* an den (Meta-)Praktiker adressiert ist. Über das Kernthema hinausgehend, gibt Ihnen meine Arbeit vielfältige Ausblicke über weiterführende Debatten im Kontext eines noch im Entstehen begriffenen „Holismusdiskurses", an dem wir, wollen wir uns und die Welt besser verstehen und zu ihrer Entwicklung beitragen, kaum vorbeikommen werden.

Ich möchte an dieser Stelle all jenen danken, die den Entstehungs- und Umsetzungsprozess dieses Promotionsprojekts direkt oder/und indirekt unterstützt haben. Explizit danke ich:

- *Prof. Dr. Hartmut Schröder* und *Prof. Dr. Stefan Breidenbach*: persönlich sind wir uns erst sehr spät begegnet – nämlich erst (!) zur Disputation. Ich danke Ihnen für Ihre Aufgeschlossenheit und Wertschätzung, mit der Sie sich meines Themas angenommen haben. Dank Ihnen konnte ich meine hindernisreiche Reise endlich zum Abschluss bringen!

- *Dr. Denise Gelleszun-Koschke*: obwohl wir uns nie persönlich begegnet sind, standen Sie mir stets für alle Fragen (und ich hatte viele!) rund um die Doktorprüfung immer wieder hilfreich zur Seite - vielen Dank!
- *Adrian Schweizer* und *Michael Wurst*: ich danke Euch sehr für die Einblicke, die Ihr mir in Eure profunden Erfahrungen aus Eurer integralen Mediationspraxis gegeben habt!
- Den Mitgliedern des *IFIS-Instituts*: ich danke Euch für die Vorbereitung auf die Doktorprüfung im Rahmen der Februarklausur 2011!
- *Dr. Markus Molz*: vielen Dank für den intensiven Austausch rund um die Feinheiten der Metatheoriebildung - Dein Fachwissen inspiriert mich immer wieder sehr!
- *Susanne Bellin*: obwohl wir uns nie persönlich begegnet sind, hast Du neben Deiner Arbeit in der internationalen Konfliktbearbeitung unglaubliche Mühen und Zeit auf Dich genommen, einen Großteil meiner Dissertation korrekturzulesen und mir kritisches Feedback zu geben - vielen Dank!
- *Gudrun Kramer* und *Dr. Wilfried Graf*: ohne Euch wäre diese Arbeit nicht mit dem Prädikat „summa cum laude" ausgezeichnet worden - dieses Ergebnis verdankt sich vor allem Eurem Angebot, mich großzügig an Eurem umfangreichen Erfahrungsschatz teilhaben zu lassen! Herzlichsten Dank!
- Selbstverständlich danke ich auch meinen Liebsten - *Olga* und *Ophelia* - für Euer Verständnis und Eure Geduld - hatten wir doch in meinen besonders intensiven Arbeitsphasen viel zu wenig Zeit füreinander!

Noch ein letzter Hinweis:

Liebe Leserin, lieber Leser, Ihnen wird wahrscheinlich schon aufgefallen sein, dass ich weitgehend auf Gendering verzichtet habe. Im Rahmen dieses Buches versteht sich daher die Verwendung von Begriffen wie „Akteur", „Therapeut", „Konfliktarbeiter", „Berater" etc., sofern nicht anders angegeben, völlig geschlechtsneutral. Der Grund ist rein pragmatischer Natur. Ich bitte vor allem die Leserinnen dieses Buches um Verständnis.

Karim P. Fathi, Juni 2011
Berlin

INHALTSVERZEICHNIS

ABBILDUNGSVERZEICHNIS XXI

TABELLENVERZEICHNIS XXV

BOXVERZEICHNIS XXVII

ANHANGVERZEICHNIS XXVII

SEKTION I: EINFÜHRUNG UND VORSTELLUNG DER ANSÄTZE

I. EINLEITUNG 3

1.1. Problembereich der Untersuchung 3

1.2. Stand der Forschung 6

1.2.1. Entwicklungsphasen der Friedens- und Konfliktforschung 6

1.2.2. Holismus in der Friedens- und Konfliktforschung 7

1.2.2.1. Vereinfachung („Unterordnung“) 9

1.2.2.2. Eklektizismus („Unordnung“) 10

1.2.2.3. Kategorisierung („Einordnung“) 12

1.2.2.4. Schlussfolgerung 16

1.3. Grundannahmen, Fragestellungen, Zielsetzung 17

1.3.1. Grundannahmen 17

1.3.1.1. Theoretisch-philosophisch 17

1.3.1.2. Normativ 19

1.3.2. Fragestellungen und Zielsetzungen 20

1.4. Methodische Herangehensweise 20

1.4.1. Analysestrategien 20

1.4.2. Forschungsdesign 22

1.4.2.1. Epistemologische Integration 22

1.4.2.2. Heuristische Integration 22

1.4.2.3. Praxeologische Integration 23

1.5. **Aufbau der Arbeit** ... 24

II. **THEORETISCHER RAHMEN, METHODIK UND SCHLÜSSELBEGRIFFE** ... 25

2.1. **Theoretischer Rahmen** ... 25

2.2. **Klärung von Schlüsselbegriffen** ... 26

III. **KURZDARSTELLUNG UNTERSCHIEDLICHER VERFAHREN KONSTRUKTIVER KONFLIKTBEARBEITUNG** ... 31

3.1. **Konfliktmanagement nach Friedrich Glasl** ... 31

3.1.1. Generelle Komponenten und Wirkungsrichtungen der Interventionen ... 31

3.1.2. Indikatoren für eine flexible Strategie- und Rollenwahl ... 34

3.1.2.1. Aktueller Eskalationsgrad ... 34

3.1.2.2. Konflikttypus ... 37

3.1.2.3. Kulturelle, gesetzliche und wirtschaftliche Rahmenbedingungen ... 41

3.1.2.4. Rahmenvorgaben ... 41

3.2. **Transcend nach Johan Galtung** ... 41

3.2.1. Philosophie ... 41

3.2.1.1. Frieden mit friedlichen Mitteln ... 41

3.2.1.2. Epistemologie ... 42

3.2.1.3. Anthropologie der Grundbedürfnisse ... 44

3.2.2. Theoretische Grundlagen: Konflikt, Gewalt, Frieden 45

3.2.3. Praxeologie ... 48

3.2.3.1. Konfliktintervention im Konfliktlebenszyklus ... 48

3.2.3.2. Konfliktbewältigung durch Konflikttransformation ... 50

3.2.3.3. Die Dialogmethode ... 51

3.2.4. Nicht berücksichtigte theoretische Aspekte aus Galtungs Gesamtwerk ... 53

3.3. Gewaltfreie Kommunikation nach Marshall Rosenberg ... 60
3.3.1. Komponenten der lebensentfremdenden Kommunikation ... 61
3.3.2. Vier Komponenten der Gewaltfreien Kommunikation ... 62
3.4. Konfliktbewältigung im Buddhismus ... 65
3.4.1. Frieden und Leid in der spirituell-kontemplativen Konfliktbearbeitung ... 65
3.4.2. Grundzüge der buddhistischen Logik ... 66
3.4.3. Die vier edlen Wahrheiten im Buddhismus ... 67
3.4.4. Bearbeitung von Gier, Hass und Täuschung ... 70
3.5. Psycho-Soziodrama nach Moreno ... 72
3.5.1. Soziometrie ... 74
3.5.2. Methode des Psycho-Soziodramas ... 74
3.6. Systemische Strukturaufstellungen nach Matthias Varga von Kibéd und Insa Sparrer ... 77
3.6.1. Ablauf, Besonderheiten und Ursprünge der Strukturaufstellungen ... 77
3.6.2. Transverbale Grammatik ... 80
3.6.3. Symbolkategorien in der Tetralemmaarbeit ... 81
3.7. Prozessorientierte Konfliktarbeit nach Arnold Mindell ... 83
3.7.1. Einige Kernelemente ... 83
3.7.2. Arbeit mit Gruppenprozessen ... 87
3.8. Kurze Gegenüberstellung der vorgestellten Methoden ... 90

IV. DARSTELLUNG DES INTEGRALEN ANSATZES NACH KEN WILBER ... 95

4.1. Methodologie ... 95
4.2. Quadranten ... 99
4.2.1. Vier Geltungskriterien ... 100
4.2.2. Acht Horizonte ... 102
4.3. Ebenen ... 105
4.3.1. Die Große Kette/Nest des Seins ... 105
4.3.2. Das Spektrum des Bewusstseins ... 108

4.4. Entwicklungslinien, Typen und Zustände ... 115
4.4.1. Entwicklungslinien ... 116
4.4.2. Typen ... 117
4.4.3. Zustände ... 117
4.4.4. Das Verhältnis zwischen Zuständen, Ebenen und Quadranten ... 118
4.5. Werden und Evolution im Integralen Ansatz ... 120
4.5.1. Karma und Kreativität ... 120
4.5.2. Tetra-Evolution ... 122
4.6. Ableitung einer integralen Konflikttheorie ... 125
4.7. Allgemeine Kritik und Bewertung ... 130
4.7.1. Allgemeine Kritik ... 130
4.7.2. Bewertung ... 131

SEKTION II: THEORIE: EPISTEMOLOGISCHE INTEGRATION

V. GEGENÜBERSTELLUNG UND EPISTEMOLOGISCHE INTEGRATION DER VORGESTELLTEN METHODEN ... 137

5.1. Epistemologische Integration der vorgestellten Methoden aus COMPAIR ... 137
5.1.1. Konfliktmanagement nach Glasl ... 138
5.1.2. Transcend nach Galtung ... 140
5.1.3. Gewaltfreie Kommunikation nach Rosenberg ... 147
5.1.4. Konfliktlösung im Buddhismus ... 149
5.1.5. Psycho-Soziodrama nach Moreno ... 153
5.1.6. Systemische Strukturaufstellungen nach Varga von Kibéd und Sparrer ... 155
5.1.7. Prozessorientierte Konfliktarbeit nach Mindell ... 157
5.1.8. Epistemologische Überschneidungen und Ergänzungen der Methoden ... 161
5.1.8.1. Quadranten ... 161
5.1.8.2. Ebenen ... 163
5.1.8.3. Zustände ... 174

5.1.8.4. Linien 174
5.1.8.5. Typen 175

5.2. Fazit und Schlussfolgerungen 177

5.2.1. Fazit 177
5.2.2. Kritische und weiterführende Schlussfolgerungen .. 177

SEKTION III: METHODOLOGIE: HEURISTISCHE INTEGRATION DIALOGISCHER KONFLIKTBEARBEITUNG

VI. VORSCHLÄGE ZUR HEURISTISCHEN INTEGRATION DER VORGESTELLTEN METHODEN 185

6.1. Umfassende Integration unterschiedlicher Herangehensweisen der Konfliktintervention in zwei AQAL-Modelle 186

6.1.1. Integrale Bearbeitung von Intra- und Inter-Konflikten mit einem entwicklungsorientierten Gerüst 186
6.1.1.1. Bearbeitung von Intra-Personen-Konflikten im Rahmen einer Integralen Psychotherapie 187
6.1.1.2. Entwicklungsorientierte Bearbeitung von Inter-Konflikten 195
6.1.2. Integrierte Bearbeitung von Inter-Konflikten mit einem eskalationsorientierten Gerüst 207
6.1.3. Skizze eines Grundgerüsts und weiterführende Schlüsse 213
6.1.3.1. Zusammenfassung beider Ebenenmodelle .. 214
6.1.3.2. Weiterführende Schlüsse zu den horizontalen AQAL-Kategorien 219

6.2. Breitenwirksame Integration dialogischer Methoden 222

6.2.1. Allgemeines Grundmuster des Konfliktdialogs in Form von drei Phasen 222
6.2.2. Einordnung unterschiedlicher Dialogdesigns in das Drei-Phasen-Modell 229

6.3. Fazit 231

SEKTION IV: INTERVENTION: PRAXEOLOGISCHE INTEGRATION DIALOGISCHER KONFLIKTBEARBEITUNG

VII. SKIZZE EINES INTEGRIERTEN PRAXISMODELLS DIALOGISCHER INTERVENTION 235

7.1. Skizze eines integrierten Modells dialogischer Interaktion 236

7.1.1. Skizze einer integrierten Modells von Holons-in-Beziehung 236

7.1.2. Das Nachrichtenquadrat nach Schulz von Thun 239

7.2. Dialogische Konfliktbearbeitung im intra- und interpersonellen Bereich am Beispiel von zwei Methoden 241

7.2.1. Interpersoneller Dialogbereich am Beispiel des integrativen Konfliktdialogs nach Kramer/Graf 242

7.2.1.1. Grundlagen des interpersonellen Dialogs aus einer integrativen Perspektive 242

7.2.1.2. Praxeologie und Anwendungsbereiche der integrativen Dialogmethode nach Graf/Kramer 246

7.2.1.2.1. Die integrative Dialogmethode in vier Phasen 246

7.2.1.2.2. Unterschiedliche Anwendungsbereiche des integrativen Konfliktdialogs 254

7.2.1.2.3. Praktische Einschränkungen des integrativen Konfliktdialogs 255

7.2.1.3. Epistemologische und heuristische Diskussion der integrativen Dialogmethode nach Kramer/Graf 256

7.2.1.3.1. Epistemologische Verortung des integrativen Konfliktdialogs 256

7.2.1.3.2. Diskussion des integrativen Konfliktdialogs im heuristischen Metakontext 257

7.2.2. Innerer Dialog: Die spirituelle Konfliktbearbeitung am Beispiel von The Work 263
7.2.2.1. Einblick in die Grundzüge des inneren Dialogs 263
7.2.2.2. Wesentliche Aspekte der spirituellen Psychologie am Beispiel von The Work 266
7.2.2.2.1. Profunde Konfliktdimension des Egos 267
7.2.2.2.2. Veranschaulichung der spirituellen Konfliktbearbeitung am Beispiel von The Work 270
7.2.2.2.3. Das wahre Selbst 275
7.2.2.2.4. Schlussfolgerung: Spirituelle Konfliktbearbeitung als ein Balanceakt zwischen Sein und Tun 276
7.2.2.2.5. Kritik: Praktische Implikationen spiritueller Methoden 277
7.2.2.3. Epistemologische und heuristische Diskussion der spirituellen Konfliktbearbeitung am Beispiel von The Work 278
7.2.2.3.1. Epistemologische Verortung von The Work 278
7.2.2.3.2. Diskussion der spirituellen Konfliktbearbeitung im heuristischen Metakontext 281
7.2.3. Der integrative Konfliktdialog und The Work in einem praxeologischen Methoden-Mix 290
7.2.3.1. Wesentliche Kernpunkte einer epistemologischen und heuristischen Integration beider Methoden 290
7.2.3.2. Praxeologische Einschätzung des Methoden-Mix 292
7.3. Skizze eines allgemeinen praxeologischen Metagerüsts 300
7.3.1. Phase 0: Einstieg und Vorgespräche 301
7.3.2. Phase I: Erfassung des Ist-Zustands eines Konflikts 307
7.3.2.1. Objektiver Bereich: Verhaltensdimension 308

7.3.2.2. Subjektiver Bereich: die psychologische Dimension 309
7.3.2.3. Interobjektiver Bereich: die systemische und strukturelle Dimension 312
7.3.2.4. Intersubjektiver Bereich: die kulturelle Dimension 313
7.3.3. Phase II: Verständnis unbewusster Dimensionen, Re-Framing 314
7.3.3.1. Subjektiver Bereich: Aufbauarbeit und Aufdeckungsarbeit 314
7.3.3.2. Intersubjektiver Bereich: Aufdeckungs- und Aufbauarbeit 323
7.3.3.3. Interobjektiver Bereich: Tiefenstruktur und Musterunterbrechung 324
7.3.3.4. Objektiver Bereich: Tiefenverhalten 325
7.3.4. Dialog-Phase III: Entwicklung und Umsetzung von Lösungsmöglichkeiten 326
7.3.4.1. Subjektiver Bereich: Presencing 326
7.3.4.2. Interobjektiver Bereich: Systemische Innovationen, Überwindung des Konfliktwiderspruchs 328
7.3.4.3. Objektiver Bereich: vergleichendes Wissen und neues Verhalten 330
7.3.4.4. Intersubjektiver Bereich: Friedenskultur und Versöhnung 330
7.3.5. Evaluation 332

7.4. Kritische Anmerkungen und Rückkopplungen 333

SEKTION V: SCHLUSSBETRACHTUNGEN

VIII. FAZIT UND SCHLUSSFOLGERUNGEN 341

8.1. Fazit 341

8.2. Schlussfolgerungen 343

8.2.1. Ansprüche an eine integrierte Konfliktbearbeitung. 343
8.2.2. Komplexität auf der Metaebene 344
8.2.3. Zukünftige Herausforderungen 345

QUELLENANGABEN.. 347

ANHÄNGE 365

ABBILDUNGSVERZEICHNIS

Abbildung 1: Indikatoren für Strategie- und Rollenwahl (Glasl 2004b) ... 34

Abbildung 2: Die Hauptfaktoren der neun Eskalationsstufen (Glasl 2004a: 236f.) ... 35

Abbildung 3: Spektrum von Interventionsansätzen nach Eskalationsgrad (Glasl 2004a: 397) ... 37

Abbildung 4: Vom Konflikt zur Gewalt (Graf/Kramer 2008a) ... 45

Abbildung 5: Raster - Konflikttransformation (vertikal) und Zeitachse der Gewalt (horizontal) (Galtung 2000: 13f.) ... 48

Abbildung 6: Möglichkeiten zur Konfliktbewältigung (Galtung 2000: 21) ... 50

Abbildung 7a: Acht Hauptparadigmen unterteilt nach Methodologien (Wilber 2003b: D, I) ... 102

Abbildung 7b: Acht Hauptparadigmen unterteilt nach Zonen (Wilber 2003b: D, I) ... 103

Abbildung 8: Das Große Nest des Seins (Wilber 2001a: 83) ... 107

Abbildung 9: Geist-Materie als innen und außen (Wilber 2001a: 86) ... 108

Abbildung 10: Weltbilder und Selbstbilder in einem Ebenenmodell (Wilber 2001a: 34) ... 115

Abbildung 11: Fünf individuelle Entwicklungslinien und zehn Ebenen (Wilber 2003b: D, IV-1) ... 117

Abbildung 12: Das Wilber-Combs-Raster (Wilber 2008a: 130) ... 120

Abbildung 13: Eine AQAL-Kartografie der Tetra-Evolution (Wilber 2001a: 84) ... 123

Abbildung 14: Epistemologische Bezugspunkte von Glasls Methode im AQAL-Modell (vgl. Fathi 2008: 49) .. 140

Abbildung 15: Epistemologische Bezugspunkte des Transcend-Ansatzes im Quadrantenmodell (Fathi 2008: 52) .. 147

Abbildung 16: Epistemologische Bezugspunkte der GFK im Quadrantenmodell (Fathi 2008: 53) ... 148

Abbildung 17: Die Große Verschachtelung in verschiedenen Traditionen (Wilber 2001a: 82) ... 150
Abbildung 18: Epistemologische Bezugspunkte der buddhistischen Konfliktlösung (Eigenanfertigung) ... 153
Abbildung 19: Epistemologische Bezugspunkte des Psycho-Soziodramas (Eigenanfertigung) ... 154
Abbildung 20: Epistemologische Bezugspunkte der SySt im Quadrantenmodell (Eigenanfertigung) ... 157
Abbildung 21: Epistemologische Bezugspunkte der Prozessorientierten Konfliktarbeit in ein AQAL-Modell (Eigenanfertigung) ... 161
Abbildung 22: Epistemologische Integration aller Ansätze im AQAL-Modell (Eigenanfertigung) ... 176
Abbildung 23: Konfliktlösungsformen und Meme im Zusammenhang (Wurst 2009: 7) ... 195
Abbildung 24: Integration aller Methoden in ein entwicklungsorientiertes Gerüst (Eigenanfertigung) Quelle: Eigenanfertigung ... 200
Abbildung 25: Aufmerksamkeitsstrukturen im U-Prozess (Scharmer 2007: 245) ... 202
Abbildung 26: U-Prozess und Anti-U-Prozess auf einen Blick (Scharmer 2007: 266) ... 204
Abbildung 27: Integration von Interventionsmethoden in ein vertikales Eskalationsschema (Fathi 2008: 61) ... 209
Abbildung 28: Integration horizontaler und vertikaler Integrationsaspekte in einem Eskalationsgerüst (Fathi 2008: 63) ... 211
Abbildung 29: Gegenüberstellung des eskalationsorientierten und des entwicklungsorientierten Interventionsspektrums (Eigenanfertigung) ... 217
Abbildung 30: Phase I-III im integrativen Dialogverfahren (Eigenanfertigung nach den Vorgaben von Graf/Kramer 2008a-e) ... 251
Abbildung 31: Epistemologische Bezugspunkte von The Work (Eigenanfertigung) ... 281

Abbildung 32: Systemische Darstellung eines Vater-Sohn-Konflikts (Schulz von Thun 2009b: 36) 313
Abbildung 33: Tiefensystemische Darstellung eines Vater-Sohn-Konflikts (Schulz von Thun 2009b: 37) 325
Abbildung 34: Die 24 Prinzipien und Praktiken des U-Prozesses auf einem Blick (Scharmer 2007: 441) 329

TABELLENVERZEICHNIS

Tabelle 1:	Beispiele für die Überschneidung von Interventionsansätzen (Glasl 2004a: 381)	33
Tabelle 2:	Die generellen Symptome heißer und kalter Konflikte (Glasl 2003b: 285f. [eigene Hervorhebung])	38
Tabelle 3:	Unterschiede bei der Behandlung von heißen und kalten Konflikten (vgl. Glasl 2003b: 299 [eigene Hervorhebung])	39
Tabelle 4:	Vier Interventionsrichtungen (vgl. Glasl 2004a: 316)	40
Tabelle 5:	Die Prozessierung unterschiedlicher Erfahrungsebenen (Mindell 2006)	86
Tabelle 6:	Vier Quadranten (vgl. Wilber 1997: 103, 145)	101
Tabelle 7:	Die karmische Vererbung in den vier Quadranten (vgl. Wilber 2003b: A, 1)	121
Tabelle 8:	Einordnung psychotherapeutischer Verfahren im Quadrantenmodell (vgl. Weinreich 2005: 147, 155 und 157)	192
Tabelle 9:	Entwicklungsorientierte horizontale Beiträge der COMPAIR-Methoden (Eigenanfertigung)	206
Tabelle 10:	Gegenüberstellung der Vorgehensweisen von fünf Dialogmethoden (vgl. Fathi 2008: 67)	225
Tabelle 11:	Einordnung unterschiedlicher Dialogdesigns (Eigenanfertigung)	230
Tabelle 12:	Gittermodell des integralen Konfliktdialogs auf der Basis des Ansatzes von Graf/Kramer (Eigenanfertigung)	263

BOXVERZEICHNIS

Box 1:	Kombination von The Work und integrativem Konfliktdialog in einem Beispielkonflikt (persönliche Aufzeichnungen bei Graf/Kramer 2008d)	299
Box 2:	Die Kumi-Methode – Praxisbeispiel für eine Synthese dialogischer Methoden auf der Basis des Drei-Phasen-Modells	301
Box 3:	Praxisbeispiel eines Vorgesprächs (Wurst 2009: 37-40)	307
Box 4:	Praxisbeispiel für eine diskursanalytische Identifizierung unterschiedlicher Konfliktkompetenzen in der Konfliktpartei (Wurst 2009: 59f.)	311
Box 5:	Aufbauarbeit mit den vier Wahrnehmungspositionen aus dem NLP (Wurst 2009: 59f.)	316
Box 6:	Praxisbeispiel für eine diskursanalytische Identifizierung unterschiedlicher Leitmotive in der Konfliktpartei (Wurst 2009: 64)	317
Box 7:	Ein Beispiel aus der Schattenarbeit von Wilber (Wilber 2006b)	320
Box 8:	Integration von Schatten- und Transzendenzarbeit (Roshi 2007, Wilber 2007c)	322
Box 9:	Fallbeispiel einer einfachen, nicht-integrativen Konfliktlösung (persönliche Korrespondenz)	336

ANHANGVERZEICHNIS

Anhang A:	Kurzbeschreibung einiger Dialogdesigns	365
Anhang B:	Meta-Modell des Fragens	369

ABKÜRZUNGSVERZEICHNIS

Abb.	Abbildung
Abs.	Absatz
AQAL	All Quadrants All Lines
BCR	Berghof Conflict Research
BPS	Berghof Peace Support
bzw.	beziehungsweise
ca.	circa
CDA	Collaborative for Development Action
CVA	Capabilities and Vulnerabilities Analysis
ders.	derselbe
DFID	Department for International Development
dies.	dieselben
ebd.	ebenda
etc.	et cetera
GFK	Gewaltfreie Kommunikation
griech.	griechisch
GRIT	Gradual Reduction in International Tension
GTZ	Deutsche Gesellschaft für Technische Zusammenarbeit
HDR	Human Development Report
IA	Integraler Ansatz
ICR	Interactive Conflict Resolution
i.d.R.	in der Regel
i.d.S.	in diesem Sinne
IICP	Institute for Integrative Conflict Transformation and Peacebuilding
ITP	Integrale transformative Praxis
i.S.	im Sinne
KR	Konsensus-Realität
lat.	lateinisch
LPI	Life & Peace Institute
m.E.	meines Erachtens

NEA	Networks of effective action
NGO	Non Governmental Organization
NKR	Nicht-Konsensus-Realität
NLP	Neurolinguistisches Programmieren
OECD	Organization for Economic Cooperation and Development
o.g.	oben genannt(e/er/en/em)
OL	oben links (Quadrant)
OR	oben rechts (Quadrant)
OSZE	Organisation für Sicherheit und Zusammenarbeit in Europa
RPP	Reflecting on Peace Practice
SCT	Systemic Conflict Transformation
SD	Spiral Dynamics
sog.	so genannte(r/n)
s.u.	siehe unten
SySt	Systemische Strukturaufstellungen
Tab.	Tabelle
u.a.	unter anderem
UL	unten links (Quadrant)
UNO	United Nations Organization
UR	unten rechts (Quadrant)
USA	United States of America
u.U.	unter Umständen
v.a.	vor allem
Verf.	Verfasser
vgl.	vergleiche
vs.	versus
ZfK	Zentrum für Konfliktforschung
ZKB	Zivile Konfliktbearbeitung
z.T.	zum Teil
z.Z.	zur Zeit

SEKTION I:
EINFÜHRUNG UND VORSTELLUNG DER ANSÄTZE

I. EINLEITUNG

Am 06.12.1992, kurz vor der innerindischen Hindu-Moslem-Konfrontation, trafen vier Experten in Ladnun (Rajasthan) zu einem Dialog zusammen, in dem es um die Konfliktlösung gehen sollte: Ein Hindu, ein tibetanischer Buddhist (der Dalai Lama), ein Jain (Acharya Tulsi) und ein westlicher Friedensarbeiter (Johan Galtung): Die hinduistische Ansicht schlug vor, die Parteien davon zu überzeugen, alles Handeln aufzuschieben. Die buddhistische Ansicht sah die Lösung im Mitleid aller für alle, um die Positionen zu besänftigen. Die jainistische Ansicht hingegen betonte die unbedingte Gewaltfreiheit. Der westliche Friedensarbeiter schließlich schlug vor, die Moschee 100 m von der Stelle zu versetzen und einen Hindutempel an der Stelle zu bauen, wo der Ramatempel vermutet wird. Ein Korridor zwischen beiden Bauten würde einen Raum für Dialoge zwischen den Gemeinschaften schaffen (vgl. Galtung 2001: 299f.).

Bei einem Vergleich dieser vier unterschiedlichen Lösungsansätze wird offensichtlich, dass sie einander nicht ausschließen. Sie könnten unterschiedliche Teile einer umfassenden, integrierten Konfliktbearbeitung sein. Aber wie?

1.1. Problembereich der Untersuchung

Im Zeitalter der Globalisierung wird die Konfliktbewältigung zu einer wichtigen Kompetenz, sowohl im Alltag als auch in Wirtschaft, Politik, Gesellschaft und Kultur. Mit der stetig zunehmenden Vielfalt an Ansätzen in den letzten Jahren wächst nicht nur die Unübersichtlichkeit (angefangen mit den begrifflichen Unterscheidungen von z.B. peacebuilding und peacemaking oder Konfliktmanagement, Konfliktmoderation, Konfliktregelung, Konfliktlösung und Konflikttransformation), sondern es zeigen sich zunehmend methodische Defizite und Grenzen.

Den Grundstein für einen hierzu notwendigen, in dieser Form bislang einzigartigen Methodendialog legte die Veranstaltung „COMPAIR - Methoden im Dialog", die vom 25.07. bis 01.08.2004 in Stadtschlaining, Österreich, stattfand. Hierzu lud die 1. Internationale Akademie für Konfliktlösung Vertreter wegweisender mediativer[1] Methoden ein, in einen bislang einzigartigen Dialog zu treten[2]:

---

[1] Nach Glasl bezeichnete der Begriff der Mediation in der Konfliktliteratur bis 1985 Konfliktinterventionen, „die auf dem klassischen Konzept der *Vermittlung* beruhen (...). Gegenwärtig wird ‚*Mediation*' als weiter Überbegriff für Konfliktinterventionen verwendet." (Glasl 2003a: 102) In diesem

Welchen Beitrag leisten die unterschiedlichen Methoden für Theorie und Praxis im Allgemeinen? Welche Grenzen haben die jeweiligen Methoden und wie können sie einander ergänzen und was können sie voneinander lernen? Unter den Referenten fanden sich:[3]

- Dr. A.T. Ariyaratne[4] mit dem Ansatz der buddhistischen Konfliktmediation,
- Prof. Dr. Friedrich Glasl[5] mit seinem Ansatz für Mediation und Konfliktmanagement,
- Prof. Dr. Johan Galtung[6] mit der Transcend-Methode und Dr. Wilfried Graf und Gudrun Kramer[7] mit einem erweiterten Dialog-Ansatz auf der Basis von Transcend,

---

Sinne wird in dieser Arbeit jeder Ansatz der Konfliktintervention, der auf einer Form von Dialog beruht, dem Mediationsbegriff zugeordnet.

2 Veranstalter waren das Österreichische Studienzentrum für Frieden und Konfliktlösung (ÖSFK) und das European University Center for Peace Studies (EPU). Für die Organisation und Konzeption waren Gudrun Kramer und Dr. Wilfried Graf zuständig.

3 Zu den Angaben über die folgenden Protagonisten vgl. im Folgenden Graf/Kramer (2004a): 11-14

4 **Dr. A.T. Ariyaratne** ist Begründer und Präsident der Sarvodaya-Shramadana-Bewegung, der größten NGO in Sri Lanka. Sarvodaya ist mit seinem „Hilfe zur Selbsthilfe"-Ansatz in über 15.000 Dörfern aktiv. Ariyaratne gilt als Verwalter des Erbes von Mahatma Gandhi.

5 **Prof. Dr. Friedrich Glasl** studierte politische Wissenschaften und dissertierte über internationale Konfliktverhütung. Er war fast 20 Jahre am holländischen NPI-Institut für Organisationsentwicklung tätig, ist Mitbegründer der „Trigon Entwicklungsberatung" und arbeitet sowohl als Dozent an der Universität Salzburg als auch als Berater in Konfliktmanagement und Mediation.

6 **Prof. Dr. Johan Galtung** ist einer der Gründerväter der Friedens- und Konfliktforschung. Er gründete 1959 das Internationale Friedensforschungsinstitut in Oslo, lehrte als Honorar- und Gastprofessor an über 50 Universitäten und vermittelte weltweit in über 100 Konflikten. Er ist Direktor des TRANSCEND-Netzwerks für Frieden und Entwicklung und Begründer der TRANSCEND-Methode.

7 **Dr. Wilfried Graf** ist Soziologe und arbeitete über 22 Jahre als Senior Researcher am ÖSFK. Seit 2006 ist er am Institut für Rechts- und Kriminalsoziologie (IRKS) tätig. **Mag. Gudrun Kramer** ist Historikerin und arbeitete für GOs und NGOs in Bosnien-Herzegowina und Kroatien. Beide sind Begründer des Institute for Integrative Conflict Transformation and Peacebuilding (IICP) und des TRANSCEND-Vereins in Österreich. In Kooperation mit dem österreichischen Außenministerium leiten beide Konflikttransformationsprojekte in Konfliktregionen wie Sri Lanka, Südkaukasus, Zentralasien und südliches Afrika.

- Insa Sparrer und Prof. Dr. Matthias Varga von Kibéd[8] mit dem Ansatz der systemischen Strukturaufstellungen,
- Dr. Marshall Rosenberg[9] mit dem Ansatz der Gewaltfreien Kommunikation,
- Prof. Dr. Klaus Ottomeyer[10], Hildergard Pruckner[11] und Roswitha Riepl[12] mit dem Ansatz der psycho- und soziodramatischen Konfliktbearbeitung nach Moreno und
- Dr. Sebastian Elsaesser[13] und Dr. Achim Goeres[14] mit dem Ansatz der Prozessorientierten Konfliktarbeit nach Arnold Mindell.

Im Rahmen dieser Konferenz diskutierten alle Protagonisten ihre Ansätze im Plenum und bearbeiteten im Praxisteil jeweils mit einem anderen Methoden-Vertreter einen konkreten Konflikt gemeinsam. Hierbei fiel einerseits auf, dass die Protagonisten v.a. Gemeinsam-

---

8 **Prof. Dr. Matthias Varga von Kibéd** studierte Philosophie, Logik und Wissenschaftstheorie und Mathematik an der Universität München. Er arbeitete als Professor an den Universitäten München, Wien, Ljubljana, Graz, Konstanz, Maribor und Tübingen. **Dipl. psych. Insa Sparrer** studierte in München Mathematik und Psychologie und ist als Psychotherapeutin in freier Praxis tätig. Mit Schwerpunkten in der Hypnotherapie, der lösungsorientierten Kurztherapie nach Steve de Shazer und den Systemischen Strukturaufstellungen (SySt). 1996 gründeten beide das SySt/Institut für systemische Ausbildung, Fortbildung und Forschung in München.

9 **Dr. Marshall Rosenberg** ist Psychologe und arbeitet als internationaler Konfliktmediator. Er entwickelte den Ansatz der Gewaltfreien Kommunikation (GFK) und gründete 1984 das internationale „Center for Nonviolent Communication" in den USA. Er führt weltweit Trainings und Mediationsprojekte durch und war in über 40 Ländern tätig.

10 **Prof. Dr. Klaus Ottomeyer** ist Sozialpsychologe an der Universität Klagenfurt und arbeitet als Psychotherapeut mit der Psychodrama-Methode. Er ist Mitbegründer und Obmann des Vereins ASPIS.

11 **Hildegard Pruckner** ist u.a. Beratungslehrerin, Psychodrama-Psychotherapeutin, Supervisorin, Kinder- und Jugendlichentherapeutin und Systemische Therapeutin/Supervisorin und Vorsitzende in der Fachrichtung Psychodrama am ÖAGG.

12 **Roswitha Riepl** ist Psychotherapeutin, Supervisorin und Coach in freier Praxis und arbeitet als Lehrtherapeutin in der Fachsektion Psychodrama, Soziometrie und Rollenspiel im ÖAGG.

13 **Dr. Sebastian Elsaesser** ist Psychotherapeut und Berater in freier Praxis, Lehrer und Analytiker in der Forschungsgesellschaft für prozessorientierte Psychologie in Zürich. Er arbeitet in komplexen interkulturellen Situationen und erforscht in Brasilien alternative Formen der Medizin.

14 **Dr. Achim Goeres** ist Physiker, Musiker und Prozessmoderator. Er arbeitet als freier Coach und Trainer und forscht zu Kommunikation von Rang.

keiten und Ergänzungspunkte, weniger konkrete Widersprüche zwischen ihren Methoden thematisierten. Andererseits wurde augenscheinlich, dass es an holistischen Perspektiven fehlte, welche die unterschiedlichen Ansätze in theoretischer und praxeologischer Hinsicht integrieren.

Insgesamt machte der Methodendialog, auf Grund der unübersichtlichen Vielfalt unterschiedlicher Methoden dialogischer Konfliktbearbeitung, die Notwendigkeit eines integrierenden Rahmenwerks deutlich. Angesichts immer komplexerer Konfliktphänomene, der Zunahme immer neuerer Methoden sowie der Einsicht, dass nachhaltige Lösungen einer Herangehensweise bedürfen, die Konflikten in ihrer gesamten Komplexität sowie ihrer grundlegendsten Struktur Rechnung tragen, ist ein Zuwachs „holistischer" oder „integrierender" Ansprüche zu beobachten. In Anlehnung an dieser Tendenz möchte die hier vorliegende Arbeit einen Beitrag zu dem an Bedeutung gewinnenden, bislang aber noch wenig erschlossenen, Feld der „holistischen" bzw. „integrierten" FuK leisten - ausgehend von der Grundannahme, dass die Friedens- und Konfliktforschung (künftig: FuK), wie Wilfried Graf betont, eine „nicht-normale" bzw. eine „wilde Forschungsrichtung" ist, die stärker als die eher „disziplinär" verorteten Sozial- und Politikwissenschaften auf Transdisziplinarität und Praxisrelevanz zielt (vgl. Graf 2009: 27).

1.2. Stand der Forschung

1.2.1. Entwicklungsphasen der Friedens- und Konfliktforschung

Eine prägnante Darstellung über den State of the Art der FuK lässt sich anhand von vier „Phasen" (Graf 2009) bzw. „Generationen" (Richmond 2008) aufzeigen:

1. Die erste Generation/Phase der FuK verortet sich in den 50er Jahren und ist von einer realistischen Sicht auf Frieden geprägt. Der hierfür charakteristische „negative" Friedensbegriff impliziert Ansätze zur Beendigung eskalierter Gewalt[15] (vgl. Richmond 2008; Graf 2009: 29).
2. Die zweite Generation/Phase betont zivilgesellschaftliche Akteure als aktiven Teil der Konfliktlösung und arbeitet auf die Beseitigung struktureller Gewalt und den „root causes" hin. Typisch für die in den 60er und 70er Jahren entstandene „kri-

---

15 Wie unten noch näher darzustellen, versteht sich das moderne Verständnis von „Frieden" in der FuK nicht als Abwesenheit von „Konflikt", sondern als eine Ordnung mit „konstruktiver" bzw. „gewaltfreier" Konfliktaustragung. Der hier vorliegende „negative" Frieden impliziert die Abwesenheit von „direkter" bzw. eskalierter Gewalt (vgl. Bonacker 05/06).

tische Friedensforschung" ist ein hieraus resultierender „positiver Friedensbegriff"[16]. Die Ansätze sind strukturalistisch (Graf 2009: 29), aber auch idealistisch (Richmond 2008).

3. Die dritte Generation/Phase ist in staatlichen (Makro-)Konflikten gekennzeichnet durch eine „neo"- bzw. „marktliberale" Friedensagenda. „Top Down"[17]- (erste Generation) und „Bottom Up"[18]-Ansätze (zweite Generation) werden kombiniert, aber den ersteren untergeordnet (vgl. Richmond 2008). Die Konfliktbearbeitungsstrategien im Allgemeinen sind statisch und dissoziativ (vgl. Graf 2009: 30).
4. Die vierte Generation/Phase ist poststrukturalistisch. Die Friedensagenda ist von Pluralismus und emanzipatorisch-partizipatorischen (vgl. Richmond 2008) sowie assoziativen Ansätzen (Graf 2009: 30) gekennzeichnet. Emotion, Kultur und Lernen erhält einen wichtigen Stellenwert. Senghaas entwickelt das konstruktive Konzept „Frieden denken", Johan Galtung das der „kulturellen Gewalt".

Diese grobe Übersicht verdeutlicht die quasi dialektische Entwicklung der FuK und der ihr immanenten unterschiedlichen - und heute nach wie vor aktuellen - Strömungen. Nach Graf/Kramer ist Friedensforschung eine „bildende" denn eine „systematische" Forschung und damit v.a. „dort sinnvoll und notwendig, wo es um eine ‚neue Unübersichtlichkeit', um unbekanntes Terrain, um neues Denken geht, das vielleicht noch gar nicht systematisierbar ist." Sie müsse daher „sozial- (und polit-)psychologische, kulturhermeneutische bzw. sozialkonstruktivistische, systemtheoretische und pragmatisch anwendungs- bzw. lösungsorientierte Methoden kombinieren." (vgl. Graf / Kramer 2009: 27)

1.2.2. Holismus in der Friedens- und Konfliktforschung

Die thematische Vielfalt der FuK liegt im Umstand begründet, dass der gesamte Forschungsbereich vielfältigste Bezüge zu unterschiedlichen wissenschaftlichen Disziplinen aufweist. Hierbei herrschte bislang v.a. ein interdisziplinärer Ansatz vor.[19] Letztlich erweist sich

---

[16] Der positive Friedensbegriff impliziert über den negativen hinaus den Schutz vor Ausbeutung, Ungerechtigkeit und Diskriminierung.

[17] D.h. Maßnahmen, die von der Regierungsebene („von oben") ausgehen und auf die zivilgesellschaftliche Ebene ausstrahlen.

[18] D.h. Maßnahmen, die auf die „Graswurzelebene" bzw. die Zivilgesellschaft („von unten") abzielen und implizit nach oben auf die Regierungsebene einwirken.

[19] Im Standardwerk „Sozialwissenschaftliche Konflikttheorien" liefert Bonacker einen Einblick in die thematische Vielfalt der Konflikttheorien: In der

dieser Ansatz zwar als notwendig, aber auch begrenzt, da die unterschiedlichen Themenbereiche nicht in einem metatheoretischen Zusammenhang gedacht werden, der es ermöglicht, „Konflikt" und „Frieden" nicht nur als komplex, sondern auch als umfassend zu begreifen und entsprechend nachhaltig zu bearbeiten.

In den letzten Jahren haben daher Begriffe, die einen „meta"- oder „transdisziplinären" Ansatz vorsehen, wie z.B. „systemisch", „integriert" oder „holistisch", in der FuK immer mehr an Bedeutung gewonnen. Diese Begriffe stehen generell für eine Grundhaltung, die auf eine Wiederherstellung („integriert"[20]) und Zusammenführung („systemisch"[21]) des „Ganzen" („Holon"[22]) hin orientiert ist und lassen sich i.d.S. mehr oder weniger synonym verwenden. Der Sinn und Zweck ganzheitlicher Ansätze liegt daher v.a. darin, die Komplexität unterschiedlicher Phänomene (wie hier v.a.: „Konflikt") nicht nur „inter"-disziplinär anzuerkennen, sondern auch sinnvoll in einem „meta"- und „transdisziplinären" Zusammenhang widerzuspiegeln, einzuordnen und ggf. prägnant zu vereinfachen.

In den unterschiedlichen FuK-Beiträgen, die einen holistischen Anspruch verfolgen, lassen sich m.E. mindestens drei Strategien[23] herausfiltern, die Komplexität ganzheitlich bearbeiten. Sie alle implizieren spezifische Stärken und Schwächen:

---

politischen Philosophie, Ökonomie, Anthropologie, Psychologie, in der klassischen Soziologie, in den Gendertheorien, in der internationalen Politik, in den Rational-Choice-Theorien, in den neueren Sozialtheorien und in der Systemtheorie (vgl. Bonacker 2005).

20 *Integration* übersetzt sich vom Lateinischen (integratio) mit „Wiederherstellung eines Ganzen" (Microsoft-Encarta 2009)

21 *System* (von griechisch *systema:* das Zusammengesetzte) ist in der Philosophie eine Bezeichnung für das „geordnete Zusammenstellen von grundlegenden Erkenntnissen zu einem Ganzen." (Müller-Koch 2009)

22 *Holismus* (griechisch: Holon) bezeichnet man als eine philosophische und wissenschaftliche Grundhaltung, „die sich gegen das die Wirklichkeit in unendlich viele Teilaspekte zergliedernde Denken richtet und auf eine *ganzheitliche* Perspektive hin orientiert ist. Dabei ist das Ganze mehr als seine Teile." (Vierecke 2009; vgl. auch Harrington 2002).

23 Ich unterscheide hierbei arbeitshypothetisch und idealtypisch die „Unordnungs"-, die „Unterordnungs"- und die „Einordnungsstrategie" - allesamt Wortneuschöpfungen von mir –, erhebe jedoch keinen Anspruch auf Vollständigkeit. Da „Reduktionismus" und „Interdisziplinarität" keine genuinen Strategien darstellen, holistisch bzw. integrativ mit Komplexität umzugehen, berücksichtige ich sie an dieser Stelle nicht.

1.2.2.1. Vereinfachung („Unterordnung")

Die „Vereinfachungsstrategie" sieht vor, komplexe Phänomene auf bestimmte Grundbegriffe, die selbst als „das Ganze" aufgefasst werden, zurückzuführen. Hierbei wird nach den grundlegendsten Aspekten gesucht, die für die Erklärung des „Ganzen" am wichtigsten sind. Der berühmte Satz „das Ganze ist mehr als die Summe seiner Teile" könnte z.B. in einer Analyse eines interstaatlichen Konflikts bedeuten, dass der kollektiven System- oder Strukturperspektive mehr Erklärungskraft eingeräumt wird als der individuellen Akteursperspektive. Es findet also eine pragmatisch begründete „Unterordnung" eines (hier: des individuellen) Kontexts gegenüber einem anderen (hier: dem strukturellen) statt.

Auch holistische FuK-Ansätze, die einen (tendenziell populärwissenschaftlichen) Bezug zum naturwissenschaftlichen Bereich haben, scheinen tendenziell zu dieser sog. „Unterordnungsstrategie" zu tendieren. Hierbei stechen u.a. Ansätze hervor, die das gesamte Universum mittels des sog. „neuen Paradigmas" umfassend zu erklären versuchen. Dies geschieht v.a. mit Bezug auf die Quantenphysik und ihre philosophischen Implikationen. Das neue Paradigma kartografiert das Universum als ein sich selbst organisierendes, dynamisches Ganzes, dessen Bestandteile untrennbar miteinander verbunden sind. Hieraus leitet sich die These ab, dass die Grundlage für eine friedliche Weltordnung nur dann entstehen kann, wenn sich das Individuum, im Einklang mit den neuesten Erkenntnissen der Natur- und Systemwissenschaften, als Teil dieses Ganzen erkennt. Als „neues Paradigma" erhebt dieses Weltbild den Anspruch, das newtonisch-kartesianische „alte Paradigma" vom „atomistischen" und allzu mechanistischen Universum abzulösen. I.d.R. wird das Weltbild des neuen Paradigmas auch als eine naturwissenschaftliche Bestätigung und Erklärung der Quintessenz aller mystischen Weisheitstraditionen gesehen – z.B. in Bezug darauf, dass das Universum von einem immanenten kosmischen Bewusstsein durchdrungen sei (vgl. z.B. als „Holo-Feld" nach Laszlo 1996), dass das Bewusstsein die materielle Realität erschaffe (vgl. Arntz/Chasse/Vincente 2004; vgl. Starkmuth 2008) oder dass das allumfassende „Quantenvakuum" und seine „implizite Ordnung" (vgl. Bohm 1987) ein naturwissenschaftliches Pendant zum Gott/Allah/Brahman/Dao/Kether/GEIST unterschiedlicher Weisheitstraditionen darstelle (vgl. Zorah 1990; vgl. Capra 1979). Diese Thesen werden im akademischen Diskurs nicht unbedingt geteilt, doch dürfte der Holismusanspruch des neuen Paradigmas (insbesondere der Quantenholismus) für die FuK immer stärker an Relevanz gewinnen. In der Konfliktbearbeitung finden sich bereits einige Ansätze mit unterschiedlich starken Bezügen zum neuen Paradigma. Diese lassen sich generell daran erkennen, eine alles durchdringende „Intelligenz“ für die Konfliktbearbeitung nutzbar zu machen und sie mit einer naturwissenschaftlich-systemischen Terminologie zu erfassen. So neigen z.B. die Prozessorientierte Konfliktarbeit nach Mindell (2006) und die „Theory U“ nach Scharmer (2005; 2007) dazu, Konfliktaspekte als subtile „Feldphänomene“ zu erspüren und zu erklären. Mindells Ansatz hat hierbei sogar einen konkreten Bezug auf quantenholistische Ideen.

Der Nachteil der „Unterordnungsstrategie“ liegt insgesamt darin, dass sie, durch ihr Bestreben, Komplexität zu „vereinfachen“, in subtiler Form reduktionistisch ist, was, definitorisch gesehen, das Gegenteil von Holismus ist. Kritisch lässt sich z.B. erkenntnistheoretisch fragen: Stellt ein Gesellschaftssystem („Struktur“) gegenüber dem Bürger („Individuum“) das transzendente „Ganze“ dar oder eher eine gleichberechtigte „Seite derselben Medaille“? In praktisch-pragmatischer Hinsicht stellt sich hingegen weniger die Frage *„ob“*, sondern *„inwieweit“* eine solche „Unterordnung“ für das Erkenntnisinteresse sinnvoll ist. Mit anderen Worten: *Hat* z.B. die Kollektiv-Dimension in einem Gruppenkonflikt grundsätzlich mehr Erklärungskraft als die Individual-Dimension? Wenn ja, *wann* (sprich: ist diese Behauptung generalisierbar?)?

1.2.2.2. Eklektizismus[24] („Unordnung“)

Eine andere Strategie, mit Komplexität umzugehen, ist nicht von Unterordnung, sondern vielmehr von eklektischer „Unordnung“ geprägt.

Ein typisches Beispiel hierfür liefert die Auseinandersetzung mit dem umstrittenen Gebiet „Wissenschaft und Religion“.[25] Dieser Diskursbereich scheint im „nicht-holistischen“, aber interdisziplinär ausgerichteten akademischen Kontext v.a. von einer Grundhaltung

---

24 „Als **Eklektizismus** (von griech. „ausgewählt“) bezeichnet man Methoden, die sich verschiedener entwickelter und abgeschlossener Systeme (z.B. Stile, Philosophien) bedienen und deren Elemente neu zusammensetzen. […] In den Geisteswissenschaften charakterisiert der Begriff die Methode, aus Versatzstücken unterschiedlicher Systeme, Theorien oder Weltanschauungen eine neue Einheit zu bilden. Auch hier wird der Terminus i.d.R. abwertend verwendet. Dies verrät eine Bevorzugung in sich abgeschlossener, isolierter Theorien gegenüber der Selektion zutreffender Aussagen aus verschiedenen Theorien bei Nichtübernahme widerlegter Elemente (Pethes/Ruchatz 2001)“

25 Dies soll jedoch nicht bedeuten, dass die Auseinandersetzung mit „Wissenschaft und Religion“ ausschließlich im Rahmen der hier vorliegenden Eklektizismusstrategie in der FuK stattfindet; wie oben im Rahmen der „Vereinfachungsstrategie“ am neuen Paradigma skizziert wurde.

geprägt zu sein, die einerseits eine immer größere interdisziplinäre Aufgeschlossenheit, aber andererseits die Annahme beinhaltet, dass Religion und Wissenschaft zwei völlig unterschiedliche Bereiche darstellen und sich daher nicht in einem ganzheitlichen Kontext untersuchen lassen. Exemplarisch hierfür steht der regelmäßige Dialog zwischen westlichen Wissenschaftlern und dem Dalai Lama im Rahmen der sog. „Mind and Life"-Konferenzen (vgl. mind&life; Goleman 2005). Generell ist dieser Diskursbereich für die FuK insofern von Bedeutung, als erstens Religion im Rahmen der „traditionellen" bzw. „kultursensitiven" Konfliktbearbeitung immer mehr an Bedeutung gewinnt und zweitens die Einsichten spiritueller Weisheitstraditionen[26] zu einem profunderen Verständnis von Konflikt und Frieden beitragen könnten.

Oft ist v.a. in Bezug auf den zweiten Punkt zu beobachten, dass unterschiedliche Ansätze der dialogischen Konfliktbearbeitung ihre Grundinspiration aus einem religiös-spirituellen System ziehen. Hierbei „integrieren" die Protagonisten in einem pragmatisch-eklektischen Zusammenhang das „Beste" aus einer oder mehreren religiös-spirituellen Traditionen in ihre jeweilige Methode. Diese Strategie hebt sich insofern vom Ansatz des neuen Paradigmas ab, als Religion bzw. Spiritualität nicht in ein quantenholistisches Weltbild übersetzt wird (s. Vereinfachungsstrategie), sondern Begriffe und Praktiken des jeweiligen religiös-spirituellen Kontexts benutzt und in die eigene Methode übernommen werden.

Wie im Einzelnen unter III. noch näher darzustellen, finden sich in der FuK u.a. folgende Beispiele für die eklektisch-interdisziplinäre Integrationsstrategie im Kontext „Wissenschaft und Religion":

- die Ansätze von Johan Galtung oder Matthias Varga von Kibéd / Insa Sparrer, die das Tetralemma-Konzept aus der buddhistischen Logik verwenden. Darüber hinaus betont Galtung seinen eklektizistischen Ansatz mit dem Motto „Je prends mon bien où je le trouve" (vgl. Galtung/MacQueen 2008);
- das „Schatten"-Konzept von Glasl, welches Aspekte aus der Rudolph Steiner'schen Anthroposophie berücksichtigt (Glasl 2004a);
- die sog. „buddhistische Konfliktlösung" (vgl. McConnell 1995), welche buddhistische Begriffe in einen Mediations- und Meditationsansatz kombiniert.

26 Zu einer näheren Definition dieses Begriffs komme ich v.a. in Kap. 3.4. und Sektion IV (7.2.2.)

Der Vorteil dieser Methode ist unbestreitbar pragmatischer Natur. Ist jedoch der Grundsatz „sich das Beste für die Konfliktbearbeitung herauszunehmen, was funktioniert" mit den Kriterien eines betont „ganzheitlichen" Ansatzes vereinbar? Wenn ja, inwiefern? Der Nachteil der eklektischen Strategie besteht nämlich v.a. darin, dass sie keinen systematisierenden transdisziplinären Ansatz impliziert und daher stets nur begrenzt anwendbar bzw. begrenzt generalisierbar bleibt. Grundlegende, typisch holistische Fragen bleiben bei dieser Strategie ungeklärt: Wie z.B. lassen sich die Einsichten östlicher Spiritualität mit denen der westlichen Psychologie integrieren und für die FuK nutzbar machen?

1.2.2.3. Kategorisierung („Einordnung")

Die „Kategorisierungsstrategie" sieht die Formulierung von nicht-reduzierbaren Kategorien vor, welche es ermöglichen, ein hohes Maß an Komplexität einzuordnen, um das „Ganze" umfassend zu beschreiben. Hierbei ist z.B. die gängige Unterscheidung von Kategorien wie „Mikro"-, „Meso"- und „Makroebenen" besonders verbreitet. Der Beitrag solcher Kategorien besteht v.a. darin, epistemologische Kriterien zu definieren, in welchen die Schnitt- und Ergänzungspunkte von wissenschaftlichen Großtheorien herausgestellt und integriert werden können. Eine noch wenig beachtete Vorreiterfunktion nimmt „Rethinking Social Theory" von Roger Sibeon (2004) ein, in welcher er z.B. mit Bezug auf die Beiträge von Margaret Archer, Nicos Mouzelis und Derek Layder Kriterien benennt, die für eine ganzheitliche Methodologie unabdingbar sind und weit über die Unterscheidung von Mikro, Meso, Makro hinausreichen. So definiert er u.a. „vier Todsünden", die in gegenwärtigen geisteswissenschaftlichen Diskursen begangen werden und denen mit einer ganzheitlichen Methodologie vorgebeugt werden könne:

1. *Reduktionismus*: Komplexitäten des sozialen Lebens auf eine einzige Erklärung zurückzuführen, wie z.B. „Rational Choice", „Risikogesellschaft", „Patriarchat" etc. (vgl. Sibeon 2004: 2f.)
2. *Verdinglichung*: Entitäten, die keine Akteure bzw. Agenzen sind, Agenz zuzuschreiben. Wie unten noch näher darzustellen, sollte zumindest zwischen Akteuren und Strukturen unterschieden werden (vgl. ebd.: 4).
3. *Essenzialismus*: Von einer Homogenität sozialer Phänomene auszugehen und sozialen Kategorien, wie „Männer", „Arbeiterklasse", „das Gesetz" etc. mehr Einheitlichkeit zuzuschreiben, als sie eigentlich aufweisen (vgl. ebd.: 4).

4. *Funktionale Teleologie*: Zirkelschlüssige Argumentation, die darauf hinaus läuft, Ursachen sozialer Phänomene mit ihrem Ergebnis zu erklären. Ein Beispiel wäre, das Bestehen der Institution „Ehe“ damit zu erklären, dass die Ehe ein System mit einem Selbsterhaltungsinteresse ist (vgl. ebd.: 6-8).

Das Werk von Sibeon steht exemplarisch für einen sich langsam herausbildenden metatheoretischen oder auch „Holismusdiskurs[27]“ in den Geisteswissenschaften.

Beiträge der FuK mit holistischem Anspruch nehmen im Rahmen der Kategorisierungsstrategie besonders Bezug auf einen „methodologischen Pluralismus“. Kennzeichnend sind hierbei v.a. multidimensionale Landkarten, die es ermöglichen, unterschiedliche Realitätsdimensionen eines komplexen Phänomens einzuordnen sowie zugehöriger Methoden und ihrer Anwendungsbereiche.

- Schon in den 60er Jahren definierte *Johan Galtung* erste Kategorien, die zu einer ganzheitlichen wissenschaftlichen Epistemologie (vgl. hierzu Galtung 1978: 72-86; Galtung 2008) und Gewalt- und Konflikttheorie (vgl. Galtung 2000; Galtung 2008) beitragen sollten. Wie unten noch näher darzustellen, stellt zumeist ein dreiseitiges Schema den Ausgangspunkt von Galtungs Metatheorie dar. Dieses Modell unterscheidet zwischen einer individuellen (z.B. „Verhalten“, „direkte Gewalt“), einer intersubjektiven (z.B. „Annahmen“, „kulturelle Gewalt“) und einer interobjektiven Domäne (z.B. „Widerspruch“, „strukturelle Gewalt“).
- Im „Berghof Handbook“ des Berghof Forschungszentrums für konstruktive Konfliktbearbeitung (BCR[28]) versucht z.B. *Hugh Mialls* Ansatz, unterschiedliche Schulen der Konflikttransformation in einen integrativ-„multidimensionalen“ Zusammenhang zu stellen. Das Kernstück bildet hierbei ein Modell, das das Galtung'sche Konfliktdreieck und den Multi-Track-Ansatz[29] kombiniert (vgl. Miall 2004).
- In Ergänzung zu Galtungs Modell scheint sich im Diskurs der Konflikttransformation immer mehr ein erweiterter Vier-Quadranten-Ansatz durchzusetzen. Schon Anfang der 90er Jahre unterschied *Norbert Ropers* zwischen Interventionen im Mikro- und Makrobereich einerseits und in der Gesellschafts-

---

27 Eine Wortneuschöpfung von mir

28 BCR steht für „Berghof Conflict Research“ (näher unter BCR 2010)

29 Die Unterscheidung unterschiedlicher Tracks ist der gängigen Unterscheidung von „Makro“, „Meso“ und „Mikro“ weitgehend ähnlich, soll aber unten noch näher erläutert werden.

(kulturbezogen) und Staatenwelt (strukturbezogen) andererseits (vgl. Ropers 1995: 32f.). In ähnlicher Weise unterscheidet *John Paul Lederach* eine persönliche, eine relationelle, eine kulturelle und eine strukturelle Dimension der Konflikttransformation (vgl. Lederach 2003). Auf Lederachs Modell basiert auch die Arbeit des *Life & Peace Institute (LPI)* in der Demokratischen Republik Kongo (vgl. LPI 2009: 20).

- Neben den oben beschriebenen Dreiecks- und Quadrantenmodellen finden sich viele ähnliche Ansätze, die diese inhaltlich weitgehend übereinstimmend abdecken und im Rahmen ihres spezifischen Untersuchungsinteresses noch weiter ergänzen. Hierzu gehört z.B. *Colemans* systemischer Ansatz, welcher unterschiedliche Perspektiven der Konfliktanalyse in fünf wechselwirkende, nicht aufeinander reduzierbare Metakategorien einordnet: realism, human relations, pathology, postmodernism, systems (vgl. Coleman 2003 und 2004: 197-235).

  Ein anderes sehr aktuelles Beispiel liefert das Vier-Quadranten-Modell von *Mary Fitzduff* zur Einordnung „führender Ansätze des Peacebuilding". Hierbei unterscheidet sie zwischen „psycho-cultural" (gegenseitiges Verständnis, z.B. durch Dialog- oder Traumaarbeit), „education/training" (Capacity Building, z.B. durch Friedenserziehung), „social/economic foundations" (wertebasierte Ansätze, z.B. durch Entwicklungszusammenarbeit), „governance/institutions building" (institutionenorientierte Ansätze, z.B. durch Waffenkontrollmechanismen, Mediationszentren) (vgl. Fitzduff/Jean 2010).

- Nicht unerwähnt sollte auch die *„Reflective Peace Practice" (RPP)-Matrix* der Collaborative for Development Action (CDA) bleiben. Dieses Vier-Quadranten-Modell unterscheidet einerseits zwischen der Mikro- und Makro-Dimension und andererseits zwischen breit angelegten („More People") und schlüsselpersonen-orientierten („Key People") Ansatzpunkten der Konfliktintervention. In der erweiterten Matrix findet sich das oben beschriebene Grundmodell von Galtung oder Lederach auf der Mikro-/Makro-Achse wieder. Hierbei wird die Mikrodimension („inividual/personal change") noch weiter in „perceptions/attitudes" und „behaviour/individual relationships" unterteilt, und die Makrodimension („socio-political change") schlüsselt sich noch weiter in „group behaviour/social norms", „institutional change" und „structural + cultural change" auf (vgl. CDA 2009: 20f.).

Unabhängig von der Anzahl der Kategorien haben all diese oben beschriebenen Landkarten im Wesentlichen gemeinsam, dass sie von mehreren, quasi parallelen, Realitätsbereichen ausgehen, die es mehr oder weniger gleichberechtigt und „synchron" zu berücksichtigen gilt. Ergänzend hierzu findet sich eine Vielzahl von Modellen, die inhaltliche Komplexität in einen sequenziellen, „vertikal" designten „Ad Hoc"-Kontext einordnen; meist im Kontext von Konflikteskalation.

- Das in Form einer linearen Kaskade designte Eskalationsstufenmodell stellt den bekanntesten und meistbeachteten Aspekt der Metatheorie von Friedrich Glasl dar (vgl. Glasl 2004a). Die Unterscheidung zwischen Konfliktsituationen „niedriger", „mittlerer" und „hoher" Eskalation liefert eine Orientierung in der Formulierung eines heuristischen Spektrums unterschiedlicher Mediationsansätze: Hohe Eskalationsstufen erfordern hierbei eine dominantere Rolle der intervenierenden Partei. Zu ähnlichen Schlussfolgerungen und Modellen kommen u.a. auch Hizkias Assefa (vgl. Assefa 1999: 37-45) und Johan Galtung (vgl. Galtung 1998a: 187-191).
- Andere in Form eines *zyklischen Konfliktbogens* designte Modelle, wie z.B. von Galtung (vgl. ders. 2000: 13f.) und Ramsbotham, Woodhouse und Miall (vgl. dies. 2005: 11f.), unterscheiden zwischen den Kategorien „vor", „während" und „nach der Gewalt".

Es lässt sich zusammenfassen, dass die Kategorisierungsstrategie in der FuK (v.a. im Rahmen der Konflikttransformation) eine breite Verwendung findet.

Eine metatheoretische Untersuchung der vielfältigen Gemeinsamkeiten und Ergänzungspunkte, die sich zwischen den Designs der oben skizzierten Modelle feststellen ließen, fehlt aber bislang. Darüber hinaus, so betont Galtung, bedürfe die Friedenswissenschaft nicht nur einer ganzheitlichen Berücksichtigung einander ergänzender Beiträge unterschiedlicher geisteswissenschaftlicher Disziplinen (wie z.B. aus der Soziologie, Anthropologie, Psychologie, den Internationalen Beziehungen und den Geschichts-, Rechts- und Wirtschaftswissenschaften). Auch naturwissenschaftliche Inhalte aus der Medizin, Physik, Chemie, Anatomie, Physiologie, Pathologie etc. müssten in der FuK holistisch berücksichtigt werden - will sie ihrem Anspruch und interdisziplinären Begriffen wie „Frieden" gerecht werden (vgl. Galtung 2008: 30f.).

Wie könnte ein solch holistischer Ansatz aussehen? Das „Problem", das sich an den obigen Beispielen im Kontext der „Einordnungsstrategie" zeigt, liegt vielleicht weniger an der Strategie selbst, sondern vielmehr daran, dass sich die FuK in diesem Kontext noch in einer Pionierphase befindet. Daher stellen sich in Bezug auf die Kategorisierungsstrategie zwei Fragen: 1) Wie lassen sich die Gemeinsamkeiten und Ergänzungspunkte der oben skizzierten Modelltypen integrieren? 2) Wie lässt sich - vorausgesetzt, dies ist für eine „bildende", „das Unbekannte denkende", „integrative" FuK von Bedeutung - das Wissen aus Natur-, Geistes-/Sozialwissenschaften, aber auch spiritueller Weisheitstraditionen in einen sinnvollen ganzheitlichen Zusammenhang bringen?

1.2.2.4. Schlussfolgerung

Insgesamt lassen sich mindestens drei „Strategien", mit Komplexität holistisch umzugehen, unterscheiden - und alle dürften, wie noch im Rahmen der Untersuchung genauer zu ermitteln, in ihrem jeweiligen Anwendungskontext spezifische Vorzüge aufweisen. Streng genommen stellt aber die „Kategorisierungsstrategie" vielleicht die einzige Strategie mit einem „echten" Holismusanspruch dar, da sie einerseits systematisch und transdisziplinär (im Gegensatz zum Eklektizismus), andererseits nicht-reduktionistisch ausgerichtet ist. Ohne die anderen Strategien auszuklammern, ist der Kategorisierungsansatz von wesentlicher Bedeutung und daher, wie im Folgenden noch näher zu begründen, zentraler Ausgangspunkt für das Forschungsvorhaben dieser Arbeit. Allerdings befindet sich die Kategorisierungsstrategie im Rahmen des Holismusdiskurses noch in einer Pionierphase und es bleibt noch ungeklärt, welche Vorzüge die beiden anderen, eher praxisorientierten Strategien ihr gegenüber aufweisen. Die offenen Fragen, die sich aus jedem der oben skizzierten Diskursbereiche und Holismusstrategien ergeben sowie ihr Verhältnis zueinander, konnte bislang noch kein Ansatz in der FuK angemessen beantworten.

Der sog. „Integrale Ansatz" (künftig: IA) des weltweit am meisten gelesenen amerikanischen Philosophen Ken Wilber[30] stellt hierbei - als eine sog. „Theorie von Allem" - das vielleicht ambitionierteste Konzept dar, Wissen holistisch zu integrieren. Sein Ansatz ist jedoch

---

30 **Kenneth („Ken") Earl Wilber Jr.** (* 31.01.1949 in Oklahoma City, Oklahoma, USA) studierte ab 1968 Biologie, Chemie, Biophysik und Biochemie. Sein Interesse an den östlichen Weisheitslehren und westlichen Geisteswissenschaften trug dazu bei, dass er die akademische Laufbahn frühzeitig beendete, um sich diesen Themen im Selbststudium intensiv zuzuwenden. Sein erstes Buch hatte Wilber als Manuskript bereits im Jahre 1973 („Das Spektrum des Bewusstseins") fertig gestellt, sein Hauptwerk („Eros, Kosmos, Logos") 1995 veröffentlicht. Inzwischen hat Ken Wilber über 20 Bücher herausgegeben, die in bis zu 30 Sprachen übersetzt worden sind. Er lehrt gelegentlich am Naropa-Institut in Boulder, Colorado, wo auch derzeit das von ihm 1998 gegründete Integrale Institut steht. Es umfasst heute etwa 400 Mitglieder (vgl. Integrales Forum (2007).

keine Konflikttheorie und bislang auch kaum in Bezug auf ihren Mehrwert für die FuK untersucht worden. Weshalb ich mich trotzdem dafür entschieden habe, meine Untersuchung auf diesem Ansatz aufzubauen, möchte ich wie folgt begründen:

1.3. Grundannahmen, Fragestellungen, Zielsetzung

1.3.1. Grundannahmen

1.3.1.1. Theoretisch-philosophisch

Die vorliegende Arbeit folgt der philosophischen Grundannahme, dass Ganzheitlichkeit und damit Metatheoriebildung notwendig ist: Täglich nehmen die Wissensmengen in unterschiedlichen wissenschaftlichen Disziplinen zu, gleichzeitig aber auch der Anspruch, Phänomene komplex zu erfassen. Hiervon ist die FuK stark betroffen, da ein Konflikt ein universelles Phänomen ist, das untrennbar mit dem Leben - sprich: mit *Bewusstsein* und *Handlung* - verknüpft ist. Diese Kernthese meines Forschungsvorhabens begründe ich in Anlehnung an die Beiträge des Wissenschaftsphilosophen Karl Popper. Aus seinem letzten Werk „Alles Leben ist Problemlösen" (2004) - im engen Sinne: „Alles Leben ist Konfliktbewältigung" - lassen sich u.a. zwei Kernthesen ableiten, die die obige Behauptung fundieren:

1. Jede Handlung eines Akteurs - im engen Sinne: jede Form der Konfliktbewältigung - birgt eine Strategie, die aus seinem Wahrnehmungsrahmen bzw. seinen erkenntnistheoretischen Vorannahmen über seine Bezugswelt resultiert. Diese (un-)bewussten *hypothetischen Vorannahmen* eines jeden Akteurs nannte Popper „Erwartung" (vgl. ebd.: 16).
2. Alles Leben ist Konfliktbewältigung, weil diese hypothetischen Brillen des Bewusstseins nicht immer mit der Wirklichkeit übereinstimmen. Sie müssen falsifiziert und verbessert werden, um eine wirklichkeitsgetreuere *Problemlösungsstrategie* zu generieren (vgl. ebd.: 16f.).

Für die theoretische Grundannahme dieser Arbeit bedeutet dies:

Der *Epistemologie* („Bewusstsein" bzw. „hypothetische Vorannahmen") kommt bei dem Entwurf einer ganzheitlichen Konzeption für die FuK eine Schlüsselrolle zu, weil sie die Ausgangsgrundlage für *praxisbezogene* Handlungsstrategien liefert („Handlung" bzw. „Problemlösungsstrategie"). Die Bedeutung des IA im Rahmen dieses Forschungsvorhabens begründet sich also darin, dass jeder Akteur stets konfliktbezogen handelt und dass diesem Handeln stets (un-)bewusste Vorannahmen zu Grunde liegen. Ein integrierter Ansatz der Konfliktbearbeitung muss also am Bereich der „Annahmenbildung“ oder spezifischer: der Epistemologie ansetzen. Der Nutzen des IA liegt hierbei darin begründet, dass sie einen ausgeprägten Schwerpunkt in der Epistemologie hat (s. 2.1.) und sich hierbei als umfassender erweist als alle anderen in der FuK bekannten Ansätze.

Der Epistemologie kommt daher eine Schlüssel- bzw. Ausgangsrolle für die Untersuchung zu, weil sie erst den notwendigen philosophischen und theoretischen Unterbau liefert, der für weiterführende methodologische und praxeologische Überlegungen grundlegend ist. Aus dieser Grundannahme folgt aber auch, dass es im Rahmen der Untersuchung notwendig ist, auch andere Metakontexte, in denen metatheoretisch-holistische Integration erfolgen kann und soll, zu unterscheiden, mit jeweils unterschiedlichen holistischen Ansprüchen und Kerninteressen. Im Rahmen der Untersuchung möchte ich arbeitshypothetisch drei Metakontexte festlegen, die ich wie folgt definiere:

- Der *Epistemologie* bzw. Philosophie: Im Rahmen der „Theorie der Erkenntnis“ steht das Erkenntnisinteresse im Rahmen eines „theoretischen Pluralismus“ im Vordergrund;
- der *Heuristik* bzw. Methodologie: Diesen Bereich verstehe ich als Regelbildung, um Lagebeurteilungen, Entscheidungsfindungen und Problemlösungen von Menschen in komplexen Situationen zu gewährleisten. Dieser Integrationskontext hat seinen Schwerpunkt darauf, die methodologischen Hebelpunkte unterschiedlicher Ansätze in einem Metarahmen zu integrieren;
- der *Praxeologie* bzw. Intervention: Im Rahmen der „Theorie des menschlichen Handelns“ steht das strategisch-operationale Kerninteresse im Vordergrund. In diesem Kontext werden Möglichkeiten konkreter integrierter Interventionsstrategien erörtert.

Neben dieser Unterteilung wären noch andere denkbar, wie z.B. die gängige zwischen „Theorie und Praxis“. Darüber hinaus wird auch davon ausgegangen, dass sich diese, durchaus eigenständigen, Bereiche - Epistemologie, Heuristik, Praxeologie -, trotz ihrer unterschiedlichen Kerninteressen, nicht allzu strikt voneinander trennen lassen. Vielmehr gehen sie ineinander über und sind ineinander verschachtelt: ausgehend vom epistemologisch-abstrakten über den anwendungsbezogenen methodologischen bis hin zum sehr konkreten interventionsbezogenen praxeologischen Diskurs. Allerdings lassen sich diese Kontexte nicht ausschließlich linear auffassen, vielmehr beeinflussen sie sich wechselseitig. So müssen z.B. theoretische Annahmen und Vorschläge revidiert (falsifiziert) werden, wenn sie sich nicht in der Praxis bestätigen.

1.3.1.2. Normativ

Die Auswahl der in dieser Arbeit zu integrierenden Methoden folgt einem normativen Anspruch, der auf der Grundannahme des philippinischen Soziologen Nicanor Perlas basiert. In seinem viel beachteten Modell geht Perlas von einer Dreiteilung der Welt in einen „ordnenden" Bereich der Politik („Top"-Ebene der Nationalregierungen), einen „versorgerischen" Bereich der Ökonomie (Ebene transnationaler Unternehmen) und einen sich global formierenden, „kulturell gestalterischen" Bereich einer noch zu einenden Zivilgesellschaft aus („Grassroot"-Ebene von NGOs z.B.). In der Stärkung des letzten Bereichs sieht er eine ausgleichende Kraft in der Debatte um die Gestaltung der Globalisierung (vgl. Perlas 2000). Generell lassen sich alle Ansätze, die auf Nachhaltigkeit und Dialog fußen - so z.B. auf der COMPAIR-Konferenz - im Bereich einer sich langsam herausbildenden globalen Zivilgesellschaft verorten, welche die global vorherrschende geostrategisch und ökonomisch getriebene Interventionshegemonie der Staaten- und Unternehmenswelt ausgleichen will. Eine „kulturell gestalterische" Konfliktbearbeitung legitimiert sich nicht durch ökonomische oder geostrategische Interventionsinteressen, sondern durch philosophische, auf Nachhaltigkeit und Gerechtigkeit ausgerichtete Werte. Entsprechend folgt die vorliegende Arbeit der Grundannahme, dass eine nachhaltige, d.h. „zivile" Konfliktbearbeitung (ZKB), erstrebenswert ist und nur durch Methoden erfolgen kann, die auf einem tiefen Ansatz des (zwischenmenschlichen oder des inneren) Dialogs fußen.

Im Rahmen der konstruktiven Konfliktbearbeitung stellt der Dialog den Königsweg zu einem tieferen und empathischen gegenseitigen Verständnis im Besonderen und zu grundlegender Transformation von Individuum und Kollektiv im Allgemeinen dar. Daher beschränkt sich die Untersuchung thematisch vorwiegend auf die Integration von Methoden der dialogischen Konfliktbearbeitung, weniger auf den sehr umfassenden Bereich der ZKB. Im Fokus dieser Arbeit stehen daher Methoden der Konflikttransformation, des Konfliktmanagements und der Konfliktlösung, nicht aber der Entwicklungszusammenarbeit, der politischen Konfliktregelung oder Maßnahmen der (ggf. militärischen oder juristischen) Gewalteindämmung.

Da aber die Untersuchung auch der Grundannahme folgt, dass ein integriertes Konzept gleichwohl kurzfristig wie langfristig ausgerichtete Ansätze berücksichtigen muss, wird an einigen Stellen über die vorliegende thematische Eingrenzung hinauszugehen sein, ohne hierbei aber Anspruch auf Vollständigkeit erheben zu können.

1.3.2. Fragestellungen und Zielsetzungen

Unter den oben dargestellten Gesichtspunkten stellen sich folgende Kernfragen:

- (Wie) lassen sich unterschiedliche Methoden dialogischer Konfliktbearbeitung epistemologisch, heuristisch und praxeologisch auf der Basis und am Beispiel des IA (auf der metatheoretischen Ebene) und der COMPAIR-Methoden (auf der theoretischen Ebene) kategorisieren und ggf. integrieren?
- Worin bestehen, im Rahmen der hier zu skizzierenden Metamodelle, spezifische Ergänzungspunkte und Schnittstellen zwischen den Methoden? Welche Schlüsse ergeben sich von den einzelnen Methoden auf der theoretischen Ebene für die Kategoriebildung auf der metatheoretischen Ebene?
- Worin bestehen die Beiträge und Grenzen des IA im Rahmen der epistemologischen, heuristischen der praxeologischen Metatheoriebildung? Inwieweit bzw. unter welchen Bedingungen lassen sich hierbei die Metakategorien des IA in Hinblick auf die Anforderungen der FuK im Allgemeinen und der dialogischen Konfliktbearbeitung im Besonderen modifizieren?
- Was für allgemeine Schlüsse und weitere Herausforderungen ergeben sich in Bezug auf das Verhältnis vorherrschender Strategien, Komplexität ganzheitlich zu bearbeiten (Kategorisierung, Vereinfachung, Eklektizismus) und den spezifischen Ansprüchen unterschiedlicher Metakontexte (Epistemologie, Heuristik, Praxeologie)?

Im Rahmen der Untersuchung geht es daher zum einen darum, die Werkzeuge des IA auf die Integration unterschiedlicher Methoden der dialogischen Konfliktbearbeitung anzuwenden und zum anderen, den IA in Bezug auf seinen wissenschaftlichen und praktischen Mehrwert für die FuK im Allgemeinen und der dialogischen Konfliktbearbeitung im Besonderen zu diskutieren, ggf. zu modifizieren.

1.4. Methodische Herangehensweise

1.4.1. Analysestrategien

Die methodische Herangehensweise dieser Arbeit basiert nun auf folgenden Strategien:

- *„Map making"*: Unterschiedliche Methoden und Theorien werden deskriptiv dargestellt und mittels der epistemologischen

Integrationskategorien des IA - und ggf. noch anderer hinzukommender Kategorien - miteinander verglichen und eingeordnet. Zentral ist hierbei das von Wilber entwickelte holistische Konzept der „Orientierungsverallgemeinerungen". Das Vorgehen besteht darin, einen bestimmten (i.d.R. möglichst repräsentativen) Umfang an Theorien und Ansätzen zu sammeln, ggf. prägnant wiederzugeben und danach zu vergleichen. Der Vergleich ermöglicht Aussagen auf einer breiten und allgemeinen Grundlage und es stellt sich die Frage, wie sich diese Daten widerspruchsfrei in übergeordnete Kategorien integrieren lassen. Diese Metakategorien ermöglichen es, die einander ggf. ergänzenden oder bestätigenden Gültigkeits- und Wirkungsbereiche der jeweiligen Ansätze darzustellen.

- *Kritischer Diskurs*: Den IA gilt es in Bezug auf seinen Mehrwert für die FuK kritisch zu diskutieren. Dies erfordert, dass die Kategorien des IA ggf. neu interpretiert, modifiziert oder/und um andere ergänzt werden müssen. Notwendig ist es hierbei auch, den IA auf gleicher Augenhöhe mit anderen Metaansätzen zu diskutieren und ggf. zu dekonstruieren.
- *Offene Modellierung*: Die Metamodellierung ist daher „offen" konzipiert und entwickelt sich im Laufe der Untersuchung - von der Epistemologie bis hin zur Praxeologie - weiter. Dabei könnte die Auswahl der in dieser Arbeit hinzugezogenen Metamodelle (z.B. aus der Systemtheorie) den Eindruck eines „theoretischen Eklektizismus" erwecken. Demgegenüber sei angemerkt, dass mit dem hier abgedeckten Methodenspektrum weder auf der theoretischen noch auf der metatheoretischen Ebene der Anspruch auf ein geschlossenes System erhoben wird. Dies wäre m.E. auch nicht zu erfüllen. Die Auswahl der auf der metatheoretischen Ebene, ergänzend zum IA, hinzugenommenen Methoden ist rein pragmatisch begründet. Auf der theoretischen Ebene wird der Rahmen überwiegend durch ein breites Spektrum unterschiedlicher Methoden dialogischer Konfliktbearbeitung vorgegeben, die im Einzelnen noch vorgestellt werden. Der Schwerpunkt liegt allerdings bei den COMPAIR-Methoden.
- *Deduktion und Induktion*: Der Erkenntnisprozess der Untersuchung erfolgt, ausgehend von den o.g. theoretischen Grundannahmen, vom Allgemeinen zum Konkreten (Deduktion) und in Rückkopplung vom Konkreten zum Allgemeinen (Induktion). Dieser Vorgang spiegelt sich in der Arbeit mehrfach im Spannungsverhältnis zwischen Theorie (allgemein) vs. Praxis (konkret) und metatheoretischer (allgemein) vs. theoretischer Ebene (konkret) wider.

1.4.2. Forschungsdesign

Das Forschungsvorhaben gliedert sich entsprechend der o.g. Kernfragen sowie der zuvor getroffenen Unterscheidung folgender Bereiche der Metatheoriebildung - epistemologische, heuristische/methodologische und praxeologische Integration - wie folgt:

1.4.2.1. Epistemologische Integration

Als Quellenbasis des Hauptteils dieser Forschungsarbeit wird das unveröffentlichte Dokumentationsmaterial der COMPAIR-Konferenz herangezogen, das auf DVD aufgezeichnet ist.[31] Die zudem herangezogene Sekundärliteratur wird ergänzende Informationen liefern. Dieser Teil der Arbeit versteht sich nicht als eine Dokumentation und Auswertung des COMPAIR-Dialogs; vielmehr sollen die Aufzeichnungen der Konferenz als eine empirisch gestützte Orientierungshilfe bei der Wiedergabe der einzelnen Methoden dienen. Hierbei muss jedoch angemerkt werden, dass im Falle der Prozessorientierten Konfliktarbeit keine zufrieden stellende Repräsentanz von den Protagonisten Elsaesser und Goerres gegeben war - wie Kramer, Graf und ich während einer gemeinsamen Analyse der DVD übereinstimmend feststellen mussten. Die Wiedergabe dieses Ansatzes wird sich daher ausschließlich auf einige Originalquellen von Mindell konzentrieren.

Auf der Basis der fünf Kategorisierungsdimensionen des IA wird ein Gerüst skizziert, das die wesentlichsten Aspekte der einzelnen Methoden *epistemologisch* einordnet und integriert. Der Schwerpunkt dieses Metamodells liegt v.a. auf der Darstellung der Gemeinsamkeiten und der gegenseitigen Ergänzungspunkte der COMPAIR-Methoden. Da es sich bei all diesen Ansätzen um Methoden handelt, die den Zugang zum Selbst zu entdecken helfen, wird auch auf Inhalte einzugehen sein, die über den klassischen Bereich der mediativ-dialogischen Konfliktbearbeitung hinausgehen, durchaus aber Beiträge für eine „integrale FuK" liefern könnten.

1.4.2.2. Heuristische Integration

Darauf aufbauend, wird der Mehrwert des IA in Bezug auf *heuristische,* sprich: methodologisch-problemlösungsorientierte, Kriterien diskutiert. Da der IA keine Konflikttheorie darstellt, erfordert dies die Formulierung zusätzlicher, „verallgemeinerbarer" Metakategorien, die mehr an die heuristischen Erfordernisse der FuK angepasst sind. Ziel ist die Skizzierung eines allgemeinen anwendungsbezo-

---

[31] bezogen vom Institute for Integrative Conflict Transformation and Peacebuilding - IICP.

genen Metamodells dialogischer Konfliktbearbeitung auf der Basis der COMPAIR-Methoden, aber auch anderer Dialogansätze. Schwerpunktmäßig wird zwar auf den interpersonellen Konfliktdialog eingegangen, Ziel ist aber auch eine Standortbestimmung dieses Bereichs innerhalb eines umfassenden Spektrums unterschiedlicher Auffassungen der Konfliktbewältigung.

1.4.2.3. Praxeologische Integration

Aufbauend auf den vorigen Metamodellen wird die Untersuchung auf den Kontext einer integrierten dialogischen Konfliktintervention hin konkretisiert. Ausgangspunkt des praxeologischen Map Makings ist hierbei ein Grundgerüst, das gleichsam die Bereiche des inneren (intrapersonell) wie auch des äußeren Dialogs (interpersonell) unterscheidet und integriert. In das hierbei zu skizzierende Metamodell sollen, ergänzend zu den IA-Kategorien, auch Beiträge dialogischer Metamodelle aus der Systemtheorie, der Kommunikationspsychologie sowie der neurolinguistischen Programmierung (NLP[32]) in die Reflexion miteinbezogen werden.

Beispielhaft soll für beide Kernbereiche auf der theoretischen Ebene je ein repräsentativer Interventionsansatz vorgestellt und auf der metatheoretischen Ebene im Abgleich mit dem epistemologischen, dem heuristischen und dem hier zu skizzierenden praxeologischen Dialogmodell diskutiert werden. Bei den beiden Ansätzen handelt es sich um:

- *Im interpersonellen Bereich*: Die integrative Konfliktbearbeitung nach Graf/Kramer, welche Galtungs Theorie an den Erfahrungshintergrund von Mediatoren, Psychologen und Therapeuten anpasst und in ihrer Praxeologie weitgehend die anderen COMPAIR-Methoden integriert (vgl. Graf/Kramer 2008a-e).
- *Im intrapersonellen Bereich*: The Work nach Byron Katie, die einen relativ „unesoterischen" Zugang zu den profunden Einsichten der „spirituellen Konfliktbearbeitung" herstellt (vgl. Katie 2002). Diese impliziert zum einen die meditativ-introspektiven Einsichten der im COMPAIR-Dialog vorgestellten buddhistischen Konfliktbewältigung und ähnelt in ihrer Praxeologie der GFK.

---

32 Das **NLP** stellt eine auf Bandler und Grinder zurückgehende Sammlung therapeutischer Techniken und Ideen dar, die von großen Meistern übernommen und systematisiert wurden. Wesentliche Pfeiler bilden die Systemtheorie und Kybernetik nach Gregory Bateson, die Hypnotherapie nach Milton Erickson, die Familientherapie nach Virginia Satir und die Gestalttherapie nach Fritz Perls (Seymour/O'Connor 2009).

Aus dieser Untersuchung erhoffe ich mir konkretere, interventionsorientierte Aussagen, die kritisch auf das epistemologische Grundgerüst zurückgekoppelt werden können und zu einem Erkenntnisgewinn für eine integrierte Dialogarbeit führen.

1.5. Aufbau der Arbeit

Entsprechend der oben formulierten Zielsetzungen und Herangehensweisen strukturiert sich die vorliegende Arbeit wie folgt:

Sektion I: Vorstellung der Ansätze

- Nach einer kurzen Darstellung der methodologischen Vorgehensweise, einer theoretischen Eingrenzung der Untersuchung und einer Klärung der Schlüsselbegriffe (II.) sollen auf der Basis der COMPAIR-Dialoge und darüber hinaus gehender Quellen die unterschiedlichen Ansätze dargestellt werden (III.).
- Danach wird der IA vorgestellt (IV.).

Sektion II: Philosophie: Epistemologische Integration

- Aufbauend auf den Metakategorien des IA, wird anschließend ein Grundgerüst skizziert, in welchem alle vorgestellten Methoden in einem epistemologischen Zusammenhang - vorwiegend in Bezug auf ihre Schnittstellen und Ergänzungspunkte - diskutiert und integriert werden (V.).

Sektion III: Methodologie: Heuristische Integration

- Mit Schwerpunkt auf die interpersonelle Konfliktbearbeitung werden mehrere einander ergänzende Metamodelle auf der Basis eines modifizierten IA diskutiert, in denen sich die COMPAIR-Methoden und andere Dialogansätze heuristisch integrieren lassen (VI).

Sektion IV: Intervention: Praxeologische Integration

- Abschließend werden interventionsstrategische Überlegungen für eine integrierte Dialogarbeit skizziert. Dies soll u.a. im beispielhaften Abgleich mit zwei zusätzlichen Methoden untersucht werden, die repräsentativ unterschiedliche Bereiche dialogischer Interaktion abdecken (VII.).

Sektion V: Fazit und Ausblick

- Die Ergebnisse werden zum Schluss zusammengefasst und kritisch bewertet (VIII.).

II. THEORETISCHER RAHMEN, METHODIK UND SCHLÜSSELBEGRIFFE

Bevor mit der Untersuchung begonnen werden kann, müssen noch einige theoretische Vorbemerkungen gemacht werden. Hierbei müssen der theoretische Rahmen (2.1.), die methodische Herangehensweise (2.2.) und relevante Schlüsselbegriffe (2.3.) dargestellt werden.

2.1. Theoretischer Rahmen

Entsprechend der unter 1.3. skizzierten theoretischen Grundannahmen geht das Forschungsvorhaben davon aus, dass holistische Fragestellungen in erster Linie eine Herausforderung des „Map Makings" sind. Es geht hierbei weniger darum, neue Entdeckungen zu machen, sondern vielmehr bereits entdecktes Wissen (in Form von Theorien, Ansätzen, Methoden etc.) mit Hilfe von verallgemeinerbaren Metakategorien zu ordnen, zu diskutieren und in einen ganzheitlichen Zusammenhang zu bringen. Der IA dürfte einen der weltweit ambitioniertesten und umfassendsten Ansätze dieser „Tradition" darstellen. Der theoretische Rahmen dieser Arbeit basiert daher weitgehend auf den Kategorisierungsinstrumenten dieses Ansatzes, welche in Bezug auf ihren Mehrwert für die FuK diskutiert und ggf. erweitert werden. Im Laufe der Untersuchung, insbesondere im praxisorientierten Teil (Sektion IV), kommen noch andere Metamodelle hinzu, u.a. aus der NLP und der „Hamburger Schule" (Schulz von Thun).

In Bezug auf die zu integrierenden Methoden ist anzumerken, dass es sich vorwiegend um klienten-, lösungs- und prozessorientierte Verfahren der Konfliktintervention, wie der Vermittlung, der Mediation, dem Supervising, der Verhandlung etc., handelt. In dieser Arbeit werden all diese Methoden unter dem Begriff „dialogische Konfliktbearbeitung" zusammengefasst. Hierzu gehören im weitesten Sinne auch psychotherapeutische und meditative Methoden, die sich im Bereich des sog. „inneren Dialogs" verorten, wenn auch nicht schwerpunktmäßig. Einschränkend muss aber eingeräumt werden, dass aus Komplexitätsgründen eine tiefer gehende Berücksichtigung anderer bedeutender Methoden und Instrumente aus dem umfassenderen Bereich der ZKB (z.B. zuzüglich humanitärer und entwicklungspolitischer Ansätze) nur am Rande erwähnt werden kann.

2.2. Klärung von Schlüsselbegriffen

Eine Untersuchung in der FuK kommt nicht ohne die vorherige Bestimmung wesentlicher Schlüsselbegriffe aus. Ein wesentlicher Tätigkeitsbereich der FuK ist die Konfliktbearbeitung. Dies kann eine Konfliktanalyse oder/und eine Konfliktintervention implizieren. Ersteres definiere ich im Folgenden als das zielgerichtete Sammeln und Analysieren von Informationen über einen Konflikt. Letzteres bezeichne ich als das direkte Engagement (in erster Linie zivil) von Drittakteuren in einem Konflikt.

Wie unten noch näher darzustellen, resultiert der wesentliche Unterschied zwischen den unterschiedlichen Methoden in der FuK darin, dass sie auf unterschiedlichen Konfliktverständnissen basieren.

Auf den Konfliktbegriff wird daher noch an unterschiedlicher Stelle näher einzugehen sein. Vorgreifend sei nur angemerkt, dass der Konflikt eine wie auch immer geartete Form von „Unvereinbarkeit" zwischen mindestens zwei Positionen impliziert, die von mindestens einem Akteur wahrgenommen und als schwer oder gar nicht erträglich empfunden wird. Konflikte können grundsätzlich innerhalb als auch zwischen Akteuren stattfinden. I.d.R. herrscht in der FuK und im enger gefassten Bereich der dialogischen Konfliktbearbeitung ein Konfliktverständnis vor, das „Konflikt" als „soziales" Phänomen auffasst und daher als eine Form von Unvereinbarkeit *zwischen* mindestens zwei sog. „Konfliktparteien" definiert. Wie unten noch näher zu erörtern, herrschen auch in Konflikten zwischen Parteien weiterhin innere Konfliktdimensionen fort; d.h. Inter- (zwischenparteilich) und Intra-Konflikt-Dimensionen (innerparteilich) sind i.d.R. miteinander verbunden.

Konflikte können sich in sozialen Rahmen unterschiedlicher Größe abspielen. Hierunter fallen i.d.R. der Bereich des Individuums (Mikro), von Gruppen (Meso), von Staaten/Institutionen (Makro) und ggf. von Regionen oder Kulturräumen (Mega). Die vorliegende Arbeit legt sich meistens (Änderungen werden vorher angekündigt) auf die von Galtung geprägte Definition dieser Kategorien fest. Demnach sind zu unterscheiden:

- *Mikro*: Intra-Person, Inter-Person, Intra-Gruppen;
- *Meso*: Inter-Gruppen; Intra-Gesellschaft;
- *Makro*: Inter-Gesellschaft; Intra-Region;
- *Mega*: Inter-Region; Intra-Welt; möglicherweise Inter-Welt (vgl. Galtung 2008a: 39).

Ergänzend sei auf das Track-Konzept hingewiesen, das verdeutlicht, dass interpersonelle Dialogprozesse mit Vertreter aller o.g. sozialen Arenen stattfinden können:

- *Track 1* steht für die Ebene offizieller Verhandlungen mit Vertretern internationaler Organisationen und Staaten.
- *Track 1,5* impliziert entweder nicht-offizielle Dialogprozesse mit offiziellen Parteivertretern oder besonders hochrangige Track-2-Veranstaltungen.
- *Track 2* bezeichnet nicht-offizielle Dialogformate, an denen hochrangige Multiplikatoren und einflussreiche Akteure (Intellektuelle, Berater, religiöse Führungspersönlichkeiten) teilnehmen.
- *Track 3* bezeichnet die Vielzahl der in und mit der Zivilgesellschaft durchgeführten Aktivitäten (Aufbau von Institutionen, Trainingsarbeit, Friedenserziehung, „Reconciliation", Privatsektor, Medien etc.) (vgl. BPS 2006: 24, 90).

Wie noch näher darzustellen, lassen sich „Konflikt" und „Frieden" in der zeitgenössischen FuK nicht als Gegensätze auffassen. Konflikte gelten als unvermeidbar, sodass sich vielmehr die Frage über unterschiedliche Möglichkeiten der Konfliktaustragung stellt. Im Zentrum des Interesses in der FuK steht die Untersuchung unterschiedlicher Konfliktbewältigungsmethoden.

Einen wichtigen Beitrag zu ihrer begrifflichen Klärung leistet das BCR (vgl. Pia/Diez 2007: 5-10; vgl. Baros/Jaeger 2004: 228-231). So unterscheiden Reimann (2004) und Miall (2004) zwischen Konfliktregelung („conflict settlement"), Konfliktmanagement, Konfliktlösung („conflict resolution") und Konflikttransformation. Beide erörtern die diesen Begrifflichkeiten zu Grunde liegenden theoretischen Grundannahmen, Ziele und angewandten Methoden und fassen die unterschiedlichen Ansätze als einander ergänzende Möglichkeiten eines konstruktiven Umgangs mit Konflikten auf. Die Unterscheidung dieser vier besagten Hauptkategorien der Konfliktbewältigung werden in dieser Arbeit übernommen und lassen sich wie folgt definieren:

- *Konfliktregelung:* Die Konfliktregelung bezieht sich auf alle ergebnisorientierten Strategien mit dem Ziel, tragfähige „win-win"-Lösungen zu erreichen und/oder direkte Gewalt zu beenden, ohne die zu Grunde liegenden Konfliktursachen anzusprechen. Ein wichtiger Vertreter dieses Typs der Konfliktbewältigung ist William Zartmann. Die Konfliktparteien werden zumeist als rational handelnde Akteure angesehen. Primäres Ziel ist es daher, Konflikte durch politische Vereinbarungen (z.B. Waffenstillstand) „handhabbar" zu machen. Die bestimmenden Akteure der Maßnahmen der Konfliktregelung umfassen den sog. „Track I"-Bereich, sprich: offizielle Führungskräfte aus Militär, Politik und Wirtschaft (vgl. Reimann 2004: 8f.).

Alle nachfolgend zu erörternden Konfliktbewältigungsansätze gehen weit über die Konfliktauffassung dieser ergebnisorientierten Strategie hinaus.

- *Konfliktmanagement*: Das Konfliktmanagement ist die „Kunst der angemessenen Intervention": Konflikte werden hierbei als dynamische Prozesse aufgefasst; die Annahme von Patentlösungen wird dabei negiert (vgl. Miall 2004: 3). Konflikt wird als ein Interessengegensatz mindestens zweier Akteure verstanden, innerhalb des Status quo eines politischen Ordnungssystems (vgl. Reimann 2004: 8). Generell wird davon ausgegangen, dass Konflikte unvermeidbar sind, da sie ein wesentlicher Bestandteil des sozialen Lebens sind. Allerdings können sie in Bahnen konstruktiver Austragung gelenkt werden (vgl. Miall 2004: 3).
- *Konfliktlösung*: Konfliktlösung im Sinne Reimanns bezieht sich auf alle prozessorientierten Aktivitäten, die zum Ziel haben, den Konflikt als gemeinsames Problem neu zu definieren, mit für beide Seiten annehmbaren Lösungen. Hierzu ist es notwendig, die psychosozialen Ursachen von Konflikten und von Gewalt aufzudecken. Demzufolge werden in Anlehnung an John Burtons Theorie länger andauernde Konflikte als natürliche Folgen unerfüllter menschlicher Bedürfnisse (Identität, Nahrung, Schutz etc.) aufgefasst. Im Gegensatz zum Konfliktmanagement liegt der Ansatzpunkt in der Konfliktintervention weniger in den unterschiedlichen Interessen der Konfliktparteien, sondern in ihren Grundbedürfnissen. Diese sind im Gegensatz zu Interessen nicht verhandelbar. Die Strategien der Konfliktlösung sind prozess- und beziehungsorientiert und umfassen v.a. freiwillige und inoffizielle Aktivitäten, die z.B. von privaten Personen oder NGOs (Track II) oder zivilgesellschaftlichen Gruppen oder NGOs (Track III) durchgeführt werden (vgl. Reimann 2004: 9f.; vgl. Miall 2004: 3f.).
- *Konflikttransformation*: Die Konflikttransformation bezieht sich auf ergebnis-, prozess- und strukturorientierte „peace building"-Strategien. Wichtige Vertreter sind John Paul Lederach, Adam Curle und Johan Galtung. Zusätzlich zu den Zielen der vorher erwähnten Strategien zielt die Konflikttransformation auf die Herstellung umfassender sozialer Gerechtigkeit und die Versöhnung der Konfliktparteien ab. Der Fokus dieser

Strategie liegt daher im Besonderen auf der gezielten Unterstützung von Akteuren und ihrer Friedensressourcen innerhalb der Konfliktkonstellation und auf einer Einbindung aller intervenierenden Akteure auf allen Ebenen („Multi-Track“) (vgl. Reimann 2004: 10-13; Miall 2004: 4).

Jeder der im Rahmen der Arbeit vorzustellenden Ansätze repräsentiert eine der letzten drei Konfliktphilosophien. All diesen drei Konfliktphilosophien, v.a. der Konfliktlösung und der Konflikttransformation, ist gemeinsam, dass der Dialog den Königsweg nachhaltiger und konstruktiver Konfliktbewältigung darstellt. Als Dialog (altgriech. dialégesthai: sich unterhalten, sich unterreden; dialogein: einander zurechnen) wird eine mündlich oder schriftlich zwischen zwei oder mehreren Personen geführte Rede und Gegenrede bezeichnet. Sein Gegensatz ist der Monolog, das Gespräch einer Person mit oder vor sich allein. Im Rahmen der konstruktiven Konfliktbearbeitung dient der Dialog der Vertiefung von Gesprächen, in denen Vorannahmen, Wertungen und Gefühle, die das Denken und Handeln lenken, bewusst gemacht werden sollen. Der Dialog geht über die Debatte hinaus, die durch ein bloßes Verteidigen eigener Positionen geprägt ist, und will ein tieferes Verstehen aller Dialogpartner ermöglichen. Insbesondere in Verbindung mit meditativen Ansätzen - Formen des sog. „Inneren Dialogs“ - stellt der Dialog nicht nur eine Form der offenen und empathischen gegenseitigen Verständigung, sondern auch einen Weg zu grundlegender Transformation dar - nicht nur von einzelnen Menschen, sondern auch von Gruppen und Institutionen (vgl. Graf/Kramer 2008a).

Wie bereits angedeutet, versteht sich die dialogische Konfliktbearbeitung als Teilbereich des umfassenderen Komplexes der zivilen Konfliktbearbeitung (ZKB) - ein Sammelbegriff für alle kurz-, mittel und langfristig angelegten nicht-militärischen Maßnahmen zur Einhegung, aber auch Transformation von Konfliktsystemen (vgl. BPS 2006: 90). Die ZKB ist wiederum ein Teilbereich aus dem Gesamtkomplex der FuK.

Ein weiterer wesentlicher Aspekt dieser Arbeit betrifft die Verwendung der Begriffe „holistisch“, „integriert“, „integrativ“ und „integral“.

Das erste Wort - Holismus (griech. *holos* „ganz“) - versteht sich als „Ganzheitslehre“ und damit als Lehre, dass die Elemente eines Systems (einer „Ganzheit“) durch die Strukturbeziehungen vollständig bestimmt sind. Holismus versteht sich damit als Gegenteil zu Reduktionismus (Lehre, dass ein System durch seine Einzelbestandteile vollständig bestimmt wird). Das Wort Integration (lat. *integer* bzw. griech. *entagros* = unberührt, unversehrt, ganz) versteht sich als „Herstellung eines Ganzen“ (vgl. Graf/Kramer 2008a). Holismus und die drei unterschiedlichen Integrationsbegriffe lassen sich i.d.R. synonym verwenden, zumal sich eine strenge begriffliche Unterscheidung noch nicht durchgesetzt hat. Im Rahmen dieser Arbeit wird aber insofern sehr grob zwischen „integriert", „integrativ" und „integral" unterschieden, als integrativ ein Begriff ist, der tendenziell von Graf/Kramer und integral eher von Ken Wilber verwendet wird. Integriert benutze ich demgegenüber „neutral", d.h. ohne konkreten Bezug auf einen der vorgestellten holistischen Ansätze. Diese Zuordnung der drei ansonsten identischen Begriffe begründet sich also zweckmäßig, um im Rahmen der Arbeit grob zu unterscheiden, von welcher Art „Integration" die Rede ist. Außerhalb dieser Arbeit befürworte ich eine verbindliche Festlegung solcher begrifflichen Zuordnungen nicht, da sie eventuelle Ansprüche auf eine Monopolisierung der Begriffe bestätigen würde. Dies könnte sich z.B. problematisch bei dogmatischen Anhänger des IA zeigen, alle Ansätze, die nicht auf einer von Wilber geprägten Philosophie beruhen, nicht als „integral" anzusehen - obwohl der Begriff „integral" schon vor Wilber existierte.

III. KURZDARSTELLUNG UNTERSCHIEDLICHER VERFAHREN KONSTRUKTIVER KONFLIKTBEARBEITUNG

Im Folgenden werden die bei COMPAIR vorgestellten Ansätze prägnant zusammengefasst und dargestellt.

3.1. Konfliktmanagement nach Friedrich Glasl

Friedrich Glasl definiert „Konflikt" als eine Interaktion zwischen mindestens zwei Akteuren, in der mindestens ein Akteur eine Unvereinbarkeit im Wahrnehmen, Denken, Fühlen, Wollen mit dem anderen Akteur in der Art erlebt, dass beim Verwirklichen dessen, was der Akteur denkt, fühlt oder will, eine Beeinträchtigung durch einen anderen Akteur erfolgt (vgl. Glasl 2004a: 17). Der soziale Konflikt beginnt hierbei nicht mit den Unvereinbarkeiten, sondern mit der Art und Weise der Austragung (vgl. Glasl 2004b).

In Glasls Ansatz sind zwei Grundkriterien für die Konfliktbearbeitung von Bedeutung: Einerseits sind es Komponenten und Ansatzmomente, die generell und ansatzübergreifend in einer umfassenden Intervention berücksichtigt werden müssen. Andererseits unterscheidet er Situationsmerkmale, an denen sich die Wahl einzelner angemessener Interventionsstrategien und -rollen richten soll.

3.1.1. Generelle Komponenten und Wirkungsrichtungen der Interventionen

Glasls Konfliktdefinition liegt eine Unterscheidung von sechs seelischen Hauptfaktoren zu Grunde (vgl. Glasl 2004a: 39f.). Da diese Faktoren in ihrer Wechselwirkung zur Eskalation oder Fixierung der Konflikte beitragen, dienen diese auch als Ansatzpunkte für gezielte Interventionen. Je nach Eskalationsgrad verlagert sich dabei der Schwerpunkt der Intervention (s.u.). Bei einer leichten Eskalation liegt der Fokus auf Perzeptionen und Denken (1. und 2.), bei einer mittleren Eskalation auf Attitüden und Intentionen (3. und 4.) und bei einer hohen Eskalation auf dem Verhalten (5. und 6.) (vgl. Glasl 2004a: 436):

Auf Perzeptionen und Denken orientierte Interventionen:

1. *Perzeptionen*: Mechanismen, die den Verzerrungen und Fixierungen zu Grunde liegen, sollen in ihrer Wirksamkeit entkräftet werden; Vorurteile der Parteien sollen abgebaut werden etc.
2. *Gedanken, Vorstellungen, Erinnerungen, Interpretationen*: Die Parteien sollen sich dem Einfluss ihrer Begrifflichkeiten, Vorstellungen und Deutungen der Ereignisse auf die Konfliktmechanismen bewusst werden (vgl. Glasl 2004a: 318-325).

Auf Gefühle und Einstellungen gerichtete Interventionen:

3. *Gefühle und Einstellungen*: Die Parteien sollen Gefühle der Feindseligkeit, der gegenseitigen Diskriminierung etc. überwinden und wieder Vertrauen zueinander fassen, einander tolerieren und respektieren.
4. *Willensfaktoren (Triebe, Motive, Intentionen)*: Die Parteien sollen Klarheit über ihre (un-)bewussten Absichten bekommen; Ziele und Mittel sollen neu überdacht werden etc. (vgl. ebd.: 325-341).

Verhaltens-orientierte Interventionen:

5. *Äußeres Verhalten*: Das unkontrollierte destruktive Verhalten soll wieder in konstruktive Bahnen geleitet werden; Gewalthandeln soll reduziert werden etc.
6. *Konfliktfolgen*: Die Parteien sollen die unbewussten Folgen ihres Tuns anerkennen und dafür Verantwortung auf sich nehmen etc. (vgl. Glasl 2004a: 341-347).

Neben sechs seelischen Hauptfaktoren berücksichtigt Glasl fünf Dimensionen der Konfliktanalyse, die für die Strategie der Konfliktbehandlung unterschiedliche Wirkungsrichtungen vorgeben. Im Idealfall müssten aber alle Interventionen in einem umfassenden Ansatz integriert werden. In der Konfliktanalyse sind zu unterscheiden: 1) Issues, 2) Konfliktverlauf, 3) Parteien intern, 4) Beziehungen zwischen den Parteien und 5) Grundeinstellungen (vgl. Glasl 2004a: 349-380). Die folgende Tabelle stellt die fünf Analysedimensionen mit den sechs seelischen Hauptfaktoren in Beziehung:

	Issues	Konfliktverlauf	Parteien intern	Beziehungen zwischen den Parteien	Grundeinstellungen
Perzeptionen und Denken	Issues definieren, transponieren	Konfliktpartitur, Eskalationsprognose	Erkennen des Rollentypus, Analyse der Vertreterbeziehungen, Denkmal	Analyse der Rollenbilder, imaginäres Eskalieren und De-Eskalieren der Abhängigkeiten	Evaluieren der Grundauffassungen von Konfliktlösungsbemühungen
Gefühle und Einstellungen	Issue-Empathie, Issues flexibilisieren	Mikro-Analyse kritischer Entscheidungsmomente	Lebendiges Soziogramm	Imaginärer Monolog, kleine Kreditangebote	Externe Situation ambivalent machen, Strategie-Kalkül beeinflussen
Wollen	Issues flexibilisieren, transponieren	Trend-Extrapolation, Kreditangebote, GRIT	Rollenverhandeln	Rollenverhandeln, Rollenvertrag	Ziele-Mittel-Klärung, Un-Werte klären
Verhalten	Verhaltensbegrenzung	Status-quo-Regelung	Rollenverhandeln, interne Informationsstrategie für Status-quo-Abkommen; Verhandlungsinstruktionen	GRIT-Taktik, Rollenverhandeln, Spielregeln, kontrollierte Kommunikation	Rückkehr zu Konfliktregulatoren, verbessern der Spielregeln

Tabelle 1: Beispiele für die Überschneidung von Interventionsansätzen (Glasl 2004a: 381)

3.1.2. Indikatoren für eine flexible Strategie- und Rollenwahl

Vier Indikatorenbereiche sind für die Strategie- und Rollenwahl bei der Konfliktbearbeitung von wesentlicher Bedeutung. Diese lassen sich in der vorliegenden Abbildung 1 wie folgt schematisieren:

Abbildung 1: Indikatoren für Strategie- und Rollenwahl (Glasl 2004b)

3.1.2.1. Aktueller Eskalationsgrad

Unter den Situationsmerkmalen ist Glasls Kaskadenmodell zur Schematisierung von Eskalationsgraden am bekanntesten und am ausführlichsten ausgearbeitet. Seinen Untersuchungen zufolge ereignet sich die Konflikteskalation abrupt und stufenweise, wobei jede Stufe durch eine „Schwelle" begrenzt ist, die den Übergang zu einer gewaltsameren Austragungsform erleben lässt. Da die Eskalation der Austragungsform mit einem Rückgang des Bewusstseins und der „Ich-Kraft" der Konfliktparteien einhergeht, werden die Eskalationsstufen auch als „Regressionsschwellen" bezeichnet (vgl. Glasl 2004a: 234, 304f.). Entsprechend der vorliegenden Abbildung 2 unterscheidet Glasl neun Eskalationsstufen mit den folgenden Hauptmerkmalen[33]:

33 Ausführlich unter Glasl 2004a: 234-300

Die 9 Eskalationsstufen

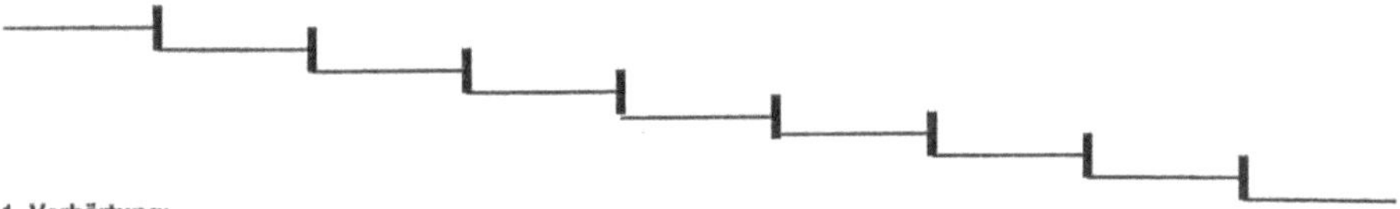

1. Verhärtung:
Standpunkte verhärten zuweilen, prallen aufeinander. Zeitweilige Ausrutscher. Bewusstsein der bestehenden Spannung bewirkt Krampf. Überzeugung herrscht vor, Spannung sei durch Gespräch lösbar.

2. Debatte, Polemik:
Polarisieren in Denken, Fühlen, Wollen. Taktiken: So tun als ob rational argumentiert würde. Über Dritte „Punkte gewinnen". Zeitliche Gruppierungen bilden sich um Standpunkte herum. Diskrepanz Oberton-Unterton. Kampf um Überlegenheit.

3. Taten statt Worte:
Überzeugung: Reden hilf nicht mehr – Strategie der vollendeten Tatsachen. Fehldeutung der Taten. Pessimistische Erwartung bewirkt Konfliktbeschleunigung. Gruppenhaut, Meinungsdruck. Einfühlungsvermögen geht ganz verloren. Haltung der Konkurrenz ist größer als Kooperation.

4. Images und Koalitionen:
Stereotype Images, Klischees bezüglich Wissen und Können und Fachkompetenz, Image-Kampagnen, Gerüchte. Parteien manövrieren einander in negative Rollen und bekämpfen diese. Werben um Anhänger. Selbsterfüllende Prophezeiung durch Fixierung auf Feindbilder. Verdecktes Reizen, Sticheln, Ärgern. „Doppelte Bindung" durch paradoxe Forderungen.

5. Gesichtsverlust:
Öffentliche und direkte persönliche Angriffe, Glaube an moralische Integrität der Gegner verloren. Ritualisiert inszenierte Demaskierungsaktionen: Entlarvung als Aha-Erlebnis rückwirkend. Polarisiertes Bild: Engel-Teufel. Ausstoßen, verbannen. Verlust der Außenwahrnehmung. Kampf um Ideologie, Werte, Prinzipien! Rehabilitierung angestrebt.

6. Drohstrategien:
Das Geschehen wird beherrscht von Drohung und Gegendrohung. Selbstbindungs-Aktivitäten („Stolperdrähte"). Parteien manövrieren sich selbst in Handlungszwang. Stress durch Ultimata und Gegenultimata gesteigert. Rapide Beschleunigung.

7. Begrenzte Vernichtungsschläge
Denken in „Ding"-Kategorien. Keinerlei menschliche Qualitäten mehrrespektiert. Begrenzte Zerstörung als „passende Antwort". Umkehren von Werten und Tugenden ins Gegenteil: Relativ kleinerer eigener Schaden wird als „Gewinn" gewertet.

8. Zersplitterung
Auf den Zusammenbruch des feindlichen Systems ausgerichtet. Vitale Systemfaktoren des Feindes werden zerstört, wodurch das System unsteuerbar wird. Abschnüren der „Frontkämpfer" von ihrem „Hinterland". Ziel ist gänzliche Zerstörung.

9. Gemeinsam in den Abgrund
Kein Weg mehr zurück. Totale Konfrontation. Vernichtung des Feindes selbst zum Preis der Selbstvernichtung. Lust an Selbstzerstörung. Bereitschaft, mit dem eigenen Untergang die Umgebung bzw. Nachkommen nachhaltig zu schädigen.

Abbildung 2: Die Hauptfaktoren der neun Eskalationsstufen (Glasl 2004a: 236f.)

Die unterschiedlichen Eskalationsstufen stehen für Wahrnehmungsebenen, in denen es den Konfliktparteien unterschiedlich leicht fällt, eigene Ideen in die Lösungssuche einzubringen. Dementsprechend sind die Maßnahmen und die funktionalen Rollen der intervenierenden Partei umso direktiver in Bezug auf die Streitpunkte (Inhalt), die Beziehungen (Interaktion) und das Verfahren (Procedere), je weiter der Konflikt eskaliert ist (vgl. Glasl 1999: 364-404). Oft erleben sich die Konfliktparteien auf ungleichen Stufen. Bei der Wahl der Interventionsstrategie richtet man sich im Idealfall nach der höheren Eskalationsstufe (vgl. Glasl 2003b: 298).

Bei einer *geringen Eskalation* (Stufen 1-3) geht es darum, die vorhandenen Selbstheilungskräfte der Konfliktparteien zu stimulieren und zu initiieren. Dies wird ermöglicht, indem die intervenierende Partei die Rolle einer Moderator einnimmt und Ansätze des Facilitating, Supervision, Moderation und der Scrivener Mediation anwendet (vgl. Glasl 2004a: 404-408).

Bei einer *mittleren Eskalation* (Stufen 4-6) hat sich der Konflikt von der Sach- auf die Beziehungsebene verlagert. Ab dieser Stufen ist die Wahrscheinlichkeit gering, dass die Konfliktparteien aus eigener Kraft den Konflikt lösen (vgl. Glasl 2004a: 300). An dieser Stelle sind Interventionen geboten, die die Entwicklung von gegenseitiger Empathie fördern und zu einer reflexiven Auseinandersetzung mit den stark polarisierten Selbst- und Fremdbildern der Konfliktparteien beitragen. Meist erweist es sich als sinnvoll, die Konfliktparteien zunächst getrennt zu behandeln. Ansätze der Supervisory Mediation, der Prozesskonsultation und -begleitung bieten sich zur Auflösung fixierter Einstellungen und von Rollen- und Beziehungsmustern (bis Stufe 5) an. Bei einer tieferen Deformierung der Einstellungen der Konfliktparteien (bis Stufe 6) eignen sich Ansätze der soziotherapeutischen Prozessbegleitung bzw. der therapeutischen Mediation (diese Methoden sind angelehnt an die systemische Familientherapie). Bei einer noch tieferen Eskalation (bis Stufe 7) fungiert die intervenierende Partei als Puffer und engagiert sich mit Methoden der klassischen bzw. der Shuttle Mediation für einen akzeptablen Kompromiss in Sachfragen (vgl. ebd.: 408-425).

Bei einer *hohen Eskalation* (Stufen 7-9) wird der Konflikt durch direkte Gewalt ausgetragen. An dieser Stelle geht es v.a. um Schadensbegrenzung. Daher liegt der Fokus weniger beim Einfluss auf die Wahrnehmungen der Konfliktparteien, sondern bei ihrer völligen Verhaltenskontrolle. Bei fakultativen oder obligatorischen Schiedsverfahren fungiert die intervenierende Partei als Arbiter. Wenn der Konflikt bis zu den Stufen 8 und 9 eskaliert ist, kann zumeist nur noch der Eingriff einer überlegenen Machtinstanz das Schlimmste verhindern (vgl. ebd.: 428-435).

Das Spektrum von Interventionsansätzen, das an die jeweilige Eskalationsstufe angepasst ist, wird durch die vorliegende Abbildung 3 schematisiert:

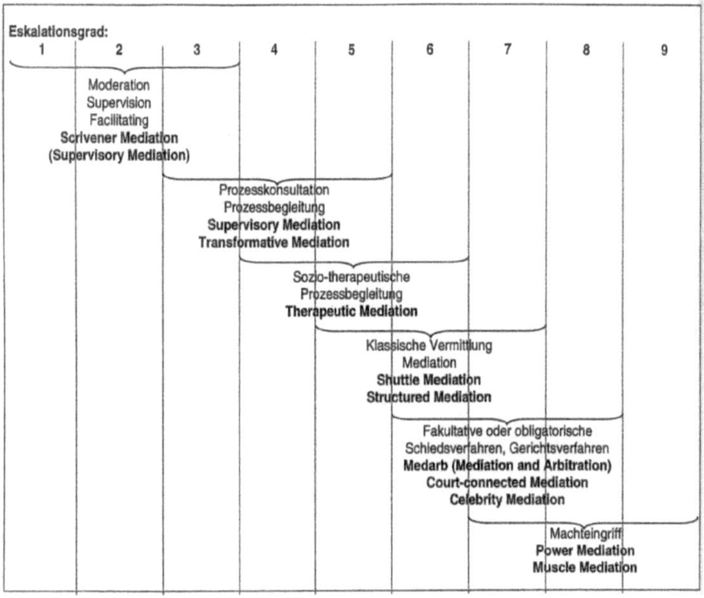

Abbildung 3: Spektrum von Interventionsansätzen nach Eskalationsgrad (Glasl 2004a: 397)

Die Überschneidungen bei den Interventionsansätzen rühren aus der Unterscheidung zwischen sog. „kalt“ und „heiß“ ausgetragenen Konflikten her. Kalte Konflikte bedürfen hierbei schon bei niedrigeren Eskalationsstufen eines Übergangs zum nächsten Interventionsansatz (vgl. Glasl 2004b).

3.1.2.2. Konflikttypus

Dominante Erscheinungsformen

Idealtypisch lassen sich vier dominante Erscheinungsformen der Konfliktaustragung voneinander unterscheiden: Einerseits sind es formgebundene vs. formfreie Konflikte, andererseits heiße vs. kalte Konflikte (vgl. Glasl 2004a: 84). Hierbei wird untersucht, welches Klima in der Auseinandersetzung dominant ist, sprich: nach welchen (ungeschriebenen) Spielregeln gekämpft wird (vgl. Glasl 2004b). Kalte Konflikte weisen eine äußerlich beherrschte, indirekte, verdeckte und weitgehend formgebundene Austragung auf. Beide Austragungsformen können durch bestimmte Ereignisse in sog. heißen und kalten „Phasen“ einander abwechseln. Heiße Konflikte implizieren hingegen eine direkte, offene, emotionale, weitgehend formfreie Auseinandersetzung (vgl. Glasl 2004a: 77-84). Die vorliegende Tabelle 2 fasst die spezifischen Symptome heißer und kalter Konflikte in Kürze zusammen:

Heiße Konflikte	**Kalte Konflikte**
Die Streitenden setzen sich überwiegend für *„Erreichungsziele"* ein und wollen ihre Gegner am liebsten überzeugen oder *„bekehren"*.	Die Streitenden verfolgen überwiegend *„Verhinderungsziele"* und wollen jede Vereinnahmung durch den Gegner unterbinden und *blockieren*.
Die Konfliktparteien sind auf *Eroberung* und Expansion ausgerichtet. Dies steigert das Überlegenheitsgefühl der Kämpfenden.	Die Konfliktparteien zerstören gegenseitig den jeweiligen Zusammenhalt. Dies führt zur gegenseitigen *Lähmung* und nährt Angst und Ohnmacht.
Die Auseinandersetzungen erfolgen extrovertiert als emotionale *Explosionen*.	Die Kämpfenden zeigen keine Emotionen; der Ärger über die mangelnden Erfolge richtet sich gegen sich selbst (*Implosionen*).
Die Austragung ist *offen*.	Die Austragung erfolgt aus dem *Hinterhalt* und ist nicht sofort erkennbar.
Die Konfliktparteien tendieren dazu, beengende Normen, Vorschriften und *Spielregeln zu missachten*.	Die Konfliktparteien mobilisieren eine unpersönliche *„Systemgewalt"*.

Tabelle 2: Die generellen Symptome heißer und kalter Konflikte (Glasl 2003b: 285f. [eigene Hervorhebung])

Unterschiedliche Faktoren begünstigen die vorherrschende Tendenz in der Konfliktaustragung, wie z.B. die Persönlichkeitsstruktur (introvertiert oder extrovertiert) und die persönliche Grundauffassung der Kernpersonen (Konfliktscheu oder Streitlust), der Wandel der Machtverhältnisse (zu Ungunsten oder zu Gunsten einer Konfliktpartei) oder der subjektiv erlebte Machtabstand (Unterlegenheit oder Überlegenheit) (vgl. Glasl 2003b: 287). Glasl zufolge liegt allen Konflikten der psychologische Mechanismus der „Spiegelung" bzw. der „Projektion" zu Grunde. Da Eskalationen mit einer eingeschränkten Wahrnehmung des Konfliktakteurs einhergehen, stellen sie im Grunde Projektionen dar, in denen er seine unterdrückten Persönlichkeitsanteile („negativer Archetyp") verleugnet und überträgt. Dies ist besonders bei intensiven Konflikten der Fall, die sich durch eine besonders dualistische Wahrnehmung auszeichnet: Der Feind ist böse und man selbst ist gut. Hierbei sieht das Ego dasjenige im Feind, was es unterbewusst bei sich selbst verachtet (vgl. Glasl 2004a). Die Symptome heißer Konflikte weisen auf eine Projektion nach außen hin. Kalte Konflikte zeichnen sich hingegen dadurch aus, dass sich der (unterdrückte) Selbsthass gegen sich selbst richtet. Dies kann Erscheinungsformen von schlechtem Gewissen, Selbstzweifeln, Selbstvorwürfen, Scham etc. sowohl in bewusster als auch in unbewusster Form annehmen.

Die Symptome der beiden Konflikttypen prägen sich, wie oben angedeutet, unterschiedlich auf den Eskalationsstufen aus, was bei der Wahl des Interventionsansatzes entsprechend zu berücksichtigen ist. Allerdings bestehen ab der Eskalationsstufe 6 keine nennenswerten Unterschiede mehr zwischen heißer und kalter Austragung (vgl. Glasl 2004a: 304). Tendenziell sieht die Konfliktbearbeitung von heißen (überhitzten) Konflikten de-eskalierende Strategien vor, bei kalten (unterkühlten) Konflikten hingegen eskalierende Strategien (vgl. 2003: 293). Die vorliegende Tabelle 3 fasst die wesentlichen Unterschiede dieser Strategien zusammen:

Heiße Konflikte	**Kalte Konflikte**
De-eskalation; Abkühlen, Entschleunigung der Ereignisse durch Begrenzen von Themen, Personen, Zeit, Ort.	*Eskalation*; Anwärmen; emotionale Äußerungen stimulieren.
Einführung von Kommunikationsregeln und Interimsvereinbarungen zur Verhaltenskontrolle.	Eingeschliffene *Formalisierungen (vorübergehend) aufheben*.
Diagnoserückmeldungen an alle Parteien und *direkte Konfrontationen* zwischen den Parteien sind früh möglich.	Direkte Konfrontationen erst nach *getrennten Rückmeldungen* möglich.
An *Zukunftsfragen* und gemeinsamen Zielen kann früh gearbeitet werden.	Die *Aufarbeitung der Vergangenheit* hat vor Zukunftsfragen Priorität.

Tabelle 3: Unterschiede bei der Behandlung von heißen und kalten Konflikten (vgl. Glasl 2003b: 299 [eigene Hervorhebung])

Die Interventionen, die an die Konflikttypen „Eskalationsgrad“ und „Austragungsform“ angepasst sind, lassen sich in mindestens vier Dimensionen zusammenfassen und wie folgt miteinander in Beziehung setzen: „Präventiv“ und „kurativ“ nehmen dabei Bezug auf die Konfliktphase und „eskalierend“ und „de-eskalierend“ auf die Austragungsform.

	De-eskalierend (heißer Konflikt)	Eskalierend (kalter Konflikt)
Präventiv	Um Kommunikations-problemen vorzubeugen, werden Informations-spielregeln vereinbart; Training in Kommunikations-methoden.	In Anwesenheit des Beraters werden Sorgen, Ängste, Unterstellungen gezielt angesprochen; Konfrontationssitzung um zu vermeiden, dass ein beginnender Konflikt kalt gemacht wird.
Kurativ	Der Konfliktverlauf wird rekonstruiert und geklärt; Die Konfliktparteien klären ihre unterschiedlichen Perzeptionen des Verhaltens.	Bestehende kalte Konflikte werden durch Rollenspiele dramatisiert, übertrieben; Ein Interessenvertreter ermutigt seine Klienten, sich stark für ihre Standpunkte einzusetzen.

Tabelle 4: Vier Interventionsrichtungen (vgl. Glasl 2004a: 316)

Soziale Arena

Bei der Unterscheidung von sozialen Arenen betont Glasl die Bedeutung der „Einzelseele" und das Wechselspiel unterschiedlicher Faktoren, die in ihr wirken. Generell findet er hierbei auch die Differenzierung zwischen Inter- und Intra-Konflikten zu abstrakt, da sie in Wirklichkeit unlösbar miteinander verknüpft sind (vgl. Glasl 2004a: 71). Glasl unterscheidet bei den Größenordnungen von Konflikten zwischen mikro- (Individuen), meso- (Organisationen) und makrosozialen Konfliktbereichen (Institutionen). Mit der Größe des Konfliktumfangs steigt auch seine Komplexität, da ihm die kleineren sozialen Arenen immanent sind. Daher erfordert die Größe des Konfliktumfangs ein entsprechend großes Maß an zusätzlichen Kenntnissen, um diesen Konflikt angemessen bearbeiten zu können (vgl. Glasl 2003b: 282f.).

Reichweite der Konflikte

Eine erfolgreiche Konfliktbearbeitung macht es auch erforderlich, die Haltung der Konfliktparteien in Bezug auf die gegenseitigen Systempositionen und des Konfliktrahmens auszudifferenzieren:

Bei *Friktionen* beschränken sich die Differenzen der Konfliktparteien nur auf einige wenige Streitpunkte (Issue-Konflikte), nicht aber die Einflusssphären und Kompetenzen der Parteien. Dies ist eher bei *Positionskämpfen* der Fall, die allerdings als Sachdifferenzen ausgetragen werden können. In *systemverändernden Konflikten* steht der Fortbestand des Gesamtsystems, in dem der Konflikt stattfindet, auf dem Spiel, da seine Änderung angestrebt wird (vgl. Glasl 2003b: 283f.).

3.1.2.3. Kulturelle, gesetzliche und wirtschaftliche Rahmenbedingungen

Eine erfolgreiche Konfliktintervention muss unterschiedliche sozioökonomische Kontexte berücksichtigen, in denen die Interaktion stattfindet. Von besonderer Bedeutung sind hierbei die kulturell bedingten Norm- und Wertstrukturen, die in jeder Gesellschaft unterschiedliche Verhaltensregeln vorgeben, in denen Konflikte bearbeitet werden. Beispielsweise ist zu berücksichtigen, ob die beteiligten Kulturen eine direkte oder eher eine indirekte Kommunikationsform aufweisen, ob sie feminin oder maskulin sind, ob sie generell verhandlungsorientiert sind etc. (vgl. Glasl 2004b).

3.1.2.4. Rahmenvorgaben

Hierunter fällt alles, was die Konfliktbearbeitung a priori einschränkt und ausschließt. Dies kann z.B. die Mittel betreffen, die der intervenierenden Partei zur Verfügung stehen oder ihr Mandat bzw. ihre Aufgabe (vgl. Glasl 2004b).

3.2. Transcend nach Johan Galtung

Johan Galtungs Transcend-Methode stammt aus der Tradition der Konflikttransformation. Sie beinhaltet eine komplexe Philosophie (3.2.1.), unterschiedliche Teiltheorien (3.2.2.) und eine umfassende Praxeologie (3.2.3.). Hiervon sollen die wichtigsten Aspekte in groben Zügen dargestellt werden.

3.2.1. Philosophie

Die Transcend-Philosophie beinhaltet eine sozialphilosophische Vision (3.2.1.1.), eine umfassende Epistemologie (3.2.1.2.) und eine aus der historischen Anthropologie abgeleitete Grundbedürfnistheorie (3.2.1.3.).

3.2.1.1. Frieden mit friedlichen Mitteln

Galtung vertritt die Grundhaltung eines „pragmatischen Idealismus", die der Vision eines „Friedens mit „friedlichen Mitteln" („positiver Frieden") verpflichtet ist. Dieser Ansatz versteht sich nicht als reine „Gewaltlosigkeit", sondern als einen gezielten Einsatz von Mitteln, „die funktionieren" (daher auch „Konstruktionismus") (vgl. Graf/Kramer 2008a; vgl. Galtung 1998).

3.2.1.2. Epistemologie

Wissenschaftliche Epistemologie

Die *drei*seitige Wissenschaftskonzeption von Galtung stellt einen Versuch dar, die tatsächliche Praxis der Sozialwissenschaften adäquater in einem Metamodell abzubilden, denn jede wissenschaftliche Tätigkeit beinhaltet - so Galtungs Beobachtung - immer alle drei Formen:

- Der *Empirismus* ist die wissenschaftliche Tätigkeit, bei der Datensätze mit theoretischen Sätzen verglichen und als „wahr" oder „falsch" bewertet werden.
- Der *kritizistische Bereich* umfasst die Tätigkeit, z.B. der Rechtswissenschaften, der Sozial- oder Kunstkritik. Das Ergebnis ist eine Beurteilung des laut Datensatz Beobachteten als „gut" oder „schlecht".
- Der *Konstruktionismus* ist die typische Tätigkeit eines Architekten („Konstrukteurs"), bei der theoretische Sätze mit Wertsätzen verglichen werden, um zu erkennen, inwieweit die vorausgesagte auch die vorgezogene Welt ist. Das Ergebnis ist ein Vorschlag bzw. Entwurf und wird nach den Kriterien „adäquat" oder „nicht-adäquat" bewertet.

In Wirklichkeit ist diese Trennung nicht klar, sondern gibt eine spezifische Tendenz der drei wissenschaftlichen Tätigkeiten wieder.

Wenn eine solche Reihenfolge zwischen der Epistemologie und der Heuristik angenommen werden kann, lassen sich aus dieser oben skizzierten Dreiseitigkeit drei Arbeitsschritte der Konfliktbearbeitung ableiten. Galtung unterscheidet hierbei:

1. die *Konfliktdiagnose,* die sich aus dem Kritizismus ergibt, vorausgesetzt, dass ein Konflikt mit einer subjektiven Akteurswahrnehmung von einem „Problem" beginnt.
2. die *Konfliktprognose,* die aus dem Empirismus resultiert, vorausgesetzt, dass solche Voraussagen weitgehend von einer Interpretation objektiver Daten abhängig sind.
3. die *Therapie,* die sich aus dem Konstruktionismus ergibt, d.h. eine praktische Tätigkeit, die auf der Erreichung eines Soll-Zustands ausgerichtet ist (vgl. Galtung 1978: 72-86).

Integrierung der okzidentalen und der orientalen Episteme

Die Komplexität der Transcend-Epistemologie resultiert v.a. aus ihrem Anspruch, unterschiedliche tiefenkulturell bedingte Formen des Denkens zu integrieren. Hierzu gehört v.a. (aber nicht ausschließlich) die Integration der okzidentalen und der orientalen

Epistemologie. Erstere umfasst die „abrahamistische" („Dilemma-Pyramide") und die „cartesianische" Logik („Atomismus-Deduktivismus"). Letztere umfasst die „buddhistische" („Rad-Tetralemma") und die „daoistische" („Holismus-Dialektik") Logik.

Die Gegenüberstellung *„Abrahamismus" (okzidental) vs. „Buddhismus" (oriental)* lässt sich u.a. an folgenden Kriterien grob veranschaulichen:

- *Immanenz vs. Transzendenz*: Die buddhistische Logik tendiert zu einer immanenten (Gott-im-Menschen, Mensch-in-der-Natur, Gott-in-der-Natur), die abrahamitische Logik hingegen zu einer hierarchisch-transzendenten Sichtweise (Gott-über-dem-Menschen, Mensch-über-der-Natur, Gott-über-der-Natur).
- *Linearität vs. Zyklus*: Die abrahamitische Logik tendiert zu einer linearen, die buddhistische Logik eher zu einer zyklischen Zeitauffassung.
- *Dilemma vs. Tetralemma*: Die abrahamitische Logik neigt dazu, Probleme in Dilemma- („entweder-oder"), die buddhistische, in Tetralemma-Konstellationen („entweder-oder", „beide", „weder-noch") aufzufassen (vgl. Galtung 2008a: 46-52).

Die Gegenüberstellung *„Cartesianismus" (okzidental) vs. „Daoismus" (oriental)* lässt sich grob an vier Regeln darstellen, die seinerzeit Descartes selber formuliert hatte (vgl. im Folgenden Galtung 2008a: 53-67):

- *Intuition:* Die cartesianische Logik folgt sinngemäß dem Ausspruch: „Nichts für wahr halten, was nicht so klar und deutlich erkannt ist, dass es nicht in Zweifel gezogen werden kann." Diese Herangehensweise nimmt daher nur die grundlegenderen und rational begründbarsten Aspekte der Realität zum Ausgangspunkt („cogito, ergo sum").

  Die daoistische Logik neigt hingegen zu Aussagen über die Totalität der Realität. Sie sieht alles als Teil eines Ganzen (Holons) und beginnt stets mit dem größeren Zusammenhang.
- *Analyse:* Die cartesianische Logik folgt dem Postulat von Descartes: „Schwierige Probleme sind immer in Teilschritten zu erledigen." Auf Grund ihres Fokus, sich auf die Bestandteile eines Problems zu richten, bezeichnet Galtung diese Herangehensweise als „atomistisch".

  Demgegenüber zeichnet sich die daoistische Logik durch ihren Fokus auf die Ganz-heit eines Problems aus („Holismus"). Ihr Blick auf Yin-Yang-Dialektiken begünstigt eine Konfliktwahrnehmung als „Beziehung". Galtung unterscheidet hierbei mindestens die folgenden Trennlinien: Ökologie (Mensch vs. Natur), Gender (männlich vs. weiblich), Generation (jung vs. mittel vs. alt), Rasse (hell vs. dunkel), Klasse (reich vs. arm), Nation (z.B. Christentum vs. Islam), Territorium (Zentrum vs. Peripherie), Staat (Staat vs. Nicht-Staat), Superstaat (Superstaat vs. Staat).

- *Synthese:* Die cartesianische Epistemologie folgt einer linearen Herangehensweise, „vom Einfachen zum Schwierigen fortschreiten."

  Die daoistische Perspektive folgt demgegenüber einer zyklischen Auffassung der Zusammenhänge - ausgehend von Yin-Yang. Sie betont, dass das Zusammenspiel der Gegensätze Yin und Yang von einer wechselhaften Dynamik geprägt ist - ein Extrem (Yin dominiert) bringt ein Gegenextrem (Yang dominiert) mit sich. Daneben wäre eine Yin-Yang-Konstellation als Weder-noch (Zusammenbruch) oder als Sowohl-als-auch (Harmonie) möglich. Keines dieser Positionen ist für sich genommen beständig und wechselt in quasi zyklischer Abfolge.

- *Deduktion/Vollständigkeit:* Der cartesianischen Logik zufolge ist in Verbindung mit der linearen Herangehensweise „stets zu prüfen, ob bei der Untersuchung Vollständigkeit erreicht ist."

  Die daoistische Logik fasst demgegenüber „Vollständigkeit" im Rahmen ihrer Holon- und Yin-Yang-Episteme anders auf. Sie berücksichtigt, dass die Zahl von Holons und ihrer Aufteilungen nach oben und unten quasi unbegrenzt ist. Ein Dorf ist z.B. Teil eines Staates, ist Teil einer Region, ist Teil der Welt usw. Eine Problemlösung muss daher alle relevanten Widersprüche in allen Holonkontexten berücksichtigen. Ein Konflikt impliziert zumeist mehrere Trennlinien gleichzeitig, und eine Yin-Yang-Harmonie in einer Trennlinie kann zu einem neuen Widerspruch in einer anderen Trennlinie führen. (vgl. Galtung 2008a: 53-67).

Galtung betont, dass ein holistischer Ansatz der Konfliktbearbeitung möglichst viele intellektuelle Landkarten - wie z.B. oben dargestellt - integrieren müsse.

3.2.1.3. Anthropologie der Grundbedürfnisse

Den Referenzrahmen für Gerechtigkeit und damit einer nachhaltigen Konfliktbearbeitung liefert das Grundbedürfniskonzept, das Galtung in den 1970er Jahren im Auftrag der Universität der Vereinten Nationen in Tokio (UNU) entwickelt hat (vgl. Graf/Kramer 2008a, 2008c). Auf der Basis der historischen Anthropologie unterscheidet Transcend mindestens zwei physische und zwei psychische

Grundbedürfniskategorien, die nicht verhandelbar und gleichwertig sind: Identität (Lebenssinn), (Wahl-)Freiheit, existenzielles Überleben, physisches Wohlbefinden, (vgl. Graf/Bilek 2003: 308). Grundbedürfnisse sind nicht identisch mit Menschenrechten (z.B. sexuelle Grundbedürfnisse), können aber durch sie gestützt werden (z.B. Recht auf Leben) (vgl. Graf/Kramer 2008a, 2008c).

3.2.2. Theoretische Grundlagen: Konflikt, Gewalt, Frieden

Nach Galtung ergibt sich der Konflikt aus einem *Widerspruch* miteinander unvereinbarer Ziele innerhalb eines Akteurs (Dilemma) oder mindestens zweier Akteure (Disput). Dieser Widerspruch bestimmt den Inhalt des Konflikts. Zu einem Konflikt gehören bestimmte *Annahmen (Erkenntnisse) und Einstellungen (Gefühle)*, nach denen die Akteure den Konflikt bewerten. Widerspruch (contradiction) und Annahmen/Einstellungen (attitude) stellen die latente (unbewusste) Seite eines Konflikts dar. Beide Bestandteile prägen sich in einem spezifischen *Konfliktverhalten* (behaviour) aus - der manifesten Seite des Konflikts. Aggressive Einstellungen und Verhaltensweisen resultieren hierbei aus dem Umstand, dass ein Ziel durch etwas als versperrt empfunden wird. Der existierende Widerspruch wird als Frustration erlebt. Dieses Verhalten ist i.d.R. mit den Glücksvorstellungen der Gegenpartei unvereinbar, wodurch zum alten Widerspruch ein neuer hinzukommt und sich das Konfliktdreieck als Gewaltspirale reproduziert (vgl. Galtung 1998a: 135f.).

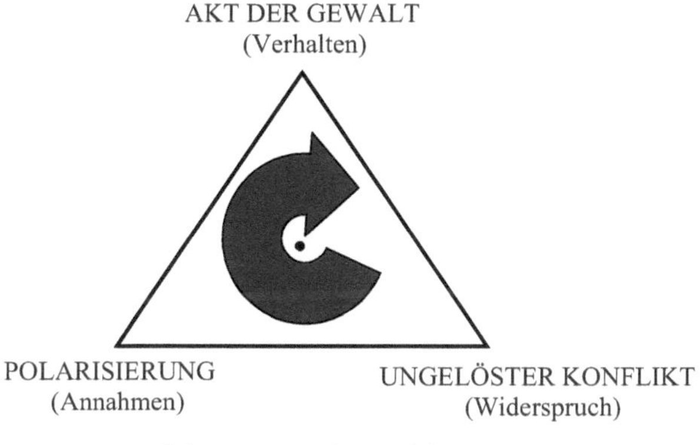

Abbildung 4: Vom Konflikt zur Gewalt (Graf/Kramer 2008a)

Gewalt definiert sich hierbei „als die Ursache für den Unterschied zwischen dem Potentiellen und dem Aktuellen, zwischen dem, was hätte sein können, und dem, was ist. Gewalt ist das, was den Abstand zwischen dem Potentiellen und dem Aktuellen vergrößert oder die Verringerung dieses Abstandes erschwert" (Galtung 1975: 9). Die drei Eckpunkte von Galtungs Konfliktdreieck haben ihre Entsprechungen in einem Gewaltdreieck:

- Die *strukturelle Gewalt* entspricht dem Widerspruch im Konfliktdreieck. Sie beinhaltet Mechanismen, die eine Herrschaftselite befähigen, ausbeuterische Macht auf Kosten anderer auszuüben (vgl. Galtung 2000: 117f.).
- Die *kulturelle Gewalt* bildet eine religiös-ideologische Legitimierungsgrundlage direkter und struktureller Gewalt und resultert aus den ihnen immanenten Programmierungen, die bei den Akteuren verzerrt-polarisierende kollektive Einstellungen bewirken (vgl. Galtung 2000: 119f.).
- Die *akteurszentrierte Gewalt* wird von den beiden anderen subtilen Gewaltformen begünstigt und prägt sich in einem aggressiven Akteursverhalten aus (vgl. Galtung 2000: 115f.).

Daneben unterscheidet Galtung noch andere Gewaltarten, die jedoch für die Transcend-Methode nicht von Relevanz sind.[34] Wesentlicher ist hingegen die Berücksichtigung unbewusster *Tiefendimensionen* bei den drei oben skizzierten Gewaltarten:

- Die strukturelle Gewalt erwächst aus *Tiefenwidersprüchen* bzw. Machtungleichgewichten innerhalb der unbewussten Beziehungsmuster unterschiedlicher Gesellschaftssegmente. Hierunter können folgende Trennlinien unterschieden werden: 1) Umwelt: Mensch vs. Natur; 2) Gender: Männlich vs. Weiblich (Sexismus); 3) Generation: Alte vs. „Erwachsene" vs. Junge; 4) Hautfarbe: Hell vs. Dunkel (Rassismus); 5) Klasse: Mächtige vs. Ohnmächtige (a) politische Macht: wer entscheidet über/ unterdrückt wen? b) Militärische Macht: wer marschiert wo ein/okkupiert wen? c) Ökonomische Macht: wer beutet wen aus? d) Kulturelle Macht: wer durchdringt/konditioniert/entfremdet wen?); 6) Normales vs. Abweichendes (Stigmatisierung); 7) Nationalität („Ethnie") / Kultur (Religion) / Zivilisation: Dominante vs. Dominierte (Nationalismus, Fundamentalismus); 8) Territorium: Staatenwelt, Zentrum vs. Peripherie (Zentralismus). Der strukturellen Gewalt liegt eine Pathologie zu Grunde – das sog. „PSFM-Syndrom": Das Machtungleich-

---

34 Die *psychische Gewalt* ist eine verbale Form der verhaltensorientierten Gewalt und versteht sich als eine Einflussnahme, die sich auf Worte, Gebärden, Bilder und Symbole stützt (vom Aufbau von Feindbildern bis zur Androhung von Folter). Sie versucht, Menschen einzuschüchtern und zu ängstigen (vgl. Galtung 1971: 58-66). Die sog. *„Naturgewalt"* (in Form von Naturkatastrophen) kann im Gegensatz zu den anderen Gewaltarten nicht direkt verhindert werden (vgl. Galtung 2008a: 106f.).

gewicht der besagten Trennlinien impliziert **P**enetration (als Gegenteil von Autonomie), **S**egmentation (als Gegenteil von Integration), **F**ragmentation (als Gegenteil von Solidarität), **M**arginalisation (als Gegenteil von Partizipation) (vgl. ebd.: 117f.).

- Die gesamte Kultur (Religion und Ideologie, Sprache und Kunst, empirische und formale Wissenschaft) ist von *tiefenkulturellen* Mustern bzw. Programmierungen durchzogen, die direkte und strukturelle Gewalt legitimieren. Das emotionale „MMT-Syndrom" impliziert **M**ission (Sendungsbewusstsein), **M**ythos (Auserwähltsein) und **T**rauma (Verletzungen von Feinden). Das kognitive „DMA-Syndrom" ist von **D**ualismus (wir vs. sie), **M**anichäismus (gut vs. böse), und **A**rmageddon (ein letztes alles entscheidendes Ereignis) gekennzeichnet (vgl. Graf/Bilek 2003: 308f.).
- Die Tiefendimension akteurszentrierter Gewalt resultiert aus der Nichterfüllung von *Grundbedürfnissen*: Wohlbefinden, Überleben, Freiheit und Identität. Diese Bedürfnisse sind gleichwertig und können von allen drei Gewaltarten bedroht sein (vgl. ebd.: 308).

Gewalt ist nicht mit Konflikt identisch, wohl aber impliziert Gewalt immer einen zu Grunde liegenden Konflikt. Der Konflikt beinhaltet stets die Möglichkeit zum kreativen und konstruktiven Umgang. Frieden steht hierbei für die Fähigkeit, „einen Konflikt mit Empathie, Gewaltfreiheit und Kreativität" anzugehen und dabei den Konflikt in seinen drei Manifestationsbereichen zu behandeln (vgl. Galtung/Tschudi 2003: 9f.). Konkret bedeutet das:

- Bei der direkten Gewalt muss *Gewaltfreiheit* aufgebaut werden, indem die Grundbedürfnisse aller Parteien respektiert und befriedigt werden.
- Bei der kulturellen Gewalt muss durch die Förderung von *Empathie* eine Transformation der destruktiven Kulturelemente angestrebt werden.
- Bei der strukturellen Gewalt müssen durch die Förderung von *Kreativität* die Begrenzungen der Trennlinien überwunden werden (vgl. Graf/Bilek 2003: 310).

Die Schaffung von Frieden bedeutet also konkret die Vermeidung (Prävention) und Reduzierung (Heilung) von Gewalt und die Umleitung der Konfliktenergie in eine positive Richtung (Transformation):

3.2.3. Praxeologie

3.2.3.1. Konfliktintervention im Konfliktlebenszyklus

Die Maßnahmen der Konfliktintervention orientieren sich im Idealfall nach dem *Lebenszyklus des Konfliktes*. Sofern nicht unterbrochen, sind drei Phasen zu unterscheiden, die aufeinander folgen: 1) vor der Gewaltanwendung, 2) während der Gewaltanwendung und 3) nach der Gewaltanwendung. Hierbei muss sich die Konfliktintervention an die Bedingungen der jeweiligen Konfliktphase anpassen. In der vorliegenden Abbildung 4 ist zu ersehen, dass in der Konfliktphase, in der die Gewalt eskaliert und der Konflikt manifest ist (sprich: alle drei Gewaltarten vorhanden sind), der Aufwand für eine Konflikttransformation am größten ist:

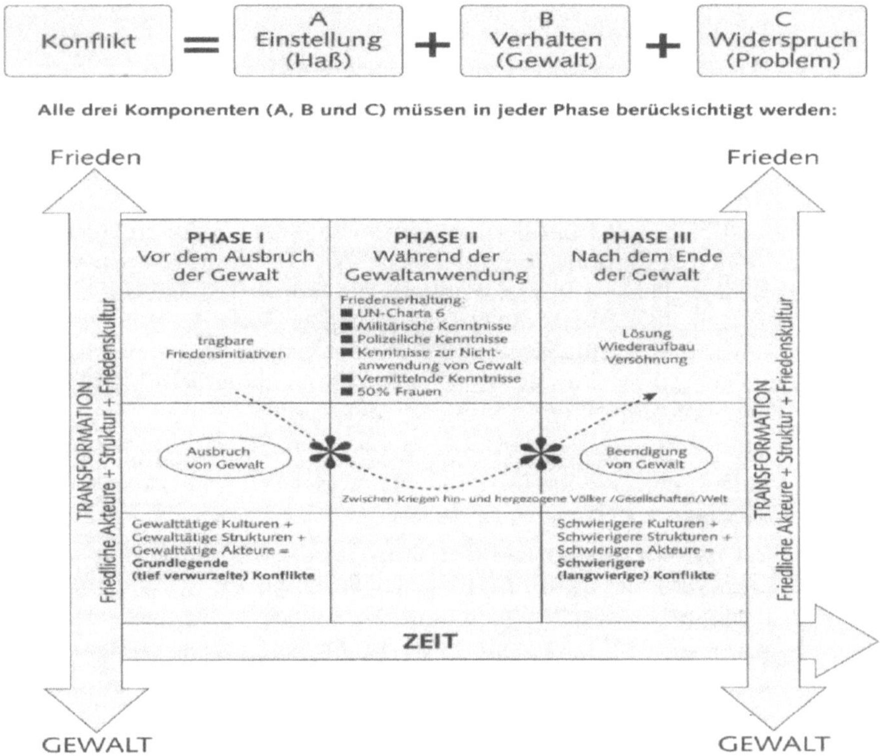

Abbildung 5: Raster – Konflikttransformation (vertikal) und Zeitachse der Gewalt (horizontal) (Galtung 2000: 13f.)

In Phase I, also vor dem Ausbruch der Gewalt, gilt es vorbeugend auf repressive Strukturen, Gewalt legitimierende Kulturen und gewalttätige Akteure einzuwirken:

- Ausbeutende Strukturen müssen gemeinsam reflektiert werden; Friedensstrukturen müssen so früh wie möglich eingeführt werden.
- Gewalttätige Akteure müssen identifiziert, ernst genommen und in Dialogen über sämtliche Aspekte ihrer Situation mit einbezogen werden.
- In den Konfliktkulturen - v.a. den polarisierten Win-Lose-Perzeptionen - müssen konstruktive Elemente herausgefunden, gefördert und eingeführt werden.
- Insgesamt muss allen Beteiligten vermittelt werden, dass es sich um gemeinsame Probleme handelt (vgl. Baros/Jaeger 2003: 232).

In der Ausbruchsphase (Phase II) gilt es zuerst die Gewalt zu stoppen, weil sie den zu Grunde liegenden Konflikt schwerer erkennbar macht (Friedenssicherung). Da die Konfliktparteien nicht in der Lage sind, die Gewalt zu vermeiden, muss sie unter Kontrolle gebracht werden. Nur dies rechtfertigt eine polizeilich-militärische Konfliktintervention (vgl. Galtung/Tschudi 2003: 18). In dieser Phase sollten die Umstände untersucht werden, die die direkte Gewalt begünstigen: Einerseits kann dies an der Nicht-Beachtung eines latent vorhandenen Widerspruchs liegen (strukturelle Gewalt), andererseits an der Rolle von Kultur zur Rechtfertigung von Gewalt (kulturelle Gewalt) (vgl. Jaeger/Baros 2003: 233). Es existieren nach Galtung fünf Möglichkeiten, um direkte Gewalt gewaltlos zu beenden: 1) Evakuierung von Zielen; 2) Waffen- und Söldnerembargos; 3) Hervorhebung der Tatsache, dass langfristig wegen der Gewaltspirale alle Parteien verlieren werden; 4) Demoralisierung von Soldaten und 5) eine „drastisch erhöhte“ Anzahl von Friedenstruppen, die den Kombattanten den Raum zum Kämpfen nimmt (vgl. Galtung 2000: 18f.). Danach erfolgen dieselben Maßnahmen wie bei Phase III (vgl. Galtung/Tschudi 2003: 12).

Nach dem Ende der Gewalt in Phase III können Maßnahmen zur Heilung eingeleitet werden, die gleichzeitig („synchron“) vorangetrieben werden sollten. Im Groben handelt es sich um die Lösung des zu Grunde liegenden Konflikts (wie in Phase I), aber auch um Wiederaufbau und Versöhnung:

Wiederaufbau der reversiblen Schäden:

- Rehabilitation: Trauma und gemeinschaftliche Trauer
- Wiederaufbau: Entwicklung
- Restrukturierung: Friedensstruktur
- Aufbau einer Friedenskultur

Versöhnung der Konfliktparteien:

- Reparation/Wiederherstellung
- Entschuldigung/Vergeben
- Theologie/Reue
- Rechtsprechung/Bestrafung
- Gemeinsame Ursprünge/Karma
- Historischer Ansatz/Wahrheitskommission
- Theater: Noch-einmal-erleben
- Gemeinsamer Wiederaufbau
- Heilung durch gemeinsamen Kummer

Gemeinsame Konfliktlösung (vgl. Galtung 2000: 20)

3.2.3.2. Konfliktbewältigung durch Konflikttransformation

Im Groben können fünf generelle Möglichkeiten der Konfliktbewältigung unterschieden werden. Diese sind dem oben skizzierten buddhistischen Tetralemma entnommen + der Kompromisslösung („von allem ein bisschen"). Schematisch lassen sie sich wie folgt darstellen:

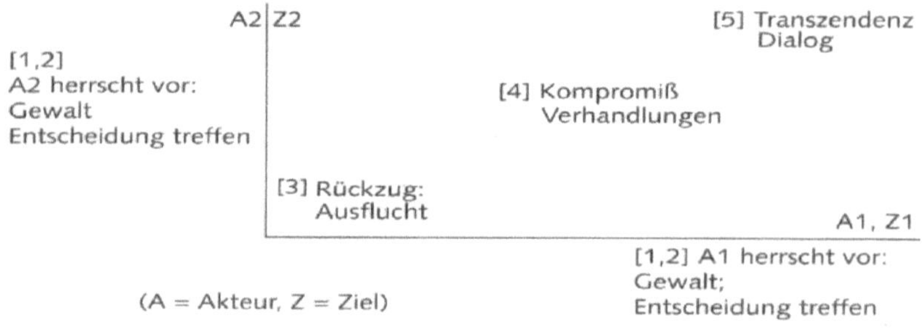

Abbildung 6: Möglichkeiten zur Konfliktbewältigung (Galtung 2000: 21)

- *Eine Partei herrscht vor*: Hier geht es darum, im Bezug auf den Metakonflikt[35] zu gewinnen. Der Konflikt wird mit Einsatz von Machtmitteln (physischer Gewalt (1) oder verbal (2)) entschieden. Beide „Lösungen" erweisen sich daher nicht als nachhaltig, weil die kulturelle und strukturelle Gewalt beider Konfliktparteien bestehen bleibt.

[35] Galtung unterscheidet zwischen dem zu Grunde liegenden Konflikt (Widerspruch) und dem Metakonflikt. Letzterer bezieht sich auf die Beziehungsebene und entsteht, wenn sich in einem Konflikt Gewalt reproduziert und ein neuer Widerspruch hinzukommt.

- Zu (1): Die Regel des Menschen: Der Konflikt wird ausgekämpft; Macht und Gewalt ist Recht. Gewalt wird zum Prozess (vgl. Galtung 2000: 21f.).
- Zu (2): Die Regel des Gesetzes: Es wird eine Entscheidung getroffen, gemessen an einem Prinzip (Bedarf, kulturelle Präferenz etc.). Die Rechtsprechung wird zum Prozess (vgl. ebd.: 21f.). Dieses Mittel ist gewaltlos, aber autoritär.

- *Rückzug (3)*: Ausflucht als Prozess: Rückzug vor der Konfliktsituation (vgl. ebd.: 10). Die Beteiligten geben ihre Ziele (vorübergehend oder für immer) auf. Schlüsselkriterien: Apathie und Beharrlichkeit (vgl. Galtung 1998a: 178).
- *Kompromiss (4)*: Verhandlung als Prozess: Konfliktregelung erfolgt durch die klassische Mediation. Im Idealfall diktiert keine Partei die andere, was in der Praxis aber nicht immer gegeben ist (vgl. Galtung/Tschudi 2003: 83-86). Die Kompromisslösung ergänzt die gewaltlose Konfliktlösung (2) um den Aspekt der rational begründeten Emanzipation. Diese Alternative ist vom Charakter her „marktliberalistisch" (vgl. Galtung/Tschudi 2003: 86). Für die Beteiligten dürfte aber von Nachteil sein, dass sie hinsichtlich ihrer Ziele (Z1 und Z2) Zugeständnisse bezüglich des ursprünglichen Zielinhalts machen müssen. Schlüsselwort: Mäßigung (vgl. Galtung 1998a: 178).
- *Transzendenz (5)*: Mit diesem Mittel wird versucht, den Sachverhalt des Konfliktes und den Bezug der Akteure darauf zu überwinden. Die Lösungsstrategie von Transcend zielt darauf ab, eine neue Konfliktsituation zu definieren, in der alle Beteiligten den ursprünglichen Zielinhalt und darüber hinaus erreichen. Der Dialog[36] stellt hierzu den Königsweg dar (vgl. Galtung 2000: 21f.; vgl. Galtung 1998a: 178).

Unter all den Möglichkeiten der Konfliktbewältigung ist die Konflikttransformation langfristig vorzuziehen. Sie fußt auf einer spezifischen Dialogmethode.

3.2.3.3. Die Dialogmethode

Der Transcenddialog basiert im Wesentlichen darauf, dass sich die Konfliktberater zuerst einzeln mit den Konfliktparteien treffen und in einen Eins-zu-eins-Dialog treten. Dies hat den Vorteil, dass die Verteidigungsmechanismen der Parteien beseitigt und ihre Kreativi-

36 „Dialog" bezieht sich nach Galtung auf den Austauschprozess zwischen Konfliktberater und Konfliktpartei. „Disput" bezeichnet hingegen den Austausch zwischen den Konfliktparteien.

tät stimuliert wird. Kernaufgabe ist es dabei nicht, Positionen zu empfehlen, die allen Parteien möglichst nahe liegen (Kompromisse), sondern die Konfliktparteien auf ein gemeinsames Treffen vorzubereiten und sie zu befähigen, selbst eine kreative Lösung ihres Konfliktes zu entwickeln (vgl. Galtung/Tschudi 2003: 194f.). Eine wichtige Voraussetzung hierzu ist, die fixierten Positionen und Perzeptionen kognitiv auszuweiten und die gegenseitige Empathie zu erhöhen. Der Schlüssel liegt in der Einführung von gemeinsamen „Ankern“: Der *positive Anker* ist eine für alle Konfliktparteien akzeptable gemeinsame Position, der sie sich verpflichtet fühlen. Der erste positive Anker versteht sich als eine „Therapie der Vergangenheit“: Mit den Leitfragen „Was lief wann und wo falsch?“, „Was hätte man damals anders machen können?“ und „worum geht/ging es eigentlich?“ werden gemeinsame Interessen herausgestellt. Der *negative Anker* beinhaltet eine finstere Prognose für alle Konfliktparteien, die sich bewahrheitet, wenn sie den Konflikt in der gegenwärtigen Form weiter austragen. Dies bereitet den Boden für einen *zweiten positiven Anker* - der „Therapie der Gegenwart“: einer gemeinsamen Vision (vgl. ebd.: 203-208). Der Transcenddialog vollzieht sich in vier Prozessen, deren Linearität in der Praxis jedoch nicht zwangsläufig gegeben sein muss:

1. Verstehen der Ziele aller Konfliktparteien;
2. Unterscheidung zwischen „illegitimen“ (Interessen) und „legitimen“ Zielen (Grundbedürfnisse);
3. Alle Konfliktparteien verhandeln eine gemeinsame Lösung und integrieren die „legitimen“ Ziele;
4. Versöhnung[37] (vgl. Galtung/Tschudi 2003: 195-199).

Seit 2006 verfolgt Galtung im Rahmen des Dialogverfahrens einen eher lösungsorientierten Ansatz. Hieraus ergibt sich eine „neue Reihenfolge“ der Dialogprozesse bzw. -phasen, welche im Konfliktdialog mehrmals durchlaufen werden:

1. *Träume*: Festlegung einer gemeinsamen konstruktiven Zukunftsvision (vgl. Galtung 2008a: 83, 225f.) - diese Phase entspricht Prozess 3 der „alten Reihenfolge“;
2. *Trauma*: Diagnose der destruktiven Aspekte der Vergangenheit (vgl. ebd.: 83, 225f.) - in der „alten Reihenfolge“ tritt diese Dialogphase an erster Stelle;
3. *Ruhm*: Diagnose der positiv-nostalgischen Aspekte der gemeinsamen Vergangenheit (vgl. ebd.: 83, 225f.);

---

37 Zu den unterschiedlichen Möglichkeiten der Versöhnung vgl. 3.2.2.

4. *Ängste*: Negativprognose (vgl. ebd.: 83, 225f.) - in der „alten Reihenfolge" entspricht diese Dialogphase weitgehend Prozess 2.

Anmerkungen zur Dialogmethode nach Gudrun Kramer und Wilfried Graf

In Anlehnung an Galtung entwickelten Kramer und Graf ein erweitertes Dialogverfahren, welches sich jedoch an die „alte Reihenfolge" der Phasen hält, diese jedoch noch weiter unterteilt. Bis 2008 wurde diese Methode noch unter dem Dach des Transcend-Netzwerks im deutschsprachigen Raum als eine an den Erfahrungshintergrund von Mediatoren und Beratern angepasste „Transcend"-Methode gelehrt. Gleichwohl hat die Dialogmethode nach Kramer und Graf mittlerweile ein eigenständiges Profil entwickelt, welche spätestens mit der Publikation ihres eigenen Handbuchs innerhalb den nächsten Jahre festgelegt sein dürfte. Diese „Abspaltung" dürfte auch mit der eher lösungsorientierten Neuausrichtung der Transcend-Dialogmethode von Galtung zusammenhängen (vgl. Graf/ Kramer 2008).

Das Dialogverfahren nach Graf/Kramer, welches sich als „integrative Konfliktbearbeitung" bzw. „integrativer Konfliktdialog" bezeichnet und mit der Einhaltung der alten Reihenfolge der Dialogphasen ein ausgewogenes Verhältnis zwischen Lösungs- und Prozessorientierung gewährleisten möchte, wird unter 7.2. eingehender dargestellt.

3.2.4. Nicht berücksichtigte theoretische Aspekte aus Galtungs Gesamtwerk

Es ist unmöglich, Galtungs Gesamtwerk auch nur annähernd adäquat zusammenzufassen, zumal sich sein Schaffen durch eine sehr vielseitige Schreibertätigkeit (über 100 Bücher und 1000 Artikel) auszeichnet, die sich über 50 Jahre hinzieht. Es scheint daher kaum etwas zu geben, was nicht irgendwann einmal von Galtung thematisiert wurde. Im Folgenden werden drei weitere Aspekte betrachtet, die zwar nicht explizit in der Transcend-Methodologie berücksichtigt sind, aber dennoch zu Galtungs theoretischem Gesamtwerk gehören. Da sie so wesentlich sind, wird unten an anderer Stelle noch mal auf sie einzugehen sein:

Kultur und Entwicklung

In seiner *Entwicklungstheorie* diagnostiziert Galtung eine historische Entwicklungsrichtung menschlicher Gesellschaften hin zu immer stärker ausgeprägter Individualität und Kosten-Nutzen-Egoismus (vom „Nomaden" zur „Monade"). Hierbei unterscheidet er vier Phasen:

- Formation I: Die *„primitive Phase"* wird mit nicht sesshaften Jäger-/Sammlergemeinschaften und heutigen Nomadenstämmen gleichgesetzt;
- Formation II: Die *„traditionelle Phase"* setzt sesshafte Ackerbau-Gemeinschaften voraus, die Klassen- und Kastenstrukturen aufweisen und „nicht mehr auf die Arbeit ihrer Hände angewiesen sind".
- Formation III: Die *„Moderne"* zeichnet sich erstmals durch groß angelegte Organisationen von Staat, Kapital und Medien, regionale und weltumspannende Bürokratien, Märkte und Meinungen aus.
- Formation IV: Die *„Postmoderne"* bezeichnet Galtung als eine „chaotische und anarchische" Gesellschaftsform, die nicht eine globale Variante der Moderne, sondern ihre Antithese darstellt (vgl. Galtung 1997: 49f.). Die Postmoderne stellt nach Galtung „eher ein adäquates Bild der Weltgesellschaft dar": Machthierarchien (Vertikalität), wenig direkte Interaktion, ein Mangel an verbindlichen Normen und ein starker Egoismus einzelner Akteure (vgl. ebd.: 69f.).

Mindestens vier Entwicklungsbereiche sind hierbei in einem nachhaltigen Kontext zu unterscheiden:

- *Natur:* ökologische Degradierung aufhalten;
- *Verfassung des Menschen:* Bekämpfung von Not, Armut und Unterdrückung;
- *Gesellschaft:* wirtschaftliche Entwicklung und soziale Integration;
- *Welt:* Beendigung und Vorbeugung massiver Gewalt (zwischen und innerhalb von Staaten) (vgl. Galtung 1998b: 146-185; Galtung 1997: 44f.).

Die Entwicklungstheorie konkretisiert im übergeordneten theoretischen Dreieckschema den Bereich der Struktur, in welchem unterschiedliche „Interaktionsmuster" untersucht werden, die „zwischen" mehreren Akteuren stattfinden. Dies impliziert also eine makroperspektivische Vorstellung davon „wer in Bezug zu wem steht, wie, wann und wo" (vgl. Galtung 1997: 46). Die strukturelle Dynamik innerhalb der vier historischen Entwicklungsphasen zeichnet sich durch mehrere grundlegende Faktoren aus. Das wesentlichste Analysekriterium ist hierbei die Unterscheidung zwischen „Alpha"- und „Beta"-Strukturen. Alpha steht für „große" formelle institutionalisierte Interaktionsstrukturen und ist typisch für Gesellschaften der Moderne (Formation III). Alpha ist hierbei in den drei Säulen Staat (Bürokratien), Kapital (Kapitalgesellschaften) und Zivilgesellschaft (Volksorganisationen) organisiert und hat eine Tendenz zur „Vertikalität", d.h. zu hierarchischen, sogar ausbeuterischen Beziehungsverhältnissen.[38] Beta steht hingegen für „kleine" informelle Interaktionsstrukturen von Menschen mit Primärbeziehungen (Freundschaft, Liebe), z.B. in Cafés, durch wiederholte Begegnungen etc. Primitive Gesellschaften (Formation I) sind ausschließlich durch Beta-Beziehungen strukturiert, sprich: „horizontalen" Interaktionsmustern.[39] Alpha- und Beta-Beziehungen schließen einander nicht aus (vgl. Galtung 1997: 50-52). So zeichnen sich primitive und postmoderne Gemeinschaften durch schwach ausgeprägte, traditionelle und moderne Gesellschaften hingegen durch stark ausgeprägte Alpha-Beziehungen (Ausbeutungsgrad) aus. Gleichzeitig implizieren primitive und traditionelle Gesellschaften tendenziell starke, moderne und postmoderne Gesellschaften schwache Beta-Beziehungen (Informalität) (vgl. ebd.: 53). Hieraus leitet Galtung zwei wesentliche Kernthesen der sozialen Entwicklung ab:

1. Da die postmodernen Gesellschaften schwach ausgeprägte Alpha- *und* Beta-Beziehungen aufweisen, lässt sich eine Tendenz in der historischen Entwicklung des Menschen zu fortschreitender sozialer Desintegration absehen.
2. Um die Strukturbildung zu fördern, sollten starke Alpha- *und* Beta-Strukturen geschaffen werden. Dies betrifft v.a. die postmodernen Gesellschaften. D.h.:
   - die Wiedererschaffung von Beta-Strukturen (mehr genossenschaftliche Strukturen, Wohngemeinschaften, Kolloquien, Teamworkkonzepte etc.) und
   - die Rehumanisierung von Alpha-Strukturen (mehr Teilzeitbeschäftigungen, weniger automatisierte Anrufbeantwortungen etc.) (vgl. ebd.: 81-83).

Der Bereich der Kultur ist im Dreieckschema Kerngegenstand von Galtungs *Kultur-* oder *Zivilisationstheorie.* Generell versteht Galtung unter „Kultur" das „Was" und „Warum" einer Interaktion zwischen Individuen. Dieser Prozess vollzieht sich gleichzeitig und gleichartig „innerhalb" mehrerer Akteure (vgl. Galtung 1997: 46). In der Zi-

---

38 Horizontale Alpha-Beziehungen bezeichnet Galtung auch mit „Delta". Diese entsprechen den informellen Beziehungsstrukturen tendenziell unhierarchischer Gesellschaften der Postmoderne (Formation IV), in Form elektronischer/urbaner Netze.

39 Vertikale Beta-Beziehungen bezeichnet Galtung auch mit „Gamma". Sie entsprechen den informellen Beziehungen in den hierarchisch strukturierten traditionellen Gesellschaften in Form von patriarchalischen Familien (Formation II).

vilisationstheorie unterscheidet Galtung – ähnlich wie Samuel Huntington – sechs große Kulturkreise (Okzident I [früher: griechisch-römisch, heute: jüdisch-christlicher Westen und Islam] und II [abrahamitische Kulturkreise im Mittelalter], buddhistisch, indisch [hinduistisch], sinisch [chinesisch], nipponisch [japanisch]), deren Kosmologie (Weltsicht) er anhand von sieben Analysekriterien definiert (Natur [z.B. Karnismus vs. Vegetarismus], Selbst [Betonung von Ich, Es oder Über-Ich], Gesellschaft [Vertikalität vs. Horizontalität], Welt [Zentrum vs. Peripherie], Zeit [begrenzt vs. unbegrenzt], Religion [transzendent vs. immanent], Episteme [z.B. Entweder-Oder vs. Sowohl-als-auch]).

In seiner „impressionistischen Skizze" einer Zivilisationstheorie diagnostiziert Galtung die Hauptgefahrenzone in der okzidentalen Zivilisation, welche im „Expansionsmodus" ihrer Kosmologien begründet ist. Eine weitere besondere Gefahrenzone identifiziert Galtung in Japan, welches dieselben expansionistischen Merkmale aufweist. Anhand seiner Analyse der Kriege im 20. Jh. leitet er seine These ab, dass militärisch starke und expansionistische Kulturkreise eher dazu neigen, die jeweils andere Zivilisation durch Krieg in die Peripherie zu drängen. Die Kosmologien der anderen Kulturkreise (indisch, buddhistisch, sinisch) sind zwar nach innen gewalttätig(er), aber nach außen insgesamt ungefährlicher. Im indischen und sinischen Fall könnte dies u.a. darin begründet liegen, dass sich diese Kulturkreise auf jeweils einen Superstaat konzentrieren. Beide umfassen die weltweit größten Menschengruppen und stellen militärisch starke Atommächte dar, doch zeigt die Geschichte ihrer Außenbeziehungen wenig Expansionismus und bemerkenswert wenig wechselseitige Zwischenfälle. Dies hätte nach Galtung anders verlaufen können, hätte Indien z.B. eine eher okzidentale Kosmologie und China eine eher nipponische. Galtung beansprucht mit seiner Zivilisationstheorie keinesfalls Vollständigkeit, da sich die Kulturkreise noch vielfach weiter ausdifferenzieren (z.B. innerhalb von Okzident I: Westen, russisch-orthodox und Islam, welche sich noch weiter unterteilen lassen) und erweitern lassen (z.B. afrikanisch, indigen). Seine Theorie soll lediglich erste Interpretationsmöglichkeiten im noch relativ unerforschten Bereich der Tiefenkultur liefern (vgl. Galtung 1998a: 341-456).

Eines der wichtigsten Analysekriterien ist für Galtung die Unterscheidung zwischen „immanenten" und „transzendenten" Kulturen und Religionen. „Immanente" Vorstellungen nehmen an, dass das Heilige *im* Menschen und in der Natur ist. Immanenz impliziert eine ausgeprägte Horizontalität und stellt daher eine kulturelle Entsprechung zu Beta-Beziehungen dar. Transzendente Kulturen bzw. Religionen setzen das Heilige als „oben" bzw. *über* Mensch und Natur existierend voraus und sind eher vertikal. In Bezug auf die oben skizzierte Entwicklungstheorie entsprechen immanente Kulturen im weitesten Sinne den strukturellen Alpha-Interaktionsbeziehungen. Primitive und postmoderne Gemeinschaften zeichnen sich nach Galtung durch eine schwach ausgeprägte, traditionelle und moderne Gesellschaften hingegen durch eine stark ausgeprägte Transzendenz (Hierarchiedenken) aus. Primitive und traditionelle Gesellschaften weisen nach Galtung tendenziell eine starke, moderne und postmoderne Gesellschaften eine schwache Immanenz (Gleichheitsdenken) auf.

Immanente und transzendente Religionsaspekte bergen spezifische Sonnen- und Schattenseiten: Zum einen neigen transzendente Religionen zu einem starken Gut-Böse-Dualismus und einer blinden Unterwerfung unter Gott. Ihr Vorteil liegt allerdings darin, dass sie alle Menschen einschließen und alle von Gott beschützt werden (unter der Bedingung, dass sie sich dem Gott unterwerfen). In immanenten Religionen spielt hingegen die Meditation im Selbst und das Mitgefühl mit anderen eine entscheidendere Rolle. Ihr Nachteil liegt darin, dass sie weniger universalistisch denn partikularistisch sind. Die heilige Natur wird i.d.R. nicht auf andere Gruppen übertragen (vgl. Galtung 1997: 60-62).

Aus seiner Theorie leitet Galtung eine Kernthese zur Kulturentwicklung ab: Um diese zu fördern, müssen immanente und transzendente Aspekte gleichermaßen gestärkt werden. Die Strategie besteht darin, die sanften Aspekte der Religionen zu fördern und die härteren zurückzudrängen (vgl. ebd.: 83f.). Nach Galtung enthält jede Makrokultur Züge kultureller Gewalt (harte bzw. trennende Aspekte), aber auch kulturellen Friedens (sanfte bzw. vereinende Aspekte). Galtungs Theorie zeichnet sich hierbei durch eine vergleichende Analyse des Friedenspotenzials – also der Bereitschaft, direkte und strukturelle Gewalt abzulehnen – der großen Religionen aus. Er kommt zu dem Ergebnis, dass dem Buddhismus eine friedensförderliche Sonderstellung zukommt, da sich diese Kultur durch besondere Friedenspotenziale auszeichnet. Dies ist nach Galtung in den abrahamitischen Religionen weniger gegeben, weil sich diese durch ein explizit dichotomes Weltbild auszeichnen, mit einer klaren Formulierung von „Sünde", „Gutem" und „Bösem". Dennoch verzichtet Galtung darauf, Paxogene (Friedenskeime) nur der buddhistischen und Bellogene (Keime des Krieges) speziell der okzidentalen Kultur zuzusprechen. Er geht vielmehr davon aus, dass alle Religionen und Kulturen „harte" (gewaltfördernde) und „sanfte" (friedensfördernde) Elemente beinhalten. Hierbei konstatiert er, dass es wahrscheinlich größere Unterschiede zwischen dem Harten und dem Sanften in einer Religion gibt als zwischen den Religionen.

Es ist daher wesentlich, dass dieser Dialog zwischen hart und sanft innerhalb jeder Religion geführt werden sollte (vgl. Galtung 1998b: 186-222).

Beide Theorien stellen keinen zentralen Aspekt der Transcend-Methode dar, bergen jedoch einen sehr interessanten Vergleichsmoment mit dem IA in Bezug auf einige Diskurse, die in der FuK aktuell sind. Unter diesem Gesichtspunkt wird hierauf noch gesondert im Rahmen eines Fallbeispiels (unter VI.) einzugehen sein.

Eskalationsstufen

Ähnlich wie Glasl berücksichtigt Galtung ein komplexes Interventionsspektrum von insgesamt zehn „Typen", das sich nach dem jeweiligen Eskalationsgrad des Konfliktes richtet. Die zehn Typen lassen sich den Kategorien 1) vier Kommunikationsniveaus (vgl. Galtung 1998a: 187-191) oder 2) vier Korrelaten der Interventionsansätze zuordnen (vgl. ebd.: 191-193). Mit aufsteigender Typenkategorie - d.h. mit höherem Eskalationsgrad - muss die externe Partei eine immer dominantere Rolle einnehmen, um eine Konflikttransformation zu bewirken. Die Typen implizieren nicht zwangsläufig eine lineare Schritt- oder Zeitfolge:

1) Kommunikationsniveaus (vgl. Galtung 1998a: 187-191):

A: Keine Kommunikation mit externen Parteien:

- *Typ 0: Dissoziation:* Auflösung, Spaltung der Konfliktformation; die Beteiligten kommunizieren nicht miteinander.
- *Typ 1: Assoziation:* einigermaßen symmetrische Kommunikation zwischen den Beiteiligten innerhalb der Formation.

B: Asymmetrische Kommunikation mit externen Parteien:

- *Typ 2:* Externe Parteien stellen einen neutralen Verhandlungsort, plus Typ 1.
- *Typ 3:* Externe Parteien bieten an, einfühlend zuzuhören und werden zum kommunikativen Bindeglied.

C: Symmetrische, dialogische Kommunikation mit externen Parteien (Kernstück von Transcend)*:*

- *Typ 4*: Externe Parteien beteiligen sich am Dialog über die Konfliktdiagnose.
- *Typ 5*: Wie Typ 4, plus Konfliktprognose.
- *Typ 6*: Wie Typ 5, plus Konflikttherapie.

D: Asymmetrische, von externen Parteien durchgesetzte Kommunikation:

- *Typ 7: Vermittlung* (klassische Mediation): Externe hören sich an, wie die Beteiligten Diagnose, Prognose und Therapie wahrnehmen und bringen dann selber einen Vorschlag zur Konfliktlösung ein.
- *Typ 8: Schlichtung/Schiedsgerichtsbarkeit* (arbitration): Wie Typ 7, aber mit der Verpflichtung der Parteien, die vorgeschlagene Lösung zu akzeptieren.
- *Typ 9: Rechtsförmige Entscheidung:* Wie Typ 8, aber besser vorhersehbar, da rechtlich begründet (Vorschriften, Präzedenzfälle etc.).
- *Typ 10: Entscheidung durch Menschen:* Der „Konfliktdiktator" zwingt den Parteien durch Zuckerbrot (Begünstigungen) und Peitsche (Bestrafung) seine Lösung auf.

2) Korrelate der Interventionsansätze (vgl. ebd.: 191-203):

Eine Reihe von Variablen begleitet die Konfliktintervention und steht mit der kommunikativen Beziehung in Zusammenhang:

A: Externe Parteien übernehmen mit aufsteigender Typenzahl die von der Konfliktlösung ausgehende Herausforderung (vgl. ebd.: 191; 193-203):

- *Typ 0-2: Autonome Konflikttransformation*: Hier haben die Beteiligten Konfliktautonomie, weil das „Monopol" der Herausforderung bei den „Konfliktinsidern" liegt.
- *Typ 3-6: Dialogische Konflikttransformation*: An dieser Stelle kommen externe Parteien als Konflikthelfer hinzu. Dies ist der traditionelle Wirkungsbereich der Dialogmethode von Transcend.
- *Typ 7-10: Aufgezwungene Konflikttransformation:* Hier nehmen die sog. „Konfliktmanager" oder „Konfliktdiebe" den Beteiligten den Konflikt weg.

B: In dem Maße, in dem die Vertikalisierung der Konflikttransformationsweise zunimmt, nimmt die Machtdistanz innerhalb des Systems zu (vgl. ebd.: 191f.):

- In Typ 7-10 kann davon ausgegangen werden, dass sich die externe Partei in einer gehobenen Position befindet und viel Autorität und Ressourcen in die Waagschale werfen kann.
- In Typ 3-6 finden sich Ansätze davon, sofern emotionale (Empathie), kognitive (Fähigkeit, Einsichten zu übertragen) und Willensressourcen (Durchhaltevermögen) in Form von Ausbildung, Fertigkeiten und Erfahrungen zählen.

C: Mit aufsteigender Typenzahl kann sich die innere Akzeptanz verringern und die externe Tragfähigkeit vergrößern (vgl. Galtung 1998a: 192)*:*

- In Typ 0-2 haben die Beteiligten moralisch die Einwilligung nur sich selbst zu verdanken;
- In Typ 3-6 sich selbst und den Konflikthelfern und
- In Typ 7-10 tun sie es, weil sie es den externen Parteien moralisch schuldig sind oder Belohnung/Strafe erwarten.

D: Bei aufsteigender Typenzahl wird die Wahrscheinlichkeit größer, dass man den Zielzustand erreicht, Recht zu haben (vgl. ebd.: 192f.)*:*

- Wenn in Typ 7-10 mehr für den einen als für den/die andere(n) Beteiligten „drin“ ist, kann das Meta-Ziel des Recht-Habens sogar die Freude darüber, das ursprüngliche Ziel erreicht zu haben, in den Schatten stellen. Dies birgt jedoch auch das Potenzial, „Meta-Ziel“ und „ursprüngliches Ziel“ voneinander zu trennen und für eine Win-Win-Lösung nutzbar zu machen.

Da dieses Schema nur implizit Teil der Transcend-Methode ist, wird es im weiteren Verlauf der Untersuchung nur indirekt berücksichtigt.

3.3. Gewaltfreie Kommunikation nach Marshall Rosenberg

Die Gewaltfreie Kommunikation (GFK) gründet sich auf die kommunikative Fähigkeit, selbst unter herausfordernden Umständen menschlich zu bleiben. Beim Anwender impliziert dies die antrainierte Fertigkeit, Konfliktsituationen sorgfältig zu beobachten, den zu Grunde liegenden Bedürfnissen aller Beteiligten auf die Spur zu kommen und diese Inhalte wertungsfrei und klar auszudrücken. Durch diese Umgestaltung des sprachlichen Ausdrucks und der eigenen Art zuzuhören werden die alten Muster von Widerstand, Abwehr und gewalttätigen Reaktionen auf ein Minimum reduziert (vgl. Rosenberg 2001: 18f.). Die Kommunikation soll also dahingehend geändert werden, dass aus gewohnheitsmäßigen, automatischen Reaktionen bewusste Antworten werden (vgl. Rosenberg 2004b: 18). Als sog. „Sprache des Lebens“ ist dieser Ansatz an und für sich nichts Neues (vgl. Rosenberg 2004a). Vielmehr geht es darum, sich an das zu erinnern, wofür die zwischenmenschliche Kommunikation ursprünglich gedacht war (vgl. Rosenberg 2004b: 18). Auf ihrer tiefsten Ebene ist die GFK eine „ständige Mahnung“, die eigene Aufmerksamkeit in eine Richtung zu lenken, in der die Wahrscheinlichkeit steigt, das zu bekommen, wonach man selbst sucht (vgl. Rosenberg 2001: 18). Daher ist die GFK nicht an die direkte Kommunikationskultur westlicher Gesellschaften gebunden, sondern universell in jedem kulturellen Kontext anwendbar (vgl. Rosenberg 2004a). Die GFK folgt der Grundannahme, dass jeder Mensch von Natur aus auf gute Verbindungen ausgerichtet ist und nach Einfühlung und Wertschätzung hungert. Da seine Bedürfnisse die Motivation für seine Handlungen sind, lassen sich hinter gewalttätigen Handlungen und Aussagen Gefühle und Bedürfnisse heraushören (vgl. Gens: 4).

Rosenberg unterscheidet zwei gegenläufige Formen der Kommunikation: die gewaltfreie Kommunikation („Giraffensprache") und die lebensentfremdende Kommunikation („Wolfssprache").

3.3.1. Komponenten der lebensentfremdenden Kommunikation

Unter *lebensentfremdender Kommunikation* versteht Rosenberg Formen der Kommunikation, die kurz- wie langfristig zu Gewalt gegen uns selbst und gegen andere beitragen. Mit Gewalt ist hier ein weitgefasster Begriff gemeint, der jedes Erfüllen eigener Bedürfnisse auf Kosten anderer umfasst (vgl. Rosenberg 1996). Wenn die eigenen Werte und Bedürfnisse lebensentfremdend kommuniziert werden, erzeugt dies bei den Kommunikationspartnern Widerstand, Abwehr und Verteidigung oder Angst, Scham und Schuld (vgl. Gens: 2). Hierunter fallen folgende Komponenten:

- Das *(moralische) Urteilen oder Verurteilen* von Leuten, die sich nicht in Übereinstimmung mit unseren Werten verhalten, ebenso das Diagnostizieren, Zuschreiben und Vergleichen von Eigenschaften, die beschreiben, wie die Menschen angeblich sind (gut, schlecht, schön, hässlich, normal, abnormal, selbstsüchtig, selbstlos, verantwortungsbewusst/-los, schlau, dumm, gesund, krank, fleißig, faul, ...). Ein Beispiel ist: „Das Problem mit Dir ist..." (vgl. Rosenberg 1996). Rosenberg zitiert im Bezug auf die Vermischung von Beobachtung und Bewertung gerne den indischen Mystiker Krishnamurti mit den Worten (sinngemäß): „Die höchste Form menschlicher Intelligenz ist die Fähigkeit, zu beobachten, ohne zu bewerten" (vgl. Rosenberg 2004b).
- Das *Leugnen der Verantwortung für eigene Gefühle* und Handlungen resultiert aus der Unkenntnis der Kommunizierenden über ihre eigenen Gefühle, Gedanken und Handlungen. Stattdessen wird die Verantwortung auf Faktoren wie z.B. die Handlungen anderer, unkontrollierbare Impulse, Gruppenzwang, die vorherrschenden Rollenzwänge etc. abgewälzt (vgl. Rosenberg 2004a). Ein Beispiel: „Ich habe es getan, weil

ich es machen musste", „...weil es mir befohlen wurde", „...weil es immer so war" etc. (vgl. Rosenberg 1996). Eine häufige Form des Leugnens der Verantwortung für eigene Gefühle ist auch das Äußern von Pseudogefühlen, die eigentlich Gedanken sind, z.B. „ich fühle mich provoziert." Hier handelt es sich nach Rosenberg um ein Pseudogefühl, das ein Urteil über den anderen impliziert, der in dem Beispielsatz indirekt als Provokateur bezeichnet wird (vgl. Rosenberg 2004b).

- Das Stellen von *Forderungen*: Das Stellen von Forderungen anstatt von Bitten ist eine weitere Form nicht-empathischer Kommunikation. Der Unterschied zwischen Bitte und Forderung ist, dass eine Bitte auch *nicht* erfüllt werden kann, bei einer Forderung drohen hier negative Sanktionen (vgl. Rosenberg 1996).
- Die Grundannahme, dass Handlungen eine *Belohnung oder Bestrafung „verdienen"*, ist eine weitere Form der „lebensfremden Kommunikation" (vgl. ebd.).
- Einteilung in Gut und Schlecht - *Schubladen*
- Verurteilung durch *Vergleiche*
- *Verantwortung leugnen* - die Ursache liegt bei anderen
- *Keine Wahlmöglichkeiten*
- Denkweisen, die uns (angeborene) Schlechtigkeit, Mangelhaftigkeit und die *Notwendigkeit einer Erziehung/Therapie* vermitteln (vgl. Gens: 2).

3.3.2. Vier Komponenten der Gewaltfreien Kommunikation

Die GFK fußt auf vier Komponenten, die sich zum einen in Bezug auf die Selbsteinfühlung, zum anderen in Bezug auf die Einfühlung in den Anderen anwenden lassen, beides ohne Wertung oder Forderung:

- *Beobachtungen*: Zuerst wird eine konkrete Handlung oder Unterlassung, die wahrgenommen wird und das eigene Wohlbefinden beeinträchtigt, wiedergegeben. Hierbei ist es wichtig, tatsächlich eine Beobachtung zu äußern und sie nicht mit einer Bewertung oder Interpretation zu vermischen (vgl. Rosenberg 2001: 21). Bei der Selbsteinfühlung würde dies z.B. mit den Worten „wenn ich (sehe, höre)..." eingeleitet werden, bei der Einfühlung in den Anderen z.B. „als Du (gesehen, gehört hast)..." (vgl. ebd.: 189).
- *Gefühle*: Dann werden die eigenen Gefühle mit dem in Verbindung gebracht, was beobachtet wird. Es wird formuliert, was

gefühlt wird. Wichtig ist es hierbei, Verantwortung für die eigenen Gefühle zu übernehmen (vgl. ebd.: 21). Bei der Selbsteinfühlung würden Formulierungen wie: „...fühle ich mich / bin ich..." fallen; bei der Einfühlung in den Anderen: „... hast Du Dich ... gefühlt / warst Du..." (vgl. ebd.: 189).

- *Bedürfnisse:* Dann werden die Bedürfnisse, Vorstellungen und Wünsche, aus denen Gefühle entstehen, betrachtet und artikuliert (vgl. ebd.: 21). Hinter bestimmten Gefühlen stehen nach Rosenberg immer Bedürfnisse. Diese sind oftmals aber nicht auf den ersten Blick erkennbar und bleiben einem selbst und anderen verborgen. Hierbei gilt: Nicht die Handlungen des Anderen erzeugen Gefühle, sondern die eigenen erfüllten bzw. nicht erfüllten Bedürfnisse (vgl. Gens: 8). Meist hat der Mensch mehrere Bedürfnisse gleichzeitig und es ist nützlich, sich jederzeit über seine Bedürfnisse im Klaren zu sein. Es lassen sich hierbei eine Vielzahl von sozialen, persönlichen und körperlichen Bedürfnissen unterscheiden. Ein wichtiges Kriterium, das sie alle gemeinsam haben, ist ihre Unabhängigkeit von Zeit, Ort und Personen (vgl. ebd.: 14f.). Bei der Selbsteinfühlung lassen sich die vernachlässigten Bedürfnisse beispielhaft wie folgt formulieren „...weil ich (brauche, gerne hätte, möchte, ...)..."; bei der Einfühlung in den Anderen mit: „...weil Du (brauchst, gerne hättest,...)..." (vgl. ebd.: 189).
- *Bitten:* Zum Schluss wird eine konkrete Handlung geäußert, um die gebeten wird, „damit unser Leben reicher" wird. Rosenberg unterscheidet hierbei zwischen einer *Beziehungsbitte* (beispielsweise um eine Beschreibung der eigenen Empfindungen) und einer *Handlungsbitte* (beispielsweise darum, die Geschirrspülmaschine auszuräumen). Wichtig ist es hierbei nicht nur, die Bitte von der Forderung zu unterscheiden (vgl. 3.3.1.), sondern auch zwischen Bitten und Wünschen. Bitten beziehen sich auf Handlungen im Jetzt und Wünsche auf Ereignisse in der Zukunft. Da Empathie aber immer im Jetzt ist, bezieht sich die Bitte auf die Möglichkeiten, die der Gebetene im Jetzt wirklich hat (vgl. Rosenberg 2004b). Die Selbsteinfühlung würde Formulierungen wie: „Und würdest Du bitte..."; die Einfühlung in den Anderen „und hättest Du gerne, dass ich..." beinhalten (vgl. ebd.: 189).

Die Kommunikationsart der GFK lässt sich in einem Satz wie folgt zusammenfassen:

Bei der Selbsteinfühlung: „Wenn *a*, dann fühle ich mich *b*, weil ich *c* brauche. Deshalb möchte ich jetzt gerne *d*." Oder bei der Einfühlung in den Anderen: „Wenn *a*, dann fühlst Du Dich *b*, weil Du *c* brauchst. Deshalb möchtest Du jetzt gerne *d*."

Hierzu ein Beispiel (zur Selbsteinfühlung):

„Wenn du keinen Abend in der Woche mit mir verbringst, dann fühle ich mich einsam, weil ich Liebe und Beachtung brauche. Deshalb bitte ich dich darum, dass du mir jetzt sagst, ob du Zeit und Lust hast am Dienstag, mit mir ins Restaurant zu gehen." (vgl. Gens: 8, eigene Hervorhebung)

In der Praxis variiert dieses Grundmodell in seiner Reihenfolge und soll nicht als eine konkrete Technik, sondern eher als eine Hilfe verstanden werden, in soziale Beziehungen mit einem empathischen Bewusstsein in Kontakt zu treten (vgl. Rosenberg 2004a).

Im Idealfall lässt sich der gesamte Prozess der GFK – von der Selbsteinfühlung über die Einfühlung in den Anderen bis hin zur Selbstmitteilung – wie folgt zusammenfassen:

- *Anlass*: Es wird eine destruktive Handlung, Konflikt etc. wahrgenommen.
- *Stopp*: Um nicht von seinen eigenen negativen Gefühlen getrieben zu werden und direkt auf die Konfliktsituation zu reagieren, ist es wichtig, kurz innezuhalten.
- *(Stumme) Kommunikation nach innen*: Es erfolgt der Prozess der Selbsteinfühlung und danach der Einfühlung in den Anderen. Beide Prozesse sind gemäß der vier Komponenten der GFK in Beobachtung, Gefühl, Bedürfnis, Bitte unterteilt.
- *(Konstruktive) Kommunikation nach außen*: Danach folgt der Prozess der Einfühlung in den Anderen und der Selbstmitteilung; auch hier in beiden Fällen gemäß der vier Komponenten der GFK (vgl. Gens: 17).

I.d.R. vollzieht sich der GFK-Prozess zwischen Anwender und Gegenüber nach dem Feedback-Prinzip. Der Anwender kommuniziert seine eigenen Beobachtungen, Gefühle, Bedürfnisse und Wünsche und lässt sich diese Nachricht von seinem Gegenüber bestätigen. In der gleichen Weise formuliert er seine empathische Annahme von der Nachricht seines Gegenübers, nachdem dieser sie formuliert hat, und der Prozess kann von Neuem beginnen (vgl. Rosenberg 1996).

Es ist umstritten, ob sich bei massivem Fehlverhalten des Anderen mit der GFK angemessen Grenzen ziehen lassen. Sie ist jedoch in der Praxis ein bewährtes Mittel, um bei konfliktreicher Kommunikation empathischer miteinander umzugehen und die gegenseitigen Bedürfnisse zu erfüllen. Durch ihren besonderen Bezug auf die Grundbedürfnisse der Konfliktparteien lässt sich die GFK dem Bereich der Konfliktlösung zuordnen.

3.4. Konfliktbewältigung im Buddhismus

Die Konfliktbewältigung im Buddhismus ist - allein schon wegen ihrer vielfältigen Unterströmungen - ein weites Feld innerhalb eines noch weitaus umfassenderen Bereichs, den ich grob mit spirituell-kontemplative „Konfliktauflösung" umschreibe. Näheres über die in dieser Arbeit verwendete Definition von „Spiritualität" findet sich in Anhang A.

3.4.1. Frieden und Leid in der spirituell-kontemplativen Konfliktbearbeitung

Wie in Sektion IV (7.2.2.) noch näher darzustellen, liefert die Psychologie spiritueller Weisheitstraditionen ein profundes Verständnis von Konflikt und Frieden, weil sie in ihrer Ursachenanalyse Variablen hinterfragt, die in der herkömmlichen (sprich: westlichen) Psychologie als gegeben angenommen werden - z.B. das „Ich". Sie identifiziert die Rahmenbedingungen, die den scheinbaren Ursachen zu Grunde liegen, welche von der empirischen Wissenschaft diagnostiziert werden. Auf der tiefsten Betrachtungsebene existieren diese Bedingungen jedoch nur im Bewusstsein (vgl. dazu auch Hawkins 2004: 29). Aus der Erforschung der Natur des Bewusstseins in der kontemplativen Psychologie/mystischen Religion (vgl. ebd.: 31) erwächst eine spezifische Friedens- und Konfliktdefinition: Frieden wird als jegliche Abwesenheit von emotionalem Leid verstanden (vgl. Almaas 2005: 37). Frieden und Leiden werden in ihrer Wurzel nicht als objektiv gegebene, sondern als rein subjektive Zustände verstanden. Diese stehen in Abhängigkeit zum menschlichen Reife- und Verwirklichungsgrad des Konfliktakteurs. Wie in anderen Konfliktbewältigungsansätzen wird eine Transzendierung der Wahrnehmung der beteiligten Konfliktakteure angestrebt. Die spirituelle Perspektive geht allerdings über die anderen Konzeptionen hinaus, da sie „Probleme" nicht mehr nur als objektive Sachverhalte sieht, die es zu regeln, lösen oder zu transzendieren gilt. „Probleme" gilt es von einem spirituell reifen Standpunkt aus auch zu dulden, ohne das ihnen immanente subjektive Leiden als gegeben anzunehmen.[40] „Leiden und Frustration gibt es auf Grund der Motivation, sie loszuwerden."[41] (Almaas 2005: 79.) Demgemäß würde ein

40 „Seien Sie Ihren Feinden gegenüber dankbar. Sie sind Ihre größten Meister. Ihre Feinde lehren Sie, sich dem Leiden zu stellen und Geduld, Toleranz und Mitgefühl zu entwickeln, ohne etwas dafür zu verlangen" (Dalai Lama zitiert in Schiller 2007: 3)

41 „Wir wollen mehr, mehr und mehr. Das ist, in gewisser Weise, wirkliche Armut - immerzu hungrig und hungrig und hungrig zu sein, ohne ein bisschen Zeit zur Zufriedenheit. Andere mögen nicht reich sein, aber die Zufriedenheit stattet sie mit weniger Sorgen, weniger Feinden, weniger

Akteur aus einer spirituellen Perspektive den Frieden in etwa so umschreiben: „Wenn ich für alles, was ist, ein Ja habe (ohne Einteilung in gut oder schlecht) und mich einfüge in alles was ist, bin ich im Frieden mit allem was ist und dieser Frieden kann sich dann auch im Außen manifestieren." Der „Konflikt", in seiner Wurzel verstanden als Leid, kann daher in letzter Konsequenz nicht objektiv „gelöst", wohl aber subjektiv transzendiert und damit „aufgelöst" werden. Das Kernprinzip spiritueller Konfliktbewältigung liegt in einer Überwindung des Egos bzw. des „Akteurs", welche nur Produkte des Denkens sind; denn: Wo es keinen Akteur gibt, gibt es keinen Konflikt.

Aus solch einem profunden Verständnis vom menschlichen Bewusstsein resultiert eine Konfliktphilosophie, die den ursächlichsten und subtilen Aspekten der Welt Rechnung trägt und weit über das in der Konfliktforschung gängige Verständnis von Nachhaltigkeit hinausgeht. Unter diesem Gesichtspunkt lässt sich z.B. das buddhistisch-hinduistische Karma-Modell nicht nur als ein moralisches Kausalitätsprinzip, sondern v.a. als eine profunde Ursache-Wirkungs-Theorie verstehen, wonach jede physische (Tun) wie geistige Handlung (Wollen) eine ihr entsprechende Wirkung hervorruft. Da alles in der Natur miteinander vernetzt ist, werden auch andere Personen und Wesen von den Taten des Einzelnen direkt oder indirekt beeinflusst (vgl. Payer 2000).

Die Weisheitstraditionen des Hinduismus, Christentum (Gnosis), Judentum (Kabbala), Islam (Sufismus), des Taoismus und des Konfuzianismus liefern gleichermaßen geeignete Beispiele für eine kontemplative Konfliktbearbeitung. Im Rahmen von COMPAIR wurde dies jedoch exemplarisch am Beispiel des Buddhismus aufgezeigt. Der Buddhismus eignet sich hierzu wohl besonders gut, weil es sich um eine sehr psychologische Weisheitstradition mit relativ wenig metaphysisch-spekulativen Anteilen handelt. Nicht umsonst neigen daher einige Schriftsteller dazu, den Buddhismus eher als eine rationale Ethik oder Philosophie denn als eine Religion anzusehen (vgl. Smith 2004: 161f.). Hierzu gilt es, einige wesentliche Grundzüge der buddhistischen Logik zu skizzieren.

3.4.2. Grundzüge der buddhistischen Logik

Die buddhistische Psychologie - wie auch im Allgemeinen die indische Philosophie - ist bekannt für ihre scharfe Epistemologie, die immer mehr Anklang in westlichen Ansätzen der Konfliktbearbeitung findet. Zentral ist hierbei die sog. „Logik der Verneinung", die

---

Problemen und sehr gutem Schlaf aus." (Dalai Lama zitiert in Schiller 2007: 3)

auf der Erkenntnis beruht, dass Nichterkenntnis die grundlegende Ursache für alles Leid im Leben ist. Die Logik der Verneinung ist ein Instrument, um das Dunkel der Unwissenheit schrittweise zu durchdringen, und wurde maßgeblich von den Beiträgen des buddhistischen Philosophen Nagarjuna[42] geprägt. Seine logischen Erörterungen sind in vier Theorien niedergelegt:

- Die für den ganzen späteren Buddhismus bedeutsame *Lehre von den zwei Wahrheiten* unterscheidet eine niedere und eine höhere Wahrheit: So kann eine Behauptung im Sinne des gemeinen Verstandes (A) zunächst wahr erscheinen, von einem höheren Standpunkt (B) aber als unwahr. Dieses Gegensatzpaar (AB) kann nach Gewinnung eines noch höheren Blickpunktes (C) wiederum als niedere Wahrheit erscheinen. Auf diese Weise kann man weiter fortschreiten, was verdeutlicht, dass es ein stufenweises - dialektisches - Aufsteigen zu immer höherer, umfassenderer Wahrheit gibt (vgl. Störig 2002: 67f.).
- Die sog. *Vierfache Weise der Beweisführung* postuliert, dass jedes beliebige Problem, das eine Antwort in der Form von „Ja" oder „Nein" erfordert, auf vielfache Weise beantwortet werden kann. Entweder mit glattem „Ja" oder „Nein", mit „Ja und Nein" (sprich: „Beides" oder „Je nachdem") oder mit „Weder Ja noch Nein" (sprich: „das geht mich nichts an" oder „ich stehe oberhalb von Ja und Nein"). Für Nagarjuna steht die höchste Wahrheit über bzw. jenseits jeder fassbaren Aussage und hat daher stets den Charakter von „Weder noch".
- In der *Achtfachen Verneinung des Werdens* wendet Nagarjuna diese „Weder-noch"-Verneinung auf die Erscheinungen des Lebens an. So gibt es vom höchsten Standpunkt aus weder Geburt noch Tod, weder Fortdauer noch Verlöschen, weder Einheit noch Vielheit, weder Kommen noch Gehen. Die höchste Wahrheit ist damit jenseits aller Unterscheidungen zu finden.
- Die höchste Einsicht liegt damit im sog. *Mittleren Pfad,* weil der auf ihm Wandelnde sich von allen sich ausschließenden Gegensatzpaaren des Denkens fernhalten muss (vgl. ebd.: 68).

3.4.3. Die vier edlen Wahrheiten im Buddhismus

In Anlehnung an die in der buddhistischen Epistemologie zentrale Erkenntnis, dass aus Unkenntnis Leid erfolgt, formuliert die buddhistische Konfliktdiagnose die sog. *„vier edlen Wahrheiten"*:

---

42 Nagarjuna wirkte 125 n.Chr. in Südindien und wird als einer der größten Denker der buddhistischen Philosophie angesehen (vgl. Störig 2002: 67).

- Das Leben ist von „Leiden" (Dukha) geprägt. Dies spiegelt sich in sechs wesentlichen Momenten wider: a) das Trauma der Geburt; b) die Pathologie der Krankheit; c) das Hinfälligwerden im Alter; d) die Angst vor dem Tod; e) an das gebunden zu sein, was man nicht liebt; f) das zu verlieren, was man liebt. Das Leben ist daher (in dem Zustand, in dem es sich hineinmanövriert hat) „ver-rückt": Es ist seiner Wirklichkeit entfremdet und stimmt daher in seinem Angelpunkt nicht mehr. Dies bildet die Grundlage für übermäßige Reibung und zwischenmenschlichen Konflikt (vgl. Smith 2004: 163-167). In anderen Worten: Das Leben ist ein ewiger Konflikt. Dieser Konflikt besteht nicht in der Relativität des Seins und ihrer objektiven konfliktträchtigen Momente selbst, sondern in der (entfremdeten) emotionalen Grundhaltung, mit denen das Subjekt diese auffasst. Dies kann sich nach außen in verschiedenen Formen interpersoneller Konflikte manifestieren.
- Die Ursache dieser Entfremdung liegt im egozentrischen Begehren (Tanha) (vgl. ebd.: 168f.). Das Ego steht für ein unablässiges Streben nach einem „Ich". Diese Aktivität ist von vornherein zum Scheitern und zu sich selbst perpetuierender Frustration verurteilt.[43] Der Glaube an ein „Ich" als Zentrum der Existenz und seinen dazugehörigen Vorstellungen und Begierden ist von Natur aus konfliktträchtig (vgl. Trungpa/Freemantle 2002: 14). Diese Konfliktträchtigkeit liegt stets einer begrifflichen, sprich: dualistischen Realitätserfassung zu Grunde, wie z.B. „ich und anderer" (vgl. Almaas 2005: 204 - 214).[44]
- Wenn egoistisches Verlangen die Ursache für die „Verrücktheit" des Lebens ist, dann liegt die Heilung in der Überwindung dieses egoistischen Verlangens (vgl. Smith 2004:

43 Sogyal Rinpoche diagnostizierte: „The fact that we need to grasp at all and go on and on grasping shows that in the depth of our being we know that the self does not inherently exist. From this secret unnerving knowledge spring all our fundamental insecurities and fear" (ders. 2002: 121).

44 Eine begriffliche Wahrnehmung setzt immer einen Seins- und ein Nicht-Seins-Aspekt voraus. Dies impliziert eine Grundhaltung, die stets auf Vergleichen mit anderen Egos und Situationen beruht, was zwangsläufig Konkurrenz- und Konfliktmotivationen mit anderen Egos erzeugt (vgl. Almaas 2005: 204-214.). Das Ego legt den Grundstein für eine utilitaristische Werthaltung (das infinitesimale Streben nach etwas Besserem). Eine ausschließlich auf Vergleiche ausgerichtete Wahrnehmung führt dazu, dass Akteure potenziell auf Unzufriedenheit [und damit Konflikt] „programmiert" sind (vgl. Layard 2005: 53f., 181).

169).[45] Erst das Bewusstwerden dessen, dass alles Sein – unabhängig von seiner begrifflichen Etikettierung – nur differenzierte Ausprägungen desselben Urgrundes sind, führt zu echtem Mit-Gefühl, echter Liebe und vollkommener Transzendenz von emotionalem Leid (vgl. Almaas 2005). Interpersoneller Frieden resultiert daraus, dass ein Akteur sich selbst im Anderen wieder erkennt, die scheinbaren Trennlinien aufhebt („Leere") und Verbindungslinien an ihre Stelle setzt („Fülle"). Diese Wahrnehmung des Unendlichen (Absoluten) im Endlichen (Relativen) führt zu einer Haltung allgemeiner annehmender Bereitschaft (vgl. Smith 2004: 219f.)

- Ein Weg zur Überwindung von Ego und Verstand erfolgt im klassischen Buddhismus über den *„Achtfachen Pfad"*. Es ist eine Behandlungsmethode, die acht Glieder umfasst, in denen sich das Individuum zu einer achtsamen Lebensführung trainieren muss. Das Glück [Frieden] liegt in der Freiheit des Individuums von willenlosen Impulsen, Unwissenheit und Tanha (vgl. Smith 2004: 170f.). Die acht Glieder des Achtfachen Pfades lassen sich grob in drei interdependente Gruppen einordnen: Sittlichkeit (sīla), Vertiefung (samādhi) und Weisheit (paññā):
    - *sīla* impliziert die Glieder „rechtes Reden", „rechtes Handeln" und "rechte Lebensführung". Dies kann man trainieren, indem man sich strenge ethische Richtlinien auferlegt. Im (Theravada-)Buddhismus handelt es sich mindestens um die Gebote:
        1) Nicht die Unwahrheit sagen (auch keine Übertreibungen oder schlecht über andere reden);
        2) Nicht stehlen;
        3) Keine sexuellen Ausschweifungen (Keuschheit oder sich zumindest nicht von sexuellen Impulsen treiben lassen);
        4) Kein Wesen töten (vegetarische Lebensweise, auch nicht Insekten töten);
        5) Keine Rauschmittel zu sich nehmen.
    - *samādhi* umfasst die Glieder „rechtes Streben/Üben", „rechtes Sich-Versenken", „rechte Achtsamkeit". Dies umfasst Praktiken, die den Geist trainieren und einen Zugang zur spirituellen Dimension entwickeln sollen. Beispielhaft steht hierfür die Anapana-Meditation. Dabei konzentriert sich der Meditierende ausschließlich und

[45] „Jetzt, seit ich wunschlos bin, spüre ich, dass es nichts gibt, wozu ich nicht im Stande wäre" (Shaw 1971: 144).

ausdauernd auf einen kleinen Bereich seines Körpers – i.d.R. auf den ein- und ausgehenden Atem im Nasenbereich.

- *paññā* impliziert die Glieder „rechte Anschauung/Erkenntnis" und „rechte Gesinnung/Absicht". Dies wird durch Praktiken wie die Vipassana-Meditation entwickelt. Auf der Basis der durch die Anapana-Meditation geschärften Empfindungsfähigkeit wird nun während der Meditationspraxis die Aufmerksamkeit auf alle körperlichen (später: geistigen und seelischen) Empfindungen ausgeweitet. Entscheidend ist hierbei, allen Empfindungen mit völligem Gleichmut zu begegnen. Gleichmut erwächst aus der intuitiven Erkenntnis, dass alle Empfindungen (im weitesten Sinne: alle Aspekte der relativen Wirklichkeit) vergänglich und im ständigen Wandel sind. Ein Bewusstsein, das Gleichmut entwickelt hat, ist frei von Wertungen, Fixierungen und Leid und damit voller Akzeptanz gegenüber bzw. Harmonie mit dem Weltgesetz (Dhamma oder Darma) (vgl. Dhamma Dvara 2008[46]).

3.4.4. Bearbeitung von Gier, Hass und Täuschung

Auf einer weniger profunden Wahrnehmungsebene manifestiert sich emotionales (Nicht-)Leid in drei psychologischen Voraussetzungen für Frieden bzw. Konflikt. Sie stellen gleichsam Tugenden bzw. Hindernisse auf dem Weg zum Frieden sowie die ethische Grundlage aller Weisheitstraditionen dar. Die Hindernisse sind Gier (Abwesenheit von Genügsamkeit), Hass (Abwesenheit von Liebe) und Täuschung (Abwesenheit von Einsicht) (vgl. Ariyaratne 2004). In dem Maße, indem sie überwunden werden, treten Selbstlosigkeit (Bescheidenheit), Mitleid (Nächstenliebe) und Erkenntnis im Sosein (Wahrhaftigkeit) an ihre Stelle (vgl. Smith 2004: 567f.). Jeder zwischenmenschliche Konflikt resultiert daher aus den Intra-Konflikten der Konfliktparteien. Umgekehrt birgt jeder Konfliktakteur das Potenzial, „sein eigener Befreier" zu sein (vgl. Ariyaratne 2004):

- *Gier (Lobha)*: Gier (Greed) resultiert aus dem Bedürfnis, seine fünf Sinne zu befriedigen. Ist dies nicht gegeben, treten Unzufriedenheit und Missgunst auf (vgl. Ariyaratne). Gleichzeitig impliziert Gier das selbstbezogene Bedürfnis nach Veränderung. Da die Situation als ein Nullsummenspiel aufgefasst wird, werden Konfliktgegenstände oft auf Kosten der anderen

---

46 Vipassana-Retreat 2008 über Dhamma Dvara (ders.)

Seite angestrebt. Dies ruft entsprechenden Widerstand hervor (vgl. McConnell 1995: 183).

- *Hass (Dosa)*: Ein gewalttätiger Konflikt impliziert Feindschaft und Groll. Dies resultiert aus der Art der Konfliktaustragung, die mehr Leid für beide Seiten hervorbringt als der Ausgangskonflikt.
- *Täuschung (Moha)*: Konflikt impliziert eine dichotome Wahrnehmung vom eigenen Selbst vs. dem Feind. Umgekehrt führt das Verlangen vieler Konfliktparteien dazu, etwas zu sein, was sie nicht sind. Diese Widersprüche werden in einem Konflikt umso schlimmer, da sie die Beteiligten dazu verleiten, Illusionen zu verteidigen (vgl. McConnell 1995: 183f.).

Wie oben dargestellt, resultieren Gier, Hass und Täuschung aus einer „spirituellen Ignoranz" (avijja) aller Konfliktparteien gegenüber ihren eigenen mentalen Prozessen (vgl. ebd.: 184-187). Die Ursache aller Konflikte resultiert letzten Endes aus dem Denken. Die Lösung liegt konsequenterweise darin, sich über die Meditationspraxis darin zu üben, „nicht zu denken" und sich der inneren Ursache-Wirkungsmechanismen bewusst zu werden, die Konflikte generieren (vgl. Ariyaratne 2004).

Im Mediationsprozess ist als Antwort auf *Täuschung* des Konfliktarbeiters geboten, diese Achtsamkeit[47] allen Perzeptionen aller Konfliktparteien entgegenzubringen und zu vermitteln. Hierzu müssen sich alle Parteien nicht nur dem bisherigen Konfliktverlauf von ihrer eigenen Perspektive (Motive, Handlungen, Gefühle, innere und äußere Grenzen) vollständig bewusst werden, sondern in demselben Maße auch der Perzeption der Gegenseite (vgl. McConnell 1995: 189-195).

Die Bearbeitung egozentrischer *Gier* erfordert vom Mediator Achtsamkeit in Bezug auf die illegitimen „egozentrischen" Ansprüche (lobha) und die legitimen „selbstlosen" Bedürfnisse (alobha) aller Konfliktparteien. Die Befriedigung der ersteren geht i.d.R. auf Kosten der Gegenparteien und trägt damit zur Konfliktverschärfung bei. Eine Konfliktlösung sollte sich auf die (wirklichen) gemeinsamen Bedürfnisse aller Parteien konzentrieren. Der Konflikt wird als ein Ganzes gesehen (vgl. ebd.: 198-206).

Als Antwort auf *Hass* hält die buddhistische Mediations- und Meditationspraxis eine Vielzahl spiritueller Ressourcen parat, um die gegenseitige Mit-Leid-Fähigkeit zu fördern. Einige Beispiele:

---

[47] Die „Rechte Achtsamkeit" ist der 7. Schritt des Achtfachen Pfades und gehört hierbei zu den wichtigsten.

- *Achtsame Stille:* Wütenden Reaktionen kann mit Verständnis und Ruhe begegnet werden. Erfolgreich angewendet, wird das Verhalten des Aggressors auf sie zurückgespiegelt und sie wird sich der Unangemessenheit ihres Verhaltens bewusst.
- *Liebende Freundlichkeit (Metta):* Die Metta ist eine etwa 10-minütige Meditationsübung, die von jedem/jeder Akteur/in durchgeführt werden kann. Im ersten Schritt konzentriert der Anwender seine Aufmerksamkeit auf seine Atmung. Im zweiten Schritt versucht er sich bei jedem Einatmen seines Seins bewusst zu werden und bei jedem Ausatmen mit Freundlichkeit zu lächeln.[48]
- *Selbstlos in Aktion (sallekha):* Sallekha empfiehlt sich nach der Ausübung von Metta. Hierunter versteht sich die Praxis, die eigenen negativen Gefühle bewusst zu beobachten. Dies geht vonstatten, indem sich der Anwender von diesen Gefühlen ent-identifiziert und sich bewusst dagegen entscheidet, sich von diesen Impulsen treiben zu lassen und den Gewaltzyklus voranzutreiben.

All diese Praktiken beeinflussen die Umsetzung von „weiser Unvoreingenommenheit" gegenüber dem Konflikt. Versöhnung und Besonnenheit in der Konfliktmediation können jedoch nur gewährleistet werden, wenn alle Konfliktbeteiligten alle anderen Perzeptionen und die zu Grunde liegenden Bedürfnisse und Mechanismen nachvollziehen können (vgl. ebd.: 207-223). Eine wichtige Grundvoraussetzung für die Transformation der Perzeptionen der Konfliktparteien ist, dass der Mediator sich selbst transformiert und eine achtsame Herangehensweise entwickelt hat (vgl. Ariyaratne 2004).

3.5. Psycho-Soziodrama nach Moreno[49]

Moreno gilt als Begründer des Psychodramas, der Soziometrie und der Gruppenpsychotherapie. Er sah den Menschen als einen Handelnden, der hauptsächlich mittels nonverbaler Kommunikation mit seiner beseelten Umwelt in Beziehung tritt. Dabei sah er die *„Rolle"* als kleinste Handlungs- und das *„Tele"* als kleinste Beziehungseinheit dieser Interaktion. Im Zentrum seiner Handlung und Beziehung stehen die *Wahl* (vgl. Pruckner: 164) und die *Begegnung*. Letzteres impliziert nicht nur eine Anerkennung der Eigensubjektivität des Anderen, sondern auch eine Bereitschaft zum Rollentausch (vgl.

---

48 Die Metta-Praxis wurde in dieser Form vom berühmten buddhistischen Friedensaktivisten Thich Nhat Hanh weiterentwickelt.

49 **Jakob Levy Moreno** (*18.05.1889 in Bukarest; †14.05.1974 in New York), arbeitete als Arzt und Psychiater.

Ottomeyer 2004a: 66). Eine gelungene Begegnung, die zu einer Gefühlseinheit (Tele) wird, impliziert auch, dass sich Individuen zusammenfinden, die sich gewählt haben. Damit wird der Mensch zu einem „Brennpunkt" von Anziehungen und Abstoßungen. Nach Moreno ist jeder Mensch umgeben von einem „Nukleus von Beziehungen", einem sog. *„sozialen Atom"*, das die kleinste soziale Struktur in einer Gemeinschaft bildet (vgl. Pruckner 2004a: 164f.). Der sozio-emotionale Grad der Wahlverwandtschaft wird anhand der Unterscheidung vom inneren (Beziehungen, die unterhalten werden) und äußeren Kern (Beziehungen, die erwünscht werden) veranschaulicht. Außerhalb des sozialen Atoms befinden sich Individuen, die für den Kern ohne emotionale Bedeutung sind (vgl. ebd.: 166). Das Netz von Rollenbeziehungen um ein Individuum bezeichnete Moreno als sog. *„kulturelles Atom"*. Demgemäß hat jedes Individuum in einem sozio-emotionalen Beziehungsgeflecht (soziales Atom) eine Reihe von Rollen, die jeder Anziehung und Abstoßung eine tiefere Bedeutung geben (vgl. ebd.: 167) und unterschiedlich abgedeckt sein können (vgl. Pruckner 2004b).

Ausgehend von diesen Annahmen, die aus den Kernbegriffen „Rolle" und „Tele" hervorgehen, erwächst ein Konfliktverständnis, das zwei wesentlichen Aspekten Rechnung trägt: Innergesellschaftliches Konfliktpotenzial resultiert aus einer Form von menschlicher Entfremdung, die nicht nur mit einer Verschüttung von Spontaneität und Kreativität einhergeht, sondern auch mit einem Verlust von Empathie und Begegnungsfähigkeit (vgl. Ottomeyer 2004a: 66). Dies prägt sich darin aus, dass das Individuum an festgefahrene Rollenstrukturen verhaftet ist, sodass es nicht angemessen auf Situationen reagieren kann, die über die Handlungsvorgabe seines Rollenbildes hinausgehen (vgl. Moreno 1959: 34). Eine weitere Hypothese lautet, dass das Potenzial sozialer Konflikte steigt, je höher die Diskrepanz zwischen offizieller Gruppe bzw. Gesellschaft („Oberflächenstruktur") und der sozio-emotionalen Konstellation von Wahlbeziehungen („Tiefenstruktur") ist (vgl. Pruckner 2004a: 164). Der Grund, weshalb diese sog. „soziodynamische Differenz" nicht automatisch zu einem Konflikt führt, liegt in der Kompromissformel, die sich in der „sozialen Wirklichkeit" widerspiegelt (vgl. Pruckner 2004b).

Wenn sich soziokulturelle Atome berühren oder überlappen, entstehen psychosoziale Netzwerke. Nach Moreno sind diese komplexen Beziehungsketten die Grundlagen für alle sozialen Vermittlungs- und Verbindungssysteme. Mit Hilfe sog. „soziometrischer" Methoden können die „Hauptkommunikationslinien" („Verkehrswege") dieser Netzwerke bewusst gemacht und benutzt werden (vgl. Pruckner 2004a: 168f.).

3.5.1. Soziometrie

Die Soziometrie ist eine Methode der empirischen Sozialforschung, um Beziehungen zwischen Mitgliedern einer Gruppe zu messen und ihre Tiefenstruktur in einem Soziogramm darzustellen. Ursprünglich ging Moreno davon aus, dass alle Menschen, deren Beziehungen soziometrisch dargestellt werden, anwesend sein sollen. Ist diese Wechselseitigkeit nicht gegeben, wird die Soziometrie *„perzeptuell"*. Diese Unterscheidung ist sinnvoll, um die Subjektivität der Darstellungen des bzw. der Klienten angemessen zu berücksichtigen (vgl. Pruckner 2004a: 177f.).

Die Erhebungsmethode stützt sich im Wesentlichen auf das Testverfahren, weniger auf die reine Beobachtung. Zumeist werden im Hinblick auf das interessierende Kriterium Fragen an alle Mitglieder gestellt, was ihre Einstellungen gegenüber jedem anderen der Gruppe angeht. Untersuchungskriterien können Sympathie (z.B. „Zählen Sie auf, welche Ihrer Kollegen Sie sympathisch finden."), aber auch Einfluss, Vertrauen, Unterstützung oder die bestehenden Konflikte selbst sein (vgl. ebd.: 179-185).

3.5.2. Methode des Psycho-Soziodramas

Das Psycho-Soziodrama findet in der Konfliktberatung und Mediation Anwendung und zeichnet sich dadurch aus, Beziehungen, Entwicklungen und Anliegen emotional und bildhaft erfahrbar zu machen, um damit Bewusstseins- und Verhaltensänderungen zu ermöglichen (vgl. Fichtenhofer/Richter/Uh-Tückard 2004: 486).

Das Psychodrama entstand aus der Gruppenpsychotherapie. Es findet v.a. im therapeutischen Rahmen statt, thematisiert Konflikte individueller Lebensentwürfe und arbeitet an „biografisch maßgeschneiderten" Lösungen. Als Variation des Psychodramas thematisiert das Soziodrama hingegen soziale Themen wie Gewalt und Rassismus und arbeitet an Lösungen, die verallgemeinerbar sind (vgl. Ottomeyer 2004a: 75f.). Abgesehen von diesem wichtigen Unterschied sind beide Begriffe als „Psycho-Soziodrama" oder unter „Psychodrama" synonym verwendbar. Das allgemeine Ziel des Psycho-Soziodramas ist es, Spontaneität bzw. Kreativität zu aktivieren (vgl. Moreno 1959: 34), „eingeklemmtes Leben" zu befreien (Ottomeyer 2004b) und Begegnung zwischen Menschen herzustellen bzw. zu verbessern. Damit soll bei allen Konfliktparteien „Handlungsfähigkeit" erreicht bzw. bestehende Handlungsmöglichkeiten ausgebaut werden (vgl. Fichtenhofer/Richter/Uh-Tückard 2004: 492).

Mittel

Im Psychodrama kommen gemeinhin fünf Mittel zum Einsatz. Der Klient gestaltet als (1) Hauptdarsteller (Protagonist) auf einer psychodramatischen (2) Bühne mit der Unterstützung des (3) „Spielleiters" und ausgewählten (4) Hilfs-Ichs sein therapeutisches Thema. Ähnlich wie bei den systemischen Strukturaufstellungen können die Hilfs-Ichs nicht nur für Personen, sondern auch für abstrakte Aspekte wie Werte, Symbole, Gefühle etc. stehen. Die (5) Gruppe lässt sich vom Spiel des Protagonisten berühren, greift mit Unterstützung des Spielleiters ein und gibt wie alle anderen Mitspieler eine empathische und, wo notwendig, kritische Rückmeldung (vgl. Riepl 2004).

Arbeitsphasen

Für das Psychodrama gelten im Allgemeinen drei Arbeitsphasen:

1. Warming up, ggf. Soziometrie (vgl. Pruckner 2004a: 178). Ziel: Diagnostik, Themenfindung, Vertrauensaufbau etc. (vgl. Riepl 2004).
2. Spiel, Handlung, Soziometrie (vgl. Pruckner 2004a: 178). Ziel: Exploration der subjektiven Wirklichkeit (vgl. Riepl 2004).
3. Integration, Nacharbeit (vgl. Pruckner 2004a: 178). Ziele: Entlastung der Hilfs-Ichs durch Rollenfeedback; Miteinbeziehung der Zuschauer durch Identifikationsfeedback und Entlastung des Protagonisten durch Sharing mit der Gruppe (vgl. Riepl 2004).

Funktion

Die Funktion des Psychodramas besteht darin, die Konfliktsituation aus unterschiedlichen Sichtweisen verbal oder nonverbal darzustellen und sie damit aktuell erleb- und erfahrbar zu machen. Der Fokus liegt dabei auf den folgenden Bereichen:

- Darstellung des Konfliktsystems;
- die Anteile der Konfliktparteien zu erhellen und bearbeitbar zu machen;
- die unterschiedlichen Konfliktperzeptionen der Parteien zu verdeutlichen und damit
- Ursache und Wirkung des Konflikts voneinander zu unterscheiden.

Im gesamten Mediationsprozess kann die Leitung drei unterschiedliche *Rollen* einnehmen:

- Als Helfer gibt sie Hilfestellungen bei Blockaden, meist unter Anwendung der sog. „Doppeltechnik" (s.u.);

- als Regisseur macht die Leitung Vorschläge für die szenische Umsetzung;
- als Kämpfer konfrontiert sie, um z.B. Widersprüche aufzudecken (vgl. Fichtenhofer/Richter/Uh-Tückard 2004: 492f.).

Psychodrama in der Mediation

Das Mediationsgespräch folgt einer klaren Struktur, in welcher unterschiedliche Methoden des Psychodramas wie folgt eingebunden werden können:

In der Einleitung werden u.a. Regeln getroffen, Grenzen geklärt und die Bereitschaft und Erwartungen der Konfliktparteien abgefragt (vgl. ebd.: 492).

Innerhalb der Konfliktklärung geht es darum, die Sichtweisen der Konfliktparteien mit Hilfe von Symbolen - z.B. mit einem Tuch zwischen den sich gegenübersitzenden Personen - sichtbar zu machen. In der Konflikterhellung geht es darum, die tieferen Konfliktwurzeln zu verdeutlichen. Dies kann z.B. mit Hilfe der Soziometrie erfolgen oder indem der Konfliktverlauf gemeinsam in einer mehrdimensionalen Zeitschiene zusammengetragen wird (vgl. ebd.: 494f.). Szenisch können die Motoren des Konflikts auch mit der sog. *„Doppeltechnik“* erarbeitet werden. Der Protagonist kann mittels Zur-Seite-Sprechen oder eines inneren Monologs, der durch ein Interview von der Leitung unterstützt werden kann, seine zurückgehaltenen Gefühle ausdrücken und tiefere Konfliktursachen benennen (vgl. Fichtenhofer/Richter/Uh-Tückard 2004: 496). Ziel ist es, den Protagonisten zu stärken und zu stützen (vgl. Riepl 2004). Ist der Protagonist in ihrer Rolle festgefahren, kann sie von der Bühne genommen und mittels der *Spiegeltechnik* von einer schützenden Distanz aus die entsprechende Szene reflektieren. Die Konfliktpersonen können (stellvertretend, reziprok, innen oder kollektiv) die *Rollen tauschen*. Der *Rollenwechsel* hingegen passiert einseitig, z.B. wenn nicht alle Rollen besetzt sind (vgl. ebd.). Das *Sharing* tritt nach der Aktionsphase ein. Hierbei berichten die Mitspieler und danach die Zuschauer, was sie erlebt und was sie für ihr eigenes Leben daraus gelernt haben. Anschließend geben die Mitspieler und die Zuschauer beim *Rollen- und Identifikationsfeedback* wichtige Rückmeldungen an den/die Protagonist/innen. Des Weiteren kann auf der psychodramatischen Bühne mittels „Konsequenzräumen“ verdeutlicht werden, welche Folgen der weitere Konfliktverlauf bzw. welche Folgen und Voraussetzungen ein „Neuanfang“ mit sich bringen wird (vgl. Fichtenhofer/Richter/Uh-Tückard 2004: 496f.).

In der Problemlösung werden Wünsche und Erwartungen der Konfliktparteien an ihr Gegenüber formuliert und begründet, allerdings nicht in Form von Forderungen. Im zweiten Schritt formulieren die

Parteien, was sie selbst bereit sind zu tun, damit die gefundene Lösung erfolgreich ist. Ein Symbol, wie z.B. einem Tuch in der Hand der Konfliktparteien, kann ihnen dabei helfen, sich auf das zu konzentrieren, was ihnen wichtig ist (nicht was ihnen wichtig sein sollte). Mittels Rollentausch können Lösungen konkretisiert werden, indem die Konfliktparteien für die jeweilige Gegenseite Lösungen sammeln, vortragen und begründen. Alle genannten Vorschläge werden zusammen erörtert und modifiziert.Danach versuchen die Konfliktparteien sich in einer Übereinkunft zu einigen (vgl. ebd.: 498).

3.6. Systemische Strukturaufstellungen nach Matthias Varga von Kibéd und Insa Sparrer

Die Aufstellungsarbeit ermöglicht es, die inneren Bilder des Klienten über das Stellen von Repräsentanten nach außen zu verlagern. Durch Veränderungen im aufgestellten System können Veränderungen bei den inneren Bildern der Klienten erwirkt werden und sich wiederum auf das abgebildete System auswirken. Bei systemischen Strukturaufstellungen (SySt) können neben menschlichen auch abstrakte Systemelemente (z.B. Ziele, Hindernisse, Ideen, innere Organe) berücksichtigt werden (vgl. Varga von Kibéd/Sparrer 2000: 49).

3.6.1. Ablauf, Besonderheiten und Ursprünge der Strukturaufstellungen

Ablauf

Der Ablauf bei den SySt ist wie folgt: Der „Gastgeber" der Aufstellung führt ein *Vorgespräch* mit dem Klienten, um sein Anliegen zu erfragen und um einen Kontakt mit ihm herzustellen. Dies geschieht i.d.R. im Rahmen eines lösungsfokussierten Interviews, bei dem der Gastgeber gezielt die Systemelemente des persönlichen Konflikts vom Klienten erfragt, z.B. mit Fragen nach dem „persönlichen Wunder" wie „wie würdest Du handeln, wenn Dein Problem gelöst wäre?", „woran könntest Du sehen, dass Dein Problem plötzlich gelöst wäre?" „Woran könnten dies andere sehen?" „Hätten andere etwas dagegen?" Das Interview kann „verdeckt" erfolgen, d.h. es kann geführt werden, ohne dass der Fragesteller den Inhalt des Konflikts verstehen muss. Es reicht daher völlig, wenn der Klient jedes erfragte Element z.B. nur mit einem Anfangsbuchstaben benennt oder abstrakt umschreibt (vgl. Varga von Kibéd 2008).

Entsprechend der Ergebnisse des Vorgesprächs wählt sie eine passende Form der SySt aus. Der Anliegenbringer wählt nun die einzelnen Repräsentanten (Personen) aus und stellt Sie im Raum auf, so wie es aus ihrem intuitiven Empfinden richtig ist. Dadurch werden die Personen zu einem Teil des aufgestellten Systems. Die Abstände und Winkel zwischen den Personen geben hierbei Hinweise auf die Beziehungen zwischen den realen Systemelementen. Die gewählten Vertreter, die keinerlei Vorkenntnisse über das reale System (in dem sie nun eine Vertreterrolle innehaben) haben, werden nach einer kurzen Phase der Einfindung nach Veränderungen ihrer Empfindungen befragt. Diese können Folgendes umfassen:

- Empfindungen in Bezug auf die Zugehörigkeit, Distanz etc. zu anderen Systemvertretern
- Veränderungen im Körperempfinden (Wärme, Kälte,...)
- plötzliche Impulse, die Position im System räumlich verändern zu wollen
- unerwartete Gedankengänge in Bezug auf das aufgestellte System
- Emotionen von Ärger, Erleichterung, Bürde, Unruhe, Erwartungen,...

Bei den Systemaufstellungen ist zu beobachten, dass die Vertreter in dem so aufgestellten System Aussagen machen können, die den Aussagen des realen Systems nahe kommen und so intuitiv oft stimmige und damit aufschlussreiche Aussagen über Dynamiken des realen Systems machen können. Über diese sog. „repräsentierenden Wahrnehmungen" können nun Problembereiche erkannt werden (vgl. Sparrer 2004a: 345-379). In gewissem Sinne machen die Repräsentanten keine Aussagen über das real existierende System, sondern das System spricht „durch" die Repräsentanten. Darum schreibt Varga von Kibéd den Repräsentanten gerne „Empfindungen", dem zusammengesetzten Gruppensystem jedoch eine „Wahrnehmung" zu (vgl. Varga von Kibéd 2008). Darin liegt der wesentliche Unterschied zu Rollenspielverfahren, da die Repräsentanten keinerlei Vorgaben (außer der Benennung sowie Position und Blickrichtung im Raum) erhalten und das reale System auch nicht kennen bzw. nicht kennen sollten. Für den Wahrheitsgehalt der Aussagen wird allerdings keine absolute, sondern eher „tendenzielle" Richtigkeit angenommen (vgl. Varga von Kibéd 2004).

Ausgehend von diesen Wahrnehmungen können in der sog. *Stellungsarbeit* die Veränderung der Anordnung der Personen und ihre Auswirkungen in verschiedenen Aufstellungsphasen getestet werden. Im Rahmen der sog. *Prozessarbeit* können durch das Vorgeben von Sätzen, die die Vertreter nachsprechen sollen oder das Durchführen von Ritualen weitere Veränderungen erreicht werden. Das auf unterschiedliche Arten aufgestellte Bild wird dann so lange verändert, bis sich alle Repräsentanten ressourcenreicher fühlen. Nach Beendigung der Aufstellungsarbeit wird ein *Nachgespräch* durchgeführt. Falls notwendig, kann die Strukturaufstellung in darauf folgenden Sitzungen weitergeführt oder wiederholt werden (vgl. Sparrer 2004a: 345-379).

Besonderheiten

Zu den Besonderheiten systemischer Strukturaufstellungen gehört, dass

- sie *lösungsorientiert* sind: Vor der Aufstellung wird der Klient gefragt, woran es sich zeigen würde, dass ihr Problem gelöst ist. Deutungen werden unterlassen.
- das *Primat der Prozessarbeit* gilt: Es ist wichtiger, dass ein bestimmter Prozess erfolgt, als das explizite Wissen darüber, zwischen wem er erfolgt.
- sie *gleichzeitig auf verschiedenen Deutungsebenen arbeiten*: Beispielsweise kann dasselbe Aufstellungsbild auf der Ebene der Familienmitglieder, der Ebene der Handlungsoptionen etc. verwendet werden (vgl. Varga von Kibéd/Sparrer 2000: 51-53).
- die Leitung einer SySt bedeutet, *nicht zu wissen, was passiert,* sondern als „Gastgeber" den Prozess für den Auftraggeber zu gestalten.
- *ausgeschlossene Systemmitglieder* bei ihrer Aufstellung nicht explizit benannt werden müssen: Sie können z.B. aufgestellt werden als „das, was fehlt".
- die z.T. sehr abstrakten Aufstellungsformate es erlauben, *jede Art von Kontext* zu betrachten, sei es z.B. eine Organisation, ein Projekt, Arbeitsabläufe, Visionen, innere Anteile, Familien, Körperorgane, Symptome, Drehbücher etc. (vgl. Varga von Kibéd 2008).

Ursprünge

Die SySt haben vier Hauptwurzeln:

- Haltung und Menschenbild sind von der *Rekonstruktions- und Skulpturarbeit* von Virginia Satir inspiriert;
- Die Erickson'sche *Hypnotherapie* ist prägend für den Sprachgebrauch;
- Die *Familienaufstellungsarbeit,* deren Wurzeln u.a. bei Thea Schönfelder, Ruth McClendon und Les Kadis liegen, ebenso wie der Ursprung der Idee der transgenerationalen Solidarität, des Ausgleichs von Geben und Nehmen und der ökonomi-

schen Umdeutung des Schuldbegriffs bei Ivan Boszormenyi-Nagy, welche im Familienstellen von Bert Hellinger und den klassischen Organisationsaufstellungen von u.a. Gunthard Weber umgestaltet wurden;

- Die *lösungsfokussierte Methodik* und Haltung geht auf die Schule von Milwaukee, v.a. auf die Ideen von Steve de Shazer und Insoo Kim Berg, zurück (vgl. Varga von Kibéd 2008).

3.6.2. Transverbale Grammatik

Zur Durchführung von SySt ist es für alle Beteiligten außer dem Klienten nicht notwendig, den Konflikt inhaltlich zu verstehen. Dies liegt daran, dass Aufstellungen als Form einer transverbalen Sprache verstanden werden können, die subtil jeder Form der inneren und äußeren Kommunikation zu Grunde liegt. Die transverbale Sprache beinhaltet im Wesentlichen drei Komponenten:

- *Verbale und non-verbale Signale* der Körpersprache: Dies bedeutet, dass Aufstellungsphänomene schon mittels unterschiedlicher Signale, z.B. in Form von Gestiken, geschehen. Hierbei ist die „Skalierung" unerheblich, d.h., ob die Körpersprache sehr (z.B. in lateinamerikanischen Kulturen) oder wenig expressiv (z.B. in skandinavischen Kulturen) ist. Alleine durch gestische Handbewegungen werden in einem Kommunikationsprozess automatisch „Repräsentanten" geschaffen. Man achte z.B. darauf, wie man selber „das Eine ODER das Andere" oder „das Eine UND das Andere" mit der eigenen Körpersprache (Handbewegungen, Stimmenmodulation etc.) während eines Dialogs ausdrückt.
- *repräsentative Wahrnehmungen:* In Kommunikations- und Handlungsprozessen sind stets auch körperliche Empfindungen mit entscheidend, die bewusst oder unbewusst durch Aufstellungsphänomene induziert sein können. Generell unterscheidet Varga von Kibéd zwischen repräsentativen Empfindungen, die nur Repräsentanten haben können, deren Ursprung ihnen aber nicht verständlich sein muss. Repräsentative Wahrnehmungen erschließen sich jedoch nur aus der Gesamtheit des gesamten Gruppenkörpers, weil dieser quasi der „Sprecher" ist, der sich über die körperinternen Signale seiner Gruppenbestandteile ausdrückt.
- *Genuine Gruppensprache:* Dies bedeutet, dass die transverbale Sprache nicht von einer Einzelperson, sondern nur von einer Gruppe von Personen (quasi als Gruppenkörper) gesprochen werden kann.

Varga von Kibéd sieht in der transverbalen Sprache eine alltägliche, allumfassende und übergeordnete Form der Kommunikation, deren Grammatik lern- und lehrbar ist und die unabhängig vom sprachlich-inhaltlichen Verstehen ist. Auf Grund ihres quasi „universellen“ Charakters schlägt sie nach Varga von Kibéd eine Brücke zu jeder anderen Methode des Dialogs, wie z.B. dem Psychodrama (vgl. Varga von Kibéd 2008).

3.6.3. Symbolkategorien in der Tetralemmaarbeit

Am *SySt/Institut für systemische Ausbildung, Fortbildung und Forschung* in München wurden über 60 Formen von SySt entwickelt. Die Tetralemmaarbeit ist hierbei nur eine davon. Ihre Methodik ist grundsätzlich für die Bearbeitung aller Arten von Dilemmata (hier: Entscheidungssituationen mit polaren Gegensätzen) geeignet und lässt sich in therapeutische und beraterische Gesprächs- und Interventionsformen integrieren (vgl. Varga von Kibéd/Sparrer 2000: 49).

Die Tetralemmaarbeit basiert auf einem Einteilungsschema der indischen Logik, das ursprünglich zur Kategorisierung verschiedener Standpunkte in einem Streitfall angewandt wurde (vgl. ebd.: 50). In der Konfliktarbeit stellt das Tetralemma ein Prozessschema dar, bei dem sich die vier Positionen nicht von vornherein, sondern beim Durchgehen des Tetralemmas ergeben (vgl. Varga von Kibéd/Sparrer 2003: 90, vgl. im Folgenden ebd.: 78-92).

- Das *Eine:* dies kann z.B. die Lösung sein, die für den Klienten im Vordergrund steht, als das „einzig Richtige.“
- Das *Andere* steht im direkten Gegensatz zu dem „Einen“, stellt aber nicht ihre Negation, sondern eine echte Alternative dar.
- *Beides* stellt eine Metaposition zum Einen und Anderen dar. Varga von Kibéd unterscheidet insgesamt 13 Untertypen, welche sich teilweise überschneiden. Zu den Wichtigsten zählen:
    - *Kompromiss:* Von beiden ist ein bisschen richtig („räumliche Lösung“).
    - *Iteration:* Machmal ist das Eine, manchmal das Andere richtig („sequenzielle Lösung“, „Kontext-Reframe“)
    - *Ressourcentransfer:* „Die Kraft des Nichtgewählten in das Gewählte einfließen lassen.“
    - *Übersummative Verbindung:* Synthese, die zu einem Konsens zwischen dem Einen und Anderen führen kann.

- *Keines von Beiden* stellt eine völlig dissoziierte Metaposition dar. Aus dieser Position geht es nicht mehr um Vereinbarkeit, sondern um den Kontext, in dem das Dilemma entstanden ist.
- *All dies nicht - und selbst das nicht*: Mit Bezug auf den buddhistischen Philosophen Nagarjuna unterscheidet die Tetralemmaarbeit eine fünfte Position, die alle anderen vier Positionen und sich selbst verneint. Sie wird daher auch als „Nicht-Position" bezeichnet und führt in der Konfliktarbeit zu etwas wesentlich Neuem. Das Neue ist auf eine „neue Weise richtig" (und stellt auf einer höheren Ebene wieder das Eine dar) (vgl. Varga von Kibéd/Sparrer 2003: 91f.).

In der SySt können diese Positionen als folgende Symbolkategorien aufgestellt werden:

- Der *Focus* stellt den Bezugspunkt des aufgestellten Kontexts und damit den Repräsentanten des Klienten (in Bezug auf ihre Frage nach der Dilemma-Situation) dar. D.h. Foci können von Bild zu Bild verstellt werden, nehmen aber innerhalb des Aufstellungsbildes einen festen Platz ein. In Mediationsverfahren - also bei der Bearbeitung von Inter-Mikro- oder Intra-Mesokonflikten - können auch mehrere Foci und mehrere Konfliktsysteme zusammen aufgestellt werden (vgl. Varga von Kibéd 2008).
- Das *Eine* ist die Seite des Dilemmas, die dem Klienten zu Beginn der Aufstellung näher steht. Es wird als *Ort* aufgestellt und damit zu einem Repräsentanten im weiteren Sinne. Für die symbolische Kategorie „Ort" gilt, dass sein Repräsentant während der gesamten Aufstellung am gleichen Platz bleibt.
- Das *Andere* ist die Seite des Dilemmas, mit der der Klient weniger vertraut ist. Es wird ebenfalls als Ort aufgestellt.
- *Beides* wird ebenfalls durch einen Ort symbolisiert.
- *Keines von Beiden* wird ebenfalls als Ort aufgestellt.
- *Und auch dies nicht - und selbst das nicht* wird durch ein *freies Element* symbolisiert. Freie Elemente sind nicht auf einen festen Platz festgelegt, sondern können sich nach ihren eigenen Impulsen frei bewegen.
- *Konfliktbeteiligte* werden als Repräsentanten im engeren Sinne aufgestellt und können, wie der Fokus, in jeder Aufstellungsphase umgestellt werden (vgl. Varga von Kibéd/Sparrer 2000: 60f.).

Der Zweck der SySt bzw. der Tetralemmaarbeit besteht darin, 1) konkrete Entscheidungsprozesse bis zur Position, die dem Klienten vertraut ist, nachzuvollziehen und 2) unterwegs übersehene Standpunkte, Blockaden, Hindernisse und Perspektiven zu entdecken. Hierbei wird nicht eine umfassende Lösung des von dem Klienten thematisierten Konflikts angestrebt, vielmehr sollen innere und äußere Ressourcen und subtile Handlungsimpulse aktiviert werden, die sich im Nachhinein auf das Konfliktsystem auswirken (vgl. Varga von Kibéd 2008).

3.7. Prozessorientierte Konfliktarbeit nach Arnold Mindell[50]

Im weitesten Sinne steht die Prozessarbeit nach Mindell nicht nur für eine „Theorie", sondern auch für eine „Gemeinschaft" und ein „Konzept" (idea) (vgl. Mindell 2006). Im Rahmen der Konfliktbearbeitung basiert Mindells Ansatz darauf, Signale und Prozesse in einem Konfliktsystem zu erkennen und zu nutzen (prozessieren; engl.: facilitation). Die folgende Darstellung der Prozessarbeit nach Mindell beschränkt sich auf einige wesentliche Elemente.

3.7.1. Einige Kernelemente

Die Prozessarbeit umfasst Aspekte wie Kreativität, Spiritualität, Organisationen, Musik, Kunst, Träume, Körpersymptomarbeit, Koma, extreme Zustände, Bewegung, luzides Träumen, Physik, Psychologie, Politik (Worldwork), Team (Groupwork), Individuum, Beziehungen etc. All diese Inhalte stehen im Zentrum des *Konzepts* (idea) des Gewahrseins der Prozesshaftigkeit und dem ständigen Wandel des Seins. Dahinter steht zum einen der Gedanke, dass es unterschiedliche Formen des Gewahrseins gibt und zum anderen, dass individuelle und kollektive Prozesse auf unterschiedliche Weise miteinander verknüpft sind. Als *Gemeinschaft* begreift sich die Prozessarbeit in einem losen Netzwerk von Individuen und Institutionen, die formell und informell mit den von Mindell gegründeten Trainingszentren weltweit verbunden sind (vgl. Mindell 2006). Die folgenden Darstellungen beziehen sich v.a. auf den Theorieaspekt der Prozessarbeit, mit Schwerpunkt auf dem sog. „Worldwork".

---

50 **Arnold Mindell** ist 1940 in den USA geboren und arbeitet dort seit 1980 als Ausbilder in der Prozessarbeit und als Schriftsteller. Er begründete die prozessorientierte Psychologie. Er schloss sein Physik-Studium am MIT in Cambridge ab, erwarb am C.G. Jung-Institut in der Schweiz einen Abschluss als Jungianischer Analytiker und promovierte in Psychologie. Arnold Mindell lebt zusammen mit seiner Frau **Amy Mindell** in Portland, Oregon. Zusammen unterrichten sie, leiten offene Foren und arbeiten an Konflikten und Projekten zur Organisationsentwicklung für Unternehmen, Städte und Eingeborenen-Kulturen (vgl. Mindell 2006).

Bei der Arbeit mit Individuen wie auch in und mit Gruppen unterschiedlicher Größe ist es das Ziel, einerseits alle Sichtweisen und Gefühle mit zu berücksichtigen und andererseits mit unterschiedlichen Ebenen der individuellen und kollektiven Erfahrung zu arbeiten (vgl. Worldwork 2008: 1).

Doppelte Signale

Mindell geht von Verbindungen zwischen (quanten-)physikalischen Prozessen, körperlichen Symptomen und Träumen aus. In Anlehnung an die Jung'sche Psychologie postuliert er, dass der träumende Geist unbewusste oder „doppelte" Signale in Menschen produziert, während sie in Beziehung zu anderen Menschen stehen. Mindell entdeckte, dass sowohl individuelle Traumprozesse (vgl. ebd.) als auch kollektive Mythen „die Katastrophen und Freuden des Lebens als innere Konflikte des erwachenden globalen Organismus" schildern (vgl. Mindell 1989: 95). Nach Mindell wäre die interpersonale Kommunikation erleichtert, wenn ihre subtilen Signale in den Vordergrund gebracht würden (vgl. Mindell 2006).

Process Mind

Dies impliziert die Annahme eines „Process Mind" - einer Art tieferer Intelligenz und Weisheit, die jeder Konfliktpartei und dem gesamten Konfliktsystem immanent ist und ihren gemeinsamen Urgrund bildet. In der Prozessarbeit gilt es, sich diesen Process Mind bewusst zu machen und sich den unterschiedlichen Signalen gegenüber zu öffnen, in denen sich der Process Mind ausdrückt (vgl. Worldwork 2008: 1). Die hierzu notwendige Fähigkeit des Facilitators, solche Signale zu lokalisieren und zu nutzen, bezeichnet Mindell als „Meta-skills" (vgl. Worldwork 2008: 3).

Felder

Mindell geht davon aus, dass bei der Arbeit mit Individuen oder Gruppen ein ihnen zu Grunde liegendes Phänomen - in Form eines sog. „Feldes" - prozessiert wird, welches in ihnen bzw. durch sie zum Ausdruck kommt. Nach Mindell ist dieses Feld Gegenstand kultureller Mythen, in denen es die Form anthropomorpher Schöpfer-Gottheiten annimmt, auf denen manchmal sogar die Entstehung des gesamten Universums zurückgeht. Wichtig ist im Rahmen der Prozessarbeit zu berücksichtigen, dass sich dieses Feld über die Erfahrungen, Wahrnehmungen und Gefühle des Individuums seiner selbst bewusst wird. Allerdings manifestiert das Feld seine immanente Intelligenz („Weisheit") nur, wenn all seine Teile repräsentiert und wertgeschätzt werden (vgl. ebd.: 1f.).

Tiefendemokratie

Aus der Perspektive der Prozessarbeit zeigen sich in Konflikten das Potenzial und die Kreativität einer Konfliktgemeinschaft. Tiefendemokratie ist hierbei ein Prinzip und eine Methode, einen akzeptierenden Raum zu eröffnen, in dem sich alle Stimmen, die verschiedensten Perspektiven und alle Wirklichkeitskonstruktionen zeigen können. Die Beziehungen zwischen diesen Positionen werden höchst interaktiv moderiert und eine Grundrichtung der Selbstorganisation der Konfliktgemeinschaft (und mit ihr die Essenz des gesamten Feldes) herausgearbeitet. Dieser Prozess zeigt die Bedeutung von Widerständen, Hindernissen und Konflikten, die integriert und aufgelöst werden. Alle Stakeholders sind in diesem Prozess mit einbezogen (vgl. Worldwork 2008: 2; vgl. auch Mindell 2002).

Identität durch Abgrenzung

Darüber hinaus geht es in der Prozessarbeit darum, die Grenzen der Identität bzw. zum Anderen zu überwinden. Identität entsteht stets in Abgrenzung zum „Anderen" - z.B. die Identität eines Schülers zum Lehrer oder einer Gruppe, die sich selbst mit dem Frieden identifiziert (gegenüber dem Unfrieden). Prozessarbeit bedeutet hier, die Rollengrenzen zu transzendieren, indem sie dem Individuum bzw. der Gruppe bewusst macht, dass sie beide Rollen ausfüllen (vgl. Worldwork 2008: 2).

Rollen

Rollen sind daher „Positionen", die von jedem Individuum in einer Gruppe ergriffen werden können. Die Grundlage von Gruppenkonflikten resultiert nach Mindell darin, dass Individuen in ihren Rollen gefangen bzw. stecken bleiben. Subtile Rollen, die zwar gefühlt, aber nicht eingenommen werden, werden als „Geisterrollen" bezeichnet. So stellt z.B. in einer harmonischen Gruppe der „Verursacher" von Krieg und Konflikt eine Rolle dar, mit der sich kein Gruppenmitglied identifiziert. Wenn dieser „Geist" bewusst repräsentiert wird, kann von ihm eine transformierende Wirkung ausgehen (vgl. ebd.: 2).

Arbeit auf unterschiedlichen Ebenen

Die Arbeit auf verschiedenen Erfahrungsebenen steht bei der Prozessarbeit nach Mindell im Vordergrund. Diese stehen mit unterschiedlichen Signalen und darauf ausgerichteten Konzepten und Methoden in Beziehung. Das Gesamtkonzept der Erfahrungs- und Interventionsebenen in der Prozessorientierten Konfliktarbeit lässt sich in der unten stehenden Matrix schematisieren. Ich belasse es hierbei bei einer nur oberflächlichen Erklärung der speziellen Termini von Mindell, da ihr Verständnis für die weitere Untersuchung nicht relevant ist:

EBENE	**Konsensusrealität/ Nichtkonsensus (KR/NKR)**	**Dual/ Nicht**	**Signale**	**Prozessarbeits konzepte**	**Methoden**
KONSENSUS-REALITÄT Alltagsrealität, „realer" Teil von Symptomen (z.B. Blutdruck, Kopfweh, Saurer Magen – Begriffe und Masse der KR) Signale und KR-Teile von Doppelsignalen, wie Augen nach unten gesenkt, während man in Beziehung zueinander tritt	KR Übereinstimmung darüber, andere Leute sind sich über diese Erfahrungen einig	Dualistisch Dinge	beständig, kann in Worten ausgedrückt und beobachtet werden	Signale, sinnesorientierte Info, Doppelsignale, Primär und Sekundär, Kanäle Bewusstsein	Achtsamkeit, Beobachten von Signalen, Amplifikation, Entfaltung, Grenzen, etc.
TRAUMLAND Traumfiguren, traumähnliche Aspekte von Symptomen (z.B. stechender Kopfschmerz, Feuer im Magen), subjektive Erfahrungen wie „ich fühle mich abgespaced", traumähnliche Aspekte von Doppelsignalen wie nach unten gesenkte Augen, werden als „in- eine-Höhle-gehen" erfahren.	NKR keine Übereinstimmung darüber, Leute sind sich über diese Erfahrungen nicht einig	Dualistisch Teile	Bestehen lange genug, um in Worten formuliert zu werden, wiederholen sich oft, nicht vollständig, Sekundär	Das gleiche wie oben, nicht vollständige sekundäre Signale, unbesetzte Kanäle, Grenzen, Bewusstsein	Das gleiche wie oben
FLIRT flimmern, nonverbale Sinneswahrnehmungen oder Flirts, die unsere Aufmerksamkeit auf sich ziehen	NKR keine Übereinstimmung darüber	Zwischen dualen und non-dualen Welten	Flimmernde Signale, bestehen lange genug, um bemerkt zu werden, sind sehr schnell und flüchtig	Marginalisierung Flirts Luzidität Vor-Signal	Vernebeltes Bewusstsein, einen Flirt fangen und zur Essenz gehen und ihn entfalten lassen...
ESSENZ Vor-Signale, subtile Tendenzen und vage Intuitionen, die nicht verbalisiert werden können = absichtliches Feld, Quantenwelle, Pilot-Welle, Leit-Welle, Träumen, Tao, das nicht gesagt werden kann, Einheit, unsterbliches Selbst, Mu, Same der goldenen Blüte, Spürebene	NKR keine Übereinstimmung oder Einigkeit darüber.	Nicht-Dual Keine Teile	Vor-Signale Subtil, kann nicht formuliert oder verbalisiert werden, unsichtbar und nicht messbar, nonlokal, Vor den Kanälen, Urgrund, aus dem gewöhnliche Signale ins Traumland und die Konsensusrealität hervorgehen	Marginalisierung Vor-Signale Tendenzen Luzidität	Subtile Bewegungstendenzen, langsame Bewegungen und Mikrobewegungen um zur Essenz der Erfahrung zu gelangen, Koma-Arbeit, sich fragen, was war da, bevor die Erfahrung so gross wurde, etc....

Tabelle 5: Die Prozessierung unterschiedlicher Erfahrungsebenen (Mindell 2006)

3.7.2. Arbeit mit Gruppenprozessen

Rang, Privilegien, Missbrauch und Rache

Bei der Arbeit mit Gruppenprozessen unterscheidet die Prozessarbeit vier grundlegende Aspekte, die es in einem Konfliktsystem zu berücksichtigen gilt:

- *Ränge* beziehen sich auf *Privilegien* in einem gegebenen System und/oder sozialen Kontext. Privilegien stehen hierbei für Nutzen und Vorteile, die ein Akteur gegenüber anderen in einem System genießt. Hierunter fallen z.B. die Rangunterschiede zwischen den Geschlechtern in einem patriarchalen System oder die Privilegien eines Gesunden gegenüber einem Kranken. Nach Mindell ist ein Privileg, das jedes Individuum mit Rang genießt, ohne das Leid auf der anderen Seite zu kennen. An dieser Stelle setzt die Prozessarbeit mit ihrer Bewusstmachungsstrategie an. Umgekehrt ist die Prozessarbeit auch darauf ausgerichtet, marginalisierte Gruppen zu stärken (empowerment).
- *Missbrauch* und *Rache* gehen i.d.R. mit Systemen einher, die Formen von Rang und Privilegien beinhalten. Missbrauch definiert Mindell hierbei als Anwendung von sozialer/politischer/militärischer/etc. Macht gegenüber Individuen oder Gruppen, die sich nicht wehren können. Rache ist die Reaktion von Missbrauch betroffener Individuen oder Gruppen (vgl. Worldwork 2008: 4f.).

Das Muster sozialer Konflikte

In der Prozessorientierten Konfliktarbeit nimmt die Systemtheorie eine besondere Stellung ein, um das Muster sozialer Konflikte zu erfassen. Ein sozialer Konflikt lässt sich im Wesentlichen auf die folgenden zwei Faktoren zurückführen:

- Das Bestreben von „Störern" (z.B. einer marginalisierten gesellschaftlichen Minderheit) innerhalb eines Systems, die Systembedingungen zu ändern;
- Die Reaktion des Systems (z.B. eine Gesellschaft) sich zu erhalten, indem es die störenden Einflüsse unterdrückt.

Aus diesem Grundmuster sozialer Konflikte lässt sich für beide Seiten eine Chance zum konstruktiven Umgang mit dem Konflikt ableiten:

- Um das Leben des Systems zu verlängern, müssen die Gruppen nach Möglichkeiten suchen, das Potenzial der Störenden in den Status quo zu integrieren;

- die Unterdrückung fordert auch die Störern auf, sich weiterzuentwickeln.

Amplifizierung von Konflikten

Nach Mindell kommt das System nicht umhin, die Signale seiner Störer zu integrieren, wenn es langfristig seine Stabilität erhalten will. Dieses Muster ist vergleichbar mit einer Person, die kleine Symptome unterdrückt und sich in der Folge mit dem Syndrom einer gravierenden Krankheit beschäftigen muss (vgl. Mindell 1989: 97f.). Im Kontext des Erhalts des globalen Systemgleichgewichts müsste nach Mindell z.B. berücksichtigt werden, dass die Entwicklungs- und Schwellenländer, mit etwa 75% der Weltbevölkerung, aber einem unverhältnismäßig geringen Anteil am globalen Reichtum, eine Gefahr für die finanzielle Stabilität des Planeten darstelle. Ein angemessener Konfliktbewältigungsansatz läge darin, die Protestbotschaften dieses Teils der Bevölkerung bewusst wahrzunehmen und ihren unterdrückten Hass zu prozessieren, den sie gegenüber der System beherrschenden Minorität empfinde (vgl. ebd.: 99). Prozessorientiertes Arbeiten konzentriert sich also darauf, Störungen in einem System zu amplifizieren, zu verstärken und zu erspüren, denn die subtilen Signale ihrer Traumfiguren und Körpersymptome bergen „fast immer den geheimen Schlüssel zur Veränderung und Erneuerung der Lebensfähigkeit“ eines Systems. Hieraus resultiert der normative Anspruch, den Umgang mit Störungen und Fluktuationen als Teil des Alltagslebens zu betrachten. Dies bedeutet zum einen für die unterdrückende Gruppe, auf ihre Störer einzugehen und zum anderen für die Störer, ihre neuen Ideen an die Terminologie der Gruppe anzupassen. Für den Prozessarbeiter bedeutet dies, möglichst präventiv und ursachenbewusst auf störende Informationsfelder zu achten, die sich in unbewussten Signalen wie Körperhaltung, Stimme etc. ausdrücken (vgl. ebd.: 101).

Generelle Arbeitsschritte

Obwohl jeder Gruppenprozess eigene unvorhersehbare Dynamiken, Kommunikations- und Erscheinungsformen birgt, unterscheidet die Prozessarbeit einige generelle Arbeitsschritte:

- In der ersten Phase einigt sich die Gruppe darauf, welchen Konfliktaspekt (Issue) sie bearbeiten will.
- Danach werden die Positionen, Rollen und Polaritäten ermittelt und repräsentiert, welche in dem Gruppenfeld präsent sind. Hierbei ist es wichtig, einen Interaktionsraum für so viele Rollen wie möglich zu schaffen, in denen Individuen ein- und ausgehen können. Das Gruppenfeld drückt sich aus, je mehr Beteiligte diese Rollen mit unterschiedlichem persönlichem Material ausfüllen. Hierbei können bei den Beteiligten persön-

liche „Grenzen" (edges) auftreten, die den Gruppenprozess blockieren. Ein anderer wichtiger Aspekt ist der sog. „Hotspot" - ein angespannter Moment, dessen Vernachlässigung das Potenzial zu künftigen Eskalationen birgt, dessen Prozessierung jedoch zu einem wichtigen Schritt in der Fortführung des Gruppenprozesses führen kann.

- Im dritten Schritt einigt sich die Gruppe auf das Interaktionslevel, mit dem gearbeitet werden soll. So kann es z.B. angebracht sein, dass eine große Gruppe ihre Arbeit auf den konkreten Zustand und Erfahrungsschwerpunkt eines Individuums konzentriert. In anderen Gruppenprozessen ist es angemessener, diverse Issues in Paaren oder in Untergruppen zuerst zu bearbeiten (vgl. Worldwork 2008: 2f., 7).

Prozessierung von Grenzen

Wie oben angedeutet, schaffen sich Gruppen „Grenzen", indem sie in ihren Identitäten verharren und sich damit gegenüber dem inhärenten Entwicklungspotenzial des Konfliktsystems aussperren. Die Ausbildung von Grenzen bzw. eines Anderen (Unbekannten) bildet die fundamentale Wurzel von Konflikt. Im Rahmen der Prozessarbeit lassen sich unterschiedliche Arten von Grenzen finden, die es zu lokalisieren und gezielt zu prozessieren gilt. Hierunter finden sich:

- *Angst vor dem Unbekannten:* Dies ist eine der Hauptursachen von negativen Reaktionen auf Veränderungen.
- *Vermeidung von Gefühlsproblemen in Gruppen* durch die Tabuisierung von emotional besetzten Themen: z.B. dem Gefühl von Außenseitern sich nicht heimisch zu fühlen. Hierbei ist der unterdrückenden Gruppe bewusst zu machen, dass ihnen die thematisierten Gefühle nicht fremd sind.
- *Vermeidung eigener Meinungen:* in einem Konflikt ist es üblich, eigene Fehlbarkeiten auf andere zu projizieren. Hierbei geht es darum, bewusst zu machen, dass „der Andere" eigentlich so denkt wie man selbst.
- *Angst vor dem Chaos:* Die Mehrheit der Menschen hat Angst vor allem, was die gewohnte Ordnung stört.
- *Angst vor der Isolation in der Gruppe:* Potenzielle Störer fürchten, ihre Position in der Gruppe zu verlieren. Hierbei gilt es herauszufinden und umzusetzen, was der Gruppe als Kanal für eine neue Idee dient.

Grenzen haben ihren Wert, indem sie vor Gefahren warnen und von Themen fernhalten, auf die man noch nicht genügend vorbereitet ist. Der Nachteil besteht darin, nicht in die Lage zu kommen zu lernen, wie man mit den Problemen umgehen könnte (vgl. Mindell 1989: 104-106).

Das Kernanliegen der Prozessarbeit bei der Arbeit mit Grenzen liegt nun darin, dem bzw. den Betroffenen bewusst zu machen, dass sie auch der Andere sind. So spiegelt sich z.B. das Gefühl, marginalisiert und verletzt zu werden, in der unterdrückenden Gruppe wider und ist gewisser Maßen in ihr präsent. Es geht also darum, „den Anderen" in sich selbst zu erkennen und mit Hilfe dieser Erkenntnis die Polarisierung aufzuheben. Die Prozessarbeit unterscheidet hierbei bis zu fünf unterschiedliche „Dus":

- *Little You* entspricht der persönlichen Identität (Ego) und den eigenen Gefühlen des Konfliktakteurs.
- *Big You* repräsentiert das große Ganze. Es beinhaltet alle Teile inklusive der Atmosphäre, die alle Bestandteile des Gesamtsystems produziert.
- *Ghost*: die Geisterrolle entspricht allen Teilen des Selbst, die abgeleugnet und daher nicht repräsentiert werden. Da diese dennoch gefühlt werden können, entsprechen sie dem „marginalisierten Selbst" im Inneren eines jeden Konfliktakteurs.
- *Opposition* entspricht den Teilen innerhalb eines Konfliktsystems oder -akteurs, mit denen ein Konflikt vorliegt und die daher (im Gegensatz zu den Geistern) bewusst wahrgenommen werden.
- *Elder* ist gleichbedeutend mit dem Facilitator, der den Konflikt prozessiert (vgl. Worldwork 2008: 3).

3.8. Kurze Gegenüberstellung der vorgestellten Methoden

Im Folgenden möchte ich die vorgestellten Methoden in Bezug auf einige wesentliche inhaltliche Gemeinsamkeiten einander gegenüberstellen. Zudem weist jede dieser Methoden unterschiedliche Kriterien auf, die für die Metamodellbildung in den nächsten Sektionen relevant sind und die daher an dieser Stelle in aller Kürze festzuhalten sind.

- Das <u>Konfliktmanagement</u> nach Glasl zeichnet sich durch eine sehr holistische Konfliktbearbeitung aus. „Holistisch" meint hier, dass andere Methoden durch Modelle wie der Eskalationsleiter in einem Rahmen integriert werden, welchen ich grob als *„umfassend"* beschreiben möchte. Diese Integration erfolgt, wie unter 1.2.2. dargestellt, durch die Kategorisierung von Komplexität. Auf diesen Vorzug des Metamodells von

Glasl wird unter 6.1.2. im Rahmen eines heuristischen Integrationsgerüsts noch näher einzugehen sein. Theoretisch deckt Glasls Ansatz alle psychologischen und sozialen Arenen ab, in denen Konflikte stattfinden: den intrapersonellen, den Inter-Personen-/Gruppen-Bereich (Intra-Meso) sowie den institutionellen Bereich (Meso, Makro). Mit seinen starken Bezügen zur Organisationslehre sowie zu den Kommunikationswissenschaften hat der Ansatz von Glasl im praxeologischen Kontext einen tendenziellen Schwerpunkt auf dem interpersonellen Bereich.

- Für die Konflikttransformation nach Galtung gilt Ähnliches wie für Glasls Ansatz. Transcend ist ebenfalls sehr holistisch angelegt und verfolgt ebenfalls einen „umfassenden" Integrationsanspruch (hierzu näher auch unter 6.1.). Die Bezüge zu anderen Disziplinen sind im Vergleich zu den anderen COMPAIR-Methoden am vielfältigsten. So zielt Galtungs Metaansatz u.a. darauf ab, wesentliche metatheoretische Grundrichtungen - z.B. Empirismus, Kritizismus und Konstruktionismus - zu einem ganzheitlichen Ansatz zu integrieren. Gleichzeitig liefert seine komplexe Konflikttheorie eine integrierende Definition des „Gesellschaftlichen Hauptproblems", indem er zeigt, dass sowohl gesellschaftliche Desintegration, Unterdrückung und Ausbeutung wie auch Entfremdung auf die unzureichende Befriedigung individueller Grundbedürfnisse zurückführbar sind. Theoretisch deckt Galtungs Ansatz alle sozialen und psychologischen Arenen ab, wobei der praxeologische Schwerpunkt wohl am ehesten im Inter-Personen- und in den Kollektiv-Bereichen liegt.
- Die GFK hebt sich von den anderen Methoden dadurch ab, dass sich ihre vier sehr allgemeinen Schritte der Gesprächsführung (Beobachtungen, Gefühle, Bedürfnisse, Bitten) in quasi jeder anderen Dialogmethode finden lassen, z.B. in den Phasen des Konfliktdialogs in Transcend, der buddhistischen oder der Psychodrama-Mediation. So gesehen scheint sich die GFK durch eine, wie ich umschreiben möchte: *„breitenwirksame"*, „all-immanente" Anwendbarkeit in der dialogischen Konfliktbearbeitung auszuzeichnen. Dies bleibt näher unter 6.2. zu untersuchen. Die GFK weist einen ausgeprägten kommunikationspsychologischen Bezug auf und deckt v.a. den interpersonellen Bereich der dialogischen Konfliktbearbeitung ab.
- Die Konfliktlösung im Buddhismus ist zum einen wie ein herkömmlicher Mediationsansatz anwendbar. Zum anderen geht die Tiefe ihrer spirituellen Konfliktauffassung weit über die Psychologie nicht-kontemplativer Ansätze hinaus. Dass kon-

templative und herkömmliche Ansätze der Konfliktbearbeitung einander nicht ausschließen und sogar beträchtlich voneinander lernen, wurde auf der COMPAIR-Konferenz insbesondere im Dialog zwischen Galtung und Ariyaratne deutlich: Ariyaratne betonte hierbei, dass er von Galtung wesentliche Inspirationen für die Konfliktarbeit auf meso- und makrosozialer Ebene erhalten habe. Dies betrifft insbesondere die Arbeit mit der strukturellen Gewaltprävention, um den Lebensbedingungen der noch „ungeborenen" zukünftigen Konfliktgeneration Rechung zu tragen (vgl. Aryaratne 2004). Auf der Seite von Galtung fällt z.B. auf, dass sich seine Konflikttheorie buddhistischer Termini, wie z.B. Dukha (Leiden) und Sukha (Befreiung) bedient. Damit bestätigt er die buddhistische Annahme, dass Leiden eine Grundvoraussetzung für Konflikt ist (vgl. Galtung 1998a: 135). Die buddhistische Epistemologie und Praxeologie hat auf Grund ihrer introspektiven Ausrichtung von allen vorgestellten Methoden den stärksten Bezug zum Bereich des inneren Dialogs.

- Das Psycho-Soziodrama hat viele Anknüpfungspunkte zu den anderen Methoden. Zum einen wird es auf Grund seiner Vielseitigkeit in anderen Mediationsverfahren, wie der Transcend-Methode, angewendet (s.o.). Zum anderen bedient es sich selbst auch anderer Theorien und Methoden, z.B. der Typologie der Austragungsformen (heiße und kalte Konflikte) von Glasl (s.o.). Ein interessanter Bezug besteht zum Verfahren der SySt. Auch wenn Rollenspielverfahren nicht mit Aufstellungen identisch sind, finden sich auch zu diesem Ansatz starke Ähnlichkeiten und Anknüpfungspunkte. Dies liegt zum einen daran, dass das Psychodrama eine der Hauptwurzeln der systemischen Aufstellungsmethode bildet (vgl. Varga von Kibéd 2003) und sogar selbst mit sog. „soziometrischen Aufstellungen" arbeitet (vgl. Pruckner 2004a: 161). Zum anderen können auf der psychodramatischen Bühne unabsichtlich Aufstellungsphänomene, wie repräsentative Wahrnehmungen, erfolgen (vgl. Ottomeyer 2004b). Das Psycho-Soziodrama weist Bezüge zu unterschiedlichen wissenschaftlichen Disziplinen auf, der theoretische Fokus ist v.a. - wie schon aus dem Namen hervorgeht - soziologisch und psychologisch orientiert. Praxeologisch liegt der Schwerpunkt im Inter-Personen-/Gruppen-Bereich.

- Die SySt weist ebenfalls vielfältige Anknüpfungspunkte mit den anderen Methoden auf. Varga von Kibéd betont hierbei, dass die SySt eine von vielen Ausprägungen der transverbalen Kommunikation darstellt, in denen auch spirituelle und Psychodrama-Methoden ihren Platz finden (vgl. Varga von Kibéd 2008). Im Gegensatz zum Psychodrama oder zur buddhistischen Konfliktlösung geht es bei den SySt nicht in erster Linie darum, innere soziale oder psychische Ursachen äußerer Konflikterscheinungen zu bearbeiten, sondern vielmehr das Systemmuster, das diese psychischen Faktoren beeinflusst. In Bezug auf Transcend betont Varga von Kibéd die Ähnlichkeit der Pentalemma (Tetralemma+1)-Positionen mit den fünf Galtung'schen Möglichkeiten zur Konfliktbewältigung, welche beide von der buddhistischen Philosophie inspiriert sind (vgl. hierzu Varga von Kibéd in: Galtung 2004). Praxeologisch unterscheiden sich die SySt von anderen Dialogmethoden durch ihren Fokus auf eine systemische (theoretisch noch wenig erschlossene) transverbale Grammatik, welcher ein interpretatives Verstehen des Dialogpartners nicht erforderlich macht. Diese Ausrichtung weist auf eine „pragmatisch-reduktionistische“ Strategie hin, mit Konfliktkomplexität umzugehen, worauf noch in Sektion IV näher einzugehen ist. Die SySt verfolgen keinen ganzheitlichen Anspruch, weisen allerdings Bezüge zu aufstellungs- (z.B. Familienaufstellungen) und nicht-aufstellungstherapeutischen Methoden (z.B. Hypnotherapie und Gestaltarbeit) auf, welche v.a. im Kleingruppenrahmen eingesetzt werden.

- Die Prozessorientierte Konfliktarbeit zählt als einzige zu den prozessorientierten Ansätzen, die anderen scheinen mehr oder weniger stark lösungsorientiert (z.B. die GFK oder Transcend nach Galtung) oder genau dazwischen (SySt, Transcend nach Kramer/Graf). Der Vorteil der Prozessorientierung liegt darin, keinerlei konkrete Zielvorstellung anzusteuern. Dies ist z.B. im Umgang mit besonders festgefahrenen Konfliktsituationen und -parteien von Vorteil. Wie bei den SySt hat Mindells Ansatz den Schwerpunkt darin, eine Art allumfassende Systemintelligenz, „die durch den Menschen spricht“, zu erspüren und ihre Informationen im Prozess nutzbar zu machen. Diese Grundannahme teilt die Prozessarbeit im Wesentlichen auch mit anderen innovativen Verfahren, wie z.B. der kinesiologischen Muskeltestmethode (vgl. hierzu Hawkins 2004). Auf Grund ihrer Neigung, spirituell-transmentale Phänomene mit naturwissenschaftlichen und systemtheoretischen Termini zu erklären - was typisch für das neue Paradigma ist - neigt die Prozessorientierte Konfliktarbeit zur holistischen Integration anderer (hier: v.a. spiritueller) Methoden durch „Vereinfachung“/„Unterordnung“ (s. 1.2.2.). Mit der buddhistischen Methode hat Mindells Ansatz den Bezug auf subtile Ursache-Wirkungs-Mechanismen (hier: „Vor-Signale“) und die Arbeit mit transmentalen Erfahrungen gemeinsam. Die Prozessarbeit kombiniert vielfältige Ansätze, von psychotherapeutisch-introspektiven Methoden (v.a. Jung) bis hin zu systemischen Makro-Ansätzen.

Ob Galtung, Rosenberg, Moreno, spirituelle oder systemische Psychologie - all diese unterschiedlichen therapeutischen Methoden stellen Wege dar, die versuchen, den Zugang zum Selbst zu entdecken. (Inwieweit) lassen sich die den Wegen zu Grunde liegenden Annahmen integrieren?

IV. DARSTELLUNG DES INTEGRALEN ANSATZES NACH KEN WILBER

Der IA von Ken Wilber ist eine „Theorie von Allem" und damit ein Versuch, die immer größer werdenden Informationsmengen unterschiedlicher Wissensbereiche in einem Metamodell zu integrieren. Hierbei geht er von der Annahme aus, dass eine menschliche Einsicht nie zu 100% falsch sein kann. Trotz der Qualitäten seines Ansatzes räumt Wilber an dieser Stelle ein, dass eine Theorie von Allem ein Unterfangen ist, das als solches von Natur aus unlösbar ist, da das Wissen schneller zunimmt als die Möglichkeiten, es einzuordnen. Obwohl nach Wilber das Streben nach Ganzheitlichkeit ein sich „uns immer wieder entziehender Traum" ist, ist Ganzheitlichkeit immer noch besser als gar keine (vgl. Wilber 2001a: 10).

4.1. Methodologie

Methodisch geht Wilber nach folgenden Schritten vor:

1. *Orientierungsverallgemeinerungen:* Er sichtet so viel wie möglich an wissenschaftlich abgesichertem Material und kommt zu Aussagen auf einer allgemeinen und breiten Grundlage (vgl. Wilber 1997: 37f.).

2. *Zusammenfassung:* Danach stellt sich Wilber die Frage, wie sich die in (1) gewonnenen Erkenntnisse widerspruchsfrei in einem Gesamtsystem darstellen lassen. Hierzu sucht er nach Parallelen, Ergänzungen etc.

3. *Kritische Theorie:* Auf der Grundlage dieses Überblicks ist es nun möglich, die integrierten Theorien kritisch einzuschätzen und zu Aussagen darüber zu kommen, wo die jeweiligen Ansätze ihren Gültigkeitsbereich haben und wo sie ihn überschreiten, sprich: wo sie „wahr, aber nur teilweise wahr" ["true but partial"] sind (vgl. Wilber 2001a: 88-91).

Wissenschaftlich begründet Wilber seine Methodologie mit den sog. „drei Strängen jeder sinnvollen Wissenssuche", die er u.a. von Thomas Kuhns berühmtem Werk „Struktur wissenschaftlicher Revolutionen" (ders. 1988) abgeleitet hat (Wilber 2002a: 339-341):

1) *Injunktion*: Der Wissenschaftler muss eine festgelegte Handlungsanweisung (Paradigma) durchführen, um vergleichbare Daten aus einem Experiment zu gewinnen;

2) *Datengewinnung*: Die erfolgreiche Injunktion enthüllt Daten, die vom Forschenden wahrgenommen und gesammelt werden.

3) *Falsifikation*: Diese Daten und Befunde werden mit und durch andere Menschen verglichen, die die gleiche Instruktion angewendet haben (wissenschaftliche Gemeinschaft der jeweiligen Fachdisziplin) (vgl. Wilber 2001a: 88-91).

Diese universellen Schritte der Erkenntnisgewinnung sind gleichsam auf einen „eng" und einen „weit gefassten" Wissenschaftsbegriff anwendbar:

- Unter Ersteren fallen die naturwissenschaftlichen Disziplinen, die auf der empirischen Beobachtung der materiellen Welt fußen („Auge des Fleisches", z.B. Biologie, Physik).
- Unter die „weite" Wissenschaft fallen die Geisteswissenschaften, basierend auf der Kommunikation/Interpretation (mit) der intellektuellen Welt („Auge des Intellekts", z.B. Mathematik oder Hermeneutik), aber auch sog. kontemplative Wissenschaften, die auf spiritueller Erfahrung beruhen („Auge der Kontemplation", z.B. phänomenologische Erforschung des eigenen Bewusstseins durch introspektive oder/und meditative Praxis) (vgl. Wilber 2002a: 339f.).

Die Kategorisierung verschiedener Wahrheiten macht die Unterscheidung zwischen Allgemeinem und Speziellem, Absolutem und Relativem und weiteren Gegensatzpaaren sinnvoll:

Tiefenstrukturen stehen für allgemeine Potenziale, zu denen ein kulturübergreifender Konsens herrscht. Der menschliche Körper hat universale Züge, wie z.B. 208 Knochen, ein Herz, zwei Nieren etc., orts- und zeitungebunden. Diese bleiben stets gleich, dennoch haben diese Tiefenstrukturen in unterschiedlichen Kulturen verschiedene Ausprägungen: Körperbemalung, unterschiedliche Bekleidungsstile und Bräuche bei Spiel, Arbeit und Sexualität etc. Diese lokalen Varianten stehen für die *„Oberflächenstrukturen"*, die von Erkenntnisdisziplinen erfasst werden, die nur auf die Unterschiede achten (vgl. Wilber 1996: 99). Wie unten noch näher aufzuzeigen, gelten nach Wilber auch universale Züge der menschlichen Psyche: sowohl mental als auch spirituell.

Die *Translation* impliziert die „Übersetzung" der Realität in Begriffe auf derselben Realitätsebene. Sie impliziert das, was in der Philosophie „aristotelische Logik" genannt wird.[51] Ein vertikaler, realitäts-

---

51 Als oberstes Prinzip (von insgesamt vier) gilt für die aristotelische Logik die Lehre vom Widerspruch, z.B.: „Sein kann nicht zugleich Nicht-Sein sein." Die anderen drei Prinzipien leiteten sich aus der nachfolgenden Philosophieentwicklung ab: Der Satz der Identität (a=a), der Satz vom ausgeschlossenen Dritten („Zwischen Sein (=a) und Nichtsein (=b) gibt es im gleichen Sachverhalt nicht etwas Drittes (=c)") und der Satz vom zurei-

ebenenübergreifender Erkenntnisprozess nennt sich *Transformation* (vgl. Wilber 1996: 99) und impliziert eine „dialektische Logik“[52].

Daneben berücksichtigt Wilber die vom Buddhisten Nagarjuna geprägte „Doktrin der *zwei Wahrheiten*“: Dabei versteht sich die relative Wahrheit als jede Wahrheit, die auf mentalen Variablen, wie Begriffe, Modelle, Kategorien, Kontexte etc. fußt; sie ist von Natur aus kontextabhängig und daher begrenzt bzw. relativ. Dies gilt auch für holistische Konzepte, wie den IA. Die sog. *absolute Wahrheit* besteht hingegen nur auf einer transmentalen Realitätsebene des mystisch-erleuchteten Gewahrseins. Sie ist überbegrifflich, wertfrei, kontextlos und nicht-dualistisch und wirkt zwangsläufig paradox, wenn sie mit Worten beschrieben wird. Das Absolute lässt sich in den mystischen Traditionen aller Religionen mit Begriffen - sprich: im Rahmen der relativen Wahrheit - wie „Leere“, das „Eine“, „Gott“ oder „GEIST“ nur andeuten, aber niemals vollständig erfassen (Wilber 2005a). Das Verhältnis zwischen beiden Wahrheiten entspricht dem Gleichnis eines beschriebenen Blatt Papiers: Das Relative entspricht den konkreten Inhalten, während das Absolute für das Papier an sich steht. Beides ist miteinander verknüpft (vgl. Wilber 2008ab).

Das Holon-Konzept

Auf das Holon-Konzept kann im Rahmen dieser Arbeit nur indirekt eingegangen werden, es ist jedoch für die Begründung der Philosophie des IA unerlässlich. Es soll daher nur in aller Kürze umrissen werden (vgl. im Folgenden Wilber 2002a: 56-109)[53]: Die gesamte Realität besteht aus sog. *„Holons“* - ein Begriff, den Wilber von Arthur Koestler übernommen hat. Holons umfassen alles, was sich evolutiv entwickelt, sprich: Ereignissen, die bestimmten Gesetzmäßigkeiten folgen und sich von innen heraus weiterentwickeln; z.B.: Energien, Systeme, Menschen, Gedanken, Prozesse, Gefühle, Ideen etc. Holons lassen sich grob als „Ganzes/Teil“ übersetzen, da es Phänomene sind, die je nach Kontext entweder Ganzes (*Agens*) oder Teil (*Kommunion*) anderer Holons sind: Ein Atom ist z.B. Teil eines Moleküls, das wiederum Teil einer Zelle und wiederum Teil eines Organismus ist. Ein wesentliches Kriterium von Evolution/Ent-

---

chenden Grunde (vgl. Störig 2002: 196-200). Diese Logik entspricht der von Galtung diagnostizierten „okzidentalen Epistemologie“ (vgl. 3.2.1.2.).

52 Nach der dialektischen Logik wäre die tiefere Wahrheit, die den Gegensatz zwischen Sein (=a) und Nicht-Sein (=b) transzendiert, Werden (=c). Oder nach Hegel: These (=a) und Antithese (=b) werden zur Synthese (=c) (vgl. Störig 2002: 67f., 70). Diese Logik entspricht der von Galtung diagnostizierten „orientalischen Epistemologie“ (vgl. 3.2.1.2.).

53 Wilber hat die Hauptkriterien von Holons in den sog. „20 Grundaussagen“, sprich: Bewegungsgesetzen der Evolution, ausführlich dargestellt.

wicklung ist, dass sie zu immer mehr *Tiefe* und Komplexität führt und daher in natürlichen Hierarchien (Holarchien) erfolgt. Das wesentliche Unterscheidungskriterium zwischen „höheren" und „niederen" Holons besteht in der Unterscheidung zwischen „grundlegend" und „bedeutend". Wenn alle „Grund legenden" Holons, wie z.B. Zellen aus dem Universum, entfernt würden, würden alle komplexen Holons wie Pflanzen, Tiere und Menschen sterben, nicht aber Atome und subatomare Teilchen. Die komplexen Holons stehen gegenüber den grundlegenden in einem *transzendenten* Verhältnis, während letztere ihnen *immanent* sind. *Tiefe* umfasst die vertikale Dimension von Holarchien. Evolution bringt aber auch auf jeder Ebene eine immer kleinere horizontale Dimension *(Spanne)* mit sich. So wird es z.B. im Universum immer mehr Atome geben als Moleküle oder Zellen oder Menschen.

Holons sind ferner in ihrer *Kollektiv-* und in ihrer *Individual-*Ausprägung zu unterscheiden, in denen sich Evolution vollzieht. Demnach ist z.B. der Mensch (Individual-Holon) durchaus Teil der Gesellschaft oder einer sozialen Struktur (Kollektiv-Holon), beide stehen jedoch auf derselben Spanne (Entwicklungsebene). Anders als die meisten Systemwissenschafter geht Wilber daher nicht davon aus, dass das Kollektiv das Individuum transzendiert, vielmehr stellt z.B. die Gesellschaft eine kollektive Ausprägung gegenüber dem Individual-Holon Mensch dar. Beide haben eine unterschiedliche horizontale Ausprägung, befinden sich jedoch auf derselben Ebene der Holarchie. Der denkende Mensch transzendiert also den biologischen Organismus, ist jedoch selbst nur eine Individual-Ausprägung der Kollektiv-Dimension „Kultur" (Noosphäre), die ihrerseits die Kollektiv-Dimension des Organismus „Natur" (Biosphäre) transzendiert (vgl. Wilber 2002a: 56-109). Nicht als Holons gelten sog. „Artefakte" und „Haufen". Artefakte sind künstlich hergestellte Produkte von empfindenden Holons (Werkzeuge, Kunstgegenstände, Maschinen etc.), Haufen hingegen zufällige und lose Holon-Ansammlungen ohne „intelligentes Design" (z.B. Felsen) (vgl. Wilber 2003a).

Aus dem bisher Erörterten lassen sich drei Grundannahmen ableiten, auf denen die Holon-Philosophie im Wesentlichen basiert:

1. Das Universum und alles Leben entwickelt sich über Ebenen;
2. Diese Entwicklung vollzieht sich nicht nur durch quantitative, sondern auch durch qualitative Differenzierung;
3. Die Integration widersprüchlicher Aspekte einer Entwicklungsebene kann jeweils nur von einer höheren Ebene aus geschehen (vgl. Weinreich 2005: 27).

Holon-Emergenz lässt sich in mindestens fünf Dimensionen näher untersuchen. Diese bilden das wesentliche „Handwerkszeug" des IA: 1) Quadranten, 2) Ebenen, 3) Linien, 4) Typen, 5) Zustände. All diese Dimensionen zusammengefasst lassen sich als sog. „AQAL" (All Quadrants All Levels) oder „Integrales Betriebssystem" (IBS) umschreiben. Ich halte mich aber im Rahmen dieser Arbeit an die Begriffe IA oder AQAL.

4.2. Quadranten

Die Quadrantendimension basiert auf der Orientierungsverallgemeinerung, dass alle wesentlichen Sprachen der Menschheit Fürworte der ersten, zweiten und dritten Person Singular und Plural aufweisen. Im weitesten Sinne geht Wilber davon aus, dass sich alle Wahrnehmungen und Gefühle schon immer innerhalb des Raumes einer konkreten Perspektive befinden. So ist z.B. selbst das „Atom" bereits ein Symbol der dritten Person, welches von einem bewussten Wesen der ersten Person wahrgenommen wird. All diese Perspektiven sind allen bewussten Wesen zu eigen; in gewisser Hinsicht auch „Atomen", sofern ihnen eine Art „Proto-Bewusstsein" zugesprochen werden kann. Daher sind bewusste Wesen und *Perspektiven* - und nicht *Wahrnehmungen* wie Gefühle, Bewusstsein, Bewusstheit, Prozesse, Ereignisse - das „Zeug", aus dem die Gesamtheit des Daseins (Kósmos) gemacht ist (vgl. Wilber 2003b: D, IV-1). Diese fundamentalen Perspektiven beinhalten:

- Die „Erste Person" meint die Perspektive der Person, die spricht. Codiert sind ihre Inhalte in einer „Ich"- (Singular) oder „Wir"-Sprache (Plural).
- Die „Zweite Person"-Perspektive bezieht sich auf die Person, zu der gesprochen wird, z.B. als „Du" oder „Ihr".
- Die Perspektive der „Dritten Person" bezieht sich auf die Person oder den Gegenstand, über den gesprochen wird, z.B. als „er"/„sie"/„sie" (Mehrzahl) oder „ihnen"/„es"/„es" (Mehrzahl).

Nach Wilber sind es zumeist die „Ich"-, „Wir"- („Ich"+„Du" werden zusammengefasst und von „Ihr" abgegrenzt) und die „Es"-Perspektive, die als die sog. „Großen Drei" (objektive, subjektive und intersubjektive Realität) von unterschiedlichen Denkern berücksichtigt wurden und werden[54]. Von den Konstanten „innen"

[54] Die sog. „Großen Drei" finden sich z.B. in Poppers drei „Welten" (Welt 1 [Ich], Welt 2 [Du] und Welt 3 [Wir]) in Habermas' drei Geltungsansprüchen (Wahrheit [Objekte], Aufrichtigkeit [Subjekte], Gerechtigkeit [Intersubjektivität]), Kants Kritiken der reinen Vernunft (theoretische Es-

(subjektiv) und „außen“ (objektiv) sowie „individuell“ und „kollektiv“ ausgehend, differenziert Wilber insgesamt vier fundamentale Realitätsbereiche (Quadranten) aus, die gegenüber den „Großen Drei“ zusätzlich noch die interobjektive Perspektive („Es“ Plural) enthält.

Alle vier Quadranten weisen einerseits gegenseitige Entsprechungen auf. Zum anderen beeinflussen sie sich wechselseitig und haben eine eigenständige Qualität. Darum, und das ist der Hauptaspekt dieser Kategorien, sind sie nicht aufeinander reduzierbar.

4.2.1. Vier Geltungskriterien

Was die Inhalte aller vier Quadranten nicht aufeinander reduzierbar macht, ist, dass sie unterschiedlichen Geltungskriterien folgen.

<u>Individuell-objektiv (Quadrant oben-rechts): Propositionale Wahrheit</u>

„Wahrheit“ ist repräsentational, d.h. sie ist objektiv nachweisbar. Dabei wird eine Aussage (Proposition) gemacht, die etwas in der konkreten Welt bezeichnet oder repräsentiert. Der Wahrheitsstatus der Aussage z.B.: „Draußen regnet es“ lässt sich leicht überprüfen, indem man zum Fenster geht und hinausblickt. Die Aussage steht im Zusammenhang mit einem objektiven Sachverhalt und entspricht diesen Objekten und Prozessen hinreichend genau (vgl. Wilber 1997: 145f.). Erfasst wird dieser, in der „Es“-Sprache codierte, Quadrant z.B. von naturwissenschaftlichen und behavioristischen Methodologien.

<u>Individuell-subjektiv (Quadrant oben-links): Wahrhaftigkeit</u>

Im OL-Quadranten wird die Messlatte der Wahrhaftigkeit, Aufrichtigkeit oder Vertrauenswürdigkeit angelegt. Diese erschließt sich nur über die Interpretation von innerer Tiefe im Dialog, nicht in der empirischen Beobachtung (monologisch). Abgedeckt wird dieser Quadrant von allen Methodologien, die in der „Ich“-Sprache codiert sind: Von der Psychoanalyse, der Tiefenpsychologie (vgl. Wilber 1997: 124 - 127) bis hin zu den kontemplativen Traditionen (Vipassana, Yoga, Meditation etc.) (vgl. ebd.: 138 - 143.).

Vernunft), der Urteilskraft (individuelle Ästhetik) und der praktischen Vernunft (Wir-Moral) oder in Platons „Schönes“ (Ich), „Gutes“ (Wir) und „Wahres“ (Es) wieder. Die Großen Drei ermöglichen auch eine Einordnung von Domänen, wie z.B. Kunst (bzw. der ästhetische Ausdruck des Ich), Moral (Wir) und empirische Wissenschaft (objektives „Es“). Die „Drei Kostbarkeiten“ im Buddhismus (Buddha [Ich], Dharma [Es] und Sangha [Es] stehen für die Großen Drei in ihrer höchsten Ausprägung (vgl. Wilber 2002a: 187).

Kollektiv-subjektiv (Quadrant unten-links): kulturelles Passen

Die subjektive Welt befindet sich in einem kulturellen Raum, der ihr erst eine Bedeutung gibt. Der intersubjektive Geltungsanspruch ist „kulturelles Passen". Hier steht das gegenseitige Verständnis, basierend auf einer gemeinsamen kulturellen Basis, im Vordergrund. Diese „Wir"-Perspektive macht deutlich, dass sich Akteure auf eine Moral, Ethik und gemeinsame Symbole verständigen, um im selben Raum leben zu können. Auf dieser Basis entsteht gegenseitiger Umgang in Fürsorge (vgl.: 152-155). Zu den Ansätzen, die die Aspekte dieses Quadranten erfassen, gehören z.B. die Kulturtheorien à la Weber, Heidegger (vgl. ebd.: 131f.) oder die Postmoderne Theorie.

Kollektiv-objektiv (Quadrant unten-rechts): Funktionelles Passen

Hier ist nicht das gegenseitige Verständnis von Subjekten von Interesse, sondern wie deren objektive Korrelate funktionell in das gesellschaftliche Gesamtsystem passen. Aus der UR-Perspektive sind Informationsbits, Attraktoren, Verarbeitungskanäle, Netze objektiver Prozesse, ökologische und ökonomische Strukturen von Interesse (vgl. ebd.: 155-160). Auf diesen in der „Sie"-Sprache (Es-Plural) codierten Quadranten wird zumeist im Rahmen systemwissenschaftlicher Betrachtungen eingegangen, wie bei Parsons, Marx, Luhmann, Lenski etc. (vgl. ebd.: 132.).

Grafisch lassen sich die wesentlichen Inhalte der vier Quadranten wie folgt zusammenfassen:

Die 4 Quadranten:

	Innen (Tiefe, Bewußtsein)	Außen (Form, Materie)
individuell	Ästhetik, Psychologie Schönheit, Bedeutung und Wahrhaftigkeit Bewußtsein innerlich-individuell (intentional) SUBJEKTIV Oben Links (Selbst) ICH	Naturwissenschaften, Neurologie, Behaviorismus Wahrheit materielle Entsprechungen äußerlich-individuell (verhaltensmäßig) OBJEKTIV ES (Natur) Oben Rechts
sozial/ kollektiv	Unten Links (Kultur) WIR INTERSUBJEKTIV innerlich-kollektiv (kulturell) kollektive Weltsicht Gerechtigkeit, Werte und Ethik interpretierende Soziologie, Relativismus, Konstruktivismus	ES (Systeme) Unten Rechts INTEROBJEKTIV äußerlich-kollektiv (sozial) soziale Systeme, Institutionen funktionelles Passen, empirische Soziologie, Systemwissenschaften

LINKSSEITIGE WEGE	RECHTSSEITIGE WEGE
- interpretativ	- monologisch
- intersubjektiver Dialog	- Wahrnehmung
- hermeneutisch	- empirisch, positivistisch
- wertend	- wertfrei

Tabelle 6: Vier Quadranten (vgl. Wilber 1997: 103, 145)

4.2.2. Acht Horizonte

Das Modell der acht Horizonte erweitert das Vier-Quadranten-Modell um die Möglichkeit, zusätzliche Innen- bzw. „1. Person"- und Außen- bzw. „3. Person"-Perspektiven innerhalb der Quadranten einzunehmen, womit sich nun acht fundamentale Perspektiven des In-der-Welt-Seins unterscheiden lassen. Hintergrund des Modells ist hierbei der Anspruch einer „integralen Post-Metaphysik", in der davon ausgegangen wird, dass es im Grunde keine präexistierenden ontologischen Strukturen wie z.B. Ereignisse, Strukturen, Prozesse, Vasanas, Archetypen, Systeme oder Dharmas gibt (vgl. Wilber 2008aa: 68). Demnach gibt es auch keine - wie es die traditionelle Metaphysik postuliert - vorgegebene Welt, die darauf wartet, wahrgenommen zu werden, sondern lediglich Perspektiven mit jeweils eigenen Kontexten, die sich gegenseitig enthüllen und auf ihre Umsetzung warten (vgl. ebd.: 347). „Denn alles sind, bevor es irgendetwas anderes ist, Perspektiven, und wir können es nicht übernehmen oder auch nur behaupten, ohne zunächst eine Perspektive einzunehmen (ebd.: 68)." So ist jeder Moment nicht ein Subjekt, das ein Objekt wahrnimmt; vielmehr ist es eine Perspektive, die eine Perspektive wahrnimmt (vgl. ebd.: 68).

Jede dieser Perspektiven ist für jedermann erfahrbar, weil sie eine „natürliche Methodologie" beinhaltet (vgl. ebd.). Alle Perspektiven zusammengenommen ergeben einen „integralen methodologischen Pluralismus" und lassen sich wie folgt darstellen:

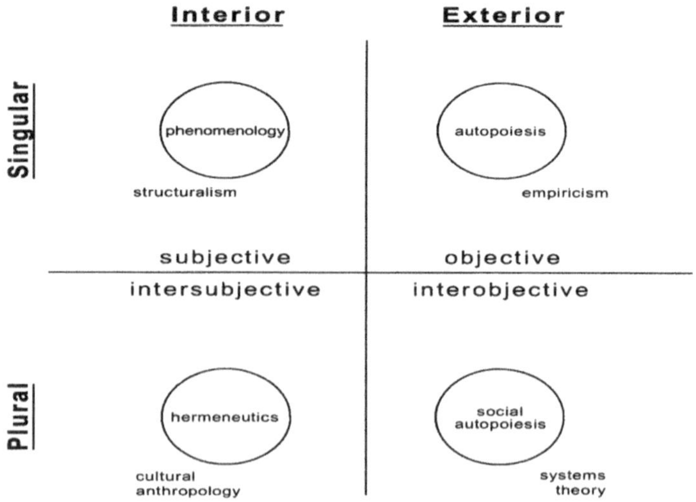

Abbildung 7a: Acht Hauptparadigmen unterteilt nach Methodologien (Wilber 2003b: D, I)

Jede dieser acht Betrachtungsweisen ist in Wirklichkeit eine phänomenologische Welt, ein „Ereignishorizont“ oder eine „Zone“ („horizones“), welche innerhalb dieser Perspektive hervorgebracht wird:

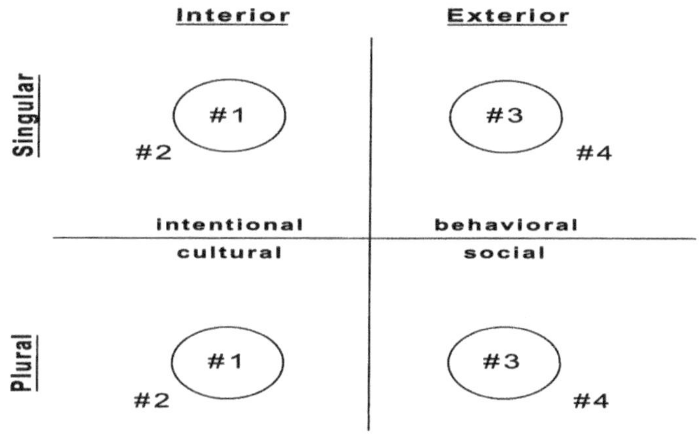

Abbildung 7b: Acht Hauptparadigmen unterteilt nach Zonen (Wilber 2003b: D, I)

Zone Nr. 1 umfasst innerliche Betrachtungen in der ersten Person gegenüber Wirklichkeiten der ersten Person, sowohl im Singular als auch im Plural, innerhalb ihrer eigenen Grenzen.

Die Untersuchung der *Innerlichkeit eines „Ich“* umfasst klassische Paradigmen oder Injunktionen, wie die Phänomenologie, Introspektion oder Meditation. Die Untersuchung der Erscheinungen, die dem Innen des Ich zugänglich sind, setzt vom Beobachter eine bestimmte „Vertrautheit“ voraus. D.h. der Beobachter muss selbst diese oder ähnliche Erfahrungen machen, um das Untersuchungsobjekt angemessen nachvollziehen zu können (vgl. Wilber 2003b: C, II-4). Der Kernbeitrag der Phänomenologie ist die Erkenntnis, dass nicht-positivistische Objekte (z.B. Träume) für sich selbst unmittelbar und unbestreitbar sind, auch wenn sie „nur“ in der mentalen und nicht zwangsläufig in der sensorischen Wahrnehmungswelt existieren (vgl. Wilber 2003b: C, II-1).

Die *Innerlichkeit eines „Wir“* erschließt sich durch Methodologien wie der *Hermeneutik*, gemeinschaftliche Untersuchungen und der partizipatorischen Epistemologie. Im Gegensatz zur Phänomenologie schaut der Beobachter in einen Interaktionsraum voller Symbole und Regeln, deren Verständnis ihrer Bedeutungen alle betroffenen Individuen teilen. Ebenso wie das „Ich“ in der Phänomenologie hat auch das „Wir“ einen subjektiven Erfahrungshintergrund - eine Geschichte –, die sich nur durch Interpretation und Empathie erschließt (vgl. Wilber 2003b: C, III-1).

Zone Nr. 2 steht für innerliche Betrachtungen in der dritten Person gegenüber Wirklichkeiten der ersten Person, im Singular und im Plural, außerhalb ihrer Grenzen: Der Strukturalismus ist eine repräsentative Methodologie zur Beschreibung von äußerlichem Verhalten von Innerlichkeiten. Im Gegensatz zur Phänomenologie bedeutet dies, dass ein beträchtlicher Anteil der deskriptiven Aspekte (der dritten Person) des Strukturalismus ohne eine persönliche Vertrautheit auf Seiten des Forschers erstellt werden können (z.B. muss der Forscher nicht erleuchtet sein, um über die transrationale Ebene zu schreiben). Die Methodologie des Entwicklungsstrukturalismus impliziert z.B. die Gruppenbefragung zu einem moralischen Thema über mehrere Zeiträume hinweg und das Herausfiltern von allgemeinen Mustern, wie z.B. Entwicklungsstufen des Bewusstseins (vgl. Wilber 2003b: D, III-2).

Das *Äußerliche eines „Ich"* erschließt sich durch Methodologien wie dem oben beschriebenen Entwicklungsstrukturalismus. Das *Äußerliche eines „Wir"* kann durch Methodologien wie z.B. der kulturellen Anthropologie, dem Neostrukturalismus, der Archäologie oder der Genealogie erfasst werden. Die Inhalte beinhalten z.B.: kulturelle Netzwerke symbolischer Interaktion, linguistische Zeichen und Symbole (hier: die Syntax; in der Hermeneutik wäre es die Semantik), semantische Bedeutungsfelder, intersubjektive Gefühlsfelder, kollektive Motivationsstrukturen, diskursive und nicht-diskursive Praktiken, Herrschaftsstrukturen, Regelmäßigkeiten in interindividuellen Interaktionen, Weltbilder etc. (vgl. Wilber 2003b: C, IV-2)

Zone Nr. 3 umfasst äußerliche Ansätze der ersten Person auf Wirklichkeiten der dritten Person, im Singular als auch im Plural, innerhalb ihrer Grenzen:

Dem *Innerlichen eines „Es" im Singular* kann man sich durch Methodologien, wie beispielsweise der biologischen Phänomenologie und der Autopoiesis, nähern. Die Modelle der biologischen (Es – Singular) und der sozialen Autopoiesis (Es – Plural) spiegeln weniger eine „rationale"denn eine *„kognitive" Sicht* wieder. Kognitiv wird in diesem Kontext viel umfassender als „rational" oder „intellektuell" verstanden, da dieser Begriff jeglichen Versuch eines Organismus impliziert, auf seine Umwelt zu reagieren, z.B. die Reaktion einer Amöbe auf Licht. Eine kognitive Sichtweise auf die Biologie spiegelt daher die Innensicht eines Organismus wieder. Typische Vertreter der biologischen Autopoiesis sind Maturana und Varela, die Organismen, die in ihrer Selbstorganisation geschlossen und in Bezug auf ihren Metabolismus offen sind, umfassen.

Das *Innerlichen eines „Es" im Plural* erschließt sich durch Methodologien, wie z.B. der sozialen Autopoiesis. Die soziale Autopoiesis, vertreten z.B. von Luhmann, beobachtet die Verkettung kommunikativer Operationen zwischen System und Umwelt (z.B. Interaktions-, Organisations- und Gesellschaftssysteme) (vgl. Wilber 2003b: C, Intro-1).

Zone Nr. 4 beinhaltet äußerliche Ansätze der dritten Person auf Wirklichkeiten der dritten Person im Singular und im Plural, außerhalb ihrer Grenzen.

Die *äußerlichen Dimensionen eines „Es" im Singular* kann man durch Methodologien wie z.B. den Behaviorismus, Positivismus und Empirismus erfassen. *Äußerliche Dimensionen eines „Es" [Plural]* erschließen sich durch Paradigmen wie z.B. der Systemtheorie und der Chaos- und Komplexitätstheorie, die weitgehend alle objektiven Perspektiven (rechte Quadranten), in erster Linie aber die interobjektiven Quadranten (Es - Plural) abdecken. Sie spiegelt daher zumeist eine *„rationale Sicht"* wieder. „Rational" bezieht sich auf die Aktivität des Anwenders der Systemtheorie (Beobachter), der versucht, Interaktionsabläufe zwischen Systemen aus einer umfassenden Perspektive zu erklären. Der Begriff Systemtheorie („General Systems Theory") stammt von Ludwig von Bertalanffy. Er schrieb von offenen Systemen und entwickelte den Begriff der organisierten Komplexität, der den dynamischen Austausch mit der Umwelt beschreiben sollte. Seitdem die Systemtheorie den „Informationsbegriff" in ihr Modell integriert hat, lässt sie sich auf alle rechtsseitigen Quadranten anwenden, sei es in Bezug auf lebende (autopoietische) Maschinen (z.B. H. Maturana) oder soziale Systeme (z.B. T. Parsons, N. Luhmann) (vgl. Wilber 2003b: C, Intro-1).

Neben dem Vier-Quadranten- bzw. Acht-Horizonten-Modell bietet das Ebenenmodell noch zusätzliche Kategorisierungsmöglichkeiten.

4.3. Ebenen

4.3.1. Die Große Kette/Nest des Seins

Basierend auf der oben skizzierten Holon-Philosophie und in Anlehnung an die Kartografien der alten Weisheitstraditionen aus Ost und West geht der IA von einem Kosmos aus, der sich aus einer ineinander verschachtelten „Großen Kette" aller Daseinsebenen zusammensetzt (*Kósmos*):

- Die *Physiosphäre* gilt als das Reich der Materie und ist traditioneller Untersuchungsbereich der Physik und der Chemie.

- Die *Biosphäre* ist das Reich des Lebens innerhalb der biologischen Evolution. Untersuchungsobjekte sind hier Zellen, Organismen und Ökosysteme.
- Die *Noosphäre* gilt als das Reich des Geistes innerhalb der kulturellen Evolution.
- Die *Theo-* und *Pneumosphäre* umfassen Reiche der spirituell-transzendenten Entwicklung.

Die Einteilung und Anzahl der Ebenen ist nicht entscheidend[55], vielmehr ist es das Verhältnis der Bereiche zueinander. Unabhängig von der Debatte um die Existenz spirituell-transzendenter Ebenen (Seele, GEIST) soll das Schema häufig vorkommenden epistemologischen Fehlern vorbeugen, bei denen Forschungsdisziplinen unterschiedlicher Daseinsbereiche aufeinander reduziert werden. Ein Mensch setzt sich daher immer aus Zellen, Molekülen und Atomen zusammen. Seine geistige und seelische Lebenswelt (Noosphäre und Theosphäre) kann aber niemals mit Begriffen der Physio- und Biosphäre erklärt werden.

In Anlehnung an unterschiedliche Philosophien aus Ost (z.B. Sri Aurobindo) und West (z.B. Plotin, Hegel, Teilhard de Chardin) geht Wilber von einem immanenten Ordnungsprinzip aus, das der Evolution eine Bewegungsrichtung mit offenem Ende vorgibt und sich in ihr „ausfaltet" bzw. „ent-wickelt". Dieses Ordnungsprinzip nennt er GEIST (engl. spirit). Die Evolutionsrichtung geht vom Einfachen zum Komplexen; von Materie (immanenter GEIST) zu (transzendentem) GEIST; vom Unterbewussten zum Überbewussten. Diesem voran geht der „Einfaltungsprozess" der Involution (Einfaltung), verstanden als eine Bewegung vom GEIST/Gott zur Materie (vom Einen zum Vielen) (vgl. Wilber 2002b: 60-62). Die Annahme einer Involution ist notwendig, um darzustellen, dass „jede evolutive Entfaltung eine Erweiterung und Vertiefung des Bewußtseins über eine ‚Wiedererinnerung' (Anamnesis) der höheren transzendenten Reiche ist, die in der Involution ‚verloren gingen' (Wilber 2005b: 298f.)." Für die hier vorliegende Arbeit ist dieser vielleicht etwas spekulative Aspekt von zweitrangigem Interesse, aber der Vollständigkeit halber notwendig im Hinterkopf zu behalten.

Wilber betont, dass die Evolution zwar eine klare Richtung hat (wie z.B. „von der Eichel zur Eiche"), im engeren Sinne aber auch zyklisch-spiralförmigen Aspekte, wie Fortschritts- und Rückschrittsphasen, beinhaltet. Zwischen den Hauptebenen gibt es viele Zwi-

---

55 Eine andere mögliche Einteilung wäre: Grobstoffliches Reich (Natur- und Geisteswissenschaften: Materie, Körper/Leben, Geist); feinstoffliches Reich (Theologie: Seele) und kausales Reich (Mystik: Gott-Bewusstsein).

schenstufen, die nicht klar abgegrenzt sind; daher bevorzugt Wilber inzwischen den Begriff „Wellen"statt „Stufen", gebraucht sie aber synonym. Der GEIST ist, i.S. einer meditativ erfahrbaren, jedoch nicht beschreibbaren letzten Wirklichkeit, die höchste transzendente Ebene der makro- und mikrokósmischen Entwicklung und gleichzeitig der immanente kausale Grund allen Seins (vgl. Wilber 2002b: 271f.). Das Meiste der bisher dargestellten Grundannahmen lässt sich anhand des Schemas vom Großen Nest des Seins wie folgt skizzieren:

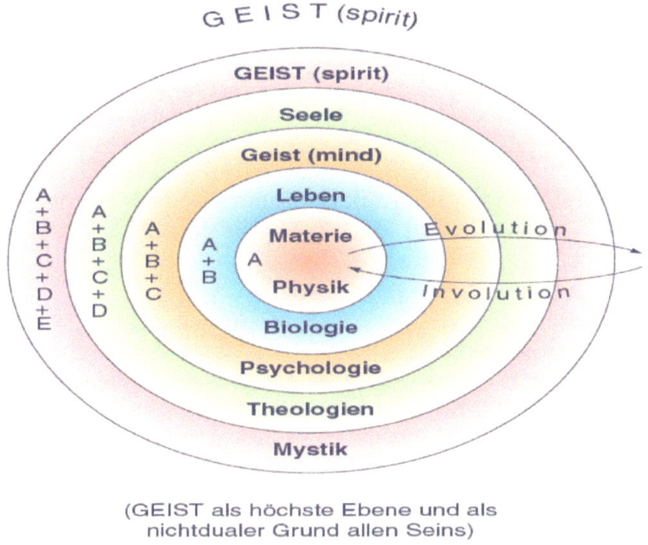

Abbildung 8: Das Große Nest des Seins (Wilber 2001a: 83)

Einschränkend muss hierbei hinzugefügt werden, dass die in diesem Schema vorliegende Einteilung von Wissenschaftsdisziplinen sehr „traditionell" ist und einer Erweiterung bedarf. Das Ebenenmodell wäre, wie in Abbildung 8 dargestellt, für sich genommen unzureichend, um das strittige Geist-Materie-Verhältnis zu erklären. Beispielsweise wäre nach dem obigen Ebenenschema zu schlussfolgern, dass sich die Gefühle eines Wurms (Ebene 2) auf einer höheren Ebene befinden als das menschliche Gehirn (Ebene 1). Dieses Problem kann dadurch ausgeräumt werden, wenn das Reich der Materie nicht als der „Boden" aller Ebenen modelliert wird, sondern als das „Äußere" aller Ebenen. Was sich also in der traditionellen Darstellung von Abb. 8 als *meta*-physische Realitäten erweist, stellt sich in vielen Fällen eigentlich als *intra*-physische Realitäten dar: Sie stehen also nicht jenseits, sondern innerhalb der Materie. Die vorliegende Abbildung veranschaulicht, wie das metaphysische Geist-Materie-Problem ausgeräumt wird, indem die Quadranten- und Ebenendimension zueinander wie folgt in Verhältnis gesetzt werden (näher hierzu auch unter Wilber 2008aa: 299-305):

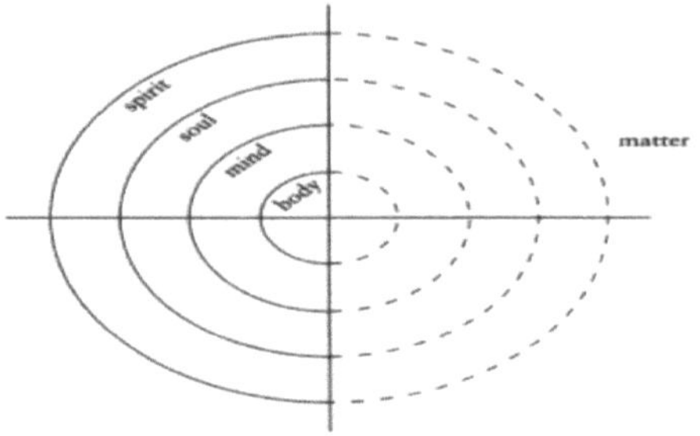

Abbildung 9: Geist-Materie als innen und außen (Wilber 2001a: 86)

4.3.2. Das Spektrum des Bewusstseins

Ausgangspunkt eines integralen Akteursmodells ist eine differenziertere Ebenenhierarchie der Bewusstseinsentwicklung, auf der Grundlage von, nach Wilbers Angaben, der Beiträge hunderter Forscher aus Ost und West (Wilber 2005b: 296f.). Hierunter fallen u.a. die kulturübergreifenden entwicklungspsychologischen Forschungsergebnisse von Piaget, Gebser, Maslow, Loevinger, den Spiral-Dynamics von Graves, Beck und Cowan[56] sowie die spirituellen Kartografien von Plotin, den buddhistischen Vijnanas, den vedantischen Koshas, den Tiantai-Stufen bis hin zu Sri Aurobindo (vgl. ebd.: 297). Die Gemeinsamkeit bzw. „Orientierungsverallgemeinerung" all dieser Modelle besteht in der Annahme einer „Zielgerichtetheit" der psychischen Entwicklung (vgl. Wilber 2008aa: 83), die sich über das Spektrum präkonventioneller (egozentrischer), konventioneller (ethnozentrischer), postkonventioneller (weltzentrischer) bis hin zu transpersonalen (kosmozentrischen) Bewusstseinsebenen erstreckt. Auf jeder Bewusstseinsebene erschließt sich eine andere Welt- und Selbstwahrnehmung - ein anderer „Welt-Raum" (vgl. Wilber 1997: 183 - 193). Der Welt-Raum eines Akteurs gibt ihm den Rahmen für sein Handeln vor. Je höher die Ebene, umso niedriger der Grad an Narzissmus und umso höher und umfassender ist der Identifikationsgrad mit immer subtileren Aspekten seiner Umwelt. *„Bewusstsein"* stellt hierbei nach Wilber kein Phänomen dar, sondern die „Leere" bzw. den „Raum, in dem Phänomene auftauchen." Und je mehr Phänomene im Bewusstsein entstehen können,

[56] Don Beck und Christopher Cowan haben das SD-Modell von Clare Graves auf den heutigen Stand weiterentwickelt. (Nachzulesen auch unter Beck 2003: 212-223)

umso „höher" und komplexer ist diese Ebene einzuordnen (Wilber 2008a:102).

In der Darstellung des IA ist das *Selbst* ein zusammengesetztes „System", das seinen Schwerpunkt auf einer Sprosse der Entwicklungsleiter hat, jedoch auch Teile oberhalb und unterhalb der Sprosse auf anderen Ebenen haben kann (vgl. Wilber 1997: 196). Es besteht eine höhere Wahrscheinlichkeit, dass das Selbst aus der Ebene heraus handelt, auf der es seinen Schwerpunkt hat, generell kann es aber auch aus den Welt-Räumen vorangegangener Ebenen handeln (vgl. Wilber et al. 2010: 111). Im Entwicklungsprozess des Bewusstseins, den jeder Akteur seit seiner Geburt durchläuft, ist bei jedem Drehpunkt ein Fehltritt möglich, sollte der dreistufige Prozess, bestehend aus: 1. Identifikation, 2. Ent-Identifikation/Transzendierung[57] der Ebene und 3. Integration[58] der vorangegangenen Ebenen, nicht richtig erfolgen (vgl. Wilber 1997: 196-199). Das Unterbewusstsein setzt sich hierbei aus allen Inhalten zusammen, die auf den transzendierten Sprossen verdrängt wurden - hierzu gehören auch sog. „Schatten"[59]. Zudem kann jede Ebene auch eine spezifische pathologische Ausprägung mit einem genuinen Konfliktpotenzial hervorbringen.

Wichtig ist zu berücksichtigen, dass im Entwicklungsprozess keine der Stufen übersprungen werden kann. Jede transzendierte und integrierte Ebene nimmt gegenüber den/der nächsthöheren eine „Grund legende" Funktion wahr. Normativ lässt sich daraus schließen, dass in erster Linie nicht die Dominanz höherer Ebenen gegen-

---

57 Transzendenz, verstanden als die Entwicklung vom „Vielen zum Einen", ist nach Wilber gleichbedeutend mit dem psychologischen Begriff *„Eros"* (Liebe). Eros ist der Antrieb zum Höheren und damit zu Ganzheitlichkeit bis hin zu (spiritueller) Einheit, sprich: zu Holons, die noch nicht emergiert sind. Seine pathologische Ausprägung ist *„Phobos"* (Angst), jener psychologische Antrieb, der zu allen möglichen Formen von Unterdrückung führt (vgl. Wilber 2007a: 37-39).

58 Im Gegensatz zum Eros impliziert *Agape* (Weisheit) nicht die Transzendierung von Entwicklungsebenen, sondern ihre Integration. Agape heißt daher nach Wilber die Hinwendung vom „Einen zum Vielen", zum bereits Emergierten und Immanenten (vgl. Wilber 2007a: 39). *„Thanatos"* ist demgegenüber der Zerstörungstrieb und damit die pathologische Ausprägung von „Agape" (Weisheit) (vgl. Wilber 2007a: 37).

59 Der *„Schattenaspekt"* ist ein Begriff, der zuerst von C.G. Jung geprägt wurde. Wilber definiert den Schatten als einen Aspekt der Persönlichkeit, den das Individuum in seiner „Kommunikation vor sich selber verbirgt; es ist ein persönlicher Text, dessen Autorenschaft abgeleugnet wird, eine Stimme, zu der man sich nicht bekennt, ein unerlaubtes Antlitz" (Wilber 1981: 314). Im Gegensatz zum Freud'schen Es, das nach Wilber „emotional-sexuelle Energie" ist, hat „der Schatten weitgehend eine verbale und syntaktische Struktur" (vgl. ebd.: 314f.).

über den niederen Ebenen anzustreben ist, sondern der Einklang aller Ebenen innerhalb der Gesamtspirale (vgl. ebd.: 196-199). Die Begriffe „Wellen", „Meme", „Drehpunkte" oder „Ebenen" verwendet Wilber synonym.

Im Folgenden werden die wesentlichen Drehpunkte skizziert und beispielhaft anhand des oft verwendeten Ebenenspektrums der SD näher erläutert. Der Kontext der SD beschreibt die Entwicklung von Werten. Die jeweiligen Ebenen werden als „Meme" bezeichnet und bestimmten Farben zugeordnet, was dieses Modell praktisch, aber auch umstritten macht[60].

Drehpunkt 0: undifferenziert

Dieser Drehpunkt taucht nicht im SD-Modell auf und umfasst die Entwicklung im und die Lösung vom Mutterleib bis zur Geburt (vgl. Wilber 2002a: 662). Physisches Selbst und physische Welt sind noch nicht ausdifferenziert. Dieses „Einheitsbewusstsein" ist nach Wilber nicht spiritueller Art, weil noch kein Selbst existiert, das transzendiert werden könnte (vgl. ebd.: 208-213).

Drehpunkt 1: physisch sensorisches Selbst, archaisches Weltbild; beiges Mem

Der erste Drehpunkt ist identisch mit dem *beigen (SurvivalSense)* Mem im SD-Modell. Beige steht für eine archaisch-instinktive Wahrnehmung und Wertorientierung. Ein erkennbares Selbst ist kaum erwacht oder erhalten; benutzt werden Gewohnheiten und Instinkte zum reinen Überleben. Nahrung, Wasser, Wärme, Sex und Sicherheit haben daher Priorität. Vorkommen: Frühe menschliche Gesellschaften, Neugeborene, senile Alte, verwirrte Obdachlose, hungernde Massen etc. Anzutreffen bei etwa 0,1% der erwachsenen

---

60 Die Verwendung von Farben mag sehr umstritten anmuten. Wilber betont hierbei, dass Beck und Cowan bei ihrer Arbeit in mit rassistischen Spannungen aufgeladenen Bereichen die farbliche Einteilung von Gedanken und Gefühlen zugute kam, da sie von der Hautfarbe ablenkten. Darüber hinaus impliziere ein solches Hierarchiemodell, dass „jedes einzelne Individuum alle diese Meme potentiell zur Verfügung hat" (Wilber 2001a: 21). Eine solche Neuzeichnung gesellschaftlicher Konfliktlinien begünstige auch eine Veränderbarkeit der Situation: Hautfarben, Klassen, Kasten, politische Zugehörigkeiten lassen sich nach Wilber bei Weitem nicht so ändern wie das Bewusstsein, zumal die Betonung nicht auf Typen *von* Menschen, sondern Typen *in* Menschen liege (vgl. ebd.: 21, 136). Es sei kurz angemerkt, dass Wilber seit 2007 in seinen Publikationen eine eigene Farbskala verwendet, die sich am Chakra-Modell orientiert und dem Kontext der Gesamtentwicklung gerecht werden soll (vgl. Wilber 2008a: 100f.). Um Missverständnisse zu vermeiden, zumal Wilber in vorangegangenen Publikationen das SD-Modell sehr breit verwendete, wird im Rahmen dieser Arbeit ausschließlich die Farbskala des SD-Modells verwendet.

Weltbevölkerung, 0% der Macht im politischen Weltgeschehen (vgl. Wilber 2001a: 21).

Drehpunkt 2: phantastisch-emotionelles Selbst; magisches Weltbild; violettes Mem

Die Spiral-Dynamics ordnen diesen magisch-animistischen (Gebser) Drehpunkt der Farbe *Violett/Purpur (2) (KinSpirits)* zu: Violett wird durch das Verlangen nach Harmonie und Sicherheit in einer geheimnisvollen Welt bestimmt. Animistisches Denken, der Glaube an magische Geister, welche das Geschehen bestimmen, ist vorherrschend. Verwandtschaft und Abstammung bestimmen politische Verbindungen. Vorkommen: Glaube an Voodoo-ähnliche Verfluchungen, Blutschwüre, Sippenhaftung, Amulette, Familienrituale, magisch-ethnische Überzeugungen und Aberglaube; verbreitet in Schwellen- und Entwicklungsländern, in Gangs, Sportmannschaften etc. 10% der erwachsenen Weltbevölkerung, 1% der Macht (vgl. Wilber 2001a: 21f.)

Drehpunkt 3: begriffliches Selbst; magisch-mythisches Weltbild; rotes Mem

Äquivalent zur Piaget'schen Stufe der „präoperationalen Kognition" (präop) (vgl. Wilber 2002a: 219-223) steht das *rote (3) (PowerGods)* Mem in den SD für den impulsiven Selbstausdruck (gegenüber dem Stamm), dem Freiheitsdrang und dem Bedürfnis nach Macht. Hier bildet sich die Grundlage feudaler Imperien - Macht und Ruhm. Die Welt wird als Dschungel voller Gefahren und Raubtiere wahrgenommen. Ihren Anforderungen begegnet man nun mit Täuschen und Erobern. Das Selbst ist weitgehend präkonventionell (Kohlberg), bezogen auf das Hier und Jetzt. Vorkommen: die Wutanfälle von Zwei- oder Dreijährigen, rebellierende Jugend, feudale Königreiche, epische Heroen, Warlords, Ganganführer, New-Age-Narzissmus, Terroristen etc. 20% der Bevölkerung, 5% der Macht (vgl. Wilber 2001a: 22).

Drehpunkt 4: Rollenselbst/ethnozentrisches Ego; mythisches Weltbild; blaues Mem

Der „Regel/Rolle-Geist von Piaget („konkret-operationaler Kognition" = konop) oder das mythische, soziozentrische Weltbild nach Gebser (vgl. Wilber 1997: 228f.) sind weitgehend identisch mit dem *blauen (TruthForce)* Mem der SD. Sinn, Richtung und Zweck der erlebten Schicksalsschläge werden durch ein allmächtiges Anderes oder eine mythische Ordnung bestimmt. Von ihr werden autoritäre Verhaltensregeln auferlegt, die auf absolutistischen und unveränderlichen Prinzipien von „richtig" und „falsch" basieren. Das Verletzen dieser Regeln hat schwerwiegende, eventuell ewige Konsequenzen; das Befolgen der Regeln bringt Belohnungen für jene, die daran glauben, mit sich. Diese Weltinterpretation bildet die Grundlage der Nationen des Altertums, Kriterien: Rigide soziale Hierarchien; Paternalismus; ein einziger Weg, die Dinge zu betrachten; Recht und Ordnung; Kontrolle von Impulsivität durch Schuld; wortwörtlicher Glaube und Gehorsam gegenüber den Gesetzmäßigkeiten der Ordnung; konformistische moralische Werthaltung. Vorkommen: puritanisches Amerika; konfuzianisches China; Totalitarismus; Kodex der Ritterlichkeit und Ehre; wohltätiges Handeln; „moralische Mehrheit"; Patriotismus. 40% der Weltbevölkerung, 30% der Macht (vgl. Wilber 2001a: 22).

Drehpunkt 5: Weltzentrisches/reifes Ego; Rationalität; wissenschaftliche Leistung; oranges Mem

Die „formal-operationale" („formop") Stufe nach Piaget, die postkonventionelle Moral nach Kohlberg oder die rationalweltzentrische Stufe nach Gebser (vgl. Wilber 1997: 242-245) sind mit dem *orangen* Mem (*StriveDrive*) der SD mehr oder weniger identisch. Das Selbst „entkommt" der „Herdenmentalität" (Blau) und strebt auf individuelle Art und Weise nach wissenschaftlicher Wahrheit und Bedeutung. Die Werte sind leistungsorientiert und materiell ausgerichtet. Die Welt ist eine rationale „Maschine", die gemeistert werden muss und (v.a. in Politik und Wirtschaft) ein Schachbrett, auf dem die Gewinner Vorrang gegenüber den Verlierern erhalten. Orange bildet die Grundlage von Staaten, die auf gesellschaftlicher Vereinbarung beruhen. Marktwirtschaft und die Manipulation der globalen Ressourcen für die eigenen strategischen Ziele sind bezeichnend. Vorkommen: Die Aufklärung, der Homo Oeconomicus (Wall Street, aufstrebende Mittelklasse), Trophäenjagd, Kolonialismus, der Kalte Krieg, Materialismus, säkularer Humanismus, liberales Eigeninteresse. 30% der Weltbevölkerung, 50% der Macht (vgl. Wilber 2001a: 23).

Drehpunkt 6: Zentaurische Integration von Körper und Geist; Meme Grün bis Türkis

Den 6. Drehpunkt wird von Wilber als „dialektische" oder „Schau-Logik" bezeichnet und gilt als die letzte der von der konventionellen Forschung anerkannten Bewusstseinsstufen. Auf dieser Stufe werden Gefühl und Verstand „zentaurisch" integriert (vgl. Wilber 1997: 249-256). Die SD unterscheiden innerhalb des 6. Drehpunktes die Meme *Grün, Gelb* und *Türkis*. Mit Grün, als Unterstufe der Schau-Logik, wird das sog. „Erste-Rang-Bewusstsein" (alle vorherigen Drehpunkte) abgeschlossen. Das Neue am „Zweite-Rang-Bewusstsein" - bestehend aus den Memen Gelb und Türkis - ist die Möglichkeit, die Realität in Heterarchien *und* Hierarchien (Verbindung und Rangordnung) sinnvoll zu erfassen.

- *Grün* bezeichnet das *sensitive Selbst (HumanBond)*. Innere Erforschung, Gemeinschaft, Konsens, menschliche Bindungen, ökologische Sensitivität und Vernetzung werden betont. Gefühle und Fürsorge treten an die Stelle von kalter Rationalität. Gleichrangige Bindungen und Verbindungen werden etabliert und Hierarchien werden weitgehend abgelehnt. Die Komplexität der Wirklichkeit wird betont: ihre soziale Konstruktion, Vielheit und Verschiedenheit. Die grüne Weltsicht neigt daher zu pluralistischem Relativismus. Vorkommen: Tiefenökologie, Postmodernismus, niederländischer Idealismus, humanistische Psychologie, Befreiungstheologie, Weltkonzil der Kirchen, Greenpeace, Tierschutz, Foucault/Derrida, politische Korrektheit, Menschenrechtsfragen. 10% der Bevölkerung, 15% der Macht (vgl. Wilber 2001a: 23).

Zweiter-Rang-Bewusstsein: Diese Kategorie impliziert die reiferen Bewusstseinsebenen des 6. Drehpunktes: das sog. integrative Denken (Gelb, Türkis).

- *Gelb* bezeichnet *systemisches Denken (FlexFlow)*: Das Leben ist ein Kaleidoskop natürlicher Hierarchien. Höchste Priorität haben Flexibilität, Spontaneität, authentische Individualität und Funktionalität. Egalitarismus wird ergänzt durch die vertikale Dimension natürlicher Rangordnungen und Qualitäten. Wissen und Kompetenz tritt an die Stelle von Macht, Status oder Gruppensensitivität. Die vorherrschende Weltordnung ist das Ergebnis der Existenz von verschiedenen Ebenen der Wirklichkeit (Meme) und den Dynamiken innerhalb der Gesamtspirale. 1% der Bevölkerung, 5% der Macht (vgl. Wilber 2001a: 25).
- *Türkis* steht für *holistisches Denken (WholeView)*. Fühlen und Wissen werden endgültig vereinigt. Die Welt wird in universalen holistischen Systemen wahrgenommen. Eine „Theorie von Allem“ (wie z.B. der IA) ist möglich. Türkis wird sich bewusst, dass alle Meme in einer interaktiven Gesamtspirale eine entscheidende Rolle spielen. Vorkommen: 0,1% der Weltbevölkerung, 5% der Macht. (Vgl. Wilber 2001a: 25.)

Drehpunkt 7-10: Das transpersonale Bewusstsein des „Dritten Ranges“

Die spirituellen Bewusstseinsebenen des Dritten Ranges sind transmental, und entsprechende spirituelle Zustände sind langfristig auf Entwicklungsebenen integriert. Das Ich weitet sich auf ein kosmozentrisches Niveau aus und gleichzeitig wird erkannt, dass alles, was man „beobachten“ kann, ein „Objekt“ und darum nicht das „wahre Selbst“ ist. Hierzu zählen auch Gedanken, Gefühle und

Selbstkonzepte. Wer ist aber das Subjekt („Zeuge"), das alles beobachtet?

Der Vollständigkeit halber eine kurze Darstellung mehrerer transrationaler Ebenen. Hierbei sei aber angemerkt, dass es keine absolut höchste Ebene gibt. Es ist immer denkbar, dass sich irgendwann eine noch höhere Ebene entfalten kann:

- Auf dem Drehpunkt 7 („psychische" Ebene) wird im Rahmen der *Naturmystik* alles Manifeste als Ausdruck einer „Weltseele" erkannt (vgl. Wilber 2002a: 358f.).
- Auf dem Drehpunkt 8 („subtile" Ebene) der *Gottheitsmystik* erfährt sich der Akteur als Eins mit den subtileren Dimensionen des Kósmos (Unio mystica) (vgl. ebd.: 360-370).
- Auf dem Drehpunkt 9 („kausale" Ebene) der *formlosen Mystik* erfährt der Akteur Nirvana, die absolute Kontextlosigkeit („Leere"), Erleuchtung, Stille, das Absolute bzw. den tiefsten Grund des eigenen Selbst und der Subjektivität. Das „Ich" löst sich restlos auf (vgl. ebd.: 283-290).
- Auf dem Drehpunkt 10 der *Nichtdualität* erkennt der Akteur nicht, dass er erleuchtet ist (Drehpunkt 9), sondern dass er schon immer erleuchtet war. GEIST wird also nicht nur als höchste Sprosse der Leiter erfahren, sondern auch als der Stoff, aus dem die Leiter gemacht ist. Absolutes und Relatives werden somit vollständig integriert (vgl. Wilber 1997: 291-297).

Die Ebenen der Gesamtspirale lassen sich vereinfacht wie folgt auflisten:

	Weltanschauung (Was ich sehe)	**Mem**	**Ich-Identität** (Wer ich bin)
präkonventionell (egozentrisch)	archaisch (instinktiv)	Beige	impulsiv
	magisch (animistisch)	Purpur	egozentrisch
konventionell (ethnozentrisch)		Rot	
	mythisch (Zugehörigkeit)	Blau	konformistisch
postkonventionell (weltzentrisch)	formal (rational)	Orange	gewissenhaft
	pluralistisch	Grün	individualistisch
	integral (holistisch)	Sekundärschicht	autonom
	↓ (transpersonal)		

Abbildung 10: Weltbilder und Selbstbilder in einem Ebenenmodell (Wilber 2001a: 34)

4.4. Entwicklungslinien, Typen und Zustände

Entwicklungslinien, Typen und Zustände stellen neben den meist verwendeten Ebenen- und Quadranten-Modellen drei weitere wesentliche Untersuchungsdimensionen des IA dar. Sie lassen sich vergleichsweise kurz darstellen:

4.4.1. Entwicklungslinien

Die Ebenendimension erweitert sich durch den Aspekt einer Vielzahl paralleler Entwicklungskontexte bzw. „multipler Intelligenzen", die weitgehend unabhängig voneinander über die Ebenen der einzelnen Drehpunkte verlaufen. Da jede Entwicklungslinie eine Ausprägung des Selbst darstellt, lässt sich das Selbst nun als ein System verstehen, das sich aus der Gesamtheit aller Linien und der in ihr enthaltenen Ebenen zusammensetzt. Insgesamt lassen sich nach Wilber mindestens ein Dutzend Entwicklungslinien unterscheiden. Zu den wichtigsten zählen die moralische (Kohlberg), die kognitive (Piaget, Kegan), die emotionale (Goleman), die interpersonale (Selman, Perry), die bedürfnisorientierte (Maslow), die ästhetische (Houseman), die subjektorientierte (Loevinger), die wertorientierte (Graves) und die spirituelle[61] (Fowler) Entwicklung (vgl. Wilber 2008a: 92f.). Hinzu kommen die Rollen, Kreativität, Psychosexualität, kommunikative Kompetenz, Altruismus, Weltanschauung etc. (vgl. Weinreich 2005: 66f.).

Verschiedene Entwicklungslinien können sich unabhängig voneinander entwickeln, was z.B. das Paradoxon der Persönlichkeit eines hochgebildeten SS-Offiziers erklärt, der bei vielen Entwicklungslinien (z.B. rational, ästhetisch etc.) den fünften Drehpunkt (Orange) erreicht hat, aber im Kontext der moralischen Entwicklung auf Stufe eins (Beige) ist (vgl. Wilber 2002b: 361-363). Eine gewisse Symmetrie zwischen Linien und Ebenen ergibt sich v.a. für die Linien, die besonders prägnant für die Ausbildung eines Gesamt-Selbst sind. Hierzu gehören eher Moral, Bedürfnisse, Weltsicht, sozio-emotionale Entwicklung etc. Weniger sind es mathematisches Denken, Kinästhetik, Kreativität etc., weil sich diese Linien relativ unabhängig voneinander entwickeln (vgl. Wilber 2001b: 55). „Die Beziehung zwischen den verschiedenen Entwicklungslinien ist eine notwendige, aber nicht hinreichende (Wilber 2005b: 351)." Entwicklungslinien sind generell in allen vier Quadranten präsent (näher unter Wilber et al 2010: 133f.), daher auch für kollektive Akteure (z.B. Staaten). Die vorliegende Abbildung 11 stellt beispielhaft den Zusammenhang zwischen Ebenen und Linien beim Individuum dar:

61 „Spiritualität" versteht sich daher nicht nur im Ebenenkontext als eine „transmentale" Entwicklungsebene, sondern auch als ein paralleler eigenständiger Entwicklungskontext neben anderen. Geprägt ist diese Entwicklungslinie durch die Lebensfrage: „Was ist wesentlich?" (vgl. Wilber 2008a: 93).

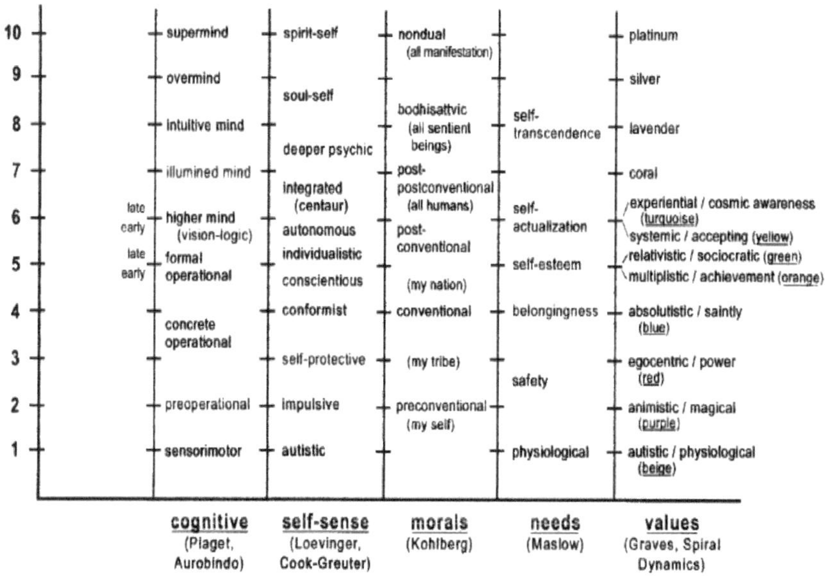

Abbildung 11: Fünf individuelle Entwicklungslinien und zehn Ebenen (Wilber 2003b: D, IV-1)

4.4.2. Typen

Auf jeder Ebene der Entwicklungslinien (Moral, Kognition etc.) sind auch noch unterschiedliche Entwicklungstypen zu unterscheiden. In jedem Quadranten lassen sich unterschiedliche Typologien berücksichtigen, wie z.B. OL: Persönlichkeitstypen (z.B. nach Myers-Briggs, Jung, Enneagramme), Geschlechtstypen (z.B. Gilligan); UL: Beziehungstypen (z.B. Liebe, Freundschaft etc.), kulturelle Typen; UR: Körpertypen (z.B. endo-/ekto-/mesomorph), Verhaltenstypen (z.B. DISC); UR: Demokratie- (vgl. Wilber et al 2010: 141-147) oder Kapitalismustypen, systemische Archetypen etc.

4.4.3. Zustände

Zustände sind im Gegensatz zu Ebenen keine etablierten Strukturen, sondern haben flüchtigen Charakter. Beide Dimensionen sind daher nicht miteinander zu verwechseln. Generell sind Zustände in allen Quadranten vorhanden, z.B. politischen, wirtschaftlichen, klimatischen Zuständen (UR), Gehirnzuständen, Hochleistung, Krankheit (OR), Kommunikationszustände, kollektive Angstzustände (UL), Bewusstseinszustände (OL) (vgl. Wilber et al 2010: 135f.). Letztere haben im IA einen besonderen Untersuchungsschwerpunkt. Grundsätzlich ist es nach Wilber jedem Akteur jeder Entwicklungsebene möglich, Einblicke in unterschiedliche Zustandsebenen zu haben, die außerhalb des Schwerpunktes seines (derzeitigen) eigenen Bewusstseins liegen.[62] Zum einen können Akteure z.B. eine sog. „Gipfelerfahrung“ haben - sprich: flüchtige mystische Zustände. Ist dieser Zustand verflogen, wird diese Erfahrung aus der Perspektive interpretiert, auf der sich der Akteur schwerpunktmäßig und dauerhaft befindet (Ebene). Die Folgen können unterschiedlich ausfallen - von tiefer Inspiration und Transformation über Ignoranz bis hin zu einem Intra-Personenkonflikt (vgl. Wilber 2002b: 98f.). Zum anderen können Akteure auch kurzfristig auf niedere impulsivere Ebenen zurückfallen. Dies wird im Rahmen von Eskalationen noch näher zu berücksichtigen sein.

4.4.4. Das Verhältnis zwischen Zuständen, Ebenen und Quadranten

Wie gestaltet sich das Verhältnis zwischen Zuständen, Ebenen und Quadranten? Hierzu lässt sich in Wilbers neueren Publikationen eine Teilaussage finden: Nach Wilber erschließen sich Ebenen, da sie strukturalistische „Außenbeschreibungen“ der Realität darstellen, stets auf den Außenhorizonten aller Quadranten. Zustände erschlie-

---

[62] Der Akteur kann generell einen Wachzustand und im Schlaf einen Traum- und einen traumlosen Zustand einnehmen. Diese natürlichen Zustandsarten lassen sich, den Erkenntnissen spirituellen Weisheitstraditionen folgend, unterschiedlichen Ebenenbereichen zuordnen: Der Wachzustand entspricht dem grobstofflichen Reich (Drehpunkte 0 - 6), der Traumzustand dem feinstofflichen Reich (Drehpunkte 7 und 8) und der Tiefschlafzustand dem kausalen Reich (Drehpunkt 9). Der nichtduale Welt-Raum erschließt sich v.a. durch die sog. „Subjektpermanenz“, d.h. der „ununterbrochenen Kontinuität des Bewusstseins im Wachen, Träumen und Schlafen - eine Bewusstseinsleistung, die sich z.B. durch Traum-Yoga ergibt (vgl. z.B. Wilber 2005b: 485).

Diese These wird nach Wilber dadurch gestützt, dass die o.g. Geisteszustände (OL) objektive Korrelate bzw. Signaturen aufweisen und sich z.B. am EEG-Messgerät nachweisen lassen. *Alpha-Wellen* (8-10 Hz) entsprechen dem wachen, aber entspannten Zustand; *Beta-Wellen* (13-30 Hz) dem analytischen und intensiven Denken. *Theta-Wellen* (4-7 Hz) entstehen üblicherweise im Traumzustand und können aber auch bei Zuständen intensiver Kreativität am EEG nachgewiesen werden. Sie sind dem feinstofflichen Reich zugeordnet. *Delta-Wellen* (1-4 Hz) stehen für GEIST-Zustände (des „reinen Zeugen“) und weisen dieselben empirischen Korrelate wie im traumlosen Tiefschlaf auf. Bei fortgeschrittener Meditations- oder Kontemplationspraxis können mehrerer dieser Wellen gleichzeitig gemessen werden (vgl. Wilber 2002b: 98f.; vgl. Wilber 2008a: 229-231). In einem vom Forum Integral Naked (2006a) bei You Tube bereitgestellten Film veröffentlicht, unterzieht sich Wilber einem Selbsttest und zeigt auf, dass sich all diese unterschiedlichen Zustände (so z.B. auch „Nirvana“) bewusst phänomenologisch erzeugen, empirisch nachmessen und wiederholen lassen.

ßen sich hingegen, und hier bezieht er sich bislang nur auf die Innendimension des OL-Quadranten, auf dem phänomenologischen Ereignishorizont. Wilbers Erklärung: „Die Phänomenologie hält nach den direkten *Erfahrungen und Phänomenen Ausschau*, der Strukturalismus nach *den Mustern, welche die Phänomene miteinander verbinden*" und „ohne dass diese das jemals wissen (Wilber 2008a: 85)." Diese sehr unterschiedlichen Bezugspunkte sind nach Wilber auch der Grund dafür, weshalb das jahrelange Studium des SD-Modells - eine klassische Methodologie der Zone 2 (vgl. Abb. 7b) - nicht zwangsläufig zu einer Bewusstseinstransformation führt. Umgekehrt muss jahrelanges Meditieren - eine klassische Methodologie der Zone 1 (vgl. Abb. 7b) - nicht zu einer Erkenntnis psychologischer Entwicklungsstufen führen (vgl. Wilber 2008a: 85f.). Diese Unterscheidung erklärt nach Wilber auch, weshalb es für jemanden, der sich beispielsweise auf der Entwicklungsebene des blauen Mems befindet, möglich ist, das SD-Modell perfekt zu beherrschen und damit höhere Ebenen (Orange - Türkis oder auch spirituell) aus einer 3.-Person-Perspektive genau zu beschreiben. Umgekehrt würde diese Person scheitern, hätte sie die Aufgabe zu beschreiben, wie sich die Erfahrung der höheren Ebenen unmittelbar aus einer 1.-Person-Perspektive anfühlt (vgl. ebd.: 124f.).

Um das Verhältnis zwischen Entwicklungsebenen und Zuständen darzustellen, eignet sich das sog. „Wilber-Combs-Raster", das nach seinen beiden Urhebern benannt ist. Die generelle Idee ist hierbei, dass alle Zustände auf allen Entwicklungsstufen präsent sind bzw. sein können. Das Modell stellt in der nun folgenden Abbildung spirituelle Zustände als Variationen der natürlichen Zustände grobstofflich-wachend, subtil-träumend, kausal-formlos und nichtdual-präsent dar und setzt sie mit Entwicklungsebenen in Beziehung. Eine wesentliche Erkenntnis hierbei ist, dass jede Person jeden Zustand direkt erfahren kann, aber ihn entsprechend der Stufe interpretieren wird, auf der sie sich befindet (vgl. Wilber 2008a: 129-131).

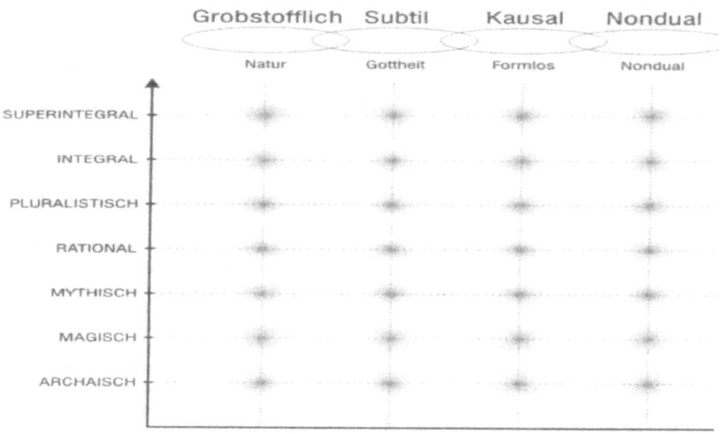

Abbildung 12: Das Wilber-Combs-Raster (Wilber 2008a: 130)

Das Verhältnis von Ebenen und Quadranten stellt sich im IA hingegen wie folgt dar.

4.5. Werden und Evolution im Integralen Ansatz

Obwohl der IA keine Konflikttheorie ausformuliert hat, trägt er dem Konflikt behafteten Prozess der Evolution im AQAL Rechnung.

4.5.1. Karma und Kreativität

Inspiriert von der buddhistischen Philosophie geht der IA von einer Moment-zu-Moment-Realität des Daseins aus, welche von zwei wesentlichen Faktoren bestimmt wird:

1. Die Gegenwart wird von der Vergangenheit beeinflusst, sprich: impliziten, prä-existierenden Realitäten, die sich grob mit „Vererbung" oder *Karma* umschreiben lassen.
2. Da der gegenwärtige gegenüber dem vergangenen Moment auch verschieden ist, lässt sich das „Neu-hinzugekommene" mit dem Begriff *Kreativität* umschreiben.

Karmische „Vererbung“ prägt sich in allen vier Quadranten unterschiedlich aus:

	Innen (subjektiv)	**Außen (objektiv)**
Individuell	• Subjektive Identität • Biografisches Gedächtnis [individuelles Trauma]	• Autopoiesis • Individuelle morphische Resonanz und formende Verursachung • Genetische Vererbung
Kollektiv	• Habitus • Kulturelles Gedächtnis [kollektives Trauma] • Kollektive Identität	• Systemgedächtnis • Ökosystem-Autopoiesis • Chaotische und fremde Attraktoren • Soziale Autopoiesis • Kollektive formende Verursachungen

Tabelle 7: Die karmische Vererbung in den vier Quadranten (vgl. Wilber 2003b: A, 1)

Individuell-subjektiv (oben-links, Ich-Perspektive)

Jeder Akteur ist Subjekt der gegenwärtigen Erfahrung und wird selbst Objekt des nächsten Augenblicks. Konkret bedeutet dies, dass der Akteur subjektiv die Gefühle des vorangegangenen Moments (nach-)fühlt, in welchem er wiederum Gefühle des ihm vorangegangenen Moments (nach-)fühlt etc. Durch die Tatsache, dass jeder Akteur den vergangenen Moment fühlen kann, obwohl dieser Moment nicht mehr identisch mit dem gegenwärtigen Augenblick ist, wird der Akteur also von diesem vergangenen Moment zu einem gewissen Grad beeinflusst. Diese Kausalität lässt sich grob mit *Karma* umschreiben. Allerdings hat der Mensch auch die Möglichkeit, die Vergangenheit mit seiner eigenen *Kreativität* zu transzendieren. Zum Aspekt der Vererbung tritt also die *Neuheit* jedes hinzukommenden Moments hinzu. Ein typischer Vertreter der hier beschriebenen Perspektive ist Alfred North Whitehead (vgl. Wilber 2003b: A, II).

Kollektiv-subjektiv (unten-links, Wir-Perspektive)

Jede Subjektivität existiert vor einem intersubjektiven Hintergrund, welcher von einem Moment zum anderen von den seinem Horizont inhärenten Subjekten vererbt wird. Vergangene Gefühle, gemeinsame Normen und Werte werden mit jedem neuen Moment kreativer Emergenz transzendiert und in einen neuen aktuellen Kontext integriert. Kulturen haben dementsprechend auch ein Gedächtnis.

Kulturelle und *soziale Gedächtnisse* sind sich zu einem gewissen Grad wiederholende Muster in Kultur und Gesellschaft, die andauernden Einfluss auf die (vergangene) Gegenwart haben. Diese kollektiven andauernden *Muster* übertragen sich zu einem gewissen Grad als eine „kósmische Gewohnheit". Unter den vielen Beiträgen, die diesen Mustern Rechnung tragen, lassen sich z.B. Bourdieu („Habitus"), Heidegger („Historizität"), Gebser („Bewusstseinsstrukturen") und Gadamer („Solidarität") nennen (vgl. ebd.).

Objektive (rechtsseitige) Perspektiven

Jedes Holon hat eine äußere objektive Entsprechung. Rupert Sheldrakes (nicht unumstrittene, aber durchaus elegante) Theorie morphischer[63] Felder bietet ein Beispiel für den Einfluss des Impliziten (Vorangegangenen) aus einer objektiven Perspektive. Alle Holons weisen morphische Felder auf: Wenn irgendwo auf der Welt ein schwieriges Problem gelöst wird - von kristallisierenden komplexen Molekülen zu Ratten, die den Ausweg aus einem Irrgarten finden, bis hin zu linguistischen Wendungen, die geschaffen werden -, kann dieses Muster einfacher überall auf der Welt wiederholt werden (was Wilber zufolge in zahlreichen empirischen Studien nachgewiesen wurde). Schwierige, neue, kreative Emergenzen gehen in eine kósmische Gewohnheit über, verfügbar für nachfolgende Holons. Die Tatsache, dass generelle Strukturen und Formen von Holons kollektiv vererbt werden (Tiefenstrukturen), bedeutet jedoch nicht, dass dies für ihre Inhalte und Taten gilt (Oberflächenstrukturen). Die Tiefenstrukturen kósmischer Gewohnheiten sind daher *Wahrscheinlichkeitswellen*, ein bestimmtes Ereignis in einem bestimmten Raum-Zeit-Schauplatz vorzufinden (vgl. Wilber 2003b: A, II).

So tragen alle Holons ein vier-dimensionales karmisches Erbe, welches die unausweichliche Plattform für jeden neuen Moment bietet, sind aber von diesem nicht vollständig determiniert (vgl. ebd.). Die Karma-Kreativität-Theorie liefert eine Erklärungsbasis für das Muster der Evolution, die sich tetra-dimensional über die vier Quadranten vollzieht.

4.5.2. Tetra-Evolution

Die folgende Abbildung 13 bietet ein Beispiel für diesen „holodynamischen" Entwicklungsprozess. Sie verdeutlicht auch den in Abbildung 9 angedeuteten Geist-Materie-Gegensatz als Innen-Außen-Verhältnis. So haben Atome, deren äußerliche Formen aus physika-

---

63 Sheldrake benutzt den Ausdruck „morphische" und „morphogenetische" Felder synonym. Ansonsten ließe sich Ersteres (morphisch) der kulturell-geistigen und Letzteres der biologischen Einflusssphäre (morphogenetisch) zuordnen.

lischen Einheiten wie Neutronen, Protonen und Elektronen bestehen, ein innerliches Erfassen bzw. Proto-Gefühle (Proto-Bewusstsein); neuronale Organismen besitzen innerliche Empfindungen; Organismen mit einem Rückenmark haben Wahrnehmungen; die Emergenz von Tieren mit einem Reptilienhirn geht mit der Emergenz von innerlichen Impulsen und Instinkten einher; ein äußerliches limbisches System emergiert zusammen mit innerlichen Emotionen; ein Dreifach-Hirn ist die materielle Form einer innerlichen Bewusstheit, welche (neben vielen anderen Dingen) formal-operationale Kognition, postkonventionelle Moral, Schau-Logik; linguistische Fähigkeiten etc. enthalten kann.

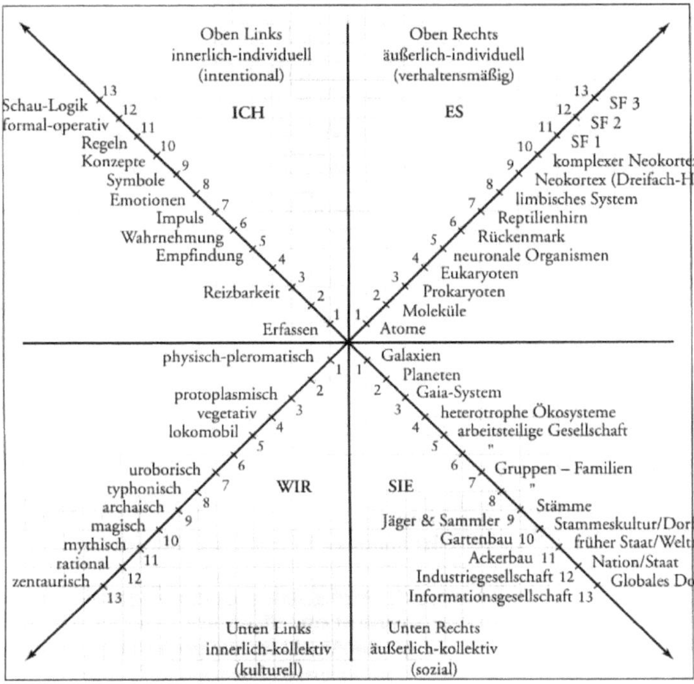

Abbildung 13: Eine AQAL-Kartografie der Tetra-Evolution (Wilber 2001a: 84)

Zwei Anmerkungen müssen noch zum Schema gemacht werden:

1) Der unter 4.2.2. skizzierten Grundannahme einer integralen Post-Metaphysik folgend, handelt es sich bei diesem Schema um „keine Landkarte einer vorgegebenen Welt", sondern vielmehr um eine Realität, die auf der kognitiven Entwicklungshöhe der Schau-Logik (Zweiter-Rang-Bewusstsein) „exist-iert". Demnach waren z.B. Atome und Ökosysteme nicht konkrete Realität in den Welt-Räumen prämoderner Gesell-

schaften, sondern erst in denen der Postmoderne. Und Ähnliches kann und wird sich in zukünftigen (noch nicht emergierten) Welt-Räumen und ihrer Interpretation der Geschichte ergeben (vgl. Wilber 2008a: 347-350).

2) Eine andere Anmerkung zu dieser Landkarte ist die Tatsache, dass es nicht immer eine einfache Eins-zu-eins-Übertragung von Äußerlichkeiten auf Innerlichkeiten gibt. Abgesehen von der folgenden idealtypischen Darstellung, ist stets im Hinterkopf zu behalten, dass unterschiedliche äußerliche Landschaften sehr unterschiedliche innerliche Landschaften unterstützen können. Hierzu drei Beispiele (vgl. im Folgenden Wilber 2003b: D,II-2):

- *Beispiel 1*: Wenn jemand einen Theta-Gehirnwellenzustand aufweist (OR), lässt sich von außen nicht sagen, ob er meditiert oder über kreative Möglichkeiten nachdenkt, eine Bank auszurauben" (OL).
- *Beispiel 2*: Das gleiche ökologische System kann einen Gandhi und einen Charles Manson unterstützen. Die ökoromantische Aussage z.B., dass das Ökosystem die primäre und fundamentale Wirklichkeit darstellt - und dass sowohl Gandhi als auch Manson „einfach nur im Einklang mit dem Ökosystem leben" sollten - bedeutet eigentlich, dass „im Einklang mit ihm leben" und „Ökosystem" NICHT dasselbe sind. Entscheidend ist - was in ökologischen Ansätzen [und in den meisten Ansätzen des neuen Paradigmas] oft übersehen wird -, dass ökologisches Bewusstsein (UL) nicht durch die Ökologie (UR) erklärt werden kann. Ein derartiges Bewusstsein emergiert erst ab dem 6. Drehpunkt der innerlichen Entwicklung. Da ökologisches Bewusstsein nur durch den Strukturalismus erhellt werden kann, folgt daraus, dass äußerliche Ökologie - um überhaupt effektiv sein zu können - von innerlichem Strukturalismus abhängig ist.
- *Beispiel 3*: Darüber hinaus ist die Topografie eines intersubjektiven Raumes (UL) nicht zwangsläufig identisch mit den Grenzen eines sozialen Systems, schon gar nicht im Zeitalter der Globalisierung. So können z.B. ein Russe und ein Portugiese, beide wohnhaft in ihren Ländern, eine tiefe Freundschaft miteinander pflegen, sprich: sie teilen einen intersubjektiven Raum (UL) miteinander, der über die territorialen Grenzen ihrer Länder hinweg geht (UR) und u.U. stärker ist als die Beziehung zu ihren unmittelbaren Landgenossen (vgl. Wilber 2003b: D,II-2).

Insgesamt lässt sich zusammenfassen, dass der IA die Entwicklung des Kósmos im Allgemeinen und die kulturelle Entwicklung des Menschen im Besonderen als einen mehrdimensionalen ineinandergreifenden Prozess versteht. Aus Organisationsformen gehen in einem quadrantenübergreifenden konfliktiven Prozess neue Emergenzen hervor. Zwischen Evolution und Konflikt besteht ein mehrdimensionaler (quasi „tetralektischer") Zusammenhang (ausführlich hierzu auch unter Wilber 1997: 71-95).

4.6. Ableitung einer integralen Konflikttheorie

Die Evolutionstheorie des Holon-Konzepts birgt eine allgemeine philosophische Konflikttheorie, die sich aus dem Zusammenhang zwischen Konflikt und Evolution ableitet. Die dazu gehörigen Kernbegriffe „Akteur" und „Konflikt" wurden im IA nicht formuliert, könnten sich aber wie folgt i.S. des IA definieren lassen:

Ein *Akteur* ist im weitesten Sinne ein fühlendes und handelndes Holon, das, interagierend mit seiner Umwelt, eine bestimmte Handlungsstrategie verfolgt, um eine Art „Daseinszweck" zu erfüllen; z.B. Verbindung (Physiosphäre), Selbsterhaltung und Fortpflanzung (Biosphäre) oder höhere Ziele im Rahmen der kulturell-psychologisch-spirituellen Entwicklung (Noosphäre, Theosphäre). Dementsprechend wird ein Akteur von Triebkräften, wie z.B. Anziehung/Abstoßung (Physiosphäre), Ängsten und Trieben (Biosphäre), Motiven (Noosphäre) oder Inspirationen (Theosphäre) geleitet, deren Befriedigung durch eine Handlungsstrategie gewährleistet werden soll.

Der *Konflikt* impliziert eine generelle „Unvereinbarkeit" (*Widerspruch*), z.B. von mindestens zwei möglichen Entwicklungen. Dieser Gegensatz wird von mindestens einem Akteur in seiner Wahrnehmungswelt geortet und er ist im Bereich seiner Möglichkeiten angetrieben (*Annahmen*), diesen Gegensatz in irgendeiner Form zu bewältigen und seine Handlungsstrategie darauf abzustimmen (*Verhalten*). Diese Konfliktdefinition ähnelt stark der Galtung'schen. Sie ist jedoch so weit gefasst, dass hierbei in erster Linie nicht das „Leben", sondern „Innerlichkeit", sprich: „Bewusstsein", im Zweifel sogar Proto-Bewusstsein, eine Voraussetzung für Konflikt ist. Theoretisch könnte eine integrale Konfliktdefinition daher auch die Physiosphäre umfassen, da selbst (sub-)atomare Teilchen ein Wahrnehmungsfeld aufweisen und innerhalb dieses Rahmens in Wechselwirkung treten. Im weitesten Sinne kann Konflikt nicht nur als die dialektische Triebkraft des Lebens - wie von Galtung definiert (vgl. Galtung 2004) - verstanden werden, sondern des gesamten

Werdens, sofern alle Holons als eine Manifestation des GEISTES verstanden werden.

Es fällt allerdings auf, dass mit der Emergenz immer bewussterer konflikt(bewältigungs)fähigerer Akteure der Entwicklungs- und Umwälzungsprozess des Kósmos immer schneller und tiefgreifender vonstatten geht, denn:

1. Die kulturelle Evolution brachte die größten Umwälzungen mit sich und war von vergleichsweise kurzer Dauer.
2. Sie ist von komplexerer Konfliktträchtigkeit geprägt als die biologische Evolution, für die das Gleiche gegenüber der physikalischen Evolution gilt.

Der traditionelle Untersuchungsrahmen der Konfliktforschung findet sich daher zu Recht im Bereich der kulturellen Evolution (auch unter Berücksichtigung ökologischer Gesichtspunkte der Biosphäre). Mit dem Menschen (und dem Auftauchen des sozialen Konflikts) ist nicht nur der bislang komplexeste Konfliktakteur aufgetaucht, sondern auch ein Konfliktbewältigungsakteur, der bewusst seine Vergangenheit transzendieren kann. Darin wird der Umstand begründet liegen, dass mit fortschreitender kultureller Entwicklung ein immer komplexeres und tiefgreifenderes Potenzial an Problemen, aber auch an Möglichkeiten zu ihrer Bewältigung entsteht. Die Problembewältigung darf an dieser Stelle nicht nur höheren Ebenen Rechnung tragen, sondern zwangsläufig auch den ihnen vorangehenden immanenten Ebenen in einem integralen Zusammenhang.

Zur Einordnung der schier unbegrenzten Vielfalt der Konfliktpotenziale des menschlichen Lebens eignen sich die Schlüsseldimensionen des AQAL. Sowohl innerhalb als auch zwischen den vielfältigen Inhalten dieser Dimensionen können sich unterschiedliche Gegensatzpaare bilden. Aus ihnen können unterschiedliche (z.B. psychologische, philosophische, soziale oder politische) Konflikte erwachsen, wenn innerhalb eines Gegensatzpaares der Inhalt einer Seite zu Gunsten der anderen Seite unterdrückt wird. Einige Beispiele verbreiteter Konfliktlinien, die sich aus solchen „Absolutismen" (dieses Wort wurde von Wilber im folgenden Zusammenhang geprägt, unter Wilber 2003c) entwickeln, wären:

- *Quadranten-Absolutismus*: Staat (Dominanz der kollektiven Quadranten: Totalitarismus) vs. Individuum (Dominanz der individuellen Quadranten: Anarchie) oder interpretative (Dominanz der linksseitigen Quadranten: Geist) vs. empirische Realitätssicht (Dominanz der rechtsseitigen Quadranten: Materie).

- *Typen-Absolutismus*: Kampf der Geschlechter, Kulturen (beides UL), der Rassen (OR), der Klassen (UR), der Persönlichkeitstypen (OL) etc.
- *Linien-Absolutismus*: Paradoxon der Nazi-Ärzte (hohe kognitive bei niedriger moralischer Entwicklung).
- *Zustands-Absolutismus*: Nur die Wahrnehmung im Wachzustand gilt als „real" (Absolutismus gegenüber Realitäten, z.B. im Traum oder der meditativen „Leere").
- *Ebenen-Absolutismus*: Moderne (Orange) vs. religiöser Fundamentalismus (Blau).[64]

Ein integrales Konfliktverständnis impliziert die philosophische Einsicht, dass die Wurzel aller Konflikte darin liegt, dass von Teilwahrheiten ein Absolutheitsanspruch erhoben wird und andere unterdrückt werden. Alle Widersprüche, die sich aus Gegensätzen dieser Teilwahrheiten ergeben, lassen sich in einen umfassenderen Kontext integrieren. Daher zielt eine integrale Konfliktbewältigung darauf ab, alle Teilwahrheiten zu berücksichtigen, sie ihrer Position im Gesamtkaleidoskop des AQAL zuzuordnen und in einem dynamischen Gleichgewicht zu halten (vgl. Wilber 2001a: 189f. am Beispiel der integralen Politik). Dies bedeutet nicht, dass alle Teilwahrheiten gleich wahr sind, sondern dass sie als Aspekte des Kósmos einen notwendigen Bestandteil des Ganzen darstellen.

Nach Wilber ergibt sich aus dem AQAL der Zusammenhang zwischen kultureller Evolution und sozialem Konflikt in erster Linie aus der asymmetrischen Entwicklung der Formen zueinander, die im intersubjektiven (UL) und im interobjektiven Quadranten (OR) emergieren. Ein Hauptgrund dieses Musters liegt darin, dass materielle Transformationen im UR-Quadranten (technologische Errungenschaften, ökonomische Entwicklung) i.d.R. schneller vonstatten gehen als Bewusstseinsveränderungen im UL-Quadranten (Entwicklung des kollektiven Weltbildes, Kultur). Technologische Entwicklungen eilen der kollektiven Weisheit, diese richtig zu verwenden, quasi voraus.

---

64 Wilbers Interpretation der Begriffe „Eros" (gesunde Transzendenz), „Agape" (gesunde Integration der transzendierten Ebenen), „Phobos" (pathologische Form von Eros) und „Thanatos" (pathologische Form von Agape) sieht der Friedensforscher Wolfgang Dietrich hierbei als einen wesentlichen Beitrag für ein integriertes Friedensverständnis. Als zentral erachtet er hierbei die Einhaltung eines dynamischen „nicht-dualistischen" Gleichgewichts zwischen Weisheit (Eros) und Mitgefühl (Agape) (vgl. Dietrich 2008: 149-152.) An anderer Stelle wird näher auf sein Modell der „Variationen über den Frieden" einzugehen sein.

Diese Konfliktstruktur wird aber durch die Tatsache noch komplexer, dass mehrere Modi der technologischen Entwicklung und die sie stützenden Weltbilder miteinander konkurrieren - selbst innerhalb derselben Gesellschaft. Darüber hinaus finden sich in jeder Gesellschaft individuelle Akteure und Subkulturen jedes Entwicklungsniveaus wieder (rote Gangs, blaue Farmer, orange Industrielle etc.). Diese multidimensionalen Gegensätze umfasst ein komplexes Spektrum mehrerer Bewusstseinsebenen innerhalb derselben Gesellschaft. Zudem darf nicht vergessen werden, dass jede Bewusstseinsebene, auch höhere, Pathologien mit sich bringen kann. Es ist daher zu berücksichtigen, dass der historische Entwicklungsprozess stets mit „good news" und „bad news" verknüpft ist (s.u.).

Eine soziale Umwälzung, die aus diesen Widersprüchen erwächst, geht einer sog. *„Legitimitätskrise"* innerhalb des intersubjektiven Quadranten (UL) voraus. Mit diesem Begriff ist gemeint, dass das bestehende Weltbild (UL) und die sie repräsentierenden Verkörperungen (UR) nicht mehr zusammenpassen und an Glaubwürdigkeit verlieren oder in den Begriffen von Marx: Wenn der kulturelle Überbau (UL) und die Produktionsweisen, -beziehungen und -verhältnisse miteinander in Widerspruch geraten.[65] Erreicht die Zahl oder/und das Ausmaß an Dissonanzen zwischen den Inhalten aller AQAL-Dimensionen eine bestimmte Schwelle, leitet sie eine soziale *Revolution* ein. Dieser Begriff deutet etymologisch darauf hin, dass gesellschaftliche Umwälzungen, die stets von (blutigen oder unblutigen) Revolutionen begleitet werden, einen zyklischen Prozess durchlaufen („revolve"). An dieser Stelle sei auf die oben unterschiedenen Begriffe „Translation" und „Transformation" verwiesen: Die *Translation* umfasst unterschiedliche Konzeptionen, Weltbilder, Dogmata, die die Realität in ein kollektiv geteiltes Weltbild „übersetzen". Die Translation bedarf einer allgemeinen Akzeptanz, der *Legitimation.* Wenn die Widersprüche auf dieser Ebene (und der anderen AQAL-Dimensionen, die auf dieser Ebene interpretiert werden) zu tiefgreifend werden, wird die *Transformation* eingeleitet. D.h. die Widersprüche dieser Ebene müssen überwunden werden. Dies hat zwei wesentliche Implikationen:

---

[65] Dies kann sowohl für politische als auch für wissenschaftliche Institutionen gelten. Der Struktur wissenschaftlicher Revolutionen über Paradigmenwechsel ist daher dieselbe Konfliktdynamik inhärent wie bei politischen Revolutionen (Wilber verweist hierbei auf Kuhn, der zuerst auf diese Parallelität aufmerksam machte [vgl. Kuhn 1988: 104f.]): Die Bedeutungsstrukturen und das Paradigma (auch: Weltbild: UL) stimmen nicht mehr mit der materiellen Evidenz (UR) überein (vgl. Wilber 2003b: A, III-1).

1. Ein durch eine Revolution eingeleiteter Ebenenwechsel kann nicht nur eine vorwärtsgerichtete Transformation, sondern auch eine rückwärtsgerichtete Regression bedeuten.
2. Ein Ebenenwechsel impliziert nicht, dass eine neue Kultur, Ideologie, sprich: die Typ-Dimension gewechselt werden muss.

Das bestimmende Kriterium der Transformation ist nicht die Legitimation, sondern die *Authentizität*. Wie nach Wilber auch schon Marx richtig erkannt hatte, ist die Entwicklung der Komponenten des UR-Quadranten eine absolute Grundlage für eine umfassende gesellschaftliche Bewusstseinsentwicklung. Unter dieser Hinsicht sind horizontale (translative) von wirklich vertikalen (transformativen) Revolutionen zu unterscheiden. Revolutionen entstehen zahlreich und zyklisch auf allen fünf Kontinenten, aber nur wenige implizieren die Entwicklung aller Quadranten und gehen daher mit einer echten Transformation einher (wie dies z.B. beim amerikanischen Bürgerkrieg im 19 Jh. der Fall war: von Blau zu Orange) (vgl. Wilber 2003b: A, III-1).

Es lassen sich diverse Faktoren unterscheiden, die eine horizontale Revolution begünstigen. Neben den spezifischen Beiträgen von Historikern[66] und zeitgenössischen Konfliktforschern[67] kann zusammenfassend aus der Perspektive des IA angeführt werden, dass eine horizontale gegenüber einer vertikalen Revolution begünstigt wird, wenn der vorherrschende Durchschnittswert der Ebenenentwicklung („Wahrscheinlichkeitswelle“) in allen Quadranten ungleichmäßig und zueinander im Widerspruch bleibt (vgl. Wilber 2003b: A, III-2).

---

66 Wilber bezieht sich hier auf Jack Goldstone, der anführt: 1) eine (ökonomisch) geschwächte Regierung; 2) eine auf (konkurrierende) Eliten gegründete Verteilung (materieller, kultureller etc.) Ressourcen; 3) ein mit Armut einhergehendes starkes Bevölkerungswachstum; 4) eine auf Konflikteindämmung ausgerichtete Intervention internationaler Akteure (vgl. Wilber 2003b: A, III-1: online).

67 Wilber bezieht sich zwar nicht auf das berühmte „Zivilisatorische Hexagon“ von Dieter Senghaas, doch dürfte eine integrierte Untersuchung dieser strittigen Forschungsfrage kaum an seinem Modell vorbeikommen: Seine Zivilisierungstheorie unterscheidet 6 Mindestfaktoren, die alle in einem Staat eingehalten werden und zueinander im ausgeglichenen Verhältnis stehen müssen: 1) Gewaltmonopol des Staates; 2) demokratische Kontrolle des Gewaltmonopols; 3) funktionale und ökonomische Affektkontrolle und Interdependenzen; 4) demokratische Beteiligung; 5) soziale Gerechtigkeit; 6) konstruktive politische Konfliktkultur (vgl. Senghaas 1994: 24).

Eine integrale Konfliktbearbeitung impliziert eine sog. „integrale transformative Praxis" (ITP). Die Prämisse ist hierbei, dass höhere Ebenen der Entwicklung einen so hohen Komplexitätsgrad haben, dass sie die Gegensätze und damit die Konfliktpotenziale der vorangegangenen Ebenen transzendieren und integrieren. Die Grundidee der ITP sieht daher vor, so viele Aspekte des Seins - sprich: zumindest alle Ebenen und alle Quadranten - gleichzeitig zu schulen. Je mehr dies berücksichtigt werde, desto wahrscheinlicher könne eine Transformation zur nächsthöheren Ebene stattfinden (vgl. Wilber 2001a: 155).

Höhere Ebenen der Entwicklung bringen gleichzeitig auch komplexere Gefahren mit sich. Ein wesentliches allgemeines Konfliktpotenzial besteht v.a. im Aufeinandertreffen unterschiedlicher Ebenenniveaus und in den konfliktträchtigen Schattenseiten, die die Emergenz höherer Ebenen mit sich bringen. Beispielsweise begünstigte die mit dem Aufstieg der (Post-)Moderne einhergehende Globalisierung (Grün) den heutigen Umstand, dass prämoderne Konfliktakteure fragiler nicht-staatlicher Ordnungen (Rot/Blau) Zugang zu Waffen der Moderne (Orange) haben, die sie, historisch gesehen, niemals hätten herstellen können. Vielfältige kontemporäre Herausforderungen wie z.B. der religiös-fundamentale Cyberterrorismus oder die sog. „Neuen Kriege" stehen beispielhaft für die Tatsache, dass jede Ebene des Fortschritts mit neuen Gefahren einhergeht (Wilber 2001a: 134.). Die eigentliche Herausforderung integraler Konfliktbewältigung besteht daher nicht nur darin, niedere Ebenen zu überwinden, sondern sie müssen auch in einen integralen Zusammenhang integriert werden.

4.7. Allgemeine Kritik und Bewertung

4.7.1. Allgemeine Kritik

Dem IA ist im Allgemeinen nicht nur mit viel Beifall, sondern auch in mannigfacher Weise mit Kritik begegnet worden (Zimmermann 2003; Visser 2009 oder WilberWatch 2009). In seinem Essay „Bald Ambition" kritisiert z.B. Meyerhoff (ders. 2006) Wilbers Konzept der Orientierungsverallgemeinerungen: Einerseits würden philosophische Annahmen, die nicht denen von Wilber entsprechen, ausgeschlossen; andererseits würden einige Urheber der Theorien, auf die sich Wilber bezieht, nachdrücklich bestreiten, dass sie in seinem System integriert werden würden. Zudem betonen Dallman (ders. 2006) und Bauwens (ders. 2006) zum einen den Mangel an einer Überprüfung von Wilbers Annahmen; andererseits würden die Theorien, die von Ebenenhierarchien ausgehen - z.B. die SD -, dazu benutzt werden, kritische Argumente auszuschalten. Weitere Vorwürfe, die oft gegenüber dem IA vorgebracht werden, sind sein elitärer Anspruch und dass diese Theorie eigentlich gar nichts Neues erklären würde. Des Weiteren richten sich viele Kritiken gegen die Widersprüche, die sich zwangsläufig auftun, wenn in einer Kartografie alle möglichen spirituellen Philosophien (von Plotin bis zu Buddha) und relative Wahrheiten (z.B. Freud) zusammengewürfelt werden.

Dem muss gegenübergestellt werden, dass sich Wilber nicht als „Entdecker", sondern als „map maker" versteht. Der IA kann i.d.S. keine andere Theorie ersetzen, sondern lediglich Integrationskontexte bereitstellen, in welchen die Beiträge anderer Theorien das Fleisch liefern. Vereinheitlichende Konzepte, wie das der Orientierungsverallgemeinerungen oder Ebenen, implizieren in der Tat die Gefahr, die Falsifizierbarkeit der Behauptungen auszuräumen. Dieses Problem ist allerdings allen nicht-positivistischen Disziplinen immanent und nicht unlösbar, sofern die drei Stränge zum Erwerb echten Wissens tatsächlich angewendet werden. Crittenden fasst zusammen, dass die heftigste Kritik am IA „fast ausnahmslos aus den Reihen der Theoretiker [komme], die ihr eigenes Fachgebiet für das einzig wahre Fachgebiet und ihre eigene Methode für die einzig gültige Methode halten. An Wilber wurde bisher nie - ernstzunehmende - Kritik deshalb geübt, weil er eines der Wissensgebiete, die er betrachtet, falsch verstanden oder falsch dargestellt hätte, sondern deshalb, weil er Gebiete berücksichtigt, die der Kritiker jeweils nicht für wichtig hält, oder einfach deshalb, weil sie sich von ihm nicht die Butter vom Brot nehmen lassen wollen." (Crittenden im Vorwort von Wilber 2005b: 10f.)

4.7.2. Bewertung

Wie lässt sich der holistische Anspruch des IA im Allgemeinen bewerten, v.a. in Bezug auf die offenen Fragen, die sich aus den ursprünglichen Arbeitshypothesen 1.2.2. ergeben? Die Schlüsse, zu denen der IA kommt und die im Einzelnen stichpunktartig dargestellt werden, werden in den unteren Sektionen noch näher zu untersuchen sein.

- Der IA folgt, hinsichtlich der unter 1.2.2. formulierten „Holismusstrategien", eindeutig der Kategorisierungsstrategie. Alle AQAL-Dimensionen fußen auf einer breiten empirischen Grundlage und scheinen daher zu Recht verallgemeinerbar zu sein. Inwieweit diese aber für die FuK von Nutzen sind, wird in den folgenden Sektionen noch näher zu untersuchen sein. Eine große Korrelation mit bereits in der FuK vorherrschenden Ansätzen liegt v.a. hinsichtlich der Vier-Quadranten-Dimension vor. Die Ebenendimension scheint, wie sie von

Wilber angewendet wird, hingegen noch kaum in der FuK berücksichtigt zu sein. Eher scheint, wie unter 1.2.2. dargestellt, eine eskalationsorientierte Ebenendimension vorzuherrschen. Im Allgemeinen spricht für den IA, dass er nicht nur die Beiträge geistes-/sozialwissenschaftlicher, sondern auch natur- und kontemplativwissenschaftlicher Disziplinen integriert. Dies vermochte bislang kein Modell in der FuK.

- In Bezug auf die Kernphilosophie, dass alles im Kósmos letztlich aus Holons zusammengesetzt sei, besteht durchaus eine Parallele zur eingangs skizzierten Vereinfachungsstrategie. Anders als einige solcher FuK-Ansätze vermeidet es der IA, Phänomene, wie z.B. einen „Konflikt", auf einzelne bestimmte Aspekte, wie z.B. „Konfliktsystem", „Akteursbeziehungen" oder „Quantenpotenziale" zurückzuführen. Dem IA geht es immer darum, Reduktionismen, auch subtile Reduktionismen, zu vermeiden, wenn das „Ganze" erklärt werden soll. In epistemologischer Hinsicht besteht hierbei ein klarer Widerspruch zu FuK-Ansätzen, die dem neuen Paradigma folgen. Dies wird in der nächsten Sektion am Beispiel der Prozessorientierten Konfliktarbeit näher aus der Sicht des IA darzustellen sein. V.a. in heuristischer (Sektion III) und praxeologischer Hinsicht (Sektion IV) dürfte von Untersuchungsinteresse sein, inwieweit pragmatische Reduktionismen, wie z.B. „Prioritätensetzungen", dennoch sinnvoll und legitim sind.
- Die Unterscheidung zwischen Oberflächen- und Tiefenstrukturen hilft, das philosophische Spannungsverhältnis zwischen dem Allgemeinen und Generalisierbaren einerseits und dem Konkreten, Spezifischen eines (Konflikt-)Phänomens andererseits, zu integrieren. Dies ist unten (in den Sektionen II und III) für weitere epistemologische und heuristische Reflexionen von Bedeutung.
- Auf Grund der Unterscheidung von Oberflächen- und Tiefenstrukturen versteht sich der IA nicht als Eklektizismus, wie unter 1.2.2. skizziert. Im weitesten Sinne trägt der IA jedoch insofern eklektizistische Anteile, indem er in der Darstellung bestimmter oberflächenstruktureller Inhalte zwangsläufig eine Wahl unter vielen Möglichkeiten trifft. Dies begründet sich m.E. damit, dass jede Darstellung im AQAL stets einen begrenzten, vom Anwender quasi „willkürlich" hergestellten Kontext darstellt. In Wilbers Fall beschränken sich die tiefenstrukturellen Darstellungen zumeist auf einen Evolutionskontext und die oberflächenstrukturellen Inhalte oft (zumindest bis einschließlich des Jahres 2006) auf den Kontext der SD. In der Praxis der Konfliktbearbeitung dürfte Eklektizismus i.S.

einer Grundhaltung, „das Beste aus unterschiedlichen Bereichen herauszunehmen, was funktioniert", mehr als legitim sein. Die Frage stellt sich aber, inwieweit dies mit „Holismus" (auf der Basis des IA) vereinbar ist. Dies wird v.a. im praxeologischen Kontext (Sektion IV) näher zu untersuchen sein.

- Das Verständnis des IA von „Karma" und „Kreativität" hat eindeutige Parallelen zur Grundphilosophie vielfältiger Konzepte der nachhaltig-konstruktiven Konfliktbearbeitung. So implizieren fast alle Methoden eine problemorientierte Aufarbeitung der Konfliktvergangenheit (z.B. in Form von „kollektiven Traumata") und eine kreative zukunftsorientierte Lösungsfindung. Auf dieses Spannungsverhältnis zwischen „Vergangenheit und Zukunft" wird implizit, u.a. am Beispiel der „Theory U" von Otto Scharmer, noch näher einzugehen sein.

Im Folgenden soll am Beispiel der auf COMPAIR vorgestellten Methoden ein Gerüst zu ihrer epistemologischen Integration skizziert werden.

SEKTION II: THEORIE: EPISTEMOLOGISCHE INTEGRATION

V. GEGENÜBERSTELLUNG UND EPISTEMOLOGISCHE INTEGRATION DER VORGESTELLTEN METHODEN

Im Folgenden werden einige Möglichkeiten der epistemologischen Integration der vorgestellten Methoden aus COMPAIR auf der Basis des IA skizziert (5.1.). Danach erfolgen kritische Anmerkungen und ein Fazit (5.2.).

Trotz der oben vorgenommenen, sehr eingehenden Definition der AQAL-Kategorien sei darauf hingewiesen, dass unterschiedliche Anwendungen des AQAL-Modells möglich sind. Bei der epistemologischen Integration der vorgestellten Methoden ergeben sich z.B. folgende AQAL-spezifische Fragen: Wie lassen sich Eskalationsstufen einordnen? Und buddhistisch-spirituelle Ego-Transformation? Haben diese Phänomene eher Ebenen- oder Zustandscharakter? Ordnen sich „Grundbedürfnisse" eher dem phänomenologischen Innenhorizont zu, da sie - ähnlich wie der Wach-, Traum- und Tiefschlafzustand - jedem Akteur zugänglich sind? Oder handelt es sich um ein Phänomen, das sich eher strukturalistisch (von außen) erschließt und der Ebenendimension zuordnen lässt?

Die sich aus der Beantwortung dieser und anderer Fragen ergebenden möglichen Abweichungen zwischen meiner Anwendung des AQAL-Modells und der anderer integraler Theoretiker liegen m.E. ausschließlich im Umstand begründet, dass nicht nur eine, sondern unterschiedliche Möglichkeiten bestehen, dieselben Metakategorien aufzufassen, zu definieren und anzuwenden. Wie unter 5.2.2. noch näher darzustellen, liegt hierin der wesentliche Grund für Missverständnisse und Debatten im metatheoretischen bzw. integralen Kontext.

5.1. Epistemologische Integration der vorgestellten Methoden aus COMPAIR

Inwieweit sich die Instrumente des IA (Quadranten, Ebenen, Typen, Linien, Zustände) als prädestiniert erweisen, die auf COMPAIR vorgestellten Methoden hinsichtlich ihrer epistemologischen Bezugswelten zu integrieren, soll im Folgenden untersucht werden:

5.1.1. Konfliktmanagement nach Glasl

Ebenen

Das Eskalations- bzw. Regressionsmodell folgt einem klaren Ebenenschema und ermöglicht es, Konflikte als dynamische Prozesse aufzufassen und flexibel zu intervenieren. Für die weitere Forschung dürfte es sich als fruchtbar erweisen zu untersuchen, inwieweit zwischen diesen „abwärtsgerichteten" Regressionsstufen ein reziprokes Verhältnis zu den „aufwärtsgerichteten" Entwicklungsstufen entwicklungspsychologischer Modelle, wie z.B. den SD, besteht. Theoretisch plausibel erscheint z.B. die Annahme, dass tendenziell eine hohe Entwicklungsstufe einer gewaltfreien Konfliktaustragung (niedriges Eskalationsniveau) und eine niedrige (prä-)narzisstische eher einer gewalttätigen Konfliktaustragung (hohes Eskalationsniveau) förderlich ist. Dies scheint z.B. das Phänomen des „demokratischen Friedens" im OECD-Raum (auch: „OECD-Frieden") zu bestätigen (vorausgesetzt, dass sich die OECD-Staaten auf einer orangen Ebene einordnen lassen).

Ein anderer Aspekt, der bei Glasl im Rahmen der Eskalation und der Konflikttypen berücksichtigt wird, ist das psychologische Phänomen der „Projektion" (hier: als „unterdrückter Selbsthass"), welcher stark mit Wilbers Konzept der „Schatten" übereinstimmt. Dieser Punkt wird näher in Sektion IV zu vertiefen sein.

Linien

Eine Linienkonzeption findet sich nicht in Glasls Theorie, wohl aber Forschungsfragen für weiterführende Publikationen. Generell fragt sich, wie sich Eskalation in unterschiedlichen Entwicklungslinien ausprägt bzw. auch, ob es überhaupt unterschiedliche „Regressionslinien" gibt. Darüber hinaus wäre auch interessant zu erforschen, inwieweit hinreichende oder notwendige Zusammenhänge sowie Korrelationen zwischen den Entwicklungsniveaus bestimmter Entwicklungslinien (z.B. interpersonell, kognitiv, moralisch) und der Tendenz zu einem bestimmten Eskalationsgrad der Konfliktaustragung bestehen.

Zustände

Glasl räumt selbst ein, dass die Linearität der Eskalationsverläufe, die vom Kaskadenschema suggeriert wird, in der Realität nicht immer gegeben ist. Vielmehr zeichnen sich (De-)Eskalationsprozesse dadurch aus, dass Stufen in beide Richtungen übersprungen werden können. In Eskalationen nehmen die Konfliktwahrnehmungen eher die Form plötzlich emergierender Zustände an, in denen sie von den „dunklen animalischen Seiten des Unterbewusstseins" getrieben werden. Zustände sind vom Charakter her vorübergehend, da die

Konfliktparteien nach der Eskalation über sich auszusagen pflegen, „dass sie nicht bei sich waren" (Glasl 2004b). Die Zustandsdimension erklärt, weshalb auch (auf mehreren Entwicklungslinien) hoch entwickelte Akteure zu hohen Eskalationsstufen regredieren können. In epistemologischer Hinsicht bietet sich das in Abb. 12 dargestellte Wilber-Combs-Gitter an, das Verhältnis zwischen Entwicklungsebenen und Eskalationszuständen darzustellen (die in der Abb. 12 aufgelisteten meditativen Zustände müssten lediglich durch die Eskalationszustände ersetzt werden).

Typen

Die Typendimension findet in Glasls Modell auf zweierlei Weise besondere Beachtung: Zum einen werden in der Konfliktbearbeitung die normativen (UL) und die institutionellen Rahmenbedingungen (UR) berücksichtigt. Zum anderen wird zwischen „heißen" und „kalten" Austragungsformen des Konfliktes (OR) unterschieden.

Quadranten

Durch seine sehr differenzierte Konflikttypologie deckt Glasls Modell weitgehend alle Quadranten ab. Mit seinem Schwerpunkt auf das Eskalationsmodell finden jedoch strukturalistische Betrachtungen - sprich: das Außen des „Ich" bzw. das Außen des „Wir" - besondere Berücksichtigung (vgl. Abbildungen 7a und 7b). D.h. das Modell ordnet die Intentionen der Konfliktparteien einer Ebenenstruktur zu. Von weniger Bedeutung sind hierbei tiefeninterpretatorische Betrachtungen, die dem „Innen des Ich" oder des „Wir" (OL und UL - Innen) Rechnung tragen. Die beiden strukturalistischen Ereignishorizonte (OL und UL - Außen), die von Glasls Modell berücksichtigt werden, haben ihre direkten Entsprechungen in den rechtsseitigen Außendimensionen („Es" Singular und Plural). D.h. die Struktur der Intention einer Konfliktpartei (Ich [OL] und Wir [UL] - Außen) kann einem spezifischen Verhalten (OR - Außen) und einem Beziehungsmuster (UR - Außen) (vgl. Abbildungen 7a und 7b) zugeordnet werden. Da Glasls Ansatz auf Grund von Erfahrungen in der Bearbeitung von Konflikten im Organisationsbereich entwickelt wurde (vgl. Glasl 2004b), liegt in den Kollektiv-Quadranten (UL und UR) der Schwerpunkt im Mesobereich.

Das folgende AQAL-Modell fasst das bisher Erörterte in Kürze wie folgt zusammen:

Außen Ebenen: Eskalationsstufen Horizont: Außenbetrachtung von perzeptuellen Strukturen (s. Ebenen) Innen: Zustände: flüchtige Eskalationen **Intention**	*Außen* Ebenen: Eskalationsstufen Typ: Austragungsform: heiß - kalt Horizont: Außenbetrachtung von Interaktion (s. Ebenen, s. Typ) **Verhalten**
Weltbild *Außen* Ebenen: Eskalationsstufen Typ: normative (kulturelle, gesetzliche) Rahmenbedingungen; Konfliktatmosphäre (heiß - kalt) Horizont: Außenbetrachtung von normativen Strukturen (s. Typ) und von kollektiven Perzeptionen (s. Ebenen) Fokus: Mesobereich	**Beziehung** *Außen* Ebenen: Eskalationsstufen Typ: Austragungsform: heiß - kalt; wirtschaftliche Rahmenbedingungen Horizont: Außenbetrachtung von Beziehungsmustern (s. Ebenen, s. Typ) Fokus: Mesobereich

Abbildung 14: Epistemologische Bezugspunkte von Glasls Methode im AQAL-Modell (vgl. Fathi 2008: 49)

5.1.2. Transcend nach Galtung

Holons

Als einzige aller COMPAIR-Ansätze impliziert die Theorie von Galtung eine Holon-Philosophie, die in ihren Grundzügen weitgehend mit der von Wilber übereinstimmt und damit die Grundlage für eine Meta-Konflikttheorie liefert: Wie oben dargestellt, ist jedes Holon in Galtungs Theorie zugleich Teil/Ganzes und impliziert vielfältige Yin-Yang-Dialektiken bzw. (unterschiedlich wahrnehmbare) Widersprüche, die - gemäß der buddhistischen Logik - auf unterschiedliche Art bewältigt werden können (1) die eine oder 2) die andere Seite dominiert, 3) Weder-noch: beide Seiten sterben, 4) von allem ein bisschen, 5) der Widerspruch wird transzendiert).

Dieser Aspekt könnte eine interessante (konflikttheoretische) Ergänzung zu Wilbers Modell darstellen. Umgekehrt lassen sich die fünf Arten der Konfliktbewältigung (dem buddhistischen Tetralemma + seiner Negation) in Bezug auf Wilbers Unterscheidung zwischen „translativen" (auf derselben Ebene) und transformativen (Ebenen-übergreifenden) Revolutionen „dreidimensional" erweitern. Eine

Überlegung: Die Bewältigungsansätze 1) oder/und 2) (entweder-oder) und 4) (Kompromiss) stellen eine „translative“ bzw. „oberflächenstrukturelle“ Variante der Konfliktbewältigung dar, bei dem der Widerspruch (der auch den „tiefenstrukturellen“ Rahmen des Konflikts setzt) nicht wirklich überwunden wird. Der Ansatz 5) (Transzendenz) bedeutet demgegenüber eine echte Überwindung. Die Ansätze 1) oder/und 2) und 3) (weder-noch) könnten entweder eine Ebenen-„Unterwindung“ (sprich: „Rückentwicklung“ in Form von Regression oder Zusammenbruch) oder „translativ“ eine Stagnation des Konfliktholons bedeuten.[68] Das Konzept der fünf Konfliktbewältigungsarten eignet sich gut zur systemischen Konfliktanalyse, daher wurde es hier in der unten stehenden Abbildung 15 in dem Quadranten UR eingeordnet. Offen muss aber für weiterführende Publikationen die Frage bleiben, ob und inwieweit die Holon-Theorie selbst im weitesten Sinne „systemtheoretisch“ ist.

Eine weitere gegenseitige Ergänzung besteht hinsichtlich der Art der Widersprüche: Galtung konstatiert acht Trennlinien als grundlegende Widerspruchkategorien, tatsächlich sind diese jedoch tendenziell Bestandteil der Quadrantendimension (wie unten zu ersehen, v.a. des UR-Quadranten). Die integrale Konflikttheorie nach Wilber verortet sich hingegen auf einer abstrakteren philosophischen Ebene und unterscheidet generell Widerspruchkategorien („Absolutismen“) zwischen und innerhalb aller AQAL-Dimensionen.

An beiden Punkten wird auch ein wesentlicher Unterschied bezüglich der Ansprüche der Metatheorien von Galtung und Wilber deutlich: Während der IA nach Wilber in erster Linie den philosophisch-epistemologischen Anspruch einer „Theorie von Allem“ verfolgt, setzt die holistische Konzeption von Galtung ihren Schwerpunkt auf heuristische Anwendungen der Konfliktbearbeitung.

Quadranten

Der holistische Anspruch der Transcend-Methode wird v.a. durch seine dreiseitige wissenschaftliche Epistemologie und die dementsprechende Unterscheidung von drei Gewaltbereichen und ihrer Tiefendimensionen erfüllt. Das epistemologische Dreiecksmodell

---

68 Bekanntes Beispiel: Staat A will Autonomie von Staat B, Staat B ist dagegen. Ansatz 1) oder 2) (entweder-oder) würde bedeuten, dass sich nur eine Partei mit ihren Interessen durchsetzt – was im Falle von Staat B u.U. den Tod von Staat A bedeuten könnte. Ansatz 3) (keiner von beiden) würde z.B. auf eine Mandatsverwaltung unter einem Dritten (UNO etc.) und 4) vielleicht auf Status-Quo-Verhandlungen hinauslaufen. Ansatz 5) würde hingegen eine kreative Transzendenz in Form einer Art von (Kon-)Föderation vorsehen.

(Kritizismus, Empirismus, Konstruktionismus) lässt sich gut auf das in Tabelle 6 dargestellte Vier-Quadranten-Modell übertragen, wobei die lösungsorientierte Wissenschaft („Konstruktionismus“) von Wilber in der Form noch nicht berücksichtigt wurde. Galtungs Schrittfolge „Diagnose“, „Prognose“ und „Therapie“ stellt ebenfalls eine praxisbezogene Kategorisierungsart dar, die nicht vom AQAL abgedeckt wird (und diese ergänzen könnte).

Gegenüber dem Vier-Quadranten-Modell weist Galtungs Dreiecksschema einen „blinden Fleck“ in Bezug auf den individuell-subjektiven Realitätsbereich (OL) auf, welcher von Galtungs Epistemologie nur indirekt über die anderen Eckpunkte abgedeckt wird. Ähnlich verhält es sich auch mit Galtungs (sehr umfassender) sechsdimensionaler Gewalttheorie in Bezug auf das Acht-Horizonte-Modell des IA, wie im Folgenden unter Hinzunahme der Abbildungen 7a, 7b und 12 festzustellen ist:

Die Dimension der kulturellen Gewalt lässt sich dem Außenbereich des „Wir“ (UL) zuordnen. Sie untersucht linguistische Zeichen und Symbole, kollektive Motivations- und Herrschaftsstrukturen, die direkte Gewalt legitimieren. Die Tiefendimension kultureller Gewalt erschließt sich durch die tiefenpsychologische und hermeneutische Untersuchung kollektiver Mythen, Traumata und verzerrter Weltbilder und lässt sich entsprechend dem Innenbereich des UL-Quadranten zuordnen.

Die strukturelle Gewaltdimension wird von den Paradigmen des Außenhorizonts des UR-Quadranten erfasst. Die Tiefendimension der strukturellen Gewalt lässt sich dem Innenbereich desselben Quadranten (UR) zuordnen, da die besagten acht strukturellen Konfliktlinien einen wesentlichen Einfluss auf die Selbsterhaltung des Konfliktsystems (hier: verstanden als systemisches „Ganzes“) haben.

Die direkte Akteursgewalt spiegelt sich klar im verhaltensspezifischen Außenbereich des OR-Quadranten wider. Galtung bezieht sich hierbei auf Indikatoren, die sich aus der empirischen Beobachtung ergeben. So erschließen sich seine Akteurskategorien, wie „Absicht“ aus gewalttätigem oder nicht-gewalttätigem Verhalten, „Einfluss“ aus der Beurteilung von Stärke oder Schwäche und „Modus“ aus der Beobachtung von Aktivität oder Passivität. (vgl. Galtung 2000: 115). Die Tiefendimension der Akteursgewalt trägt den Grundbedürfnissen der Konfliktakteure Rechnung. Diese erschließen sich aus einer tiefenpsychologischen Interpretation der Akteursmotivation und daher eher aus dem Innenbereich der linksseitigen, insbesondere dem OL-Quadranten.[69]

Galtung unterscheidet zwar eine allgemeine Form psychischer Gewalt, doch scheint die tiefenpsychologische Dimension im OL-Quadranten nur indirekt von Transcend mitberücksichtigt zu werden. Im Rahmen der Dialogmethode werden zwar emotionale und kognitive „Annahmen" und „Perzeptionen" von Konfliktakteuren unterschieden, doch werden sie epistemologisch eher einer kollektiven Dimension zugeordnet. Es wird keine Gewaltdimension berücksichtigt, die direkt auf die individuelle Psyche des Akteurs einwirkt.

Unzureichend berücksichtigt werden zudem die Innendimension des OR-Quadranten, die z.B. medizinische Beiträge beinhalten könnte und die Außendimension des OL-Quadranten, die wiederum stark von Glasls Ansatz abgedeckt wird. In Bezug auf die Konfliktbereiche bezieht sich Transcend zumeist auf Inter- und Intra-Meso- und -Makrokonflikte, nicht jedoch auf (Intra-)Mikrokonflikte.

Die in Abbildung 5 dargestellten fünf Möglichkeiten der Konfliktbewältigung haben systemischen Charakter und verorten sich im Kontext von Transcend im UR-Quadranten. Es lässt sich darüber streiten, ob sie sich eher auf den „Widerspruch" (Außenquadrant) oder auf den „Tiefenwiderspruch" (Innenquadrant) beziehen; ich verorte sie im Rahmen dieser Arbeit im äußeren UR-Quadranten.

Obwohl Transcend bei der Konfliktbehandlung „Synchronizität" betont, scheint insgesamt tendenziell der Konfliktstruktur, sprich: dem UR-Quadranten, eine gewisse Priorität eingeräumt (vgl. Galtung 2004). Dies mag aus der Prämisse einer Konflikt-Kausalkette von Widerspruch (UR), Annahmen (UL) und Verhalten (OR) resultieren.

Ebenen

Eine vertikale Ebenendimension wird in Transcend, wie oben beschrieben, indirekt über das Konzept des Tetralemma + 1 berücksichtigt. Ein Entwicklungsmodell, das mehrere Evolutionsebenen unterscheidet, findet sich nicht.[70] Hierbei würde sich eine besondere

---

69 Aus der Perspektive eines „Grundbedürfnisholons" ließe sich hingegen jedes der vier Grundbedürfnisse einem der vier Quadranten zuordnen: 1) Das *Überleben* nimmt Bezug auf die körperliche Unversehrtheit und daher dem OR-Quadranten; 2) Das physische *Wohlbefinden* wird von der Struktur beeinflusst im UR-Quadranten; 3) *Identität* ist kulturell (UL) und 4) die Frage der *Wahlfreiheit* ergibt v.a. im Kontext des individuellen Subjekts (OL).

70 Wobei Galtung selbst davon spricht, die Dialektik der menschlichen Geschichte als „force motrice" für die Transzendierung des Konflikts auszunutzen (vgl. Galtung 2004).

epistemologische Ergänzungsmöglichkeit durch feiner ausgearbeitete Mehrebenenmodelle ergeben, vergleichbar mit entwicklungspsychologischen Modellen, wie den SD. Galtung räumt hierbei selbst ein, dass Studien „im Stil von Piaget, die die kognitive Komplexität von Konfliktergebnissen dem Alter, Geschlecht und anderen Faktoren zuordnen", für Transcend gebraucht würden (vgl. Galtung/ Tschudi 2003: 201). In Anlehnung daran wäre von weiterführendem Interesse, Galtungs Theorie der drei bis sechs Gewaltbereiche um vertikale entwicklungspsychologische Einsichten zu erweitern. Ein Beispiel unter Anwendung der SD: In den vier Quadranten könnte sich z.B. die prärationale Ebene Rot wie folgt ausprägen: Irrationalität, Narzissmus, Dominanz- und Rachemotivationen (OL); ein magisch-mythisches Weltbild, Sippenhaftung, Kultur der Blutrache, ein präkonventionelles SMT- und DMA-Syndrom (UL); ein Umfeld privatisierter und patriarchalischer Gewalt, das „Recht des Stärkeren" (OR); Kleptokratien, hohe organisierte Kriminalität, unzureichende institutionelle Versorgung der Grundbedürfnisse, präkonventionelles PSFM-Syndrom (UR). Diese Überlegungen über Entwicklungshierarchien der Gewalt werden an anderer Stelle noch weiter ausgeführt.

Interessante Parallelen, aber auch Unterschiede zu Wilbers Metatheorie zeigen sich v.a. bezüglich Galtungs Kultur- und Zivilisationstheorie. In Bezug auf Letzteres besteht eine wesentliche Korrelation bei der Modellierung historischer Entwicklungsphasen von Gesellschaften. Galtungs Phasen I, II, III und IV (vgl. „Entwicklungstheorie" unter 3.2.4.) entsprechen Wilbers ersten sechs Drehpunkten (vgl. Abbildung 13). Galtungs Unterscheidung zwischen unterschiedlichen Beziehungsformen (Alpha, Beta etc.) bietet hierbei eine für die Konfliktforschung wesentliche Typologie, die die Typendimension im UR-Quadranten ausdifferenziert. Ein kleiner Unterschied besteht in Bezug auf die Bewertung der „postmodernen" Gesellschaft - ein Begriff, den beide bei ihren Einschätzungen zu den kontemporären Weltkonflikten häufig verwenden: Wilber definiert diese Gesellschaftsform als eine evolutionäre Entwicklungsstufe, die die Moderne transzendiert; Galtung hingegen als „Neomoderne", die lediglich eine Antithese zur Moderne darstellt. Die „gesunde" Ausprägung der Postmoderne stellt nach Wilbers Auffassung die gegenwärtige Spitze eines fortlaufenden evolutionären Entwicklungstrends zu immer größerer Ausweitung dar - Postmoderne bedeutet so gesehen vollendetes „Globalbewusstsein". Galtung konstatiert in ähnlicher Weise, dass sich eine „immer größere Anpassung einzelner Gesellschaftssysteme an das Weltsystem" vollzieht. Bei der Bewertung des Konfliktpotenzials der Postmoderne diagnostiziert Galtung die Tendenz zu sozialer Desintegration. Ähnlich wie Galtung schließt Wilber eine (aus dem Ebenenmodell abgeleitete) immer stärkere Hinwendung des pathologischen grünen Mems zu roten „anarchischen“ Akteuren, was er als „Mean Green Meme“ (MGM) bezeichnet. Wilber erklärt diesen anarchischen Zug der Postmoderne mit ihrer regressiven Hinwendung zu einer sog. „Abstiegsspiritualität“. Dieses Weltbild spiegelt sich nach Wilber in vielen typisch postmodernen Bewegungen, vom New Age über den Ökofeminismus bis hin zu den meisten Disziplinen des neuen Paradigmas, wider. All diese Bewegungen würden die Einheit allen Seins ausschließlich auf den unteren Ebenen des Daseins verorten - z.B. im „Quantenvakuum“ (Physiosphäre), der „Natur“ oder „Gaia“ (Biosphäre) - und den Aspekt der „Immanenz“ gegenüber dem der (zwangsläufig hierarchischen) „Transzendenz“ betonen. Der konflikthafte Aspekt postmoderner gesellschaftskritischer Bewegungen liegt nach Wilber v.a. darin, dass sie einerseits global ausgerichtet (Grün), andererseits egozentrisch-anarchisch (Rot) sind und damit amoralischen Nihilismus begünstigen. Das Bedeutende an den gesellschaftskritischen Bewegungen des grünen Mems liegt nach Wilber darin, Kritik an den negativen Folgen des Fortschritts und der Moderne zu üben und darauf hinzuweisen, dass eine Entfremdung von der Natur nicht wünschenswert sei. Sie erkennen, dass die Erlösung und die „natürliche Gutheit“ des Menschen auf einer Bewusstseinsebene jenseits der Rationalität liegen. Da das Nicht-Rationale aber sowohl Transrationalität (Drehpunkt 7 bis 10) als auch Prärationalität (Drehpunkt 0 bis 3) impliziert, kommt es nach Wilber aber oft zum Fehler, niedere narzisstische (Unter-)Bewusstseinsebenen zu „spiritualisieren“ und mit höheren transrationalen (Über-)Bewusstseinsebenen zu verwechseln. Die anarchische Schattenseite der grünen Bewegungen der Postmoderne liegt nach Wilber in dieser sog. „Prä-/Trans-Verwechslung“, indem sie das „verlorene Paradies“ im regressiv-prärationalen Umfeld des „Edlen Wilden“ verorten (vgl. Wilber 2002a: 732-749). Wilbers Unterscheidung von immanenter (Abstieg) und transzendenter Spiritualität (Aufstieg) entspricht nicht derjenigen von Galtung. Dieser unterscheidet in seinem Modell sog. „weiche“ immanente und „harte“ transzendente Aspekte einer Religion und definiert sinngemäß „immanent = Meditation/Spiritualität“ und „transzendent = dogmatische Religion“. Diese Widersprüche in den Verständnissen von Postmoderne (Wilber: „Post-Moderne“; Galtung: „Neomoderne“) und Mystik (Wilber: „transzendent“; Galtung: „immanent“) zwischen Wilber und Galtung dürften v.a. darauf beruhen, dass Wilbers Theorie Entwicklungshierarchien berücksichtigt, während in Galtungs Theorie der Begriff „Hierarchie“ weitgehend negativ, sprich: mit „Gewalt“ oder „Patriarchat“, konnotiert ist. Hierauf wird an einem anderen Beispiel aus der FuK unter 5.1.8. noch näher einzugehen sein.

Typen

Im Rahmen dieser Dimension untersucht Transcend unterschiedliche Kosmologien, Epistemologien, Syndrome etc. Im Rahmen des „Kultur"- und Religionsdiskurses wäre es nach Galtung v.a. wichtig darauf hinzuarbeiten, die spezifischen Friedensanteile der lokalen Gewaltkulturen und -strukturen gezielt zu fördern. Es ist jedoch nicht eindeutig geklärt, ob bestimmte Kulturen - z.B. die buddhistische gegenüber der abrahamitischen - mehr Friedenskeime beinhalten und holistisch-dialektisches Denken tatsächlich begünstigen. Galtung würde dies eindeutig bejahen und es wäre interessant zu überprüfen, inwieweit Aspekte in der Typendimension (z.B. eine bestimmte Religion) tatsächlich eine schnellere und tiefere Ebenenentwicklung fördern (z.B. dialektisches Denken). So verstanden ist vielleicht die Grundaussage von Galtung als Tendenz stimmig, doch ist in Bezug auf das Kriterium des dialektisch-holistischen Denkens - welches er scheinbar ausschließlich den asiatischen Kulturen zuschreibt - keine so eindeutige Aussage möglich, wie sie Galtung gerne hätte. So wurde die Entwicklung der Dialektik im Westen nicht zu Zeiten Leibniz' aus Asien übernommen (wie Galtung behauptet, vgl. Galtung 2008b), sondern sie hat schon durchaus früher, zu Zeiten Heraklits (5.Jh. v. Chr.), fast zeitgleich mit Asien stattgefunden (vgl. Störig 2002: 149-151). An dieser Stelle betont auch Wilber, dass die spirituelle Tradition des westlich-okzidentalen Kulturkreises gegenüber der Asiens oft unterschätzt werde. In diesem Zusammenhang spricht er sogar von einem „westlichen Vedanta" und misst Mystikern wie Platon und Plotin durchaus einen gleichen Rang der spirituellen Verwirklichung zu wie Shankara und Nagarjuna (vgl. Wilber 2002a: 427, 433-439). In Bezug auf Galtungs faszinierende Zivilisations- und Kulturtheorie lassen sich vielfältige wichtige Fragen anstoßen, deren Klärung der weiterführenden Forschung vorbehalten ist.

Linien

Die Liniendimension ist in der Transcend-Theorie nicht genau modelliert, doch wird sie in der Konfliktbearbeitung mitberücksichtigt. So besteht Galtung in seinen Vorschlägen stets auf vielfältige Initiativen der Zusammenarbeit der Konfliktakteure, in (sicherheits-)politischen, aber v.a. auch in wirtschaftlichen, kulturellen, ökologischen, ressourcenspezifischen und anderen Bereichen (vgl. z.B. Galtung 2003: 272f. in Bezug auf den Koreakonflikt).

Innen: Grundbedürfnisse **Intention**	*Außen:* direkte Gewalt **Verhalten**
Kultur *Außen:* kulturelle Gewalt Innen: Tiefenkultur Fokus: Makro- und Mesobereich	**Struktur** *Außen:* strukturelle Gewalt; Möglichkeiten zur Konfliktbewältigung (Abb. 5) Innen: Tiefenstruktur Fokus: Makro- und Mesobereich

Abbildung 15: Epistemologische Bezugspunkte des Transcend-Ansatzes im Quadrantenmodell (Fathi 2008: 52)

5.1.3. Gewaltfreie Kommunikation nach Rosenberg

Quadranten

Die GFK hat ihren Schwerpunkt auf den linksseitigen Quadranten. Im individuell-subjektiven Bereich (OL) liegt der methodische Schwerpunkt auf dem Innenhorizont. Dies begründet sich damit, dass die GFK die Fähigkeit erfordert, die nicht erfüllten Grundbedürfnisse aller Beteiligten zu erforschen, ferner aber auch das Vermögen, den Ursprung der eigenen Gefühle, Gedanken und Handlungen zu interpretieren. Letzteres dürfte in der weiterführenden Erforschung und Formulierung einer noch wenig beachteten subtilen Gewaltform von Interesse sein, die sich im intentionalen OL-Quadranten verortet. Diese sog. „intentionale Gewalt" stellt eine indirekte Gewaltform dar, die über negative Gefühle, dichotome Perzeptionen und Gedanken den potenziellen Handlungsspielraum von Akteuren einschränken und die direkte Gewalt gegenüber anderen Akteuren legitimieren. Die intentionale Gewalt könnte als vierter Gewaltbereich zu jenen von Galtung hinzugezogen werden. Die Außenformen der intentionalen Gewalt, die im GFK nicht abgedeckt werden, könnten durch Ebenenmodelle wie dem Regressionsmodell à la Glasl oder entwicklungspsychologischen Modellen à la SD weiter modelliert und ausdifferenziert werden.

Der Bereich des gegenseitigen Verständnisses, sprich: der UL-Quadrant, ist (wie erwähnt) für die GFK von besonderem Untersuchungsinteresse. Im Außenhorizont wird über „Schlüsselwörter" den grammatikalischen Strukturen der intentionalen (z.B.: „Du *solltest*") und der kulturellen Gewalt (z.B.: „unsere *Bestimmung*") Rechnung getragen. Die GFK deckt v.a. aber den Innenhorizont ab, indem sie vom Anwender eine hermeneutische „Vertrautheit", ein persönliches Nachvollziehen der im Kommunikationsprozess geteilten Bedeutungen, erfordert.

Die objektiven Quadranten berücksichtigt die GFK indirekt durch das Postulat der „Gewaltfreiheit", sprich: in Bezug auf den verhaltensorientierten Außenhorizont des individuell-objektiven Quadranten (OR). Die GFK liefert genaue praxeologische SOLL-Vorgaben, wie man gewaltfrei kommuniziert, was auch eine Analyse der verhaltensorientierten Gewaltpotenziale im IST-Zustand des Konflikts ermöglicht. Dies wird in Sektion IV noch näher zu vertiefen sein.

Rosenbergs Konzept wird vielfältig angewandt in Familien, Schulen, in Therapie und Beratung, Organisationen und Firmen und bei diplomatischen und geschäftlichen Verhandlungen, sprich: im Meso- und Mikrobereich des kollektiven linken Quadranten.

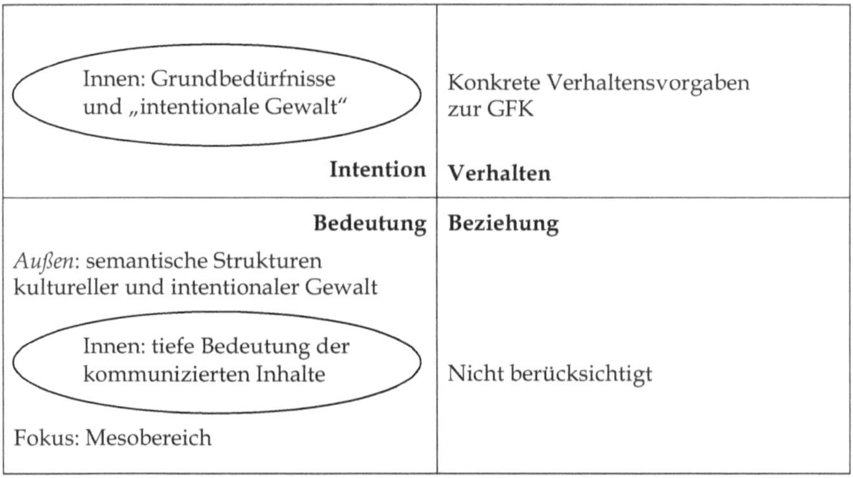

Abbildung 16: Epistemologische Bezugspunkte der GFK im Quadrantenmodell (Fathi 2008: 53)

5.1.4. Konfliktlösung im Buddhismus

Ebenen

Das Konzept des Tetralemmas und seiner Negation ist ein fundamentales Epistem in der hinduistischen und buddhistischen Philosophie und findet in den westlich geprägten Traditionen der Konfliktbearbeitung vielerlei Anklang (hier z.B. Transcend oder SySt). Wie bereits oben dargestellt, unterscheidet das Tetralemma- bzw. Pentalemmakonzept sinngemäß zwischen horizontalen (z.B. entweder - oder) und vertikalen Konfliktperspektiven (z.B. gar nichts, das Neue).

Gemeinsam mit allen großen Weisheitstraditionen teilen die buddhistischen Schulen eine grundlegende Unterscheidung zwischen dem zu überwindenden reaktiven Ego-Ich auf der „Oberfläche" des Selbst und dem proaktiven „wahren" Ich (im Buddhismus: „Nicht-Ich") im „Zentrum" des Selbst. Mehr als andere Methoden der Konfliktlösung hat die spirituelle Praxis den Anspruch, Konfliktwahrnehmungen so weit zu transzendieren, dass ein größtmöglicher Einklang aller Beteiligten mit den subtilsten Aspekten ihrer Umwelt gegeben ist. Insgesamt lässt sich davon ausgehen, dass der Epistemologie spiritueller Konfliktbearbeitung eine entwicklungsorientierte Ebenenkonzeption inhärent ist. Zur näheren Verdeutlichung liefert die folgende Abbildung eine beispielhafte Übersicht über Entwicklungsebenenmodelle in den spirituellen Traditionen der sechs Weltreligionen. Typisch ist die grundlegende Unterscheidung zwischen der subjektiven Ich-Identität (untere Hälfte) und der objektiven Weltwahrnehmung (obere Hälfte), wie in der Abbildung 17 zu ersehen:

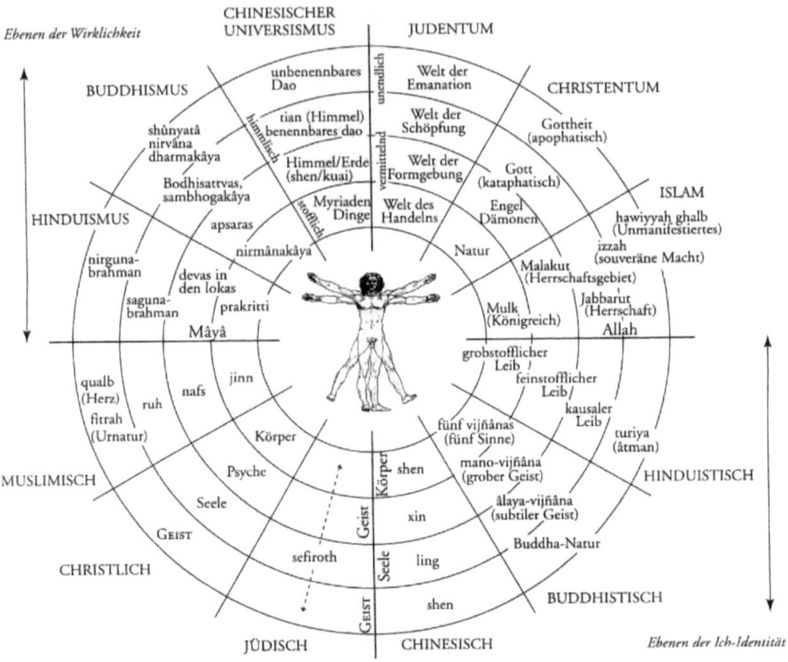

Abbildung 17: Die Große Verschachtelung in verschiedenen Traditionen (Wilber 2001a: 82)

Auffällig an dieser Abbildung ist die allen Weisheitstraditionen immanente philosophische Annahme einer Großen Verschachtelung des Seins, die auch Grundlage des in Abb. 8 dargestellten Schemas ist. Hierbei ist allerdings anzumerken, dass es von Tradition zu Tradition Unterschiede in der Anzahl der Ebenen gibt. So werden im Yoga z.B. sieben Chakren unterschieden, während in der jüdischen Kabbalah elf Sefiroth überliefert sind. Das Verhältnis dieser Ebenen zueinander verändert sich jedoch von Tradition zu Tradition nicht.

Für die Konfliktbearbeitung bedeutet dies Folgendes: Allen spirituellen Traditionen ist die Annahme gemeinsam, dass Akteure auf unterschiedlich profunden Ebenen der Konfliktbewältigung handeln können. Es wird mindestens zwischen einer Ebene des „falschen Ichs" und einer Ebene des „wahren" oder „Nicht-Ichs" unterschieden. Dies impliziert die Berücksichtigung subtiler bzw. transmentaler Perzeptionsebenen, die sich durch eine besondere Fähigkeit des Akteurs zu Mit-Leid und zu völligem Einklang mit der Umwelt auszeichnen. Eine nähere Untersuchung dieser Ebenen in Bezug auf ihre Konfliktbewältigungsfähigkeit, aber auch auf ihre Konfliktpotenziale (z.B. Pathologien), könnten für die über diese Arbeit hinausgehende Forschung von Interesse sein. Eine generelle Herausforderung stellt überhaupt die transdisziplinäre Erforschung von Wissenschaft und (mystischer) Religion dar, z.B. in Bezug auf die Zusammenhänge zwischen den Beiträgen der westlichen Psychologie und östlicher Weisheit. Im Rahmen dieser Arbeit wird an unterschiedlicher Stelle nur sehr begrenzt auf dieses sehr spannende Forschungsfeld eingegangen werden können.

Quadranten

Der kontemplativ-psychologische Ansatz spiritueller Weisheitstraditionen, wie dem Buddhismus, führt alle zwischenmenschlichen Konflikte auf die Konfliktpotenziale innerhalb der Wahrnehmung der beteiligten Akteure zurück. Jeder Konflikt wird i.d.S. auf die Ursprungsdimension des Intra-Konflikts im Mikrobereich zurückgeführt. Der primäre Untersuchungs- und Wirkungsbereich der buddhistischen Konfliktlösung liegt in den Perzeptionen der Konfliktakteure und damit im OL-Quadranten. Wie oben bereits an Glasls Modell dargestellt, geben die *Perzeptionen* den Rahmen für das *Wollen* der Konfliktakteure vor, welches wiederum den Antrieb für ihr *Verhalten* darstellt. Die kontemplative Konfliktbearbeitung hat ihren Fokus im introspektiven Ereignishorizont, dem Innenbereich des „Ich". Hier geht es darum, auf die mentalen Prozesse, die jedem Konflikt zu Grunde liegen, einzuwirken. Hierbei macht die buddhistische Psychologie, mehr noch als die GFK, im Rahmen ihres karmischen Verständnisses von Ursache und Wirkung auf das Konfliktpotenzial mentaler Prozesse, hier: der „intentionalen Gewalt", aufmerksam. Zudem wird die für die Konfliktlösung bedeutsame Befriedigung von Grundbedürfnissen hervorgehoben.

Obwohl der Buddhismus die drei psychologischen Komponenten Gier, Hass und Täuschung als hauptsächliche Konfliktursachen diagnostiziert, haben generell alle spirituellen Traditionen gemeinsam, das Ego (bzw. das nicht-erleuchtete „Ich") selbst als den tiefsten Ursprung aller Konflikte zu diagnostizieren. Die für die spirituelle Psychologie typische Unterscheidung hierarchischer Wahrnehmungsebenen – zumindest zwischen einer Ego- und einer Nicht-Ego-Ebene – lässt sich dem strukturalistischen Außenbereich des OL-Quadranten zuordnen.

Wie auch die GFK berücksichtigt die buddhistische Konfliktbearbeitung die objektiven Quadranten in erster Linie indirekt durch das Postulat der Gewaltlosigkeit, sprich: in Bezug auf den verhaltensorientierten Außenhorizont des individuell-objektiven Quadranten (OR). Darüber hinaus berücksichtigt die buddhistische Erkenntnistheorie den Aspekt der karmischen Vererbung in allen Quadranten. I.d.S. könnten insbesondere die Inhalte der Quadranten OL (biografisches Gedächtnis) und OR (Karma) der Tabelle 7 der buddhistischen Konfliktphilosophie zugerechnet werden. Wie alle spirituellen Ansätze erweist sich jedoch die buddhistische Psychologie tendenziell als „strukturblind", wie sinngemäß von Aryaratne in seiner Danksagung an Johan Galtung angedeutet. Allerdings bergen das Karma-Modell sowie das Tetralemma-Konzept das Potenzial zur systemischen Konfliktanalyse, daher sind beide in der unten stehenden Abbildung 18 im rechten Quadranten mitaufgeführt. Zum anderen, wie von Wilber kritisiert, weisen traditionelle spirituelle Ansätze auch auf eine „Blindheit" gegenüber genuin postmodernen Erkenntnissen, die sich im UL-Quadranten niederschlagen - so z.B. die Erkenntnis, dass jede Wahrnehmung nicht zeitlos wahr, sondern in einem sozio-kulturellen Zusammenhang eingebettet ist (vgl. Wilber 2008a: 75f.). Darin sieht Wilber im Übrigen die wesentlichste Ursache darin, dass die - überwiegend im Prämodernen beheimateten - spirituellen Weisheitstraditionen bis heute kaum von den wissenschaftlichen Disziplinen der (Post-)Moderne anerkannt sind. Einer bereits unter 4.2.2. angedeuteten integralen Post-Metaphysik mit wenig „ontologischem Gepäck" und den wesentlichen Beiträgen aller großen Methodologien der Prämoderne, Moderne und Postmoderne Rechnung tragend, würde diesen Anforderungen entsprechen (näher unter ebd.: 315-369).

Zustände

Allen spirituellen Traditionen gemeinsam ist ein spezieller Bezug zu unterschiedlichen geschulten Zuständen, die ein Akteur einnehmen kann - insbesondere Gipfelerfahrungen sowie Subjektpermanenz und phänomenologische Erforschung des Bewusstseins im Wachen, Träumen und im Tiefschlaf. Von weiterführendem Interesse dürfte v.a. die Erforschung des Zusammenhangs zwischen Zuständen und Ebenen sein.

Typen

Dem Buddhismus ist zwar keine spezifische Lehre von Persönlichkeitstypen zuzuschreiben, dennoch ist die Anwendung solcher Modelle generell nicht untypisch für die psychologischen Traditionen spiritueller Weisheitstraditionen. So findet die Typologie des Enneagramms z.B. Anwendung in den esoterischen Schulen nach Gurdijeff, in der islamischen Mystik oder im „Diamond Approach" von A.H. Almaas. Für die weiterführende Konfliktforschung dürfte hierbei von Interesse sein, nicht nur auf psychologischer Ebene die vielfältigen konfliktträchtigen Arten selbstbeschränkender Gewohnheiten in Wahrnehmung, Fühlen, Denken und Handeln zu untersuchen, sondern auch auf spiritueller Ebene die „wahre Natur" dieser Fixierungen zu ergründen und für die Konfliktarbeit nutzbar zu machen (vgl. hierzu Maitri 2001).

Die epistemologischen Schwerpunkte spiritueller Konfliktlösungen sind im Folgenden:

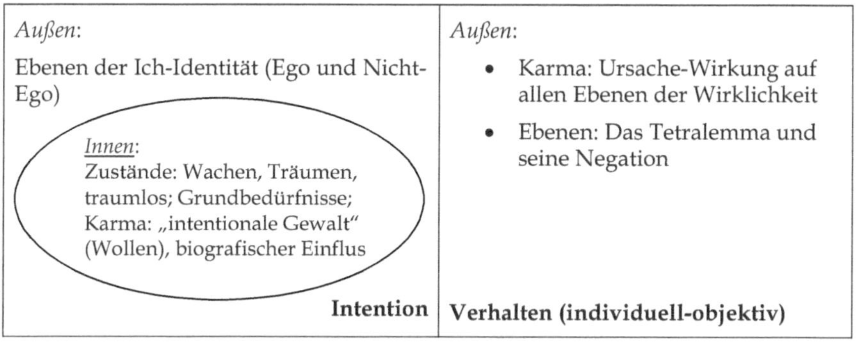

Abbildung 18: Epistemologische Bezugspunkte der buddhistischen Konfliktlösung (Eigenanfertigung)

5.1.5. Psycho-Soziodrama nach Moreno

Quadranten

Das Psycho-Soziodrama hat seine epistemologischen Schwerpunkte in den subjektiven linksseitigen Quadranten. Morenos Theorie siedelt sich innerhalb der Soziologie und damit v.a. im intersubjektiven Quadranten (UL) an. Das zentrale Erhebungsinstrument des Psycho-Soziodramas ist die Soziometrie, die sich auf das dialogische Testverfahren (subjektive Quadranten) und weniger auf die monologische Beobachtung stützt (objektive Quadranten). Hierbei gilt das Primärinteresse der „emotionalen Tiefenstruktur zwischenmenschlicher Beziehungen". Dies sind in erster Linie strukturalistische Inhalte: Sie geben den Einfluss von Rollen, sozialen und kulturellen Atomen, Tele etc. auf zwischenmenschliche Beziehungen wieder. Diese „innere Wirklichkeit der Gesellschaft" im Außenhorizont des UL-Quadranten stellt eine Tiefendimension gegenüber der „sozialen Wirklichkeit der Gesellschaft" dar, die ihrerseits im Außenhorizont des UR-Quadranten erfasst wird.[71]

Ottomeyer betont die Brückenfunktion zwischen der Psychoanalyse nach Freud und der kritischen Gesellschaftsanalyse (vgl. Ottomeyer 2004a: 59-80), indem er darauf aufmerksam macht, dass es Rollen (im kulturellen Atom) gibt, die auch unbewusst wahrgenommen werden können (vgl. ebd.: 60). Die Theaterbühne des Psychodramas

[71] Trotz meiner vorliegenden Begründung lässt sich über die Einordnung dieser Inhalte streiten. Sicherlich würden sich die strukturalistischen Inhalte des Psycho-Soziodramas in einem Vier-Quadranten-Modell nicht im UL-, sondern vielmehr im UR-Quadranten einordnen. Hierauf komme ich noch mal unter 5.2.2. zu sprechen.

hat die Funktion, die individuelle Kreativität zu fördern, um aus festgefahrenen Rollenmustern, verstanden als „Lebensentwürfe" oder „Über-Ich-Positionen", auszubrechen. Durch die Theaterbühne hat das Psychodrama daher einen zweiten wesentlichen Schwerpunkt im phänomenologischen Innenhorizont der beiden subjektiven Quadranten, den es mittels Rollenfeedback, Spiegeln, repräsentativer Symbolisierung etc. zu interpretieren gilt.

Typen

Die Psychodrama-Methode ist in ihrer Theorie und Umsetzung sehr kultursensitiv. V.a. im Rahmen der Theaterprojekte, die bereits weltweit in unterschiedlichen Kulturkreisen erfolgreich umgesetzt werden, zeigt sich, dass sich die konkrete Ausgestaltung der Psychodrama-Methode nach den lokalen Verhältnissen richtet.

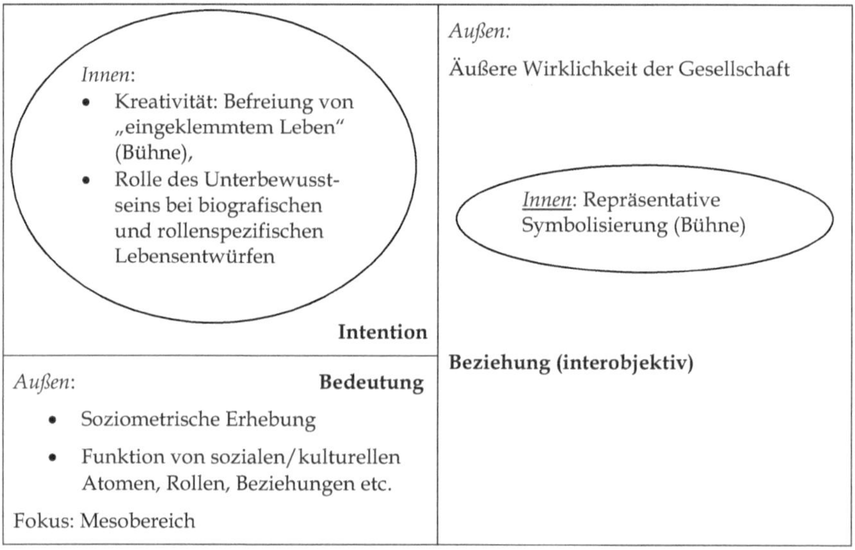

Abbildung 19: Epistemologische Bezugspunkte des Psycho-Soziodramas (Eigenanfertigung)

5.1.6. Systemische Strukturaufstellungen nach Varga von Kibéd und Sparrer

Quadranten

In den SySt geht es im Wesentlichen darum, Konfliktwahrnehmungen in einem Beziehungssystem repräsentativ darzustellen und zu bearbeiten. Durch die Beeinflussung räumlicher Faktoren, wie des Beziehungssystems, wird die innere Konfliktwahrnehmung des Klienten indirekt beeinflusst. Auf Grund dieser Herangehensweise, die von einer Veräußerlichung von Konfliktursachen und ihrer Bearbeitung von Außen geprägt ist, haben die SySt einen Schwerpunkt auf den Außenhorizonten der beiden objektiven Quadranten: Im individuell-objektiven Quadranten werden hierbei die einzelnen repräsentativen Symbole abgebildet, während das Beziehungssystem des Konflikts im interobjektiven Quadranten widergespiegelt wird.

Die aufgestellten Beteiligten werden nach ihren repräsentativen Wahrnehmungen und ihrem „persönlichen Wunder“ (plötzliche Lösung des Konflikts) gefragt, wodurch die Methode der SySt für die Beteiligten eine phänomenologische Dimension im Innenhorizont des subjektiven Quadranten erhält. Im individuell-subjektiven Quadranten hat die Anwendung der SySt v.a. einen Bezug auf den Außenhorizont: Hierbei geht es darum, in standardisierten Verfahren (Lösungsgeometrisches Interview, Erfragung der repräsentativen Wahrnehmungen) die relevanten Inhalte zu erfragen, die für die Operationalisierung der individuellen Konfliktlösung in den objektiven Quadranten notwendig sind. Der Bezug zum subjektiven Quadranten ist aber im Vergleich zu den rechtsseitigen Quadranten schwach, da die Vorgehensweise ausdrücklich nicht interpretativ ist. Es geht dem Gastgeber nicht darum, den Klienten interpretierend zu verstehen, sondern nur darum, seinen inneren Konflikt systemisch zu erfassen und das immanente Muster darzustellen. Dennoch ist das Verfahren nicht ausschließlich monologisch, es findet ein ständiger Austausch mit dem Klienten und den Repräsentanten statt. Diese intersubjektive Dimension ist jedoch nicht hermeneutisch und spiegelt sich daher im Außenhorizont des UL-Quadranten wider. Ferner liegt der Fokus der Kommunikation v.a. auf subtilen Signalen, die sich in der individuellen und transverbalen Körpersprache der Repräsentanten ausdrücken (OR- und UR-Quadranten). Der Schwerpunkt der Methode liegt darin, positivistisch über das „Trial and Error“-Prinzip mit einer Art „Systemintelligenz“ das funktionalste Aufstellungssystem zu erproben. Diese Systemintelligenz spricht zumeist über körperliche Symptome der Aufgestellten „durch sie hindurch“. Die Forschung hat bis heute noch keinen allgemein akzeptierten Erklärungsansatz für die Funktionsweise dieses Phänomens. Eine elegante von Fuhr und Gremmler-Fuhr vertretene Erklärung für diese „systemische Vererbung" könnte die morphogenetische Feldtheorie bieten (dies. 2004: 121f.) - wie bereits in Tabelle 7 berücksichtigt -, die jedoch nicht von Varga von Kibéd selbst vertreten wird (vgl. ders. 2008).

Obwohl die SySt epistemologisch gesehen einen tendenziellen Fokus auf den rechtsseitigen Quadranten, v.a. UR, aufweist, bedeutet dies jedoch nicht, dass sie integrale Züge aufweist. Tatsächlich lassen sich mit Hilfe der SySt Konfliktaspekte aus nahezu allen acht Horizonten aufstellen und damit berücksichtigen - von innerpsychischen bis hin zu gesamtgesellschaftlichen Systemen. Dies bedeutet, dass sich die SySt in praxeologischer Hinsicht anders einschätzen lässt. Hierauf wird in Sektion IV noch näher einzugehen sein.

Ebenen

Die Tetralemmaarbeit in den SySt berücksichtigt indirekt horizontale (entweder - oder, z.T. beides) und vertikale Konfliktlösungsperspektiven (beides, weder noch, das Neue). Sie greift jedoch nicht auf feiner ausdifferenzierte Mehr-Ebenen-Modelle zurück, obgleich das aus der buddhistischen Logik entlehnte Tetralemmakonzept ein stufenweises Aufsteigen zu immer umfassenderen Konfliktlösungsperspektiven impliziert.

Typen

Die SySt sind nach Angaben von Varga von Kibéd universell und unabhängig von unterschiedlichen Kulturen anwendbar. Zwar sind die Konfliktthemen in unterschiedlichen Kulturen tendenziell anders, aber der Ablauf ändert sich nicht. Dennoch wird vom Gastgeber beim lösungsfokussierten Interview kulturelles Einfühlungsvermögen vorausgesetzt, z.B. wenn er bei der Stellungsarbeit die Repräsentanten berührt (vgl. Varga von Kibéd 2008).

Zustände

Aufstellungsphänomene haben stets den Charakter von Zuständen und decken ein vielfältiges Spektrum im Wach- und Trancebereich ab.

Außen • Wunderfrage: Persönliche Lösung des Konflikts Innen: • unterschiedliche Empfindungen (Zustände) des Klienten und der Repräsentanten • Gewahrsein für transverbale Prozesse **Intention**	*Außen* • Veräußerlichte Inhalte psychischer und physischer Konfliktfaktoren • Positivistisches Prinzip • Körpersprache des Klienten **Verhalten**
Bedeutung *Außen* • Standardisierte Kommunikation mit dem Klienten und den Repräsentanten Fokus: Meso-, Inter-Mikrobereich	**Beziehung** *Außen* • Konfliktimmanentes Beziehungsmuster herausfinden • „Systemintelligenz" sprechen lassen • Tetralemma + 1 • Transverbale Sprache Fokus: Meso-, Inter-Mikrobereich

Abbildung 20: Epistemologische Bezugspunkte der SySt im Quadrantenmodell (Eigenanfertigung)

5.1.7. Prozessorientierte Konfliktarbeit nach Mindell

Quadranten

Mit ihrem Anspruch, Parallelitäten in Tiefenpsychologie, Quantenphysik und Systemtheorie zu verknüpfen und in einem systemtheoretischen Zusammenhang für die Konfliktbearbeitung nutzbar zu machen, reiht sich die Prozessarbeit in die Riege der „neuen Paradigmen" ein, die ein nicht unumstrittenes epistemologisches Neuland betreten.

Durch ihr Konzept der Doppelsignale hat die Prozessorientierte Konfliktarbeit in allen vier Quadranten ihre Bezugspunkte: Den Innenhorizonten der beiden subjektiven Quadranten kann die Mythenlehre (UL), die tiefenpsychologische Traum- und Komaarbeit und die spirituelle Achtsamkeitsarbeit (OL) zugeordnet werden. Zur phänomenologischen und hermeneutischen Methodologie kommt durch den Bezug auf die Jung'sche Archetypenlehre und auf die Unterscheidung von vier Ebenen der Erfahrung ein strukturalistischer Ereignishorizont im Außenbereich des OL-Quadranten hinzu. Der wesentliche epistemologische Schwerpunkt der Prozessarbeit liegt jedoch in der systemischen Erfassung und Interpretation von Konfliktprozessen - daher im interobjektiven Außenhorizont (UR). So werden die Inhalte der subjektiven Quadrantendimensionen meist in den Termini des UR-Quadranten wiedergegeben. Einerseits liefert dieser systemische Blick interessante ergänzende Einsichten - dies ist z.B. in Bezug auf unterdrückte Rollen (hier: „Geisterrollen") der Fall, welche das (von Glasl und Wilber übernommene) Konzept der „Schatten" (traditionell eher Innenhorizonten der linken Quadranten) bereichern könnten. Andererseits werden z.B. „Rollen" als „Teile" eines „Systems" analysiert, und selbst taoistisch-spirituelle Tiefendimensionen werden als „Felder" oder „Prozesse" übersetzt, was die Gefahr birgt, subjektive (linksseitige) auf objektive (rechtsseitige) Inhalte zu reduzieren. Großen Wert legt die Prozessorientierte Konfliktarbeit auf die Berücksichtigung objektiv wahrnehmbarer „Signale" und unsichtbarer Quantenphänomene im Außenbereich des OR-Quadranten. Letztere werden in einem karmischen Zusammenhang im Sinne von „Vor-Signalen" und „Absichtsfeldern" gesehen. Auf der Basis dieser Annahme sieht Mindell das Quantenvakuum als Gleichnis mit der transmentalen Erfahrung von „Leere" oder „Essenz", was epistemologisch durchaus umstritten ist (s.u.).

Ebenen

Die Prozessorientierte Konfliktarbeit unterscheidet vier „Ebenen der Aufmerksamkeit", die mehr oder weniger den Ebenen des grobstofflichen, feinstofflichen und kausalen Reichs der Großen Kette zugeordnet werden können. In Verbindung mit dem Quadrantenmodell zeigt sich jedoch eine wesentliche Unvereinbarkeit von Mindells Modell mit jenem des IA, welche in erster Linie in der Gleichsetzung von spiritueller Nicht-Dualität und dem physikalischen Quantenvakuum liegt. In der Debatte um die Evidenz des Neuen Paradigmas würde Wilber mindestens zwei Gegenargumente ins Feld führen (vgl. im Folgenden Wilber 2003b: G-II):

Zum einen verweist Wilber darauf, dass eine Gleichsetzung des unendlichen Quantenpotenzials mit dem GEIST [spirit], Übergeist [supermind], Tao, Brahman, der Leere des Buddhismus etc. aus den spirituellen Weisheitstraditionen auf eine epistemologisch verkehrte Auffassung der Evolution hinauslaufen würde. Demnach würde die Evolution als ein „Sich-Weg-Bewegen von Gott/GEIST" dargestellt werden, was nicht besonders plausibel ist. Wenn das Involutionsschema hinzugezogen wird [vgl. Abb. 8], stellt sich das Quantenpotenzial nach Wilber nicht als GEIST-als-GEIST, nicht als GEIST-als-Seele, nicht als GEIST-als-Geist, sondern als GEIST-als-prana (Leben) dar, welcher es ermöglicht, dass GEIST-als-Materie erscheint.

Zum anderen bezieht sich Wilber auf die Doktrin der zwei Wahrheiten: Wilber betont, dass der Bereich der relativen Wahrheit es erlaube, definitive, richtige oder falsche Aussagen über endliche Ereignisse zu machen, wie z.B. „Wassermoleküle enthalten ein Sauerstoffatom und zwei Wasserstoffatome". Über die absolute Wahrheit könne hingegen buchstäblich nichts Zutreffendes auf eine widerspruchsfreie Art und Weise gesagt werden (einschließlich dieser Aussage; wenn sie wahr ist, dann ist sie falsch).[72] Das Absolute werde nur in einer unmittelbaren Verwirklichung subjektiv erkannt, was mit einer Bewusstseinstransformation einhergehe - nicht mit einem Verständnis der Quantentheorie.

Wilber fasst insgesamt folgende Gründe zusammen, warum jegliche Arten von (Sub-)Quantenereignissen nicht mit GEIST gleichgesetzt werden können:

- Jede Quantenwirklichkeit hat bestimmte Charakteristiken, Eigenschaften oder Dimensionen, welche sie von manifester Materie unterscheidet (z.B. riesige Energie); doch GEIST ist radikal leer von jeglichen Eigenschaften (einschließlich dieser Charakterisierung), weil es nicht qualifizierbar ist.
- Jede Quantenwirklichkeit ist auf bedeutsame Weise von grobstofflicher Materie unterschieden; GEIST hingegen unterscheidet sich von keiner Art von Manifestation.
- Quantenwirklichkeit hat einen Gegensatz (z.B. nicht-Quantenwirklichkeit), GEIST hingegen ist nichtdual.
- GEIST ist dimensionslos; Quantenwirklichkeit befindet sich lediglich in einer anderen Dimension.

---

72 Sinngemäß heißt es daher im ersten Kapitel des Tao te King, dass GEIST gekannt, aber nicht gesagt werden kann; gesehen, aber nicht ausgesprochen, darauf hingewiesen, aber nicht beschrieben; verwirklicht, aber nicht wiederholt werden kann (vgl. auch Laotse 1984).

- Die materielle Quantenenergie kommt direkt aus Prana und nicht aus GEIST

(vgl. Wilber 2003b: G-II).

Typen

Die Prozessorientierte Konfliktarbeit berücksichtigt die Jung'schen Archetypen. Im Gegensatz zu den meisten Vertretern des Neuen Paradigmas sieht Wilber in den Jung'schen Archetypen keine genuin spirituell-transformative Qualität, weil sie nicht „über-bewusster" (sprich: spiritueller), sondern „unter-bewusster" Natur sind. Er argumentiert, dass Archetypen von jedem Menschen gelebt werden, unabhängig davon, ob sie eine oberflächliche oder eine profunde (=spirituelle) Selbst-Wahrnehmung haben. Obwohl diese kollektiv ausgelebt werden, sind sie daher nicht zwangsläufig spirituell bzw. transpersonal. Die meisten Archetypen sind universell, weil sie typische und alltägliche Erfahrungen widerspiegeln. Im Gegensatz dazu ist es spirituelle Erleuchtung nicht. Nach Wilber hätten nur Archetypen auf der transmentalen Ebene der Gottesmystik eine genuin spirituelle Qualität, welche aber eher vergleichbar mit subtilen Platon'schen Urbildern wären (vgl. Wilber 2002a: 307f.).

Zustände

Die Prozessarbeit arbeitet innerhalb eines umfangreichen Spektrums, das geschulte (spirituelle) und natürliche Zustände (Wachsein, Traum, Tiefschlaf/Koma) umfasst.

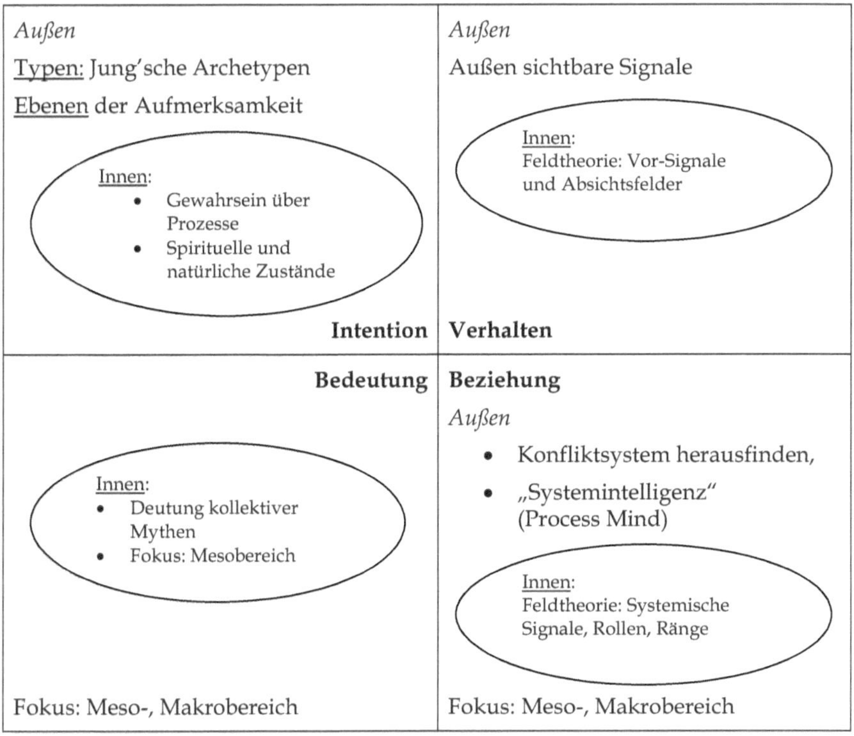

Abbildung 21: Epistemologische Bezugspunkte der Prozessorientierten Konfliktarbeit in ein AQAL-Modell (Eigenanfertigung)

5.1.8. Epistemologische Überschneidungen und Ergänzungen der Methoden

Zwischen den theoretischen Bezugswelten der vorgestellten Ansätze ergeben sich vielfältige Überschneidungen und v.a. Ergänzungen. Die wichtigsten lassen sich in einer AQAL-Gesamtschau wie folgt skizzieren (vgl. hierzu Abb. 22):

5.1.8.1. Quadranten

Bis auf den Innenbereich des individuell-objektiven Quadranten (OR) werden insgesamt alle Horizonte des AQAL von den vorgestellten Ansätzen weitgehend abgedeckt. Mit der Unterscheidung von drei Gewaltarten und ihrer Tiefendimensionen nimmt allein Transcend Bezug auf sechs Horizonte. Die Regressionsstufen von Glasls Modell ergänzen diese Gesamtschau um strukturalistische Perspektiven im Außenhorizont der linksseitigen Quadranten, insbesondere im individuell-subjektiven (OL). Der buddhistische Ansatz trägt zusammen mit der GFK v.a. den phänomenologischen Innenbereichen der beiden subjektiven Quadranten Rechnung: Beide Methoden unterstreichen die Funktion von negativen Gefühlen und verzerrten Perzeptionen bei der Legitimierung von Gewalt. Wie oben angedeutet, könnte dieser besondere theoretische Bezug im Innenhorizont des subjektiven Quadranten (OL) die Galtung'sche Gewalttheorie im Vier-Quadranten-Modell um eine vierte, „intentionale Gewalt" erweitern. In dieses grobe Vier-Quadranten-Gewaltenschema können sich beliebig weitere Gewaltformen einordnen lassen, die von den hier integrierten Methoden nicht oder nur indirekt berücksichtigt werden. Hierzu zwei Beispiele: Die *symbolische Gewalt* zielt nach Pierre Bourdieu darauf, nicht offen eingestandene Herrschaftsverhältnisse zu verklären und zu beschönigen (vgl. Zimmermann 2004: 139). Sie ließe sich dem UL-Quadranten zuordnen. Der Unterschied zur kulturellen Gewalt von Galtung besteht darin, dass Bourdieu denjenigen, der der Herrschaft unterworfen ist, auf Grund des „Mechanismus der Verkennung" als „Mittäter" bezeichnet.

Ein wesentlicher epistemologischer Schnittpunkt besteht im Innenhorizont des OL-Quadranten zwischen Transcend, dem Psycho-Soziodrama, der buddhistischen Psychologie und der GFK bei der Annahme von „Grundbedürfnissen". Auch die Außenhorizonte des intersubjektiven Quadranten werden mehrfach übereinstimmend abgedeckt, so z.B. zwischen Transcend und dem Psycho-Soziodrama. Obwohl dieser epistemologische Bereich eine gemeinsame Schnittmenge darstellt, scheinen sich die Inhalte beider Ansätze an dieser Stelle nicht nur gegenseitig zu bestätigen, sondern auch zu ergänzen. Zur Erörterung kultureller Gewaltformen aus der Sicht von Transcend könnten soziometrische Methoden, die die Modelle vom „sozialen" und „kulturellen Atom" untermauern, hinzugezogen werden. Darüber hinaus lassen sich die Inhalte der GFK, die die semantischen Strukturen kultureller und intentionaler Gewalt berücksichtigen, um Einblicke in die normativen Rahmenbedingungen des Konflikts, denen Glasls Ansatz Rechnung trägt, ergänzen. Ausweiten lässt sich all dies auch auf der Makroebene, auf der Transcend im Vergleich zu den anderen Methoden einen besonderen Schwerpunkt hat.

Trotz ihres gemeinsamen theoretischen Ursprungs scheinen das Psycho-Soziodrama und die SySt – trotz ihrer ähnlichen Methode – genau entgegengesetzte Bezugspunkte im AQAL zu haben: Das Psychodrama hat seinen Schwerpunkt im Außenhorizont des UL-Quadranten, indem es die „innere Wirklichkeit" der äußeren Gesellschaft (UR) abbilden und verstehen will. Ein zweiter Fokus liegt im Innenhorizont des OL-Quadranten durch die Förderung von Kreativität auf der Theaterbühne. Die Methode der SySt hingegen veräußerlicht die subjektiven Inhalte durch repräsentante Systeme im Außenhorizont des OR-Quadranten. In Folge mehrmaliger Aufstellungsdurchgänge wird das optimale „Beziehungssystem" zur Lösung des Konfliktes im Außenhorizont des UR-Quadranten erörtert. Diese Aufstellung hat wiederum indirekte Auswirkungen auf die subjektive Konfliktwahrnehmung (OL) des Klienten. Im Gegensatz zum Psychodrama geht es aber nicht darum, Konfliktaspekte zu verstehen - auch wenn innere und abstrakte Faktoren wie Werte, Symbole etc. abgebildet werden.

Diese Betrachtungsweise der SySt findet Verwendung in der Rollentheorie der Prozessarbeit, nur dass es sich bei Mindells Ansatz nicht um eine genuine Aufstellungstherapie handelt (auch wenn diese in der Prozessarbeit durchaus auch angewendet wird). Eine weitere wesentliche Gemeinsamkeit zwischen der Prozessorientierten Konfliktarbeit und der SySt besteht v.a. in der indirekten Kommunikation mit einer „Systemintelligenz" und im (intuitiven und systemischen) Gewahrsein transverbaler Prozesse, die das große Ganze des Konfliktsystems darstellt. Parallelen mit der strukturellen Gewalt von Transcend finden sich in der Privilegien-Rang-Missbrauch-Rache-Theorie. Mit dem buddhistischen Ansatz teilt die Prozessarbeit ihre spirituelle Ursache-Wirkungs-Orientierung (karmisch?) in Hinblick auf subtile „Vor-Signale". Hierunter fallen auch die sog. „absichtlichen Felder", die im AQAL-Modell u.U. auch als objektive morphische Felder (rechtsseitige Quadranten) der subjektiven intentionalen Gewalt (OL) gedeutet werden könnten. Zwischen Transcend, SySt und der buddhistischen Konfliktarbeit besteht auch eine Gemeinsamkeit in der Verwendung des (aus der indischen Logik entlehnten) Tetralemmas und seiner Negation. Dieser v.a. in der systemischen Analyse verwendete Ansatz lässt sich im UR-Quadranten einordnen.

5.1.8.2. Ebenen

Wie oben erwähnt, verwenden die SySt, Transcend und die buddhistische Konfliktlösung den Ansatz des Tetralemmas und seiner Negation, welcher eine Wahrnehmung horizontaler und vertikaler Konfliktperspektiven ermöglicht. Daneben können der buddhistische und der Konfliktmanagement-Ansatz unter Anwendung entwicklungsstrukturalistischer Mittel dazu beitragen, das Gesamtbild um feiner differenzierte vertikale Betrachtungen zu erweitern. In Kombination mit dem Vier-Quadranten-Modell wird hinsichtlich von Regressions- und Entwicklungsstufen eine tetra-dimensionale Differenzierung ermöglicht. So haben die von Glasl modellierten Regressionsstufen in den Quadranten „Intention" (OL), „Weltbild" (UL), „Beziehung" (UR) und „Verhalten" (OR) spezifische Ausprăgungen, die mit den Hauptparadigmen der acht Ereignishorizonte noch tiefer untersucht werden können. Aber auch die spezifischen Gewaltarten aller vier Quadranten - intentionale (OL), direkte (OR), kulturelle (UL) und strukturelle Gewalt (UR) - könnten sich auf Ebenenniveaus weiter ausdifferenzieren. Beispielsweise scheint eine präkonventionell-anarchische Gewalt wie z.B. in den sog. „Neuen Kriegen" (Rot) eine andere Qualität zu haben als in konventionellen interstaatlichen Kriegen, wie z.B. dem deutsch-französischen Krieg (Blau) oder dem vergleichsweise „rational" geführten Kalten Krieg zwischen Ost- und Westblock (Orange). Es scheint sogar, dass sich auf jeder Ebene unterschiedliche Gewaltformen finden lassen[73] und dass sich mit einer fortschreitenden Entwicklungsstufe der Evolution komplexere Gewaltarten ergeben, da sie alle Gefahren der vorangegangenen Ebenen in einen umfassenderen Kontext mit integriert.[74]

---

73 Beispielsweise dürften die Verfolgungen der kirchlichen Inquisition eine andere Form blauer Gewalt darstellen. Und eine andere Ausprägungsform (post-)moderner Gewalt spiegelt sich in den „Schattenseiten der Globalisierung" wider, wie sie z.B. von Joseph Stiglitz analysiert wurden (hierzu ders. 2004).

74 Die Ansicht, dass die Moderne und Postmoderne neue Formen von Gewalt und Gefahren bergen, wird in der FuK immer häufiger vertreten. Hierzu zwei prominente Beispiele: In seiner wegweisenden Analyse „Moderne und Gewalt" (2005) stellt z.B. der Gewaltforscher Peter Imbusch fest, dass die industrielle Massenvernichtung der Juden im Naziregime weniger ein „Rückfall in die Barbarei", sondern vielmehr einen Aspekt der Moderne darstelle, in der eine Form von Gewalt mit einer qualitativ neuen Ausprägung zum Tragen kommt (vgl. ders. 2005). Ähnlich kommt auch der Islamforscher Olivier Roy in seiner Analyse „Der islamische Weg nach Westen" (2006) zum Schluss, dass der islamische „Neofundamentalismus" (wie er z.B. für gewaltbereite Akteure der Al Qaida typisch ist) selbst ein „Produkt der Moderne" ist (vgl. ders. 2006). Wilber würde diese und andere Analysen darin bestätigen, dass sich in jeder Ebene nicht nur spezifische Entwicklungspotenziale, sondern auch Pathologien und Gefahren verbergen. Anders als Imbusch und Roy sieht Wilber jedoch in den typischen Gewaltformen der (Post-)Moderne eher globale Formen von ausbeuterischer Gewalt, wie sie in den Schattenseiten des Kapitalismus zum Tragen kommen. Gewaltakteure wie Nazis oder internationale Terroristen bewertet Wilber eher als „prämoderne" Akteure, die sich moderner (Gaskammern, Bomben) bzw. postmoderner Artefakte bedienen (Informationstechnologien). Die Kernherausforderung gegenwärtiger (post-)moderner Weltkonflikte sieht Wilber also darin, dass sich ungefähr 70% der Weltbevölkerung *noch nicht* bis zur Ebene der Moderne entwickelt hat (UL), obwohl sich viele Teile der Welt von den Strukturen her (UR) bereits in einem (Post-)Modernen Zeitalter befindet (vgl. Wilber 2006a). Unabhängig davon, zu welchen Schlüssen man im Detail kommt, erscheint die Grundannahme berechtigt, dass eine differenziertere Unterscheidung von Gewaltformen im Entwicklungskontext epistemologisch sinnvoll ist.

Neben der genauen Erforschung der Entwicklungsniveaus von Konfliktakteuren dürfte von weiterem Untersuchungsinteresse die Korrelation zwischen den Ebenen eines Entwicklungsschemas à la Mindell, Buddha, Piaget oder SD und jenen eines Eskalationsmodells à la Glasl sein.[75] Obwohl beide Modelltypen grundlegend bei der Unterscheidung von prärationalen, rationalen und postrationalen Bewusstseinsstufen übereinstimmen, dürfte methodologisch eine direkte Zuordnung dadurch erschwert werden, dass jede Entwicklungsebene auch auf ihrer Höhe direkte Gewalt legitimieren kann. D.h. in Konfliktsituationen könnte ein nach dem SD hoch entwickelter Akteur (OL) aus behavioristischer Sicht (OR) dennoch auf einer hohen Eskalationsstufe handeln, die man normalerweise Akteuren mit einer niedrigen kognitiven Entwicklung zugeordnet hätte. Hierzu wäre es lohnenswert zu erörtern, welche unterschiedlichen Friedens-, Konflikt- und Gewaltwahrnehmungen die einzelnen Entwicklungsebenen implizieren.

Entwicklungspsychologische Variationen unterschiedlicher Konzeptionen von Konflikt, Frieden und Gewalt

An dieser Stelle möchte ich ein Modell über die entwicklungspsychologischen Variationen unterschiedlicher Konflikt-, Friedens- und Gewaltkonzeptionen skizzieren. Hierzu ist es allerdings unerlässlich, auf das wegweisende Modell von Wolfgang Dietrich über die „Variationen über die vielen Frieden" einzugehen. An seinem Beispiel ist es aber auch nötig, auf einen wesentlichen epistemologischen Kritikpunkt einzugehen, denen sich das evolutionsorientierte Ebenenmodell von Wilber immer wieder - zunehmend auch von Seiten der FuK - ausgesetzt sieht:

Dietrich unterscheidet zwei Großkategorien des Friedens: den sog. „energetischen" und den „moralischen Frieden". Ersteres erspürt Frieden aus dem „energetischen Erleben des Seins heraus [...], über die Dynamik des Lebens und das Zusammenhängen aller Wesen" und interpretiert Frieden als „mystische, harmonische und ästhetische Resonanz". Der moralische Frieden fußt hingegen auf „wie auch immer begründeten Normen [...], die sich über „Gott, Ver-

[75] In gewisser Hinsicht stellt das Ebenenschema von Mindell einen Zwischentypus dar: Von der Grundidee ist es entwicklungs- und nicht eskalationsorientiert. Da aber Mindell davon ausgeht, dass die grundlegendsten Ebenen der subatomaren Teile (Materie) gleichbedeutend mit den höchsten Ebenen der spirituellen Verwirklichung sind, ist seine Kartografie in gewisser Hinsicht abwärtsgerichtet und „regressionsorientiert". Wie oben erörtert, gehe ich im Rahmen des IA davon aus, dass es sich bei der Abwärtsgerichtetheit von Mindells Ebenenschema um einen epistemologischen Irrtum handelt. Näher werde ich auf diese Debatte unter 7.2.2.3.1. zu sprechen kommen.

nunft, Gesetz, Macht oder Moral legitimieren (vgl. Dietrich 2008: 12)." Diese beiden großen Familien von Weltsichten und Friedensvorstellungen unterteilt Dietrich in weitere Begriffe, sodass sich ein Spektrum unterschiedlicher Friedensverständnisse ergibt. Zum einen umfasst der Komplex des moralischen Friedens das „moralische" (im engeren Sinne), „moderne" und „postmoderne Friedensverständnis", zum anderen lässt sich der energetische Frieden unter dem „transrationalen Friedensbegriff" näher beschreiben. Dietrich räumt ein, dass „eine evolutionistische Darstellung, die das energetische Konzept magischen und mythischen Entwicklungsstufen der Menschheit zuschreibt [vgl. hierzu Abb. 13], das moralische aber der rationalen Moderne [...], verlockend" sei. Dennoch verwirft er eine solche chronologische Darstellung als „Teil einer mechanistischen Weltsicht", der er, mit „Hinwendung zu [nicht-linearen] systemtheoretischen" und quantenphilosophischen Ansätzen, „für sich selbst" „entkommen wollte (vgl. Dietrichs 2008: 18)." Daher betont er, dass ihm Wilbers „evolutionistisches" Denken „grundsätzlich suspekt" sei (vgl. ebd.: 23f.). Stattdessen plädiert er für eine Integration seiner vier Friedensbegriffe in das Vier-Quadranten-Modell - ein Lösungsvorschlag, der im engen Kontext, wie er in der unten stehenden Fußnote wiedergegeben ist, m.E. funktioniert.[76] Dies spricht m.E. jedoch nicht dagegen, solche Überlegungen in Bezug auf die Ebenendimension anzustellen. Dies wird an anderer Stelle in ähnlicher Form in Bezug auf die Grundbedürfnisdebatte zu diskutieren sein. Die Debatte um die Evidenz „noosphärischer" Hierarchien, wie z.B. Werte- oder Grundbedürfnishierarchien, gestaltet sich als zu umfangreich, um im Rahmen dieser Arbeit erschöpfend diskutiert werden zu können. Ich möchte mich an dieser Stelle lediglich auf den im Rahmen der FuK getätigten Haupteinwand konzentrieren, dass (geistige) Hierarchie-Modelle immer die Gefahr bergen, zu einer Art von „Denkensgewalt" zu verkommen. Gegen diesen, am Beispiel von Dietrich formulierten, Kritikpunkt würde Wilbers Gegenargumentation v.a. darauf hindeuten, dass Hierarchien unumgänglich seien, was für den unvermeintlichen Nutzen solcher Modelle sprechen würde. Wie an anderer Stelle dargestellt, impliziert eine im Wilber'schen Sinne formulierte Ebenen-Hierarchie, dass jede Stufe gegenüber der vorangegangenen eine neue, nicht-reduzierbare, zusätzliche Qualität beinhalten würde. Eine „höhere" Stufe würde sich demgemäß durch eine größere Komplexität und Tiefe auszeichnen,

---

76 Den moralischen Frieden ordnet er dem OR-Quadranten zu („Frieden aus Sicherheit"), den modernen Frieden dem UR-Quadranten („Frieden aus Gerechtigkeit"), den postmodernen Frieden dem UL-Quadranten („Frieden aus Wahrheit") und den energetisch-transrationalen Frieden dem OL-Quadranten („Frieden aus Harmonie") (vgl. Dietrich 2008: 384-386).

müsse jedoch die Inhalte der überwundenen Stufen, die ihr gegenüber „Grund legend" sind, sinnvoll integrieren. Demgemäß zeichnet sich ein Akteur nicht (nur) durch die höchste Ebene seines Entwicklungsschwerpunktes aus, sondern (auch) durch die Art, wie er das gesamte Ebenenspektrum (darüber hinaus aber auch die anderen AQAL-Dimensionen) integriert hat. Sinnvoller wäre es daher, „gesunde" bzw. „positive" von „pathologischen" bzw. „negativen" Hierarchien (vertikal), aber auch Heterarchien (horizontal) zu unterscheiden (vgl. Wilber 2005b: 461f.).

Diese These im Hinterkopf (sprich: dass Hierarchie-Modelle zumindest in epistemologischer Hinsicht nicht vermeidbar sind), fällt m.E. an Dietrichs Beispiel auf, dass seine Konzeption, trotz ihres Bestrebens, Hierarchien zu vermeiden, in subtiler Form trotzdem hierarchisiert. Implizit deutet er an, dass sich die Konzeption der Moderne, die nur „Einen Wahren Weltfrieden" annimmt, gegenüber dem postmodernen Ansatz von einer „Vielheit der Frieden" als weniger komplex und flexibel erweist. Die „Mündung postmoderner Denkwege in [...] energetische Interpretationen" würde „nicht die Rückwärtswendung zu [...] prärationalen Friedensdeutungen, sondern den Durchbruch" zum transrationalen Friedensbegriff bedeuten. Dieser würde „sich selbst nicht als das bessere, überlegene Konzept dar[stellen], das die Moderne überwinden würde, sondern als eine Perspektive, die sie in ein *größeres, breiteres, sie respektierendes und doch über sie hinausgehendes Konzept integriert*" [Eigene Hervorhebung] (vgl. Dietrich 2008: 406). Dies entspricht m.E. exakt Wilbers Definition einer „gesunden" und „natürlichen" Hierarchie. Ein wesentlicher Einwand von Seiten Dietrichs würde, wie oben dargestellt, jedoch darin bestehen, den energetischen Friedensbegriff wertend als „prärational" zu bezeichnen. Wilber würde unter Berücksichtigung seines Konzepts der „Prä-/Trans-Verwechslung"[77] dafür plädieren, den energetischen Friedensbegriff zu unterteilen und so-

---

77 Prä-/Trans-Verwechslung bedeutet die Verwechslung prärationaler und transrationaler Zustände/Ebenen auf Grund der Tatsache, dass beide auf bestimmte Weise nicht-rational sind und dem ungeschulten Auge als identisch erscheinen können. Wilber unterscheidet hierbei Denkfehler zweierlei Typs: Durch einen Denkfehler der ersten Art werden alle höheren und transrationalen Zustände auf niedrigere und prärationale reduziert. Echte mystische Erfahrungen werden als Regression zu infantilem Narzissmus, ozeanischem Adualismus oder sogar als primitiver Autismus gedeutet. Diesen Weg nahm nach Wilber z.B. Freud in *Die Zukunft einer Illusion*. „Ist man andererseits für höhere und mystische Zustände aufgeschlossen, verwechselt aber trotzdem prä und trans, dann wird man alles Prärationale zu transrationaler Glorie erheben oder elevieren wollen, indem man zum Beispiel den infantilen primären Narzißmus als unbewußtes Schlummern in der Unio mystica auffaßt." (Wilber 2002a: 259)

wohl den prärationalen als auch den transrationalen Stufen in der Großen Kette des Seins (vgl. Abb. 8) zuordnen. Aus dieser Lesart würde sich die folgende Einteilung unterschiedlicher Friedens- und darüber hinaus Konflikt- und Gewaltkonzeptionen anbieten:

- *Typhonisch-Magisch* (0. - 2. Drehpunkt): Die Weltsicht ist nach Wilber „durch eine teilweise Überschneidung von Subjekt und Objekt gekennzeichnet, sodass ‚unbelebten Objekten' wie Steinen und Flüssen Eigenschaften des Lebendigen oder sogar eine Seele […] zugedacht werden (Wilber 2002b: 327)." Wilber schreibt, und dies wird von Dietrich hervorgehoben, dass es in vorarchaischen typhonischen Kulturen „praktisch keinen Mord" und, soweit bekannt, „keine Kriege" gegeben habe. „In der Opferung einzelner Fingerglieder bestanden die gewalttätigsten Ersatzopfer, die uns bekannt sind" (Wilber zitiert in: Dietrich 2008: 35). Allerdings betont Wilber auch, dass in den – von manchen Friedensforschern oft gepriesenen - späteren matrifokalen Gartenbaugesellschaften mit einem Kult von der „Großen Mutter Erde" die sog. „Opfer-Raserei" ihren Ausgang genommen hat (vgl. Wilber 2002b: 194). Unter diesem Gesichtspunkt kann zwar von einer kollektiv geteilten, energetischen, ggf. „naturverbundenen", Friedenswahrnehmung, nicht aber von einer genuin transrationalen und kosmozentrischen Friedenskonzeption die Rede sein. Wilbers Konzept folgend, schreiben Fuhr/Gremmler-Fuhr der archaischen Entwicklungsebene eine instinktive Konfliktwahrnehmung und -austragung zu; auf physische Gefährdungen erfolgt unmittelbare Bestrafung oder Aus-dem-Weg-Gehen (vgl. dies. 2004: 142, 146).
- *Magisch-mythisch* (3. Drehpunkt) Aus der bewusst gewordenen Angst vor der eigenen Sterblichkeit wird Mord am anderen als Ersatzhandlung geübt, „die Unsterblichkeit symbolisieren und vorspiegeln soll." Daher traten nach Wilber zunehmend Mord und Krieg „als Vehikel von Ersatzopfern" erst zu Zeiten der tendenziell patrifokalen Ackerbaugesellschaften auf (vgl. Dietrich 2008: 35). Die Konfliktwahrnehmung richtet sich nach Machtverhältnissen und Gruppenzugehörigkeiten im „Freund-Feind"-Schema (vgl. Fuhr/Gremmler-Fuhr 2004: 142f., 146). Frieden lässt sich aus dieser Perspektive vielleicht als ein (vorübergehendes) Ereignis definieren, das dann eintritt, wenn das Überleben der Familie oder/und die Dominanz über ein rivalisierendes Nicht-Wir gesichert sind. Eng hieran ist der Begriff der Ehre gekoppelt. Die (gewalttätige) Konfliktaustragung dient der einseitigen Wahrung grundlegender Interessen und kann im Falle von Rot zum aktiven Lebensinhalt

werden (Ruhm durch Krieg, Verstrickung in Blutrache) (vgl. auch Wilber 2001c: III und Wilber 2003d).

- *Mythisch* (4. Drehpunkt): Das Aufkommen patrifokaler Ackerbaugesellschaften war einerseits durch immer ambitioniertere Eroberungszüge gekennzeichnet, andererseits aber auch „vielfach durch einen scharfen Bruch mit den Menschenopfern", welche eher typisch für die magisch-animistischen Kulturen waren (vgl. Wilber 2002b: 195). Die mythische Ebene scheint, i.S. von Dietrichs Definition, typisch für moralische Friedenskonzeptionen zu sein, v.a. i.S. strikter religiöser Dogmatik: „Die Annahme eines [mythischen] Schöpfergottes erlaubt [...] einen kommenden hermetischen und exklusiven Frieden" und Sorge um die „Sicherheit der Gerechten (vgl. Dietrich 2008: 409)." Frieden ist hierbei durch die Wahrung der traditionell gegebenen Ordnung gegeben. Konflikt bedeutet demgegenüber immer noch etwas Negatives, hier: die Störung der soziozentrischen Harmonie, unhinterfragbarer Wahrheiten, des Herrschaftsregimes etc. Gewaltanwendung wird nicht nur zum konventionellen Selbstzweck des „heiligen Krieges", sondern auch zur Wahrung der „heiligen Ordnung" (vgl. auch Fuhr/Gremmler-Fuhr: 143, 146).
- *Moderne* (5. Drehpunkt): Diese Kategorie entspricht exakt derjenigen von Dietrich. Typisch ist ein mechanistisches „newtonisches", „kartesianisches" Weltbild, „das Gott [...] delogiert und an seiner Stelle Vernunft vermutet und die Annahme von dem Einen Frieden." Frieden wird auf eine rationale Weise erzählt und eine ultimative Wahrheit wird angenommen. Gerechtigkeit und Sicherheit bleiben zentrale Anliegen (vgl. Dietrich 2008: 409). Ergänzend hierzu lässt sich Frieden aus dieser Perspektive als Abwesenheit von direkter Gewalt definieren. Konflikt wird als sachlicher Interessengegensatz aufgefasst. Es wird erkannt, dass der Konflikt als unvermeidbar gilt, allerdings kann er durch Verhandlungen in geregelte Bahnen gelenkt werden. Die Anwendung von physischer Gewalt wird eher zweckorientiert eingesetzt (z.B. Kolonialismus, moderner Imperialismus).
- *Postmoderne* (6. Drehpunkt): Diese Kategorie entspricht weitgehend dem Begriff von Dietrich. Er bezeichnet die Postmoderne als „die unvollendete Verwindung von verschiedenen Teilaspekten der Moderne (vgl. Dietrich 2008: 316)." Typisch ist die Skepsis gegenüber der Existenz einer ultimativen Wahrheit („Gott ist tot") und „Wahrheit, Sicherheit und Gerechtigkeit werden als Konstrukte erkannt." Daher wird Frieden vielgestaltig „und in jedem Kontext definitionsbedürftig."

Rationalität und Relationalität werden miteinander verbunden (vgl. ebd.: 409). Daher betont die Konfliktbearbeitung der Postmoderne den Dialogprozess und definiert den Frieden als „die Fähigkeit zur konstruktiven Konflikttransformation ohne [...] Gewalt." (vgl. Galtung 2003: 19.) Der Konflikt wird systemisch bzw. prozessual als „Interaktionsstörung" aufgefasst (vgl. Fuhr/Gremmler-Fuhr 2004: 143f., 146) und entfaltet eine schöpferische Kraft, wenn alle (auch seine latenten) Gewaltformen behoben werden.

Gewaltlosigkeit hat Priorität (Grün); Gewalt ist aber u.U. notwendig, um einen Gewaltausbruch zu stoppen (Gelb) und um alle Ebenen in der Gesamtspirale zu erhalten (Türkis). Eine Besonderheit im integrierten Denken (Gelb, Türkis) besteht darin, dass komplexe politische Konflikte in einem Mehrebenenkontext als „Hybrid"-Systeme berücksichtigt werden[78] (vgl. hierzu auch Wilber 2001c: III und Wilber 2003d). Konflikt wird auf einer integralen Ebene als „Ausdruck einer gestörten Balance auf vielen möglichen Ebenen und unter vielen Perspektiven" (Fuhr/Gremmler-Fuhr 2004: 146) aufgefasst.

- *Transrationale* (ab dem 7. Drehpunkt): Der transrationale Frieden erkennt die energetische Natur der Spezies Mensch. „Gerechtigkeit und Sicherheit sind materielle Aspekte der Frieden, Wahrheit und Harmonie deren dynamische. Sie integrieren alle anderen Erscheinungsformen der Frieden, bewahren deren Inhalte, neutralisieren deren Einseitigkeiten und heben sie auf eine rational-energetische Ebene (Dietrich 2008: 409f.)" In Anlehnung daran ist zu erwähnen, dass es aus der kosmozentrischen Perspektive der spirituellen Friedenswahrnehmung in erster Linie nicht darum geht, Konflikte zu lösen, sondern das ihnen immanente individuell-subjektive Leidpotenzial „aufzulösen". Leid geht im Grunde nicht aus Interessengegensätzen zwischen Akteuren hervor, sondern schon aus einer falschen Grundwahrnehmung des Akteurs. Die Spiritualität schließt die Anwendung direkter Gewalt nicht kategorisch aus. Zur Funktion von direkter Gewalt äußert sie sich etwa so: „[...] Die Waffen sind unheilvolle Geräte, nicht Geräte für den Edlen. Nur wenn er nicht anders kann, gebraucht er sie. [...] Menschen töten in großer Zahl, das soll man beklagen mit Tränen

---

78 Im politischen Kontext z.B., gelten „hybride" Konflikte nach Volker Böge als Konfliktsysteme, in denen traditionelle (prämoderne) nicht-staatliche, staatliche (moderne) und post-moderne (regionale) Akteure beteiligt sind. Eine erfolgreiche Konfliktbearbeitung müsste die Friedenspotenziale aller Ebenen berücksichtigen (vgl. Böge et al. 2009).

des Mitleids. Wer im Kampfe gesiegt, der soll wie in einer Trauerfeier weilen." (Laotse: Kap. 31)

Aus einer spirituellen Perspektive wird jedoch auch erkannt, dass das „wahre Selbst" von trügerischen Erscheinungsformen wie Tod, Leben, Frieden und Gewalt nicht beeinträchtigt wird (vgl. hierzu die Bagavad Gita im Mahabharata, z.B. unter Uberoi 2005: 302-309[79]). Das allgemeine Phänomen „Konflikt" lässt sich als ein „kósmisches Drama" (im Hinduismus „lila", in der christlichen Gnosis „kenosis") interpretieren: Es wird erkannt, dass alle Inhalte der Gesamtspirale bzw. ALLES im Kósmos (Akteure, Gegenstände, Räume etc.) unterschiedliche Ausprägungen des Gott/GEIST sind. Konflikt wird als die notwendige Vorbedingung eines evolutionären „Ausfaltungsprozesses" verstanden, in welchem sich GEIST/Gott selbst erfährt und seiner Selbst bewusst wird. Im weitesten Sinne stellt dieses „kósmische Drama" ein „Spiel" dar, das GEIST/Gott mit sich selbst spielt - vergleichbar einem Rollenspiel, das alle Akteure mitspielen, ohne zu wissen, dass sie die „Rollen" gar nicht sind. Für den „Akteur", der als vermeintlich handelndes Subjekt auf die Weltbühne tritt, ist dieses Nicht-Wissen und das konfliktbehaftete Sich-wieder-Erinnern (anamnesis) eine notwendige Vorbedingung, damit dieses Spiel „Spaß macht" (vgl. Wilber 2003b: G: I). In anderen Worten: GEIST/Gott täuscht „sich selbst", indem es „sich Glauben macht", ES wäre

[79] Im Rahmen der hinduistischen Philosophie befasst sich die Bhagavad Gita ausführlich mit der spirituellen Begründung von Krieg. Die Lehren der Bhagavad Gita sind eingebettet im umfangreichen episch-dramatischen Kontext des „Mahabharata" und stellen den bedeutendsten philosophischen Text dieses Epos dar. Im Mahabharata geht es darum, dass die Söhne des Fürsten Pandu von ihrem Onkel Dritarashtra aus dem Stamm der Kurus und von dessen Söhnen um ihren rechtmäßigen Thronanspruch betrogen und immer wieder Verfolgungen ausgesetzt werden. Kurz vor einer großen Schlacht befindet sich Arjuna, der dritte der Söhne des Pandu, in einem persönlichen Konflikt zwischen der Zuneigung zu seinen Verwandten auf der Gegenseite und seiner Pflicht als Fürst und dem rechtmäßigen Anspruch seiner Familie auf Land und Thron. Auf seinem Streitwagen befindet sich Krishna als Wagenlenker. Er versucht, Arjuna durch religiös-philosophische Unterweisung aus seinem Zwiespalt zu befreien und zum Kampf zu bewegen. In der Bhagavad Gita kommt Krishna, je nach Kontext, unterschiedliche Bedeutung zu: Neben seiner Funktion des spirituellen Lehrers, stellt er einerseits die innere Göttlichkeit dar, die eine Reflektion des kosmischen Selbsts in jedem Lebewesen ist, andererseits wird er auch als das kosmische Selbst gesehen, welches alles Lebende durchdringt. In Anlehnung an diese drei Rollen formuliert er Argumente, die aus einer spirituellen „Logik" begründen, weshalb Arjuna in den Krieg ziehen sollte.

nicht das non-duale EINE, sondern ein von seiner Umwelt getrenntes Ego.

Das vorliegende Beispiel zeigt m.E., dass Modelle von Entwicklungshierarchien nicht nur einen epistemologischen Nutzen haben, indem sie unterschiedliche Perspektiven integrieren. Sie scheinen auch, auf Grund dieser Tatsache, unvermeidbar zu sein; denn - wie Wilber zu betonen pflegt - selbst Konzepte, die sich als „nichtlinear" und „pluralistisch" von „linearen" und „chronosophischen" Ansätzen abzugrenzen pflegen, beanspruchen ihnen gegenüber eine „höhere" Wahrheit (so ist z.B. die postmoderne Aussage, dass es keine universelle Wahrheit gibt, eine Aussage mit universalistischem Anspruch, die sich selbst dekonstruiert). Der hier dargestellte Kritikpunkt verdeutlicht jedoch, dass es im Rahmen einer integrierten Konfliktbearbeitung notwendig ist, mindestens zwei Aspekte im Hinterkopf zu behalten: Entwicklungshierarchien bedeuten *nicht*, dass

- die höhere Stufe gegenüber der niedrigeren „überlegen" oder „besser" ist. Sie ist „ent-wickelter" in Bezug auf das ausgefaltete Potenzial, ohne dies wertend zu verstehen.
- die höchste Stufe einzig entscheidend ist. In einer Holarchie ist neben dem Aspekt der Transzendenz (Eros) und Tiefe auch der Aspekt der Integration (Agape) und Breite wichtig.

Am Beispiel von Dietrich komme ich aber zu dem Schluss, dass in Bezug auf den oben skizzierten Kritikpunkt kein tiefgreifender Widerspruch zum Entwicklungsmodell des IA besteht und dass dieses Modell, in der hier dargestellten Form, für eine integrierte FuK (zumindest epistemologisch) sinnvoll ist.

Um kollektive Akteure wie Staaten in einem für die Konfliktforschung angemessenen Ebenenkontext untersuchen zu können, lassen sich neben entwicklungsstrukturalistischen Methoden zur Erforschung der inneren Entwicklung (Wertstrukturen, Motive) von Konfliktakteuren auch eine Reihe positivistischer (rechtsseitiger) Erhebungsindikatoren hinzuziehen. Diese werden von Transcend vorgeschlagen, um die tendenziellen Austragungsniveaus kollektiver Akteure und ihrer äußeren Kriegsneigung zu erfassen. So könnten z.B. ein „Kriegsteilnahme-Index" (WPI)[80] oder ein „Frühwarnungs-Index" (EWI)[81] dazu beitragen, die Kriegsneigung von Ak-

---

80 „...gibt an, in welchem Maße ein Staat in seiner Geschichte in Kriege verwickelt war" (Galtung 2003: 17).

81 setzt sich aus äußeren und inneren Faktoren zusammen: einerseits gibt es „die Neigung eines Staates (oder anderer Akteure) an, sich auf Kriege einzulassen" gegründet auf dem WPI, andererseits auf die „Stärke struktureller und kultureller Gewalt" [Entwicklungsebene] (vgl. Galtung 2003:17)

teuren darzustellen. Das Konfliktniveau könnte von einem „Konflikttransformations-Index" (CTI) angezeigt werden. Der Vorteil dieses Indikators liegt darin, dass Vergleiche desselben Konflikts zu verschiedenen Zeiten und mit anderen Konflikten ermöglicht werden. Es liefert auch ein zusätzliches Kriterium, weises Handeln beteiligter Akteure innerhalb dieses Rahmens zu bewerten (vgl. Galtung 2003: 17). Modelle wie die SD könnten z.B. nicht erklären, warum die hochentwickelten USA [Orange] seit 1945 einen ziemlich hohen Index-Wert von etwa 67 globalen Interventionen (davon 56 direkte Gewaltanwendungen) aufweisen (vgl. Galtung 2003: 130f.). Ein Vorschlag, um eine widerspruchsfreie Anwendung von vertikalen Entwicklungsmodellen und diesen Transcend-Indizes zur Bewertung von Kollektiv-Akteuren zu gewährleisten, wäre eine Unterscheidung zwischen dem Konfliktbewältigungsniveau interner (Intra-Bereich) und externer (Inter-Bereich) Konflikte. Hierzu ein Beispiel:

Nach den Kriterien der SD könnte z.B. ein Kollektiv-Akteur wie die USA mit einem orangen Durchschnittswert eingestuft werden. Dies begründet sich damit, dass ihre Bewältigungsstrategie interner Konflikte (Intra-Makro) dem Standard pluralistisch-marktliberalistischer Demokratien mit spezifisch orangem Charakter entspricht. Kriterien: Menschenrechte, Rechtsstaat, demokratische Teilhabe etc. Die Außenpolitik der Bush-jr.-Administration (Inter-Makro) z.B. war jedoch von einer neokonservativen Ideologie bestimmt, mit dem Anspruch, ihre mythisch-blauen Interessen gegenüber anderen Staaten unilateral durchzusetzen. Ein plausibler Erklärungsansatz scheint mir hierbei mit der Berücksichtigung des Entwicklungsgrades, des die USA umgebenden Weltsystems, gegeben: Wenn z.B. alle Staaten Teil eines multilateralen Global-Governance-Systems wären, wären sie von außen gezwungen, inter-staatliche Konflikte nach dem Standard dieses Systems auszutragen, in das sie institutionell eingebettet sind. Da die heutige Weltinnenpolitik noch schwach ausgebildet ist, tendieren Staaten wie die USA dazu, ihre außenpolitischen Konflikte auf einem Entwicklungsniveau auszutragen, der sich aus den Standards aller beteiligten Konfliktakteure zusammensetzt. Der Durchschnittswert der internationalen Gemeinschaft zusammengenommen tendiert, nach Wilber und Beck, nicht höher als zu Blau (vgl. hierzu Wilber 2001a: 134f.). Diese These könnte das empirisch bestätigte Phänomen des sog. „OECD-Friedens" oder der „TdF" untermauern, nach dem die Industriestaaten des OECD-Raums tendenziell zu einer friedlichen Konfliktaustragung untereinander nach orangem Muster neigen, nicht jedoch gegenüber Staaten niedrigerer Entwicklungsniveaus.

Um die Korrelation zwischen Eskalation (Regression) und Entwicklung möglichst widerspruchsfrei in einem Gesamtkonzept zu modellieren, müssen auch noch die Zustands- und die Liniendimension des IA berücksichtigt werden.

5.1.8.3. Zustände

Regressionen sind, i.S. von Eskalationen, als vorübergehende Zustände zu verstehen, in denen Bewusstseinsebenen nicht-linear nach unten gewechselt werden können. Akteure können also nicht nur auf der Höhe ihrer Entwicklung und in Abhängigkeit des sie umgebenden Austragungssystems direkte Gewalt legitimieren und ausüben, sondern tatsächlich auf niedere (grundlegendere) Ebenen zurückfallen. Dies verdeutlicht v.a. Glasls Eskalationsmodell.

Der buddhistische Ansatz und die Prozessorientierte Konfliktarbeit haben ihren Schwerpunkt mehr in Richtung transrationaler Gipfelzustände. Ersterer Ansatz erweitert das epistemologische Gesamtbild um die phänomenologische Bearbeitung von transmentalen Gipfelerfahrungen und „normalen" Zuständen wie den Wach-, Traum- und den traumlosen Zustand. Letzterer Ansatz führt v.a. auch Traum- und Komaarbeit durch. Ferner arbeitet die SySt mit hypnotischen Trance-Zuständen.

5.1.8.4. Linien

Ein theoretischer Zusammenhang zwischen Entwicklungsniveaus und Tendenzen zur Eskalation könnte sich als plausibler erweisen, wenn Entwicklung in mehreren Kontexten modelliert wird. Wie oben erörtert, müsste eine Vielzahl von Potenzialen berücksichtigt werden, um die Tendenz eines Akteurs zu einer bestimmten Konfliktaustragung einer Eskalationsstufe zuzuordnen. Hierzu besteht einerseits bei individuellen Akteuren weiterführender Forschungsbedarf in Bezug auf den Zusammenhang von Kontexten, wie z.B. der kognitiven, interpersonellen oder der moralischen Entwicklung. Bei kollektiven Akteuren bleibt eher der Zusammenhang zwischen Entwicklungskontexten, wie Ökonomie, ökologischen Standards, Menschenrechtsstandards, Demokratie, technologischer Stand etc. und dem Eskalationsverhalten zu klären. Wie oben erwähnt, besteht weiterer Forschungsbedarf nicht nur bei der Erörterung des Zusammenhangs zwischen Entwicklung und Eskalation, sondern auch zwischen den vielfältigen Entwicklungskontexten selbst.

5.1.8.5. Typen

Ein wesentlicher Beitrag von Transcend ist, dass der Ansatz die unterschiedlichen tiefenkulturellen und -strukturellen Kosmologien im Mega- und Makrobereich durchleuchtet. Erst aus der Tiefenanalyse unterschiedlicher Kosmologien erschließt sich z.B. die hohe Kriegsneigung der USA oder die vergleichsweise defensive Haltung der Atommächte Indien und China. Umgekehrt könnte die Typendimension alleine z.B. nicht die relativ stabile Nachkriegsordnung im bellizistischen Westen erklären.

Glasls Konfliktmanagementansatz ergänzt Galtungs Makro- und Meso-Analyse um die Unterscheidung spezifischer Konfliktaustragungstypen im Mikro- und Mesobereich. Für die weitergehende Forschung wäre es lohnenswert, dieses Schema mit anderen Typologien in Beziehung zu setzen. Inwieweit neigen z.B. bestimmte Persönlichkeits- (z.B. nach Myers-Briggs [OL]) oder Regimetypen (UR) zu spezifischen Austragungsformen?

Außen:

Glasl

- Eskalationsstufen: Perzeption als Außenform der intentionalen Gewalt

Buddhismus, Prozessarbeit, SySt (Tetralemmaarbeit)

- Ebenen der Achtsamkeit (höhere Wahrheiten)
- Anreiz für die weitere Forschung: Zusammenhang von Eskalation mit Entwicklungsebenen, -linien, -typologien und Bewusstseinszuständen

Innen:

Transcend, GFK, Buddhismus, Psychodrama

- Grundbedürfnisse
- Anreiz für weitere Forschung: Intentionale Gewalt

Buddhismus, Prozessarbeit: Zustände: Wachen, Träumen, Leere

Buddhismus: biografische Einflüsse (Kar

Psychodrama: Kreativität und „eingeklemmtes Leben"

SySt, Prozessarbeit

Intuitives Gewahrsein über Prozesse, unterschiedliche Zustände

Intention

Außen:

Transcend, GFK

- Direkte Gewalt; weitere Forschung: Zuordnung zu Entwicklungsebenen der Gewalt

Glasl

- Eskalationsstufen: Interaktion;
- Typologien der Konfliktaustragung;
- Anreiz für die weitere Forschung: Zusammenhang mit Typologien aus anderen Quadranten (Kultur, System, Persönlichkeitstypen etc.)

Buddhismus, Prozessarbeit

- Ursache-Wirkung auf allen Ebenen der Wirklichkeit

SySt

- Systemische Veräußerlichung von Konfliktursachen

Innen:

Prozessarbeit: Vor-Signale

Verhalten

Kultur

Außen:

Transcend: kulturelle Gewalt; Anreiz für die weitere Forschung: Zuordnung zu Entwicklungsebenen der Gewalt

GFK: semantische Strukturen kultureller und intentionaler Gewalt

Glasl

- normative Rahmenbedingungen
- Konfliktatmosphäre
- Anreiz für die weitere Forschung: Zusammenhang von Eskalation (Regression) mit Entwicklung und Linien; Eskalationsstufen: Weltbild

Psychodrama: Rollen, kulturelles/soziales Atom etc.

Innen:

Transcend: Tiefenkultur

GFK: Semantische Bedeutungen

Meso- (Glasl, GFK, Psychodrama);
Makro (Transcend)

Struktur

Außen:

Transcend:

- strukturelle Gewalt;
- verschiedene Indikatoren des kollektiven Konfliktverhaltens
- Anreiz für die weitere Forschung: Zuordnung zu Entwicklungsebenen der Gewalt

Glasl:

- Eskalationsstufen: Beziehungsmuster
- Anreiz für die weitere Forschung: Zusammenhang von Eskalation mit Entwicklung und Linien

SySt, Prozessarbeit:

- Systemintelligenz sprechen lassen
- Konfliktsystem erfassen

SySt, Buddhismus, Transcend: Tetralemma + 1

Innen:

Transcend: Tiefenstruktur

Prozessarbeit: Morphische und unbewusste Felder (z.B. „Geisterrollen")

Inter-Mikro (SySt), Meso- (Glasl, GFK, SySt);
Makro (Transcend, Prozessarbeit)

Abbildung 22: Epistemologische Integration aller Ansätze im AQAL-Modell (Eigenanfertigung)

5.2. Fazit und Schlussfolgerungen

5.2.1. Fazit

Die obigen Untersuchungen haben aufgezeigt, dass der Mehrwert des IA für ein Metamodell dialogischer Konfliktbearbeitung insbesondere darin besteht, die theoretischen Bezugspunkte unterschiedlicher Ansätze (hier: der COMPAIR-Methoden) zu integrieren. Das AQAL bietet ein anschauliches Raster, in welchem die vom AQAL-Kontext definierten epistemologischen Schwerpunkte der einzelnen Ansätze einander gegenübergestellt werden können. Ein gegenseitiger Ergänzungspunkt von weiterem Forschungsinteresse bietet sich bei der Ausdifferenzierung einer individuell-subjektiven Gewaltform (*„intentionale Gewalt"*), neben den drei bereits von Galtung formulierten Gewalten. Allein die Berücksichtigung eines *vertikalen Spektrums* von Eskalationsstufen (Glasl, Buddhismus) und eines horizontalen Rasters von vier Gewaltbereichen (Transcend, GFK, Buddhismus) liefert eine Vielzahl theoretischer Ansatzpunkte für eine holistische(re) Konfliktbearbeitung. Dem vertikalen Spektrum steuern die buddhistische Konfliktlösung und die Prozessorientierte Konfliktarbeit eine transmentale Untersuchungsdimension bei, die die herkömmliche Gewaltprävention um eine subtilere Dimension erweitern könnte (wie in der nächsten Sektion näher darzustellen).

5.2.2. Kritische und weiterführende Schlussfolgerungen

Trotz seiner unverkennbaren Vorzüge in der epistemologischen Einordnung unterschiedlicher Methoden weist das AQAL in vielerlei Hinsicht Begrenzungen auf - sowohl auf der metatheoretischen als auch auf der theoretischen Ebene. Hieraus erwachsen einige kritische Schlussfolgerungen, die für die Metatheoriebildungen in den nächsten Sektionen zu berücksichtigen sind:

1. Die im vorliegenden Schema integrierten Methoden können auf Grund der Begrenztheit des AQAL-Modells niemals in ihrer ganzen Fülle wiedergegeben werden. Die Grenzen der Untersuchung zeigen sich z.B. darin, dass das AQAL-Modell nicht geeignet ist, eventuell gewichtige Widersprüche, die zwischen den vorgestellten Modellen auf der theoretischen Ebene bestehen, zu erfassen und metatheoretisch zu integrieren. Im Rahmen dieser Untersuchung wurden diese Widersprüche bewusst ausgeklammert, allerdings dürfte ihre Berücksichtigung im weiterführenden Diskurs von Interesse sein. Dies gilt z.B. 1) für die anthroposophischen Implikationen in Glasls Modell (vgl. Glasl 2004a), welche nicht immer gänzlich vereinbar mit Wilbers Modell der menschlichen Psyche sein dürften oder 2) von Galtungs Seite, seine von Wilbers

Theorie abweichende Deutung des Begriffs der „Spiritualität" (Galtung setzt dies mit dem Begriff der „immanenten Religion" gleich [vgl. Galtung 1998, 2008], was im Kontext des IA eine fast entgegengesetzte Bedeutung erhält). 3) Ein anderes Beispiel wäre, dass das Modell von Mindell in Bezug auf die Zulässigkeit, Analogien zwischen dem GEIST und dem Quantenvakuum zu ziehen, zu anderen Schlüssen kommt als der IA (vgl. 5.1.7.). Ohne näher auf diese sehr komplexen Diskurse einzugehen, sei festzuhalten, dass zwischen allen Ansätzen durchaus auch gewichtige Widersprüche bestehen (wenn man nach ihnen sucht). Diese lassen sich insofern „lösen", indem man bestimmt, welcher Ansatz die anderen aus seiner spezifischen Metaperspektive integriert. In diesem Fall wurden die Ansätze von Glasl und Galtung in die Metakontexte des IA „eingepasst" und aus dieser Perspektive interpretiert. Das Kapitel 6.1.2. wird hingegen einen anderen Kontext aufzeigen, in dem sich die Modelle von Wilber, Glasl und Galtung auf gleicher metatheoretischer „Augenhöhe" begegnen. Doch selbst diese Integration stellt nur eine Verknüpfung von „Ausschnitten" aller drei Ansätze dar, da die oben angedeuteten (epistemologischen) Widersprüche weiterhin ausgeklammert bleiben. Hieraus lässt sich im Allgemeinen für die Metatheoriebildung schließen, dass zwischen den Inhalten auf der theoretischen Ebene, aber auch zwischen der theoretischen und der metatheoretischen Ebene mannigfaltige Widersprüche bestehen können. Da Metakategorien klar auf der metatheoretischen Ebene anzusiedeln sind, indem sie, über verschiedene Gebiete hinweg, Muster ordnen, die nur auf dieser Ebene sichtbar werden, können und müssen sie nicht einen Grundkonsens zwischen Forschern innerhalb spezifischer Felder widerspiegeln (wie von Wilber behauptet, vgl. 4.1.). Vielmehr ist anzunehmen, dass es in den seltensten Fällen Konsens innerhalb spezifischer Forschungsfelder gibt und noch weniger Konsens über verschiedene Forschungsfelder hinweg. Hinzu kommt noch, dass wissenschaftliche Aussagen an bestimmte Paradigmen und Vorannahmen gebunden sind, die untereinander auch nicht zwangsläufig in einem Konsens sind.

2. Auf der metatheoretischen Ebene lässt sich stets über die Gültigkeit und den Nutzen der dem AQAL-Modell zu Grunde liegenden Annahmen über sog. „Orientierungsverallgemeinerungen" streiten. Dies lässt sich an zwei Beispielen darstellen.

   a) So würde die Vorstellung des „Zwischen" bei Varga von Kibéd den Bereich der Phänomenologie nicht ausschließlich dem OL-, sondern auch dem UL-Quadranten zuordnen.

Varga von Kibéd weist darauf hin, dass sog. „innere Zustände" „vielleicht in viel geringerem Maße als [...] üblich einzelnen Menschen zugeordnet und damit ‚in uns' gesehen werden" können. Vielmehr seien sie „als ‚zwischen uns' angesiedelt" aufzufassen (vgl. Varga von Kibéd 2003: 56). Nach Varga von Kibéd verdeutlichen Aufstellungsphänomene - welche alltäglich passieren -, dass die Trennung zwischen „Innen" und „Außen" unwirklich sei (vgl. ebd.: 58f.).

b) Ferner fällt auf (wie unter 5.1.8. diskutiert), dass Metakontexte, wie z.B. die Wilber-typische Verwendung von Ebenenmodellen, in der FuK tendenziell gemieden werden, da Hierarchien zumeist negativ mit „Unterdrückung" und „Gewalt" konnotiert sind. Hieran lässt sich z.B. erklären, weshalb Galtungs und Mindells Auffassungen von Spiritualität eher den Aspekt der Immanenz betonen und den Aspekt der Transzendenz tendenziell ablehnen. Allerdings hat sich auch gezeigt, dass „Holarchiemodelle" (welche ein ausgewogenes Verhältnis von Hierarchie und Heterarchie vorsehen) in epistemologischer Hinsicht durchaus sinnvoll sind. Es bleibt in den nächsten Sektionen zu erörtern, inwieweit das Entwicklungsmodell auch von relevantem praktischen Nutzen ist. Es wäre daher verfehlt, die vorherrschenden Vorbehalte in der FuK gegenüber entwicklungshierarchischen Modellen ausschließlich damit zu erklären, dass Kritikern auf der Ebene des grünen Mems stehen geblieben seien (was Wilber oft angelastet wird). An dieser Stelle zeigt sich die generelle, jeder Metatheorie inhärente, Gefahr (vom Marxismus bis hin zum IA), sich von Kritik zu immunisieren und Einwände, die sich in einem anderen Kontext als fruchtbar erweisen, auszuklammern.

3. Ferner lassen sich Metakategorien stets unterschiedlich kontextualisieren, was im Rahmen des AQAL v.a. an der Ebenen- und der Quadrantendimension ins Auge fällt. Dies ist stets im Hinterkopf zu behalten, um unnötigen ideologisierten Debatten (über die „wahre" Auslegung der Metakategorien) vorzubeugen. Im Folgenden gebe ich drei Beispiele über Möglichkeiten, das Quadrantenmodell zu verschachteln:

   a) So lässt sich oberflächlich gesehen z.B. die „neurolinguistische Programmierung" (NLP) einfach dem Quadranten OR zuordnen (wie z.B. in einem Schema des integralen Psychotherapeuten Weinreich unter ders. 2005: 157). Aus einer tiefer gehenden Perspektive wäre diese Zuordnung aber ungenau, zumal der Komplex der NLP Subdisziplinen, wie z.B. die Selbsthypnose (OL), die kommunikative und gestalttherapeutische (UL) und systemwissenschaftliche Aspekte (UR) enthält (näher hierzu vgl. z.B. Seymour/O'Connor 2009), welche sich nicht dem OR-Quadranten zuordnen. So gesehen würde eine Disziplin, die sich aus einer oberflächlichen Perspektive nur einem Quadranten zuordnet, aus einem tiefer gehenden Blickwinkel alle vier Quadranten abdecken. Auf diese Art der Verschachtelung werde ich in der Metamodellbildung in Sektion IV immer wieder zurückgreifen.

b) Wilbers Acht-Horizonte-Modell stellt wiederum eine andere Möglichkeit dar, das Vier-Quadranten-Modell in weitere Subkategorien zu verschachteln. An dieser Stelle ist es wichtig anzumerken, dass sich bei der Einordnung derselben Inhalte bei beiden Modellen signifikante Unterschiede zeigen können. Hierauf hinzuweisen ist wesentlich, da ich im Rahmen dieser Arbeit immer wieder auf beide Modelle zurückgreifen werde. Hierbei bevorzuge ich das Acht-Horizonte-Modell für epistemologische und das Vier-Quadranten-Modell für heuristische und praxisbezogene Darstellungen. Im Rahmen der bisher erfolgten Untersuchung lässt sich dieser Unterschied gut am Beispiel der Einordnung der Psycho-Soziodrama-Methode aufzeigen: So wurden im vorliegenden Acht-Horizonte-Modell (Abb. 19) jene Inhalte, die die „emotionale Tiefenstruktur zwischenmenschlicher Beziehungen" wiedergeben, dem Außenbereich des intersubjektiven UL-Quadranten zugeordnet. In einem einfachen Vier-Quadranten-Modell würden sich hingegen alle Inhalte, die mit „Struktur" zu tun haben, im interobjektiven UR-Quadranten einordnen.

c) Das letzte Beispiel handelt von einem offen gebliebenen Streit um konkurrierende Interpretationen des AQAL in Bezug auf den „Prozess des echten Wissenserwerbs". Gegenüber Wilbers „drei Strängen zum echten Wissenserwerb" (vgl. 4.1.) weist der integrale Theoretiker Mark Edwards darauf hin, dass ein Schritt der Dateninterpretation fehlen würde. Im Quadrantenmodell wäre dies nach Edwards im Prinzip auch vorgesehen – so ordnet er die Injunktion dem Quadranten OR zu, die Datenintuition dem OL-Quadranten, die Dateninterpretation UL und die Verifikation/Falsifikation dem Quadranten UR. Alle vier Schritte zusammengenommen würden einem integralen, sich stets wiederholenden „Zyklus" des Wissenserwerbs entsprechen, welcher sich elegant im Quadrantenmodell darstellen ließe (vgl. Edwards 2000). Wilber wendet gegenüber Edwards' Verbesserungsvorschlag ein, dass eine exakte Passgenauigkeit dieser Schritte mit dem Quadrantenmodell nicht gegeben sei. Er führt an, dass sich alle drei Schritte grundsätzlich in allen vier Quadranten ausprägen können und sich daher nicht beschränken ließen. Dies gelte z.B. für kontemplative Injunktionen und Datengewinnungen, die sich nicht im OR-, sondern ausschließlich im OL-Quadranten ausprägen. Edwards würde aber den Schritt der Injunktion ausschließlich im OR-Quadranten verorten. Zudem sei nach Wilber die interpretative Komponente des UL-Quadranten stets in allen drei Strängen vertreten und ein zyklischer Vorgang sei ohnehin gegeben (vgl. Wilber 2000). In dieser kleinen Debatte deutet sich beispielhaft an, dass beide hier vertretenen Positionen in ihrem jeweiligen Kontext durchaus Recht haben, da sie, jede für sich, eine in sich logische, aber dennoch voneinander abweichende Interpretation der drei Stränge sowie des Quadrantenmodells aufweist. Während Wilber alle vier Quadranten in einem strikt synchronen Verhältnis zueinander verstanden wissen möchte (und diese *nicht* mit den sequenziell aufeinander folgenden drei Strängen gleichsetzt, sondern eher alle Quadranten in jedem Strang gleichzeitig präsent sieht), tendiert Edwards zu einer Interpretation, die die Quadranten in ein sequenzielles Verhältnis stellt (und diese auf die Ebene der aufeinander folgenden drei Stränge überträgt, woraus sich dann vier Stränge ergeben). Über diese unterschiedlichen Grundannahmen haben sich aber beide Vertreter vorher nicht verständigt. Dabei ließen sich die Beiträge beider Modelle durchaus miteinander zu kombinieren, vorausgesetzt, man fasst beide Positionen nicht in einem Entweder-oder-, sondern in einem Sowohl-als-auch-Verhältnis auf: Edwards Beitrag sieht vor, drei Stränge um einen Schritt zu ergänzen und damit zu einem Vier-Stränge-Modell auszubauen und, auf Grund der sich hieraus ergebenden konzeptionellen Einfachheit, mit dem Vier-Quadranten-Modell gleichzusetzen. Wilbers Beitrag besteht zum anderen darin, alle Stränge/ Schritte multidimensional aufzufassen und daher in jedem einzelnen dieser Schritte das Vier-Quadranten-Modell synchron zu berücksichtigen. Das Ergebnis würde also ein modifiziertes ineinander verschachteltes Quadrantenmodell vorsehen, welches einerseits auf der Oberfläche eine sequenzielle Abfolge der Quadranten impliziert (hier: im Kontext der aufeinander folgenden Stränge), andererseits, innerhalb jedes Quadranten, ein synchrones Verhältnis aller

Quadranten berücksichtigt. Der Ansatz eines ineinander verschachtelten Quadrantenmodells - und damit: eine dialektische Lösung dieser Debatte - ist m.E. bei beiden Denkern bereits angelegt: Einerseits in Wilbers Acht-Horizonte-Modell, andererseits in Edwards' Sextanten-Modell (vgl. 7.1.1.).

Aus den hier skizzierten Punkten erwachsen nicht nur Einsichten über Begrenzungen und Konfliktpotenziale des AQAL-Modells, sondern auch im Allgemeinen über Metatheoriebildungen an sich. Ich komme zur Schlussfolgerung, dass jede Metatheorie, unabhängig davon, wie umfassend ihr Anspruch ist, stets einen zwangsläufig begrenzten Wahrnehmungsrahmen aufweist, der sich unterschiedlich kontextualisieren und durch alternative Perspektiven ergänzen lässt. Wie sich jetzt schon herausstellt, scheint EINE „Theorie von Allem", wenn sie frei von Immunisierung und Ideologisierung sein soll, nicht möglich.

SEKTION III: METHODOLOGIE: HEURISTISCHE INTEGRATION DIALOGISCHER KONFLIKTBEARBEITUNG

VI. VORSCHLÄGE ZUR HEURISTISCHEN INTEGRATION DER VORGESTELLTEN METHODEN

Auf der Basis der Ergebnisse in der vorherigen Sektion soll nun ein allgemein anwendbares Grundgerüst skizziert werden, das Lagebeurteilungen, Entscheidungsfindungen und Problemlösungen von Menschen in komplexen Konfliktsituationen ermöglicht.

Wie im letzten Kapitel dargestellt, erweisen sich die Metakategorien des AQAL als begrenzt, aber es ist möglich und sinnvoll, diese nach den Erfordernissen des jeweiligen Metakontexts zu modifizieren. Da sich das AQAL hier im heuristischen Rahmen als nicht ausreichend erweist, erscheint die Formulierung ergänzender Orientierungsverallgemeinerungen als sinnvoll, welche näher an den Kontext der Dialogführung angepasst sind. In Anlehnung an die Gegenüberstellung der COMPAIR-Methoden und der Reflexion ihrer Holismusstrategien (3.8) scheinen sich mindestens zwei einander ergänzende Ansatzpunkte zu ergeben: Zum einen die Perspektive eines „umfassenden" (6.1.) und zum anderen eines „breitenwirksamen" Integrationsgerüsts (6.2.).

Angelehnt an der *umfassenden* Perspektive, die sich aus den praxisbezogenen Metakategorien der sehr holistischen Ansätze von Galtung und Glasl ergibt, lassen sich in Ergänzung zum AQAL Grundzüge eines Integrationsgerüsts skizzieren, das - mittels horizontaler und vertikaler Kategorien - möglichst viele Aspekte der dialogischen Konfliktbearbeitung berücksichtigen und in einen „übergreifenden" gemeinsamen Zusammenhang bringen kann (6.1.).

Die Überlegungen lassen sich in unterschiedliche Bereiche vertiefen und umkontextualisieren. Wie oben bereits festgestellt, bietet sich hierbei eine weiterführende Reflexion der vertikal designten Ebenenkategorisierung in zwei Varianten an (6.1.1. und 6.1.2.): Das Ebenenmodell kann einerseits als ein Interventionsspektrum formuliert werden, das sich nach dem „Evolutionsgrad" des Konfliktes, der Beteiligten und der Interventionsinstrumente richtet (6.1.1). Zum anderen bietet sich an, das vertikale Interventionsspektrum am Eskalationsgrad des Konfliktes hin zu orientieren. Ziel ist es, ein flexibles Raster „sui generis" zu erstellen, das möglichst vielen allgemeinen Aspekten in der Konfliktbearbeitung Rechnung trägt und in einen Zusammenhang setzt (6.1.2.). Im Anschluss wird erörtert, inwieweit beide Ebenenmodelle in einem einander ergänzenden Gesamtzusammenhang gesehen werden können und welche allgemeinen heuristischen Schlüsse sich aus dem AQAL ziehen lassen (6.1.3.).

Neben der unter 6.1. darzustellenden umfassenden Integrationsperspektive ergibt sich, u.a. in Anlehnung an die GFK, ein Ansatz des sog. „kleinsten gemeinsamen Nenners". Anhand einer Gegenüberstellung der GFK und einem repräsentativen Spektrum anderer Dialogmethoden soll ein *„breitenwirksames"* Muster der Konfliktbearbeitung herausgefiltert werden, das, über die vorgestellten Methoden hinaus, allen mediativen Ansätzen weitgehend immanent ist. Hieraus erhoffe ich mir, zusätzliche Orientierungsverallgemeinerungen ableiten zu können, die für ein heuristisches und darüber hinaus für ein praxeologisches Integrationsgerüst geeignet sind (6.2.).

6.1. Umfassende Integration unterschiedlicher Herangehensweisen der Konfliktintervention in zwei AQAL-Modelle

Im Folgenden werden zwei Möglichkeiten untersucht, unterschiedliche Herangehensweisen der Konfliktintervention in die vertikalen (Ebenen, Zustände) und horizontalen Untersuchungsdimensionen (Quadranten, Typen, Linien) des AQAL zu integrieren. Im ersten Versuch wird das Ebenenmodell im für die „traditionelle" Auslegung des IA typischen Sinne als „entwicklungsorientiertes" Integrationsmodell interpretiert und in einem entsprechenden heuristischen Metamodell dargestellt (6.1.1.). Im zweiten Versuch werden die Ebenen in einem „eskalationsorientierten" Metakontext dargestellt (6.1.2.). Abschließend werden beide Modelle miteinander in Beziehung gesetzt (6.1.3.).

6.1.1. Integrale Bearbeitung von Intra- und Inter-Konflikten mit einem entwicklungsorientierten Gerüst

Wie an verschiedenen Stellen erörtert, wird in der traditionellen Interpretationsweise von Wilber die vertikale Ebenendimension im Kontext einer ineinander verschachtelten Entwicklungshierarchie verstanden. Dies hat für die grundlegenden Annahmen bei der Konfliktbearbeitung und der Anwendung geeigneter Mittel entsprechende Konsequenzen:

Ein integrales Gerüst der Konfliktbearbeitung sieht vor, alle Konfliktakteure auf allen Ebenen zu „entwickeln". Dieses Konzept trifft sich haargenau mit der Definition des Experten für Entwicklungspolitik Franz Nuscheler: In Anlehnung an die Philosophen Leibniz und Kant definiert er Entwicklung als das aktive „Sich-Entwickeln [= Evolution] durch das Auswickeln [Ausfalten] der eigenen [eingefalteten] Fähigkeiten [= Involution]," um spezifische „Problemlagen zu meistern" (vgl. Nuscheler 2006: 226). Bei der Entwicklung geht es jedoch nicht darum, die höheren Ebenen zu bevorzugen, sondern jede Ebene der Existenz in ihrer gesunden Form zu integrieren, da sie ein „absolut notwendiges und wünschenswertes Element der Gesamtspirale [...] des gesamten Spektrums des Bewusstseins" (Wilber 2001a: 70) darstellt. Dies bedeutet für einen „gesunden" Entwicklungsprozess, dass die Wichtigkeit einer jeden Ebene berücksichtigt und im Gesamtspektrum integriert werden muss. Entwicklung vollzieht sich im weitesten Sinne auch stets linear, d.h. dass kein Entwicklungsschritt übersprungen werden kann. Keiner „von ihnen kann ohne schwerwiegende Folgen für das Ich und die Gesellschaft verächtlich gemacht werden", denn: „Die Gesundheit der gesamten Spirale ist die primäre Direktive" (ebd.: 70). Selbst wenn jede Gesellschaft den Bewusstseinsstand höchster Weisheit erreicht hätte, könnte nicht ignoriert werden, dass jedes in jeder Gesellschaft geborene Kind alle Bewusstseinsebenen im Laufe seiner Entwicklung zu durchlaufen hat. Für jede Person, die sich in integralen oder transpersonalen Bewusstseinsebenen bewegt, werden Dutzende ins Archaische geboren. Daher liegen nach Wilber die notwendigen Revolutionen heute nicht in einem kollektiven Sprung in transpersonale Bewusstseinsebenen, sondern in Veränderungen, die auf den fundamentalen Ebenen der magischen, mythischen und rationalen Weltwahrnehmung erreicht werden können, weil sie die meisten Menschen auf der Welt betreffen. Eine integrale Vision wäre demnach „eines der am wenigsten dringlichen Probleme auf der Oberfläche unseres Planeten" (Wilber 2001a: 71).

Für ein evolutionär verstandenes Interventionsspektrum würde dies konkret bedeuten, dass sich der Einsatz der Mittel am jeweiligen Entwicklungsstand der Konfliktakteure oder des Konfliktsystems ausrichten muss. Inwieweit dieses Schema eine integrierte Anwendung bei der Bearbeitung von Intra- und Inter-Konflikten erlaubt, bleibt im Folgenden näher zu untersuchen. Da der Schwerpunkt der auf COMPAIR vorgestellten Methoden und damit auch dieser Arbeit eher in der Bearbeitung von Inter-Konflikten liegt, soll dieser Konfliktdimension eine höhere Priorität eingeräumt werden. Daher wird das folgende Kapitel vergleichsweise kurz ausfallen.

6.1.1.1. Bearbeitung von Intra-Personen-Konflikten im Rahmen einer Integralen Psychotherapie

Die Integrale Psychologie stellt eines der am intensivsten ausgearbeiteten Anwendungsgebiete des IA dar. Sie wurde von Weinreich in seinem viel versprechenden Werk (ders. 2005) zu einer „integralen Psychotherapie" weiterentwickelt und könnte als eine Pionierarbeit für die integrale Bearbeitung von Intra-Konflikten verstanden werden. Das Konzept fußt auf der Annahme, dass im Akteursmodell (vgl. 4.2. bis 4.4.) unterschiedliche Pathologien auftreten können, welche auf Grund der komplexen Wechselwirkungen innerhalb und zwischen allen Akteursdimensionen (Ebenen, Linien, Typen, Quadranten, Zustände) einer integrierten Herangehensweise bedürfen. Im Rahmen einer integralen Therapie sind nach Wilber v.a. die Ebenendimensionen von besonderer Bedeutung. Ein einfaches Interventionsspektrum einer psychotherapeutischen Intra-Konfliktbearbeitung ließe sich in Anlehnung an Wilber und Weinreich - ohne Anspruch auf Vollständigkeit zu erheben - wie folgt skizzieren:

- *Drehpunkt 0: undifferenziert:* Dieser Drehpunkt umfasst die Entwicklung im und die Lösung vom Mutterleib bis zur Geburt (vgl. Wilber 2002a: 662). Physisches Selbst und physische Welt sind noch nicht ausdifferenziert. Dieses „Einheitsbewusstsein" ist nach Wilber jedoch nicht spiritueller Art, weil noch kein Selbst existiert, das transzendiert werden könnte (vgl. ebd.: 208-213). Die diesem Drehpunkt eigenen Pathologien umfassen eine „somatisch-mystische" Verschmelzung mit der Umwelt, Involutionsdepressionen, schwere sadomasochistische Deviationen, „nicht auf diese Welt gehören", messianischer Wahn. Therapieformen, die den Inhalten dieser Ebene gerecht werden, umfassen Ruhigstellen, anschließend intensiv-regressive Therapien, wie z.B. holotropes Atmen (Grof) oder Primär-Therapie (Janov) (vgl. Weinreich 2005: 92f.)
- *Drehpunkt 1: physisch sensorisches Selbst, archaisches Weltbild (Beige):* Es bildet sich eine erste Ausdifferenzierung zwischen physischem Selbst und Umwelt aus (vgl. Wilber 2002a: 213f.): Das Durchschnittsalter auf dieser Bewusstseinsebene beträgt etwa 0-18 Monate. Die Abwehrmechanismen (nach Freud) des physischen Selbst sind schwach ausgeprägt und implizieren u.a. halluzinatorische Wunscherfüllung und eine Verzerrung von Wahrnehmungen. Pathologien dieses Drehpunktes umfassen das Gefühl, „nicht zu wissen, wo das Ich aufhört und die Umwelt anfängt" und schizophrene Psychosen (Halluzinationen, Wahn). Ähnlich wie auf Drehpunkt 0 müssten sich entsprechende Therapiemaßnahmen auf das Ruhigstellen während der akuten Episode und später auf intensiv-regressive Therapien konzentrieren (vgl. Weinreich 2005: 93-98).

- *Drehpunkt 2: phantastisch-emotionelles Selbst; magisches Weltbild (Violett/Purpur)*: Ein emotionelles Selbst bildet sich heraus, kann aber auf dieser Ebene noch nicht zwischen Innen und Außen differenzieren. Das Durchschnittsalter dieses Drehpunktes beträgt 1-3 Jahre. Abwehrmechanismen dieses Drehpunktes implizieren u.a. die Verschmelzung mit den Gefühlen anderer Menschen. Die dieser Ebene zu Grunde liegende Pathologie zeigt sich darin, den Anderen als Erweiterung des eigenen Selbst zu behandeln (Narzissmus) oder in einem fragilen Selbst, dessen Grenze von anderen ständig überschritten wird (Borderline). Therapiemaßnahmen, um diesem zu begegnen, sind strukturbildend-stützend (Hilfe, ein echtes Selbst zu entwickeln), z.B. psychoanalytische Ich-Psychologie, Objektbeziehungstherapie, Körpertherapien, New Identity Prozess (Casriel) (vgl. Weinreich 2005: 98-101).
- *Drehpunkt 3: begriffliches Selbst; magisch-mythisches Weltbild (Rot)*: Das Durchschnittsalter beträgt 3-6 Jahre. Mit der Fähigkeit eines mentalen Selbst, das ab jetzt Körper und Gefühle beherrschen kann, treten zum ersten Mal Konflikte im Individuum in Erscheinung, die sich zu Psychoneurosen ausprägen können: z.B. Über-Ich gegen Es (Hemmung), Es gegen Ich (Angst, Besessenheit) oder Über-Ich gegen Ich (Schuld, Depression). Diese Konflikte gehen mit dem Abwehrmechanismus der Verdrängung einher. Angemessene Therapieformen haben einen aufdeckenden Charakter (Verdrängungsschranke aufheben, Kontakt mit verdrängten Gefühlen/Schatten), z.B. Psychoanalyse, Ich-Psychologie, Schatten-Arbeit nach Jung, Focusing, Körpertherapien (vgl. Weinreich 2005: 101-104).
- *Drehpunkt 4: Rollenselbst/ethnozentrisches Ego; mythisches Weltbild (Blau):* Das Durchschnittsalter dieser Bewusstseinsebene beträgt 6-12 Jahre. Die Abwehrmechanismen umfassen mehrdeutiges Verhalten, verdeckte Absichten und gehen mit sog. Skript-Pathologien, sprich: falschen Vorstellungen über das eigene Rollen-Selbst, einher. Hierzu zählen z.B. die Rollenkonfusion oder die Übernahme dysfunktionaler Rollen. Entsprechende Therapieformen sind kognitiv und interpersonell, z.B. Transaktionsanalyse, kognitive Verhaltenstherapie, systemische Therapie, Familientherapie, Archetypen-Arbeit nach Jung (vgl. Weinreich 2005: 105-107).
- *Drehpunkt 5: Weltzentrisches/reifes Ego; Rationalität (Orange)*: Das Durchschnittsalter eines „reifen" rationalen Egos beträgt 12-19 Jahre. Die dazugehörigen Abwehrmechanismen implizieren Unterdrückung von Impulsen, Antizipation und Sublimierung. Pathologien umfassen Identitätskrisen, wie der

Fromm'schen „Angst vor der Freiheit". Es stellt sich die Kernfrage: „Wer bin ICH ohne meine Rollen?" Therapieformen, um diesen Problemen zu begegnen, sind vom Charakter her introspektiv. Sie umfassen z.B. die rational-emotive oder die kognitive Therapie sowie die Gesprächspsychotherapie (vgl. Weinreich 2005: 107-110).

- *Drehpunkt 6: Zentaurische Integration von Körper und Geist (Grün-Türkis):* Die Entwicklungsstufe des 6. Drehpunktes bringt existenzielle Pathologien mit sich über die eigene Endlichkeit, die Sinnlosigkeit des Lebens und des Todes etc. Unter den damit einhergehenden Abwehrmechanismen fallen u.a. aufgegebene Selbstverwirklichung und existenzielle Resignation. Therapieformen zur Bewältigung dieser Intra-Konflikte implizieren existenzielle Therapien (z.B. Logotherapie), die Förderung von Autonomie (z.B. Familienaufstellungen nach Hellinger) und die Unterstützung der Selbstverwirklichung (z.B. humanistische Psychologie, Gestalttherapie) (vgl. Weinreich 2005: 106-116).
- *Das transpersonale Bewusstsein des „Dritten Ranges":* Die Entwicklung in immer höhere Bewusstseinsbereiche bringt, auf Grund der hier erreichten Komplexität der Gesamtspirale, eine schier unbegrenzte Zahl an Pathologien mit sich. Hierbei kann es um die Integration unbewältigter Aspekte früherer Bewusstseinsebenen gehen (Pathologie: psychische Inflation) oder die Verarbeitung von plötzlichen Sprüngen auf transpersonale Ebenen (Gipfelerfahrung) (vgl. Weinreich 2005: 124f.). Die früheste und einfachste Pathologie bringt die Verleugnung der Existenz der eigenen Seele mit sich (vgl. Wilber 2001b: 126). Methodologisch gesehen, verortet sich hier der traditionelle Interventionsbereich der transpersonalen Psychologie und der spirituell-kontemplativen Praxis (vgl. Weinreich 2005: 124f.).

Das hier dargestellte Interventionsspektrum lässt sich um die Konzepte paralleler Entwicklungslinien bzw. „Störungskontexte" (Liniendimension) und synchroner Entwicklungsquadranten (Quadranten) ausweiten und im Rahmen der Arbeitsschritte „Diagnose" und „Therapie" einbeziehen, z.B.:

- Im Rahmen der *Diagnose* lassen sich in den inneren (linksseitigen) Quadranten z.B. Störungen des wahrgenommenen Körpers, kognitive Störungen, affektive Störungen etc. untersuchen und in den äußeren Quadranten z.B. Störungen des Verhaltens, der körperlichen Entwicklung etc. (vgl. Weinreich 2005: 84).

- Im Rahmen der *Therapie* ordnen sich z.B. systemische Therapiemethoden dem UR-Quadranten, medikamentenorientierte Therapien dem OR-Quadranten, Gesprächstherapien dem OL-Quadranten und familientherapeutische Verfahren dem UL-Quadranten zu.

Neben der Liniendimension bieten sich auf jeder Ebene in jedem Quadranten weitere Ausdifferenzierungsmöglichkeiten hinsichtlich der Berücksichtigung unterschiedlicher Typen (z.B. Persönlichkeitstypen/Enneagramme/etc. [OL], Gender/Kultur/etc. [UL], Verhaltenstypen [OR], Systemtypen [UR]) und Zustände (z.B. mystische Zustände oder Wach, Traum, Tiefschlaf) an. Typen und Zustände lassen sich aber aus Komplexitätsgründen schwierig in einem integralen Schema darstellen.

Daneben ist die Behandlung von Schatten, sprich: ins Unterbewusstsein verdrängter Persönlichkeitsaspekte, Gefühle etc., eine Dimension von weiterer besonderer Relevanz. Die psychotherapeutische Berücksichtigung von Schatten (und hieraus resultierend: von Projektionen) stellt einen wesentlichen Aspekt des „inneren Konfliktdialogs“ dar. Daher wird hierauf in Sektion IV noch näher einzugehen sein.

Im Allgemeinen liefert die unten stehende Tabelle eine sehr grobe und simplifizierte Skizze (allein schon in Bezug auf die sehr einfache Zuordnung der Methoden) mit beispielhaften Orientierungspunkten zur Integration unterschiedlicher Methoden, je nach Ebenen-, Linien- und Quadrantendimension.

Die Tatsache vorausgesetzt, dass ein einzelner Therapeut nicht alle Methoden wissen und beherrschen kann, versteht sich die Umsetzung einer wirklich „integralen Psychotherapie“ nur in Kooperation mit Kollegen, die sich auf ihre jeweilige Fachrichtungen spezialisiert, aber nicht fixiert haben.

<table>
<tr><th></th><th>Innen</th><th>Außen</th></tr>
<tr><td>individu-
ell</td><td><u>Subjektives Erleben (OL)</u>
Psychodiagnostik; alle Methoden, die helfen, gestörte Persönlichkeitsanteile durch Bewusstheit zu transformieren oder/und zu integrieren:
Individuelles Selbst (Ich)
• Auseinandersetzung mit einer bewussten Lebensphilosophie (Grundbedürfnisse, Ziele etc.)
• Intensiv-regressive Techniken (z.B. holotropes Atmen)
• Psychodynamische Ansätze
• Kognitive Verhaltenstherapie
• Humanistische Psychologie
• Transpersonales Selbst
• Seele: Therapiebegleitende spirituelle Praxis: Kontemplation, gegenständliche Meditation
• Ursprüngliches Selbst (Zeuge): Achtsamkeitsmeditation</td><td><u>Körper und Verhalten (OR)</u>
Medizinische Diagnostik, Verhaltensdiagnostik; alle Verfahren, die individuelles Verhalten verändern und entwickeln
Physisch
• Medizinische Interventionen aller Art: Ernährung, Vitamine etc.
• Sport, Hygiene
• Verhalten
• Verhaltenstherapie
• Training verschiedener Fähigkeiten
• Neurologisch
• Pharmakologisch
• Entspannungsverfahren: Autogenes Training, MindMachines, BioFeedback etc.
• Neurolinguistische Programmierung (NLP)</td></tr>
<tr><td>kollektiv</td><td><u>Beziehungskultur (UL)</u>
Beziehungsdiagnostik, alle Verfahren, die die Beziehungsfähigkeit qualitativ verbessern
Soziale Beziehungen
• Gruppentherapie
• Aufbau qualitativ neuer Beziehungen
• Training kommunikativer Kompetenzen
• Familientherapie
• Kultureller Kontext
• Qualitative Entwicklung von Weltsicht, Moral und Werten
• Moral
• Erweiterte Verantwortung, gesellschaftliches Engagement, praktiziertes Mitgefühl</td><td><u>Beziehungssysteme, soziale Situation (UR)</u>
Sozialdiagnostik; alle Methoden, die die Strukturen sozialer Systeme ändern
• Milieutherapie
• Training sozialer Kompetenzen
• Strukturell-systemische Ansätze
• Sozialarbeit: Hilfe bei Verantwortungsübernahme in Bezug auf Wohnung, Arbeit/Ausbildung und Finanzen
• Nachsorge, Selbsthilfegruppen
• Aufbau angemessener sozialer Strukturen</td></tr>
</table>

Tabelle 8: Einordnung psychotherapeutischer Verfahren im Quadrantenmodell (vgl. Weinreich 2005: 147, 155 und 157)

Das Prinzip des hier dargestellten Modells ähnelt in seiner Grundidee der unter 4.6. angedeuteten Integralen Transformativen Praxis (ITP)[82] zur Förderung eines gesunden (d.h. wenig gewalthaltigen) Tetra-Evolutionsprozesses.

Herausforderungen

Das hier dargestellte Konzept einer integralen Psychotherapie soll, auf der Basis eines komplexen Akteursmodells (vgl. 4.2. bis 4.4.) - v.a. auf der Grundlage der Ebenen-, Linien- und Quadrantendimension - zu einer Erweiterung der Kategorien der DSM IV, die heutzutage bei der Erstellung von Psychogrammen und Psychotherapien gängig sind, beitragen. Diese integrale Therapie müsste sich „wiederum auf die weiteren Forschungsergebnisse bezüglich der Wirkungen verschiedener transformierender Praktiken auf die einzelnen Hauptentwicklungslinien stützen. […] Wie wirkt sich [z.B.] Vipassana-Meditation auf die [Entwicklungslinie der „Ich"-Entwicklung] aus? Wie wirkt sich Meditation des Konzentrationstyps auf [die Entwicklungslinie der] Abwehrmechanismen aus?" (Wilber 2005b: 358) „In dieser Weise ließe sich nicht nur feststellen, welche Verfahren für welche Zustände indiziert sind, sondern auch - was mindestens ebenso wichtig ist - welche kontraindiziert sind (ebd.: 360)."[83]

Wilbers Modell stellt damit einen skizzenhaften Vorschlag dar, unterschiedliche Instrumente zur Diagnose und Therapie innerpersoneller Konflikte einzuordnen. Die dahinter liegende Annahme ist, dass der Akteur eine unübersehbare Vielzahl innerer Konfliktdimensionen birgt, deren Bearbeitung einer integrierten Perspektive bedarf. Von anderer Seite dürfte die Anwendung solcher integrierter Therapieformen auch auf den Therapeuten selbst, z.B. im Rahmen selbstreflektiver Inter- oder Supervisionsprozesse, notwendig sein. Wie aber bereits oben angedeutet, bleibt für eine „serienmäßige" praktisch-klinische Umsetzung dieses Modells auf konkrete Fäl-

---

82 Konkrete Umsetzung findet die ITP in der sog. „Integralen Lebenspraxis" (ILP) - ein „transformativ-übergreifendes Training, welches Dutzende von Praktiken in Form von vier Kern- (Körper, Verstand, GEIST und Schatten) und fünf Zusatzmodulen (Ethik, Sexualität, Arbeit, Emotionen, Beziehungen) organisiert und somit sämtliche AQAL-Dimensionen abdeckt. Die Grundregel für den Anwender besteht darin, wenigstens eine der vielen möglichen Praktiken aus jedem Modul durchzuführen (näher hierzu unter Wilber 2008a: 277-290; Wilber et al 2010). Auf zwei besonders wichtige therapeutisch-transformative Praktiken aus den Modulen „GEIST" und „Schatten" wird im Rahmen der Sektion IV noch näher einzugehen sein.

83 So empfiehlt sich nach Wilber z.B. keine gewahrseinsschulende Meditation bei Klienten mit Borderline-Erkrankungen, sondern eher Meditationsformen des Konzentrationstyps (vgl. Wilber 2005b: 359).

le eine Vielzahl von weiterführenden Forschungsfragen offen. M.E. stellen sich v.a. drei große Herausforderungen, die sich bei der Umsetzung dieses Modells ergeben und von deren Bewältigungserfolg auch die Relevanz des Modells abhängt:

1) Bei der Diagnose: Wilber betont, dass zu jeder Entwicklungslinie eine Fülle empirisch-klinischen Materials, v.a. Testverfahren zur Ermittlung der jeweiligen Ebene, erhältlich sei (vgl. Wilber 2005b: 271).[84] Unabhängig davon, ob all diese Verfahren sinnvoll und stimmig sind und angemessen die jeweilige „Linien-Pathologie" richtig erfassen können, stellt sich m.E. eine besondere Herausforderung schon im Aufwand, ein solch komplexes Psychogramm von einem Klienten zu erstellen.
2) Bei der Therapie: ein generelles Problem besteht m.E. in Bezug auf die Passgenauigkeit der einzelnen Therapieformen auf die Kategorien des Modells, v.a. hinsichtlich der Ebenen und Linien. Dies werde ich in Sektion IV in Bezug auf die meditativen Methoden näher problematisieren.
3) Beim Zusammenspiel von Diagnose und Therapie: Darüber hinaus scheint es noch viele Aspekte in der Diagnose und Therapie zu geben, die nicht von den fünf AQAL-Dimensionen erfasst werden und ergänzend eine entsprechende Schulung (inklusive der Kenntnis der DSM IV) voraussetzen,[85] was er-

---

84 Er führt z.B. Piagets méthode clinique, Mahlers auf Video dokumentierte Beobachtungen, Loevingers Tests der Selbstentwicklung, Kohlbergs und Gilligans moralische Untersuchungen auf der Grundlage empirischer Befunde bis hin zur „Fülle phänomenologischer Evidenz aus den großen kontemplativen Weisheitstraditionen" an (vgl. Wilber 2005b: 271). Ein weiteres prominentes Beispiel ist nach Wilber der Satzvervollständigungstest von Jane Loevinger, zur Erhebung der Bewusstseinsentwicklung von Egostrukturen bzw. Selbstwahrnehmungen (vgl. Wilber 2007b: I).

85 Zu dieser Schlussfolgerung komme ich nach der Lektüre unterschiedlicher skizzierter Fallbeispiele (mir sind leider kaum detaillierte anwendungsbezogene Beispiele von Wilber bekannt). In einem Fall empfahl er einem Klienten mit „Angstneurose, phobischen Elementen, konventioneller Moral, Verdrängungs- und Verschiebungsreaktionen, Zugehörigkeitsbedürfnissen und Persona-Selbst-Empfindung" folgende Therapie: „Aufdeckungs-Psychotherapie, Bioenergetik, Skript-Analyse, intensives Joggen oder Radfahren (oder eine andere Einzelsportart), Desensibilisierung, Traumanalyse/-therapie und Vipassana-Meditation (Wilber 2005b: 359)." Diese und andere Therapieempfehlungen sind für Kenner des IA, die aber in der Psychoanalyse und -therapie Laien sind, nicht nachvollziehbar. Auch stellen sich hierbei nicht nur Fragen, inwieweit das Verhältnis zwischen den einzelnen Therapieformen (kontra-)indiziert ist, sondern auch ob, inwieweit und wann Prioritäten- bzw. Schwerpunktsetzungen auf eine oder mehrere Therapiemethoden erforderlich sind (hier z.B. Skript-Analyse gegenüber Vipassana?).

hebliche Anforderungen an den Therapeuten bzw. den Konfliktbearbeiter stellt. Um die Abstimmung von Diagnose (Konfliktanalyse) und Therapie (Konfliktlösung) zu optimieren, ist die Einführung einer Art Evaluationsschleife unerlässlich.

Aufschluss über diese und andere Herausforderungen werden vielleicht weiterführende Forschungen ergeben.

Auch wenn die auf COMPAIR vorgestellten Methoden ihren Schwerpunkt in der Bearbeitung von Inter-Konflikten haben, so lässt sich die Grenze zwischen der Intra- und der Inter-Akteursdimension in Konflikten nicht eindeutig trennen.

6.1.1.2. Entwicklungsorientierte Bearbeitung von Inter-Konflikten

Dem Entwicklungsmodell von Wilber liegt die Annahme zu Grunde, dass die Neigung zu Gewalt und zum Verletzen anderer abnimmt, je höher der Grad der Entwicklung ist. Der Grund liegt darin, dass ein hoher Entwicklungsgrad eine „Ausweitung" des eigenen Selbst beinhaltet und damit auch die Fähigkeit, in und mit den Standpunkten anderer Menschen zu leben und sie als einen Teil des eigenen Selbst zu verstehen (vgl. Wilber 2008b).

Zwar ist die Bearbeitung von Inter-Konflikten weniger stark im IA ausgearbeitet, doch lässt sich eine entwicklungsorientierte Zuordnung von Konfliktbearbeitungsmethoden entsprechend der o.g. Grundannahme ableiten. Eine wichtige Orientierungsfunktion bietet hierbei der Beitrag integraler Mediatoren wie z.B. Schweizer und Wurst (Wurst 2009: 71f.) oder der integralen Gestalttherapeuten Fuhr und Gremmler-Fuhr (Fuhr/Gremmler-Fuhr 2004: 168f.). Unabhängig voneinander unterscheiden sie mehrere, an das Entwicklungsmodell angelehnte Formen der Konfliktbewältigung. Konkret sprechen Wurst und Schweizer von „fünf bzw. sechs Konfliktlösungsformen […], welche sich danach einteilen lassen, ob sie auf Macht, Recht oder Interessen basieren (Wurst 2009: 7f.):"

Konfliktlösungsform		basierend auf:	^{W}Mem
Mediation	vermitteln	Interessen	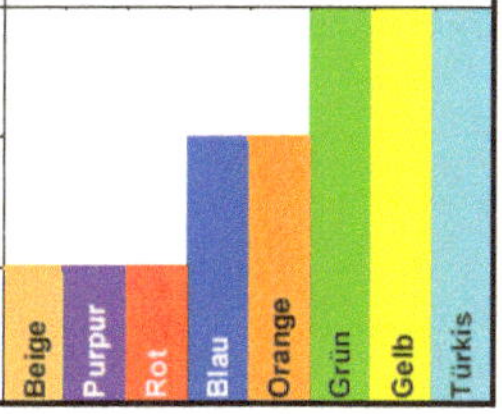
Negotiation (kooperativ)	verhandeln		
Arbitration	vorschlagen	Recht	
Litigation	verurteilen		
Negotiation (konfrontativ)	verhandeln	Macht	
Annihilation	vernichten		

Abbildung 23: Konfliktlösungsformen und Meme im Zusammenhang (Wurst 2009: 7)

In Anlehnung an den Ansatz von Wilber (vgl. hierzu Wilber 2001c: III) und der oben skizzierten Weiterentwicklung von Schweizer und Wurst (2009) skizziere ich im Folgenden eine erweiterte Einordnung unterschiedlicher Formen der Konfliktbewältigung im Entwicklungsebenenkontext, am Beispiel der SD. Eingeordnet werden hierbei neben den von Galtung (Abb. 5) und von Glasl (Abb. 3) unterschiedenen Formen der Konfliktbewältigung, die im Übrigen denen von Wurst/Schweizer weitgehend entsprechen, auch Überlegungen aus der sog. „traditionellen Konflikttransformation":

- *Beige - Rot*: Die Berücksichtigung von Formen der Konfliktbearbeitung, die sich aus der Sicht der SD auf den Ebenen Beige bis Rot einordnen, ist von besonderer Bedeutung im Umgang mit sub-staatlichen Akteuren und Gemeinschaften. Hierbei wäre verfehlt, die hier zugehörigen Formen der Konfliktaustragung ausschließlich auf „Annihilation" oder „konfrontative Negotiation" zu reduzieren. Je nach spezifischer lokaler Begebenheit finden sich eine Vielzahl traditioneller effektiver Versöhnungspraktiken, wie z.B. das hawaiianische Ho'o pono pono (vgl. 7.2.1.2.1.) oder afghanische Konsensregelungen in Form von Shuras oder Jirgas. Gemeinsam sind diesen Austragungsformen Rituale mit hoher Symbolkraft, i.d.R. auch gegenseitige materielle Wiedergutmachungen (vgl. Böge 2004: 8f.). Die Schlüsselrolle bei der Durchführung der Dialogformate spielen die legitimierten (i.d.R. aber offiziell nicht anerkannten) Führungspersonen der Konfliktparteien, wie Könige, Stammesführer, Heiler, weise Männer etc. Traditionelle Formen der Konfliktbearbeitung beinhalten durchaus ein breites Spektrum bewährter und konstruktiver Mittel, stellen aber andererseits keine Allheilmittel dar, zumal sie durchaus auch spezifische Nachteile aufweisen (z.B. gerontokratisch, nicht menschenrechtskonform). Abgesehen davon, deckt sich die „machtbasierte" Konfliktbewältigung nach Wurst/Schweizer durchaus mit Galtungs Kategorie 1: „Macht und Gewalt ist Recht" und mit Glasls äußerster Stufe der Konfliktintervention: „Machteingriff". Unter diesen Umständen könnte z.B. der Umgang mit pathologischen roten Akteuren Maßnahmen „legitimer Gewalt" vorsehen - ein Aspekt, der in weiterführenden Publikationen noch näher untersucht werden könnte.

- Zu den Leistungen *blauer* Konfliktbewältigung zählt z.B. das „Zur-Rechenschaft-Ziehen" von Tätern und damit die Vermeidung anarchischer Willkür. Politische Maßnahmen, die auf dieser Ebene erwirkt werden, implizieren autoritäre Konfliktregelung durch zentralistische, rechtsbasierte Ansätze, z.B. durch Rechtsprechung „von oben". Dies entspricht Galtungs

Kategorie 2: „Regel des Gesetzes“ und Glasls vorletzter Kategorie zur Bewältigung hoch eskalierter Konflikte, z.B. die „Court Connected Mediation“ oder „Arbitration“.

- *Orange* betont friedliche Rahmenbedingungen für wirtschaftliche und demokratische Entwicklung und Fortschritt - im Idealfall für jedes Individuum auf der Welt. Auf dieser Ebene finden sich alle Maßnahmen der Konfliktregelung; sprich: die auf rationale Kooperationsformen und Verhandlungen hinauslaufen. Hierunter fällt Galtungs Kategorie 4: „Kompromiss“ und Glasls „klassische Mediation“.
- Das *grüne* Mem betont kulturelle Sensibilität. Es spricht sich prinzipiell für Gewaltlosigkeit und Emanzipation aus. Ab dieser Ebene lassen sich alle Maßnahmen der Konfliktlösung einordnen. All diesen Maßnahmen ist gemeinsam, dass Konflikte aus einer mangelhaften Befriedigung unterschiedlicher Grundbedürfnisse sowie polarisierter Sichtweisen der Konfliktparteien resultieren. Diese erschließen sich v.a. über empathische Methoden des Dialogs. Im weitesten Sinne entspricht dies in Glasls Schema in etwa allen Mediationsansätzen, die in niedrigen und mittleren Eskalationsstufen Anwendung finden und daher sowohl präventiv als auch nachhaltig eingesetzt werden. Neben Dialogmethoden umfassen grüne Maßnahmen der Konfliktbewältigung das gesamte Spektrum der ZKB, also auch ökologischer, sozialer und kultursensitiver Friedensprojekte (vgl. hierzu auch Wilber 2001c: III). Wie die vorangegangenen Ebenen fördert auch Grün Pathologien zu Tage. Zum einen kann die Forderung nach kultureller Gleichberechtigung schnell in kulturellen Relativismus umschlagen. Für Wilber ist es ein bezeichnendes Beispiel für das Umsichgreifen des „Mean Green Meme“ (MGM). In der Weltpolitik äußert sich nach Wilber das MGM z.B. in folgenden zwei Paradoxien: Zum einen tendiert das MGM in ihrer Kritik gegenüber der eigenen Regierung (Blau, Orange) zu Solidarisierungen mit pathologischen roten Akteuren.[86] Zum anderen zeigt sich, dass grüne Menschenrechtsstandards, Dialog und Sensitivitätstrainings zur Bewältigung rot motivierter Gewalt nicht geeignet seien (vgl. Wilber 2001c: I).

86 Hierbei führt Wilber z.B. die Proteste gegen den völkerrechtswidrigen Angriff der USA auf den Irak an, die weitaus größer waren als die Proteste gegen die schwerwiegenden Übergriffe und Massenmorde (ca. 400.000 Menschen), die Saddam Hussein zuvor gegenüber seiner Bevölkerung (insbesondere den Kurden) verübt hatte. Wilber betont, dass beides protestwürdig war, doch standen die Protestaktionen nie in angemessenem Verhältnis zueinander (vgl. Wilber 2001c: I).

- Eine *Zweite-Rang-Perspektive (Gelb, Türkis)* würde diese grünen Paradoxien transzendieren. Es würde erkannt werden, dass alle Meme ihren Anteil einbringen. Demgemäß kann die rote Gewalt der sog. „neuen Kriege" nicht mit Sensitivitätstrainings gestoppt werden, sondern bedarf u.a. auch kurzfristig orientierter und der Ebene angemessener Interventionen, wie z.B. militärisches Drohpotenzial. Die These ist, dass eine ganzheitliche Konfliktbearbeitung berücksichtigen würde, dass „Entwicklung" ein Ad-Hoc-Prozess ist. Dieser Prozess könne nicht von außen vorgegeben werden, schon gar nicht mit einer unangemessenen Messlatte. Um „zivilisierte" demokratische (Orange) und pluralistische Friedenskulturen (Grün) herauszubilden, müssten die betroffenen Akteure einen eigenen Entwicklungsprozess durchlaufen. Hierbei könnten die Ebenen der Feudalgesellschaft (Rot), des autoritären Nationalstaats (Blau) und der Industriegesellschaft (Orange) nicht übersprungen werden. Dementsprechend finden alle Entwicklungsstufen ihren wertvollen Ausdruck in einer Gesamtspirale (vgl. Wilber 2001c: I). Schwierig bei der Einschätzung von Zweiter-Rang-Maßnahmen und -Forderungen ist der Umstand, dass sie „chamäleonartig" und daher schwer zu erkennen sind (vgl. Wilber 2005a). Entsprechend sind sie nach Wilber v.a. bei Grün umstritten, weil sie paradox und in gewissem Sinne „doppelmoralisch" anmuten. Unter diesem Gesichtspunkt könnte z.B. die politische Forderung einer „kollektiven Verantwortung" zum globalen Schutz individueller Menschenrechte mindestens als Gelb angesehen werden, sofern diese Maßnahmen nicht missionarischen (Blau), geostrategischen Machtinteressen (Orange) oder idealistischer Naivität (Grün) folgen. Politisch steht das Zweite-Rang-Bewusstsein für die Vision einer multilateral getragenen Global Governance ein, in der alle Wertesysteme des ersten Ranges in ihrem Raum existieren. Eine multilaterale Weltpolizei wäre nötig, um sicherzustellen, dass kein Mem des Ersten-Ranges andere kolonialisiert (vgl. ebd.; vgl. Wilber 2003d). Generell können den Ebenen des Zweite-Rang-Bewusstseins alle Ansätze einer ganzheitlichen Konfliktbearbeitung, die kurzfristige und nachhaltige Strategien integriert, zugerechnet werden. Eine holistische Konfliktwahrnehmung zeichnet sich also dadurch aus, dass sie alle unterschiedlichen Formen des Konfliktumgangs (z.B. Zwang, Anpassung, Vermeidung, Kompromiss und kreative Zusammenarbeit) flexibel berücksichtigt und angepasst an die Erfordernisse der jeweiligen Situation einsetzt. Integrierende Konzepte, wie die Konflikttransformation, das

Glasl'sche Konfliktmanagement und der IA selbst, dürften sich demgemäß dieser Ebene zuordnen lassen.

- Die *spirituelle Dritte-Rang-Perspektive* impliziert zum einen Ansätze, die auf eine sehr subtile Gewaltprävention (vgl. z.B. Laotse Kap. 64), zum anderen auf eine Art von „Konfliktauflösung" durch Selbst-Transzendenz hinauslaufen. Letzteres geht mit dem Aspekt des „Annehmens" einer Problemsituation einher. Ein weiterer Aspekt ist, dass die transmentale Dritte-Rang-Perspektive von außen betrachtet noch paradoxer als die Zweite-Rang-Perspektive wirken kann. Der Widerspruch liegt hierbei nicht nur im Gegensatz von Gewalt vs. Nicht-Gewalt, sondern viel fundamentaler im Paradoxon Sein vs. Tun (vgl. Wilber 1996): Die aus der spirituellen Ebene heraus handelnde intervenierende Partei ist sich einerseits bewusst, dass alles im Kósmos so verläuft, wie es verlaufen muss („Sein"). Andererseits muss umso härter für die Gesundheit der Gesamtspirale gearbeitet werden („Tun"): „There are no others to save; therefore, I vow to save them all" (Wilber 2001c: III).

In Anlehnung an das hier skizzierte Modell dürften sich die GFK, die SySt und das Psycho-Soziodrama der Ebene Grün im Ersten-Rang-Bewusstsein zuordnen lassen: Sie alle implizieren die Grundauffassung der Konfliktlösung, weil sie den Konflikt nicht auf seiner Sach-, sondern auch auf seiner Beziehungsebene bearbeiten. Glasls Konfliktmanagement und Galtungs Transcend-Methode sind hingegen sehr holistisch, integrieren sowohl kurz- als auch langfristige Methoden und lassen sich m.E. eher dem Zweite-Rang-Bewusstsein zuordnen. Die buddhistische Methode eignet sich sowohl zur mediativen Konfliktlösung (Grün) als auch für die meditative „Konfliktauflösung" (Dritter-Rang). Die Prozessarbeit nach Mindell lässt sich demgegenüber am schwersten einordnen. Wilber würde die Methode auf Grund ihrer epistemologischen Ausrichtung an das Neue Paradigma wahrscheinlich dem grünen Mem zuordnen; Mindell würde wohl demgegenüber betonen, dass der heuristische Fokus seiner Methode ebenenübergreifend und „fließend" ist - ein Kriterium, das nach Wilber den Zweite-Rang-Ebenen entspricht. Die heuristische Berücksichtigung subtiler spiritueller Zustände weist sogar auf den Dritten-Rang hin. Wir sehen also, die Anwendungsgebiete der auf COMPAIR vorgestellten Methoden lassen sich in einem entwicklungsorientierten Ebenenkontext nicht immer schlüssig in das von Wilber verwendete Ebenenspektrum einordnen. Eindeutiger scheint aber (nach diesem Modell), dass sich der heuristische Fokus dieser Arbeit - Konfliktbearbeitung im Dialog - ab einer post-modernen Entwicklungsstufe ansetzt. Eine unverbindliche Einordnung der

COMPAIR-Methoden in einer Wilber-typischen, entwicklungsorientierten Interpretation des Ebenenmodells könnte wie folgt aussehen:

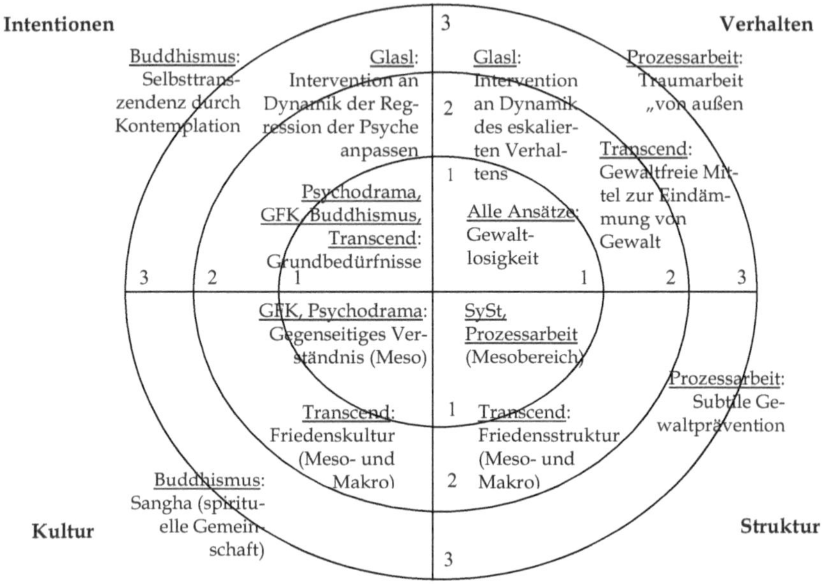

Abbildung 24: Integration aller Methoden in ein entwicklungsorientiertes Gerüst (Eigenanfertigung)

Wie schon im vorherigen Kapitel dargestellt, erweist sich eine Ebenenzuordnung von Methoden in vielerlei Hinsicht als ungenau. Wilber versucht diesem Umstand mit einem differenzierteren Ebenenmodell Rechnung zu tragen, indem er in einem Zwei-Achsen-Modell (ähnlich der Abb. 12) einerseits die Ebene des Anwenders [Epistemologie] und andererseits die Ebene der Person(en), auf die die Methode angewendet wird [Heuristik], unterscheidet. Dies lässt sich kurz am Ansatz von Karl Marx darstellen. Nach Wilber wird dieser Ansatz oft als eine „Form des Materialismus" bezeichnet (vgl. Wilber 2001a: 210); mit anderen Worten: sie hat einen heuristischen Bezug auf der Ebene materieller Grundbedürfnisbefriedigung (Beige). Andererseits würde sich Marx selbst nicht dieser Ebene zuordnen lassen, vielmehr wäre er ein „sehr rationaler Denker" (vgl. ebd.: 210); mit anderen Worten: die epistemologische Urheberschaft der Methode hätte ihren Schwerpunkt auf einer anderen Ebene, hier: Orange oder Grün. Wilber selbst unterscheidet in seinem ebenenübergreifenden Zwei-Achsen-Schema zwischen den beiden Kontexten „Selbst-Wahrnehmung" und „Welt-Anschauung". Auf der Basis dieses Ansatzes ließe sich also ein Zwei-Achsen-Modell konstruieren, welches einerseits den epistemologischen und andererseits den heuristischen Kontext der Ebenenentwicklung integriert. Dies erweist sich jedoch in Bezug auf die COMPAIR-Methoden als nicht relevant, da zwischen ihrer heuristischen und ihrer epistemologischen Ebenenzuordnung wohl keine Diskrepanz angenommen werden kann. Als im heuristischen Sinne problematisch erweisen sich vielmehr Fragen, die sich aus der dem Entwicklungsmodell inhärenten Grundannahme ergeben: Können Konfliktakteure und Konflikte, die sich auf „niedere" bzw. „Grund legendere" Ebenen beziehen, überhaupt adäquat mit Methoden behandelt werden, deren Ansatzpunkte eher auf „höheren" Ebenen angesiedelt sind? Wie verhält es sich hierbei v.a. mit dem Einsatz spiritueller Methoden, die sich also auf „trans-mentale" Ebenen beziehen? Auf diese Fragen wird in Sektion IV noch näher einzugehen sein. Allerdings deutet sich schon an dieser Stelle an, dass die entwicklungsorientierte Zuordnung von Akteuren und Methoden in heuristischer Hinsicht begrenzt und nicht unumstritten ist.

Theory U

Eine gänzlich andere Interpretation heuristischer Entwicklungsmodelle findet Anwendung in der „Theory U" von Claus Otto Scharmer[87] (vgl. Anhang A). Während uns Wilbers IA eine Vogelperspektive vom „Schlachtfeld" menschlicher und sozialer Entwicklung verschaffe, so Scharmer, würde sich sein Modell eher darauf konzentrieren, eine Landkarte aus der Perspektive des evolvierenden Selbst, aus der „Mitte" dieses Schlachtfeldes heraus, zu entwerfen (vgl. Scharmer 2007: 102f.). Sein Entwicklungsmodell zeichnet daher einen gänzlich anderen Kontext:

Die U-Theorie beschreibt einen Prozess, die höchstmöglichen Zukunftspotenziale in uns selbst wahrzunehmen und in Handlungen zu entwickeln. Von der Kontaktaufnahme mit der Welt führt der Prozess auf der linken Seite des U herunter bis zum Bodenpunkt des U (Presencing), wo wir uns mit dem verbinden, was sich aus uns heraus entwickelt. Der Prozess vollzieht sich weiter auf der rechten Seite des U hinauf, um das Neue voranzubringen. Dem U-Schema ordnet Scharmer sieben Aufmerksamkeitsstrukturen zu und stellt sie grafisch wie folgt dar:

[87] **Prof. Dr. Claus Otto Scharmer** unterrichtet und forscht am MIT in Cambridge und ist ein ehemaliger Student der Uni Witten/Herdecke. Er ist spezialisiert auf die Ausbildung von Führungskräften.

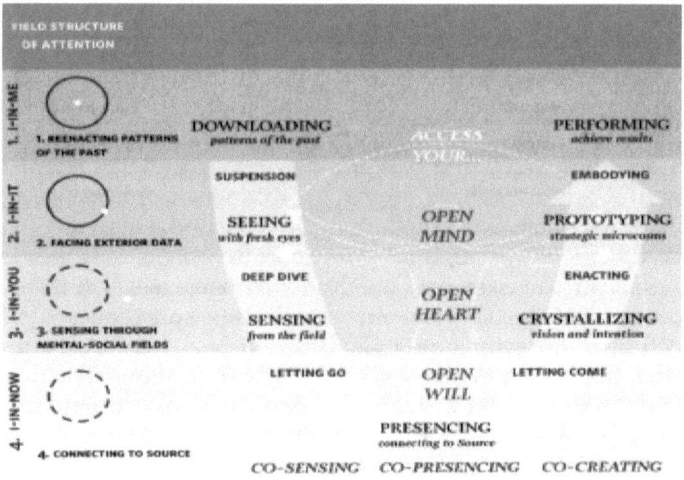

Abbildung 25: Aufmerksamkeitsstrukturen im U-Prozess (Scharmer 2007: 245)

Näher erläutert, beinhalten die Aufmerksamkeitsstrukturen, die Scharmer u.a. auch in Analogie zu Wilbers Ebenen der Ich-Entwicklung sieht, Folgendes (vgl. im Folgenden Scharmer 2007: 366f.):

1) Das *Downloaden* stellt eine vergangenheitsbezogene Aufmerksamkeitsstruktur dar und konzentriert sich auf die Gesamtheit der gewohnheitsmäßigen Urteile, die man in sich trägt (typische Aussage: „Ja, ja, das weiß ich schon"). Scharmer umschreibt das vorherrschende Selbst-Konzept mit „Ich-in-mir" und sieht eine Analogie zum blauen Mem im SD-Modell.

2) Die gegenständlich-unterscheidende bzw. faktische Wahrnehmung („*Seeing*") bezieht sich auf die Welt als eine Menge von Gegenständen, an denen es neue Unterscheidungen hinsichtlich der tatsächlichen Aussagen und Fakten trifft. Die Grundhaltung der Aufmerksamkeit entspricht einem „Oh, schau dir das an!" und die Konfliktaustragung einer (wissenschaftlichen) Debatte. Scharmer umschreibt das vorherrschende Selbst-Konzept mit „Ich-in-Es" und sieht diese Stufe in Analogie zum orangen Mem.

3) Die empathische Aufmerksamkeit („*Sensing*") ermöglicht eine kommunikative Verbindung, die „von Herz zu Herz" geht und ermöglicht es, „die Welt mit den Augen des Anderen zu sehen." Man kann erspüren, was der Andere sagen möchte, ohne dass er jedoch die Worte bereits ausgesprochen hat. Die innere Haltung entspricht einem „Oh, ja! Ich weiß genau, wie Du Dich fühlst". Dies schafft die Grundlage für Konfliktbear-

beitung im Dialog. Das zugehörige Selbst-Konzept nennt Scharmer „Ich-in-Dir" in Analogie zum grünen und gelben Mem.

4) Die schöpferische Aufmerksamkeit („*Presencing*") verortet sich im Tiefpunkt des U-Prozess und nimmt einen besonderen Platz in Scharmers Konzept ein. Auf dieser Ebene offenbart sich das „authentische Selbst" und es eröffnet sich ein „Raum der Stille", in dem die höchste Zukunftsmöglichkeit intuitiv erspürt werden kann. Scharmer nennt das zugehörige Selbst-Konzept „Ich-im-Jetzt", welches in Analogie zu den Ebenen Türkis (holistisch) und „psychisch" (erste transmentale Ebene) steht.

5) Nachdem man die höchste Zukunftsmöglichkeit erspürt hat, verpflichtet man sich einer „Bestimmung". Die Kraft der eigenen Intention erzeugt ein Energiefeld, das andere Menschen, Gelegenheiten und Mittel anzieht, um die Dinge geschehen zu lassen („*Crystallizing*"). Scharmer sieht diese Ebene in Analogie zu Wilbers „subtiler Ebene".

6) *Prototyping*: Während die Bewegung von der linken Seite des U hinunter dadurch gekennzeichnet war, sich mit den Widerständen des Denkens (Voice of Judgement), der Emotion (Voice of Cynism) und des Willens (Voice of Fear) auseinanderzusetzen, besteht der Prozess auf der rechten Seite des U nach oben darin, Denken (IQ), Fühlen (EQ) und den Willen (SQ) zur praktischen Anwendung miteinander zu verbinden. Diese Stufe steht, nach Scharmer, in Analogie zu Wilbers „kausaler" Ebene.

7) Der Emergenzprozess vollzieht sich nun in konkrete Handlungen („*Performing*"), gleichzeitig ist die „verkörperte Zukunft" in größere Zusammenhänge („larger ecologies") miteingebettet und co-evolviert mit ihnen. Scharmer sieht diese Stufe in einem Zusammenhang mit Wilbers „nicht-dualer" Ebene (vgl. Scharmer 2007: 366f.).

Dem konstruktiven U-Prozess stellt Scharmer in einer erweiterten Darstellung einen destruktiven Prozess gegenüber, mit entsprechenden, quasi entwicklungsfeindlichen, Verhaltensweisen und Einstellungen. Eine Gesamtschau stellt sich dann wie folgt dar:

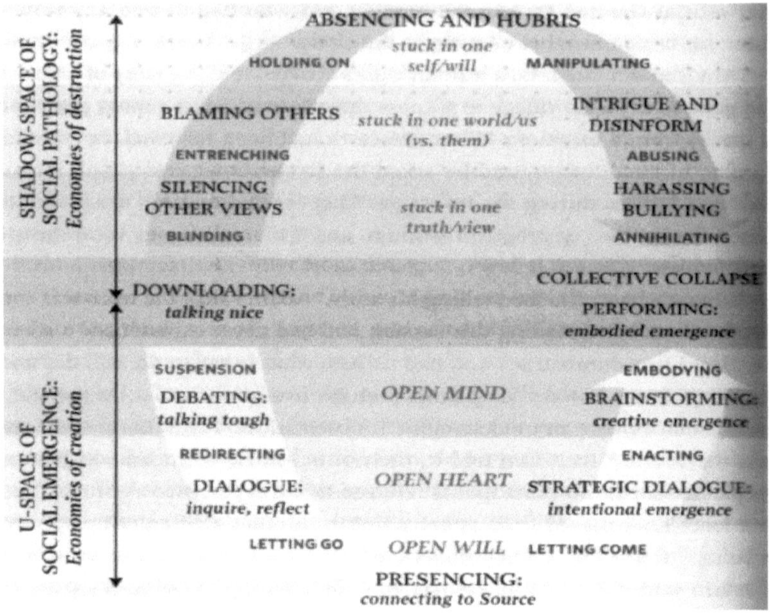

Abbildung 26: U-Prozess und Anti-U-Prozess auf einen Blick (Scharmer 2007: 266)

Folgt man der Logik dieses Schemas ordnen sich die Stufen im destruktiven „Anti-U-Modell" dem präkonventionellen Spektrum im SD-Modell zu. Inwieweit sich die Ebenen der gesamten U-Theorie passgenau jenen aus den Wilber-typischen Entwicklungshierarchien zuordnen lassen, darüber lässt sich, v.a. in Bezug auf die spirituellen Ebenen, in weiterführenden Publikationen epistemologisch streiten.

Klärungsbedürftiger für diese Sektion erscheinen mir eher die heuristischen Implikationen, die sich aus Scharmers Entwicklungsmodell ergeben: Inwieweit lassen sich die spirituellen Ebenen im U-Modell (sprich: Presencing und den nachfolgenden Stufen) in der Praxis von jedermann erreichen? Wie bereits im vorigen Kapitel, stellt sich auch hier wieder die Frage nach der breitenwirksamen Anwendbarkeit spiritueller (sprich: transmentaler) Methoden. Hierauf wird in der nächsten Sektion noch näher einzugehen sein.

Abgesehen davon, offenbart sich mit Scharmers Entwicklungsmodell ein alternativer heuristischer Kontext, den Prozess der Problembewältigung selbst in einem Entwicklungszusammenhang praktisch zu begreifen. Dies wird von anderer Seite noch mal unter 6.2. aufzugreifen und in der praxeologischen Sektion IV zu vertiefen sein.

Nach dieser eingehenden Darstellung heuristischer Entwicklungsmodelle komme ich nun im Folgenden auf die anderen AQAL-Kategorien zu sprechen, mit Schwerpunkt auf ihrer heuristischen Integrationsfähigkeit der COMPAIR-Methoden.

Horizontale Einordnung der vorgestellten Methoden

Neben der Quadrantendimension können auch in den anderen horizontalen AQAL-Bereichen spezifische Schnitt- und Ergänzungspunkte der einzelnen COMPAIR-Ansätze festgestellt werden:

- *Linien*: Es fällt auf, dass die meisten Ansätze dialogischer Konfliktbearbeitung v.a. auf die Entwicklung der interpersonellen Kompetenzen der Konfliktakteure ausgerichtet sind. I.d.R. decken die vielfältigen Methoden, die sich hierbei vorfinden lassen, mehrere Entwicklungslinien auf einmal ab, allerdings jeweils mit spezifischen Schwerpunkten. Hierzu zählen v.a. die moralische Entwicklung (alle Methoden mit explizitem Grundbedürfnisbezug), die Selbst-Entwicklung (v.a. introspektive Methoden, wie z.B. die buddhistische Meditation), die kognitive Entwicklung (alle Methoden, die ein Re-Framing polarisierter Annahmen implizieren), aber auch gruppendynamische Entwicklungsprozesse (Prozessarbeit oder die SySt).
- *Entwicklungstypen*: Wichtig im Einsatz dialogischer Methoden ist auch ihre Anpassung an die kulturellen Rahmenbedingungen des Konfliktes. Sehr konkret wird dies vom Transcend-Ansatz und v.a. in Galtungs Zivilisationstheorie verfolgt. Die Methoden, die einen besonderen Bezug zu dem individuell-subjektiven Quadranten aufweisen, verwenden auch eine Form von Persönlichkeitstypologie. Dies gilt z.B. für das Modell der Jung'schen Archetypen in der Prozessorientierten Konfliktarbeit und dem Enneagramm-Modell in den spirituellen Weisheitstraditionen (hier jedoch nicht im traditionellen Buddhismus). Der Ansatz von Glasl verwendet eine weitere Typologie, nämlich der Konfliktaustragung, die sich im individuell-objektiven Quadranten widerspiegelt.
- *Zustände*: Alle Ansätze arbeiten hauptsächlich im Wachzustand, sprich: im grobstofflichen Reich. Der buddhistische Ansatz wendet jedoch auch Praktiken in den Zuständen des Träumens und im traumlosen Schlaf an, die je spezifische Zugänge zu anderen Entwicklungsebenen haben. Von den nicht-spirituellen Ansätzen sind die Prozessarbeit nach Mindell und die SySt die einzigen Methoden, die Konflikte auch außerhalb des Wachzustandes bearbeiten.
- Im Folgenden eine einfache Übersicht über die Schwerpunkte der COMPAIR-Methoden in den horizontalen Dimensionen

eines entwicklungsorientierten AQAL-Modells. Hierbei geht es mir weniger um die exakte Wiedergabe der Methodeninhalte auf der theoretischen Ebene als vielmehr um eine grobe Einordnung ihrer unterschiedlichen heuristischen Schwerpunkte auf der metatheoretischen Ebene.

AQAL-Dimensionen / **Beiträge der Methoden**	**Entwicklungslinien (Schwerpunkte)**	**Entwicklungs-typen**	**Entwicklungszustände**
Buddhistische/ Spirituelle Konfliktlösung	Spirituell, Selbst und interpersonell (v.a. Empathie)	Neun Enneagramme (nicht im Buddhismus)	Arbeit mit mystischen Zuständen sowie im Traum-, Wach- und Tiefschlafzustand
GFK	Interpersonell (v.a. Empathie und Verhaltenstraining)	-	Arbeit im Wachzustand
Transcend	Kognitiv, Kreativität, moralisch, interpersonell (v.a. Empathie); Kollektiv: kulturelle und strukturelle Entwicklungsbereiche	Förderung der jeweiligen Friedenskultur	Arbeit im Wachzustand
Glasl	interpersonell	Anpassen an die kulturellen Rahmen-bedingungen und Konfliktkultur	Arbeit im Wachzustand
Psycho-Soziodrama	Kreativität und interpersonell	Anpassen an die Konfliktkultur	Arbeit im Wachzustand
Prozessarbeit	Spirituell, Konfliktsystem	Jung'sche Archetypen	Arbeit mit mystischen Zuständen sowie im Koma-, Traum- und Wachzustand
SySt	Konfliktsystem	-	Arbeit im Wach- und Trancezustand

Tabelle 9: Entwicklungsorientierte horizontale Beiträge der COMPAIR-Methoden (Eigenanfertigung)

Das entwicklungsorientierte Metamodell hat den Vorteil, eine am Entwicklungsniveau der Konfliktakteure angepasste Intervention, auch unter Berücksichtigung kurz- und langfristiger Maßnahmen, zu ermöglichen. Nachteil ist jedoch, dass die heuristischen Implikationen, insbesondere für eskalierte Konflikte, sehr vage bleiben.

Eine ergänzende und ggf. aufschlussreichere Perspektive ergibt sich im Rahmen eines anders interpretierten Ebenenkontexts, in welchem nicht der aufwärtsgerichteten Entwicklung, sondern der abwärtsgerichteten Eskalation Rechnung getragen wird. Dies soll konkret an einem eskalationsorientierten AQAL-Gerüst sui generis skizziert werden, das die Schnitt- und Ergänzungspunkte der Metakategorien der beiden (Zweite-Rang-)Ansätze von Glasl und Galtung integriert.

6.1.2. Integrierte Bearbeitung von Inter-Konflikten mit einem eskalationsorientierten Gerüst

In der FuK zeichnen sich der Konfliktmanagementansatz nach Glasl und der Konflikttransformationsansatz nach Galtung v.a. durch ihre sehr integrativen Kategorien aus, unterschiedliche Konfliktdynamiken ganzheitlich zu berücksichtigen.

<u>Integration unterschiedlicher Interventionsmethoden in ein vertikales Schema</u>

Sowohl Glasls Eskalationsschema als auch Galtungs Modell vom „Lebenszyklus eines Konfliktes" stellen vertikale Raster dar, um vielfältige Interventionsmittel und -methoden unterschiedlichen Ansatzpunkten eines Konflikts zuzuordnen. Ein wesentlicher Indikator, auf den beide Modelle zurückgreifen, ist die grundsätzliche Unterscheidung zwischen gewalttätig und nicht-gewalttätig ausgetragenen Konflikten. Hierbei erlaubt Glasls Modell eine feine Ausdifferenzierung von Eskalationsstufen, ein ganzes Spektrum an perzeptions-, gefühls- und verhaltensorientierten Interventionsansätzen zu integrieren und der Konfliktdynamik anzupassen (vgl. 3.1.1.; vgl. Abb. 3). Auffallend ist die Übereinstimmung von Glasls Schema mit dem unter 3.2.5. skizzierten Interventionsspektrum von Galtungs Theorie (die allerdings nur indirekt Teil der Transcend-Methode ist und daher in dieser Arbeit indirekt berücksichtigt wurde).

Beide Schemata gehen von der Grundannahme aus, dass die Höhe des Eskalationsgrades mit einer immer negativeren Austragungsform des Konflikts einhergeht, welcher eine immer direktivere Rolle der intervenierenden Partei erfordert: Galtungs Interventionstypen 0-2 der „autonomen Konflikttransformation" entsprechen Glasls „perzeptionsorientierten Interventionen" im Rahmen der niedrigen Eskalation (Eskalationsgrad 1-3). Die „dialogische Konflikttransformation" (Typen 3-6) lässt sich den „gefühlsorientierten Interventionen" in Glasls Schema (Eskalationsgrad 4-6) zuordnen. Auch die sog. „aufgezwungene Konflikttransformation" (Typen 7-10) von Galtungs Schema stimmt ziemlich genau mit Glasls Kategorie der „verhaltensorientierten Interventionen" (Eskalationsgrad 7-9) überein. Im Rahmen dieser Übereinstimmungen lassen sich beide Schemata daher synonym verwenden.

Ein anderes Modell, das von einem solchen Spektrum ausgeht, in dem hohe Eskalationsstufen eine dominantere Rolle der intervenierenden Partei erfordern, liefert Hizkias Assefa (vgl. z.B. Assefa 1999: 37-45). Ich werde mich aber an die Terminologie des Modells von Glasl halten, da es 1) deutlicher auf den Zusammenhang zwischen Konflikteskalation, Akteursregression und dem einzusetzenden Instrument eingeht. 2) Ferner ist das Modell von Glasl expliziter auch auf die Integration anderer dialogischer Methoden ausgerichtet, was für die folgenden Betrachtungen von besonderer Relevanz ist.

Da es sich bei allen auf compair vorgestellten Methoden um Verfahren der Konfliktbewältigung im Dialog handelt, haben sie ihre Ansatzpunkte in den leichten und mittleren Eskalationsebenen. Im Groben ordnen sich die Methoden dem in Abb. 3 skizzierten Interventionsspektrum wie folgt zu: Der Transcenddialog und z.T. die Konfliktlösung im Buddhismus scheinen sich am ehesten dem Anwendungsbereich der „Transformativen Mediation" (Eskalationsebenen 3-5) zuordnen zu lassen, die SySt eher zur „Therapeutischen Mediation" (Ebenen 4-6) (vgl. hierzu 3.1.2.1.). Die Psychodrama- und die Prozessorientierte Methode scheinen breitenwirksamer in beiden Kategorien angewendet werden zu können, die GFK darüber hinaus auch v.a. als „Scrivener Mediation". Spirituelle Ansätze, wie die buddhistische Meditation, aber auch die Prozessorientierte Methode, steuern auf eine subtile Gewaltprävention hin, die über den Begriff des latenten Konflikts hinausreicht. Der schwerpunktmäßige Wirkungsbereich dieser Ansätze verortet sich daher außerhalb (oder in diesem Schema „unterhalb") des Eskalationsschemas.

Neben diesem eskalationsorientierten Interventionsspektrum ermöglicht Galtungs Unterscheidung der drei Phasen „Vor", „Während" und „Nach der Gewalt" eine ergänzende Einordnung von Interventionsmethoden in die Kategorien „Gewaltprävention", „Friedenssicherung" und „Nach-Konfliktbearbeitung" (vgl. 3.2.2.). Dieses Modell und das oben skizzierte Eskalationsgerüst in einem Schema zusammengefasst, ergeben einen „Konfliktbogen". Dieser lässt sich einerseits in die drei Galtung'schen Konfliktlebenszyklen unterteilen, während andererseits zwischen diesen Phasen Glasls Eskalationsschema seinen Platz findet. Idealtypisch lassen sich die Eskalationsstufen (und die zugehörigen Interventionsmittel) im Bereich zwischen „Während" und „Nach der Gewalt" in umgekehrter Reihenfolge anordnen. Glasl betont selbst, dass eine De-eskalation nicht zwangsläufig Schritt für Schritt erfolgen muss, sondern durchaus Stufen überspringen kann (vgl. Glasl 2004b). An dieser Stelle lohnt es sich wieder zu unterscheiden, dass es sich bei Eskalationen um vorübergehende *Zustände* und nicht um *Entwicklungsebenen* handelt. Dieses Modell ist nur idealtypisch aufzufassen, daher muss ein Konfliktbogen nicht notwendigerweise alle Eskalationsstufen ausreizen.

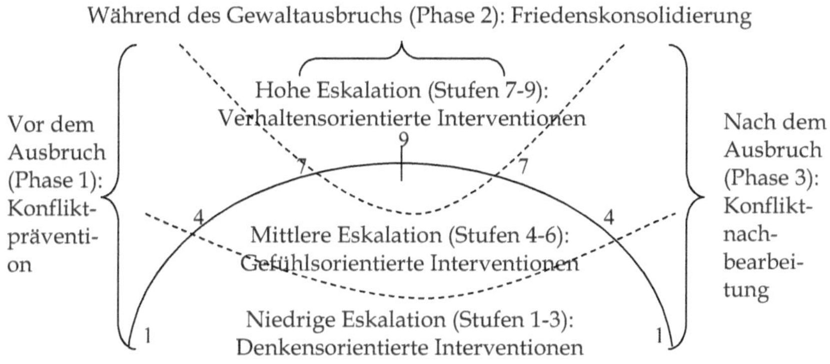

Abbildung 27: Integration von Interventionsmethoden in ein vertikales Eskalationsschema (Fathi 2008: 61)

Horizontale Integration unterschiedlicher Interventionsmethoden

Auf jeder Eskalationsebene des oben dargestellten Konfliktbogens lassen sich die Ansatzpunkte für Interventionen nach unterschiedlichen Typologien weiter ausdifferenzieren, die in den Modellen von Glasl und Galtung bereits angelegt sind. Diese Erweiterung stellt eine horizontale Dimension zum oben skizzierten vertikalen Ebenenschema dar.

Wie bereits dargestellt, unterscheidet Glasl auf jeder der ersten sechs Eskalationsebenen zwischen kalten und heißen Konflikten und passt dementsprechend die Interventionsmethoden zusätzlich an, wie in Tabelle 3 knapp dargestellt (de-eskalierende Methoden bei heißen und eskalierende Methoden bei kalten Konflikten). Die ergänzend hierzu in Tabelle 4 dargestellten de-eskalierenden und eskalierenden Methoden lassen sich mit den Galtung'schen Konfliktphasen schlüssig in Beziehung setzen. Hiernach tragen die präventiven Methoden der Konfliktphase „Vor dem Gewaltausbruch" Rechnung, und die kurativen Interventionen beziehen sich auf die Phase „Nach dem Gewaltausbruch".

Eine weitere horizontale Dimension, die, wie in Tabelle 1 dargestellt, mit dem gesamten vertikalen Interventionsspektrum (denkens-, gefühls- und verhaltensorientierte Bereiche) in Beziehung gesetzt werden kann, betrifft die Konfliktanalyse. Glasl unterscheidet hierbei die Untersuchungskriterien 1) Issues, 2) Konfliktverlauf, 3) Parteien intern, 4) Beziehungen zwischen den Parteien und 5) Grundeinstellungen. Hierzu ist anzumerken, dass je nach Kerninteresse der Konfliktanalyse diese Kriterien sehr stark variieren können.

Eine ergänzende Hinzuziehung des Vier-/Acht-Quadranten-Modells eignet sich besonders, um die Interventionsmittel auf jeder Ebene auf die drei Galtung'schen Gewaltbereiche, plus der intentionalen Gewalt, abzustimmen. Auch wenn ein Konflikt stets Entsprechungen in allen Quadranten hat, ist in Anlehnung an das Interventionsspektrum von Glasl (vgl. Abb. 3) davon auszugehen, dass sich der kurzfristige Schwerpunkt einer integrierten Intervention hin zu den rechtsseitigen Quadranten, insbesondere dem Bereich der direkten Gewalt (OR), verschiebt, je höher der Eskalationsgrad wird.

Eine kombinierte Berücksichtigung horizontaler und vertikaler Dimensionen erscheint insgesamt für eine komplexe Metatheorie der Konfliktbearbeitung sinnvoll. Es bleibt dem Anwender selbst überlassen, welches Schema sie hierbei als Ausgangsmodell benutzt und entsprechend die anderen Modelle hinein integriert. Die hier skizzierte Landkarte zieht ein Design vor, das das *vertikale* eskalationsorientierte Spektrum als Ausgangsmodell nimmt - sprich: die Abbildung 27 - und die anderen *horizontalen* Dimensionen des epistemologischen Modells (Quadranten, Typen, Linien) integriert.

Hieraus ergibt sich ein idealtypisches dreidimensionales Schema, das sich wie folgt darstellt:

Vertikale Ausdifferenzierung unterschiedlicher
Konflikt- und Eskalationsphasen

Während des Gewaltausbruchs (Phase 2): Friedenskonsolidierung

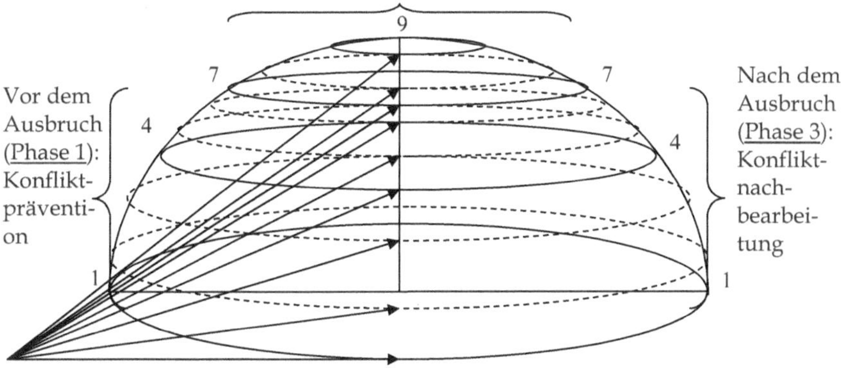

Horizontale Ausdifferenzierung weiterer Interventionsaspekte auf jeder Ebene, Beispiele:

Vertikale / Horizontale	Phase 1 (niedrige bis mittlere Eskalation): Gewaltprävention	Phase 2 (hohe Eskalation): Friedenskonsolidierung	Phase 3 (niedrige bis mittlere Eskalation): Konfliktnachbearbeitung
Quadranten: Gewalt-bereiche nach Transcend + intentionale Gewalt (nach GFK, Buddhismus)	konstruktive Konfliktkulturen (UL), -strukturen (UR), Intentionen (OL) und Verhalten (OR) fördern	Waffenembargos und Friedenstruppen (UR); Evakuierung von Zielen (OR); Demoralisierung von Soldaten (UL); Negativprognosen an alle Parteien (OL)	konstruktive Konfliktkulturen (UL), -strukturen (UR), Intentionen (OL) und Verhalten (OR) wiederherstellen; Versöhnung
Typen: Austragungs-formen nach Glasl; vgl. Tab. 4)	Präventiv: De-eskalierend (heiß); eskalierend (kalt)	-	Kurativ: De-eskalierend (heiß); eskalierend (kalt)
Kriterien der Konfliktanalyse nach Glasl (Bezug zum vertikalen Interventionsspek-trum vgl. Tab. 1)	z.B. Issues; Konfliktverlauf; Parteien intern; Parteien extern (Beziehungen); Grundeinstellungen	-	z.B. Issues; Konfliktverlauf; Parteien intern; Parteien extern (Beziehungen); Grundeinstellungen

Abbildung 28: Integration horizontaler und vertikaler Integrationsaspekte in einem Eskalationsgerüst (Fathi 2008: 63)

Die horizontalen Bezugsdimensionen sind weitgehend identisch mit denen des entwicklungsorientierten Modells (Tab. 10) und lassen sich noch beträchtlich erweitern, z.B.:

- Im Rahmen der *Typendimension:* Maßnahmen an die lokale Konfliktkultur anpassen, z.B. durch die gezielte Arbeit mit Multiplikatoren. Berücksichtigung unterschiedlicher individueller und kollektiver Auffassungs-, Persönlichkeits- und Konfliktstile.
- im Rahmen der *Entwicklungsliniendimension:* Die ZKB umfasst unterschiedliche Bereiche der Konfliktintervention, z.B. technische Zusammenarbeit, Dialog, Umwelt etc. Daneben lassen sich die vielfältigen o.g. individuellen Entwicklungslinien unterscheiden.
- im Rahmen der *Quadrantendimension:* Abstimmung der Interventionsmethoden auf allen Tracks und sozialen Rahmen des Konflikts: Mikro-, Meso-, Makro-, Megakontext und -akteure (hierzu näher z.B. unter Miall 2004) sowie auf die Gesellschafts- (linksseitig) und Staatenwelt (rechtsseitig). Hierzu finden sich in der ZKB eine Vielzahl weitgehend übereinstimmender Vier-Quadranten-Modelle, wie schon eingangs unter 1.2.2.3. erwähnt (vgl. z.B. Fitzduff/Jean 2010; vgl. LPI 2009: 20; vgl. Ropers 1995: 32f.).
- in Bezug auf die *Kriterien der Konfliktanalyse:* Glasl unterschied z.B. zwischen: Issues; Konfliktverlauf; Parteien intern; Parteien extern (Beziehungen); Grundeinstellungen. Die Möglichkeiten, Kriterien der Konfliktanalyse zu formulieren, sind sehr vielfältig. Sie hängen nicht nur vom jeweiligen Konflikttyp ab, sondern auch vom Kerninteresse des externen Akteurs selbst (akademisch[88], praxisbezogen[89] oder „gemischt"[90]) sowie auch

---

88 Im Vordergrund des akademischen Analysetypen steht das Erklären eines Konflikts nach einer wissenschaftlichen Fragestellung. Oftmals wird dabei der Ist-Zustand eines Konflikts im Lichte konkreter wissenschaftlicher Forschungsfragen und Theorien analysiert. Beispielhaft für einen solchen Ansatz steht z.B. das „Marburger Raster" der Philipps-Universität Marburg (vgl. Bonacker 05/06).

89 Die Zielsetzung der praxisbezogenen Konfliktanalyse ist strategisch. Sie ist Bestandteil der Planung von Organisationen, die selbst im untersuchten Konflikt intervenieren, wie z.B. der GTZ. Zu den Unterschieden im praxisbezogenen Bereich vgl. FEWER/International Alert/Saferworld 2003: 12f.

90 Der „gemischte" Analysetyp ist einerseits im akademischen Sinne theoriegeleitet, manchmal auch allgemein gehalten, um eine möglichst breite Anwendbarkeit auf unterschiedliche Konflikte zu gewährleisten. Andererseits ist der gemischte Typ auch heuristisch bzw. strategisch ausgerichtet und hält i.d.R. auch eine bestimmte Methode bereit, zur Erlangung des Soll-

von seinen eigenen Kapazitäten (Desk Study, Feldforschung, bestehende Kontakte zu den lokalen Konfliktakteuren). Wichtig ist hierbei auch zu berücksichtigen, dass bereits der Akt der Konfliktanalyse selbst - angefangen bei der Wahl der zu untersuchenden Konfliktakteure - eine „Handlung" darstellt, die den Prozess des Konfliktsystems beeinflusst (näher hierzu vgl. Coleman 2006: 334f.). Sinnvoll ist daher auch eine Berücksichtigung selbstreflexiver bzw. evaluativer Kriterien im Rahmen eines „Impact Assessment", um die Kriterien der Konfliktanalyse nach Bedarf auch neu zu definieren.

Einschränkend lässt sich insgesamt zu diesem Gerüst anmerken, dass es eher einen beispielhaften Charakter für die metatheoretische Integration bestimmter repräsentativer Methoden aufweist und daher lediglich eine sehr grobe Grundorientierung vorgibt. Da sich die oben skizzierten Überlegungen überwiegend auf Übereinstimmungen zwischen zwei bis drei Metaansätzen konzentrierten, erweisen sie sich für eine Ableitung von Orientierungsverallgemeinerungen nur als sehr bedingt repräsentativ. Dieses Gerüst zu untermauern und zu systematisieren, ist weiterführenden Publikationen überlassen. M.E. ist aber die vorsichtige Annahme durchaus angebracht, dass in der ZKB und in der FuK ein sehr allgemeiner Grundkonsens über das Verhältnis der oben skizzierten Eskalationsstufen zueinander (unabhängig von ihrer genauen Skalierung) besteht. Die oben dargestellten Metamodelle von Glasl und Galtung dürften hierzu eine nicht zu unterschätzende Pionierleistung darstellen.

Das bislang skizzierte Gerüst liefert also, mit der Integration wesentlicher Aspekte der Metamodelle von Glasl und Galtung, einen sehr groben Entwurf, der Komplexität von Konfliktsituationen gerecht zu werden, sowohl hinsichtlich ihrer Einschätzung als auch bei der Wahl der Mittel zu ihrer Bewältigung.

6.1.3. Skizze eines Grundgerüsts und weiterführende Schlüsse

Wie lassen sich das entwicklungsorientierte (6.1.1.) und das eskalationsorientierte Metamodell (6.1.2.) miteinander in Verhältnis setzen? Und welche allgemeinen heuristischen Schlüsse ergeben sich hieraus?

Zustands des Konflikts. Unter diesem Gesichtspunkt lassen sich alle der auf COMPAIR vorgestellten Methoden diesem Typen zuordnen.

6.1.3.1. Zusammenfassung beider Ebenenmodelle

Zusammenfassend kann gesagt werden, dass der wesentliche Beitrag des AQAL darin liegt, heterarchische (horizontale) und hierarchische (vertikale) Zusammenhänge zu verknüpfen. Hierbei wurden zwei Möglichkeiten der vertikalen Ebenenkategorisierung erörtert, welche die Basis für zwei unterschiedliche Gerüste zur Integration von Methoden der Konfliktbearbeitung bilden: Ein aufwärtsgerichtetes entwicklungsorientiertes (6.1.1.) und ein abwärtsgerichtetes regressionsorientiertes Modell (6.1.2.).

Eigenarten des entwicklungsorientierten Ebenenmodells

Das entwicklungsorientierte Gerüst impliziert ein Ebenenschema, das die unterschiedlichen Methoden der Konfliktbearbeitung, aber auch das Konfliktbewusstsein von Akteuren anhand der Tiefe ihrer Konfliktphilosophie, sprich: ihrer Nachhaltigkeit, kategorisiert. Hierbei gilt, dass die Inhalte der höheren Ebenen auf denen der niederen (grundlegenderen) aufbauen. Es konnte festgehalten werden, dass dieses Ebenenschema ein differenziertes Interventionsspektrum zur Bearbeitung von Intra- und Inter-Konflikten zulässt. Angelehnt an ein modifiziertes SD-Modell unterscheidet Wilbers Entwicklungsmodell mindestens drei Hauptebenen, nämlich des Ersten-, Zweiten- und Dritten-Rang-Bewusstseins: Die Erste-Rang-Kategorie impliziert alle Methoden der Konfliktbewältigung einschließlich der Konfliktlösung (Grün), der sich die meisten aller vorgestellten Methoden zuordnen lassen. Das Zweite-Rang-Bewusstsein beinhaltet holistische umfassende Ansätze, wie die Konflikttransformation von Galtung und das Konfliktmanagement von Glasl. Das Dritte-Rang-Bewusstsein impliziert transpersonale Methoden der „Konfliktauflösung", wie es z.T. beim buddhistischen Ansatz, bedingt auch bei der Prozessarbeit nach Mindell, der Fall ist.

Die ebenenspezifische Einordnung von Methoden wie auch die Einschätzung von (kollektiven oder individuellen) politischen Akteuren bleibt aber durchaus umstritten: Haben z.B. „Terroristen" immer einen Schwerpunkt auf dem roten Mem? Verorten sich der britische Premierminister Tony Blair während des Irakkriegs oder der amerikanische Präsident zehn Jahre später auf der Ebene Gelb? Lassen sich Weltkrisen überhaupt sinnvoll anhand eines „Meme-im-Krieg-Paradigmas" erklären? Diese und andere politische Statements, die Wilber in seinen Essays „Deconstructing the World Trade Center" (2001c) und „The War in Iraq" (2003a) und zuletzt auf einer Tagung des Integralen Forums (2009) tätigte, dürften sich zu Recht als umstritten erweisen. „Umstritten", zumal sich Konfliktakteure umso paradoxer verhalten können, je höher bzw. komplexer der Grad ihrer Ebenenentwicklung ist - dieses hohe Ausmaß an Widersprüchlichkeit des Konfliktverhaltens räumte Wilber selbst v.a. für die höheren Ebenen, ab dem gelben Mem, ein.[91] Doch selbst wenn (unabhängig von Wilbers umstrittenen Aussagen) dieser Ansatz der entwicklungsorientierten Akteursbewertung im Allgemeinen empirisch sein sollte (wofür nach Wilber eine Fülle empirisch-klinischen Materials spricht[92]), so dürfte es sich in der Praxis der Konfliktanalyse als sehr aufwändig erweisen, alle Testverfahren zur Ermittlung der jeweiligen Bewusstseinsebene auf jeder Entwicklungslinie umzusetzen. Gegen die Wilber-typische Verwendung des entwicklungsorientierten Ebenenmodells sprechen also neben ethischen Vorbehalten (vgl. 5.1.8.2) auch praxisrelevante Gründe. Andererseits eröffnet das Entwicklungsmodell, sofern nicht allzu simplizistisch und in Kombination mit den anderen AQAL-Dimensionen angewendet, differenzierte und hilfreiche epistemologische Metaeinsichten.

Eigenarten des eskalationsorientierten Ebenenmodells

Das eskalationsorientierte Ebenenmodell eignet sich vorwiegend zur Bearbeitung von Inter-Personenkonflikten und ist in der herkömmlichen FuK relativ verbreitet. Hierbei wird das Interventionsspektrum dem Eskalationsgrad des Konfliktes angepasst. Der wesentliche Indikator ist dabei nicht das Tiefenniveau der Interventionsmethode, sondern das Gewalt- und Regressionsniveau der Konfliktakteure. Auch hier wurden die Ebenen grob nach den Stufen der niedrigen, mittleren und hohen Eskalation unterteilt. Verglichen mit dem entwicklungsorientierten Gerüst hat dieses Schema den Vorteil, dass es eine konkretere Abstimmung der Ansätze aufeinander ermöglicht und dass sich die drei Hauptkonfliktphasen - „Vor", „Während" und „Nach der Gewalt" - leichter erheben lassen als Entwicklungsstufen.

---

91 Wilber betont aber auch, dass das Ebenenmodell ein sehr loses Konzept für die Einschätzung von Akteuren ist. Entwicklungsebenen entsprechen i.d.S. eher „Wahrscheinlichkeitswolken". So würden z.B. bei einem Akteur, der sich auf Stufe 4 von Piagets Modell befindet, 50% seiner Aussagen von dieser Ebene kommen, 25% von Stufe 5, und 25% von Stufe 3. Die Strukturen selbst sind oft sehr unterschiedlich, und die 25% der Stufe 5 können anderer Meinung sein als die 50% der Stufe 4 (vgl. Wilber 2007b: IV).

92 Er führt z.B. Piagets méthode clinique, Mahlers auf Video dokumentierte Beobachtungen, Loevingers Tests der Selbstentwicklung, Kohlbergs und Gilligans moralische Untersuchungen auf der Grundlage empirischer Befunde bis hin zur „Fülle phänomenologischer Evidenz aus den großen kontemplativen Weisheitstraditionen" an (vgl. Wilber 2005b: 271).

Korrelationen und Ergänzungspunkte zwischen beiden Ebenenmodellen

Trotz der Unterschiede beider Gerüste besteht zwischen ihren Ebenen eine offensichtliche Korrelation: So könnte - wie unter 6.1.1.2. angedeutet - ein Konflikt, der von Akteuren einer prärationalen Entwicklungsebene (SD: Beige - Rot) ausgetragen wird, dem Glasl'schen Interventionsmittel „Machteingriff" auf den Eskalationsebenen 7-9 (vgl. Abb. 3) und dem Galtung'schen „Recht durch Gewalt" (vgl. Abb. 5) zugeordnet werden. Die konventionelle Entwicklungsebene (Blau) scheint tendenziell eine Konfliktbewältigung zu implizieren, die dem Glasl'schen „Schiedsspruch" der Ebenen 6-8 und dem Galtung'schen „Recht durch Gesetz" entsprechen. Die „klassische Mediation" der Eskalationsebenen 5-7 bzw. der Galtung'sche „Kompromiss" scheinen grob der rationalen Entwicklungsebene (Orange) zu entsprechen. Alle Ebenen der niedrigen und mittleren Eskalation lassen sich der postrationalen Entwicklungsebene (Grün) zuordnen, während das gesamte eskalationsorientierte Interventionsspektrum (Abbildungen 3, 27 und 28) selbst einen Charakter der Ebenen des Zweite-Rang-Bewusstseins hat (Gelb, Türkis). Die Entwicklungsebenen des Dritte-Rang-Bewusstseins implizieren einen subtilen, quasi „prä-latenten" Konfliktcharakter. Diese Konfliktebene ist so subtil, dass sie nicht in den obigen Eskalationsschemata von Glasl oder Galtung berücksichtigt wird. Für eine über diese Arbeit hinausgehende Untersuchung wäre von Forschungsinteresse, die subtilen „karmischen" Eskalationsformen auf den Ebenen des Dritten-Rang-Bewusstseins zu untersuchen, zu kartografieren und hieraus resultierende Erkenntnisse für die Praxis nutzbar zu machen. Diese Zuordnung der Ebenen beider Gerüste wird in der vorliegenden Abbildung 29 wie folgt skizziert:

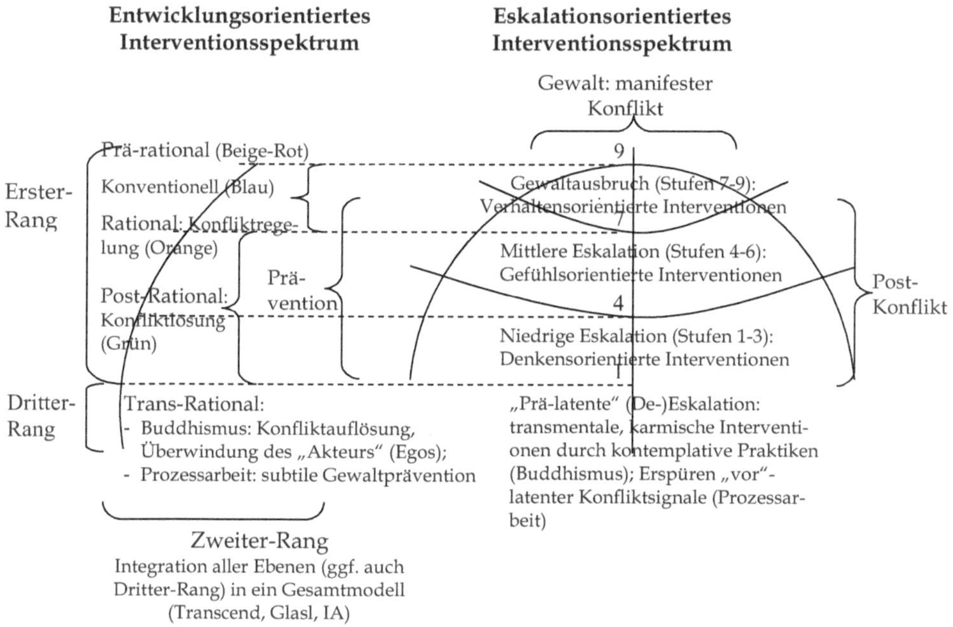

Abbildung 29: Gegenüberstellung des eskalationsorientierten und des entwicklungsorientierten Interventionsspektrums (Eigenanfertigung)

Das in Abbildung 25 dargestellte alternative Entwicklungsmodell von Scharmer lässt sich in der oben stehenden Abbildung ergänzend direkt unter den eskalationsorientierten Konfliktbogen einordnen. Sein Modell stellt den Zusammenhang zwischen Eskalations- und Entwicklungsstufen nicht als eine Korrelation, sondern vielmehr als zwei entgegengesetzte, einander ausschließende, ggf. sequenziell aufeinander folgende Prozesse dar. Aus seiner Synthese wird auch ersichtlich, dass Scharmer ausschließlich eine Korrelation zwischen den präkonventionellen Entwicklungsebenen (aus Wilbers Modell) und dem destruktiven Eskalationsspektrum (im umgekehrten U seines Modells) sieht. Die anderen Ebenen (konventionell – transmental) ordnet er ausschließlich dem konstruktiven Spektrum (sprich: dem Entwicklungsspektrum im U-Prozess) zu. Diese These würden Wilber und die o.g. integralen Konfliktforscher (Schweizer/Wurst, Fuhr/Gremmler-Fuhr) weitgehend bestätigen und sie erscheint auch logisch: Agiert man in Zeiten eskalierter Konfliktaustragung nicht „irrational", „polarisiert", geradezu „kindisch"?

Dies lässt sich kaum bestreiten. Doch auch wenn von einer Korrelation, v.a. zwischen Eskalationsebenen und niedrigen Entwicklungsebenen, ausgegangen werden kann, erweist sich eine Verallgemeinerung dieser Zuordnung(en) m.E. als problematisch. Wie in Sektion II aufgezeigt, finden sich prominente Beispiele von Akteuren mit hohem Entwicklungsgrad und einem ausgeprägt hohen Eskalationsverhalten (ich verweise auf die Kriegsneigung der USA). Auch kann gewalttätige Konfliktaustragung bis hin zur Kriegsführung durchaus „rational", ja sogar transrational, begründet sein. Letzteres lässt sich geradezu exemplarisch in der Bagavad Gita veranschaulichen (vgl. Uberoi 2005: 302-309) oder im obigen Zitat aus dem Tao Te King (Laotse: Kap. 31). Umgekehrt kann angenommen werden, dass auch die prärationalen Entwicklungsebenen bewährte Konsensmechanismen und andere traditionelle Methoden der gewaltfreien Konfliktaustragung kennen und erfolgreich umsetzen. Auch sei wieder auf die vergleichsweise schwache Kriegsneigung typhonischer bis matrifokaler Gemeinschaften hingewiesen (ohne wiederum zu behaupten, dass sie insgesamt friedfertiger seien). In epistemologischer Hinsicht warne ich vor einer Diskriminierung präkonventioneller Entwicklungsebenen, zumal sich konstruktive und gewalttätige Konfliktaustragung (wenn auch mit sehr unterschiedlicher intentionaler Qualität) *auf allen* Entwicklungsebenen ausprägen kann. Dies macht jedoch die sehr SD-orientierten integralen Modelle von Schweizer/Wurst und Fuhr/Gremmler-Fuhr in heuristischer Hinsicht allerdings nicht weniger sinnvoll. Empfehlenswerter erscheint mir, Entwicklungsebenen gemäß Wilbers Definition als „Wahrscheinlichkeitswellen" aufzufassen, denen die Konfliktbewältigungsbereiche nur idealtypisch zugeordnet werden können und Eskalationsebenen hingegen als kurzfristige „Zustände" zu betrachten. Epistemologisch streng genommen, lassen sich daher Regressionen, verstanden als kurzfristige Eskalationen, m.E. nicht mit langfristigen Entwicklungsebenen gleichsetzen, auch wenn ein *gegenseitiger tendenzieller Bezug* zwischen den Ebenen beider Modelle eingeräumt werden kann. Dies hat für ein heuristisches Metamodell folgende Implikationen:

- Der *Eskalationsgrad* eines Konfliktes bestimmt die *konkrete Wahl* der Interventionsmittel. Aus dieser Perspektive hätte z.B. ein gewaltloser Widerstand im Stile der Revolution in Orange (Ukraine) in bereits eskalierten Prozessen, wie z.B. bei den Völkermorden in Nazideutschland bis Ruanda, höchstwahrscheinlich keinen Effekt.

- Aus einem entwicklungsorientierten Konfliktverständnis erschließt sich, dass die *Wahrscheinlichkeit* und Tendenz zu einer bestimmten Art der Konfliktaustragung vom *Entwicklungsniveau* der Akteure abhängt: Ein gewaltloser Widerstand (Orange) dürfte *generell* gegen eine schwerpunktmäßig blaue Autokratie wie in der Ukraine oder Weißrussland einfacher zu organisieren sein als in einer roten Kleptokratie Sub-Sahara-Afrikas, wie z.B. Simbabwe oder dem Kongo.

- Trotz dieser Tendenzen bedeutet dies nicht, dass in Einzelfällen genau das Gegenteil möglich ist. Dass gewaltloser Widerstand sogar mit roten Naziakteuren möglich ist, zeigt ein Gegenbeispiel von Galtung: So verweist er z.B. auf die „erfolgreiche Anwendung von Gewaltfreiheit in der Berliner Rosenstraße" (Galtung 1998a: 219). Mit Bezug auf die Schlüsselfunktion der Gewaltprävention widerspricht er der Annahme, dass es keine historischen Alternativen zum in jeder Hinsicht kostspieligen Krieg gegen den Nationalsozialismus gegeben habe. Die Alliierten, denen der deutsche Nationalsozialismus schon in den Dreißiger Jahren bekannt war, hätten z.B. einen innerdeutschen Widerstand der nicht-nationalsozialistischen Bevölkerung organisieren helfen und den Nationalsozialismus öffentlich anprangern können (vgl. ebd.: 219).
- Auch wäre es verfehlt, im Umgang mit hoch eskalierten oder präkonventionell ausgestatteten Akteuren den Ansatz der Dialogarbeit von vornherein auszuschließen - ohne jedoch die naive Grundannahme (des MGM) zu bestätigen, dass alle Dialogpartner in gleichem Maße reflexions- und dialogfähig sind.

Insgesamt lässt sich festhalten, dass die spezifischen Beiträge von Eskalations- und Entwicklungsmodellen heuristisch relevant sind. Das Letztere ist mehrdimensional anwendbar - sprich: in Inter- und in Intra-Konflikt-Konstellationen - und eignet sich zur Orientierung in langfristigen Entwicklungsmaßnahmen. Das eskalationsorientierte Modell hat hingegen einen konkreteren heuristischen Bezug in der Bearbeitung von Inter-Personen-Konflikten, v.a. hinsichtlich eskalierter Konflikte.

6.1.3.2. Weiterführende Schlüsse zu den horizontalen AQAL-Kategorien

Aus den anderen AQAL-Kategorien lassen sich im Lichte der bisherigen Untersuchungen mehrere weiterführende Schlüsse skizzieren, die für eine integrale Heuristik dialogisch-ziviler Konfliktbearbeitung eine Orientierungsfunktion liefern könnten.

<u>Quadranten</u>

Aus der Quadrantendimension leitet sich der heuristische Zweck der „Synchronizität" ab: Eine integrale Konfliktintervention muss auf mehrere Bereiche gleichzeitig einwirken. Hierauf macht von den COMPAIR-Methoden v.a. der Ansatz von Galtung aufmerksam. Ein wesentlicher Orientierungspunkt für nachhaltige Konfliktbearbeitung ist hierbei die weitestgehende und gleichberechtigte Befriedigung fundamentaler Grundbedürfnisse der Konfliktakteure. Grundbedürfnisse bilden den Referenzrahmen für Gerechtigkeit, helfen der intervenierenden Partei, zwischen legitimen und illegitimen Akteurszielen zu unterscheiden und damit eine authentische und für alle Beteiligten nachvollziehbare Position einzunehmen. Transcend unterscheidet hierbei vier fundamentale Grundbedürfnisse, die sich interessanterweise aus den vier Quadranten ableiten lassen: physisches Wohlbefinden (UR), körperliche Unversehrtheit (OR), Identität und Anerkennung (UL) und Wahlfreiheit (OL).[93] Ein alternatives Quadrantenmodell, das den synchronen Grundbedürfnisansatz von Galtung bestätigt, wäre die von Adrian Schweizer entwickelte „integrale Nachhaltigkeitsüberprüfung" von Konfliktlösungsoptionen: Eine ausgewählte Lösungsoption gilt hierbei als nachhaltig, wenn sie von allen Parteien aus allen vier Quadrantenperspektiven positiv beurteilt wird (vgl. Wurst 2009: 18f.). Hierzu gehe ich näher in Sektion IV ein.

Andererseits stellen sich Fragen, ob und inwieweit in integralen Problemlösungen immer eine quadrantische „Gleichzeitigkeit" gewährleistet werden kann. Erfordern komplexe, v.a. gewalttätige Konflikte, nicht auch Ad-Hoc-Ansätze? Dieser Gedanke begründet sich schon mit der unter 4.5.2. skizzierten Einsicht, dass Tetra-Evolution nicht immer gleichzeitig verläuft. Wie oben dargestellt, räumt Wilber selber ein, dass sich im Rahmen der Tetra-Evolution Strukturen (UR) und Prozesse (OR) tendenziell schneller verändern (lassen) als Kulturen (UL) und individuelle Wahrnehmungen (OL). Unabhängig davon bestätigt auch Galtung, dass sich Kulturen langsamer transformieren (lassen) als Strukturen und Verhalten. Aus pragmatischen Gesichtspunkten wäre daher zu erwägen, ob, wann und inwieweit es sich (v.a. bei der Bearbeitung komplexer gewalttätiger Konflikte) kurzfristig empfiehlt, an „harten" und „greifbaren" Faktoren anzusetzen, welche sich relativ schnell transformieren lassen (sprich: rechte Quadranten), ohne jedoch mittel- und langfristig die (inter-)subjektive Komponente (sprich: linke Quadranten) zu vernachlässigen. Hat also das Synchronizitätsprinzip - in Situationen, in denen es nicht ohne Weiteres umsetzbar ist - nicht eher den Zweck einer mittel- oder langfristigen SOLL-Vorgabe, nach der sich nachhaltige konstruktive Konfliktbearbeitung zu richten hat? Inwieweit empfiehlt es sich, aus pragmatischen Gründen auch ein „Ad Hoc"-Prinzip ergänzend hinzuzuziehen und wie definiert sich das Verhältnis beider Prinzipien in einem holistischen Zusammen-

---

93 Inwieweit es epistemologisch und praktisch sinnvoll ist, auch von sequenziellen Grundbedürfnishierarchien auszugehen (wie z.B. Maslows Ebenenmodell), ist in Sektion IV noch eingehend zu diskutieren.

hang, welches kurz-, mittel- und langfrstige Prioritäten integriert? Ein Vorschlag wurde hier bereits gegeben, doch bietet sich noch viel Analysebedarf für weiterführende Publikationen, die es im Kontext einer integrierten (Z)KB zu untersuchen gilt. Aus Komplexitätsgründen kann im praxeologischen Teil dieser Arbeit (Sektion IV), welcher sich lediglich auf den Kontext der dialogischen Konfliktbearbeitung bezieht, lediglich im Kontext des Spannungsverhältnisses „complexify <-> simplify" eingegangen werden.

Linien

Die Liniendimension verdeutlicht, dass in einer integrierten (Z)KB unterschiedliche Ebenenkontexte berücksichtigt werden müssen, die jeweils in mindestens einem der vier Quadranten einen Schwerpunkt haben. Je nach Konflikt wären z.B. von Relevanz:

- entwicklungspsychologische Kontexte im OL-Quadranten, wie z.B. die kognitive Entwicklung (Piaget) oder der Tiefengrad der Bedürfnisse (Maslow);
- kulturelle Entwicklungskontexte im UL-Quadranten, wie z.B. Weltbilder (Gebser) oder Moralverständnis (Loevinger);
- im OR-Quadranten z.B. der Entwicklungsgrad der demokratischen Teilhabe, der individuellen Kaufkraft, der Erwerbstätigkeit, der medizinischen Grundversorgung, der Lebenserwartung, der vorherrschenden Konfliktaustragung, der Infrastruktur;
- im UR-Quadranten z.B. der Entwicklungsgrad der Governance nach außen und nach innen, der Rechtsstaatlichkeit, des Wirtschaftswachstums.

Bei der Liniendimension kommt es darauf an, die Gewaltpotenziale aller Quadranten (intentionale, kulturelle, direkte und strukturelle Gewalt) in spezifischen Bereichen zu bearbeiten und zu transformieren. Die oben im Rahmen der Quadrantendimension aufgestellte Hypothese (nämlich, dass Lösungsansätze, v.a. in komplexen manifesten Konflikten, eine kurzfristige Prioritätensetzung auf die rechtsseitigen Quadranten erfordern), lässt sich im Kontext der Liniendimension weiterführen: Erfordert die Bearbeitung bestimmter Konfliktsituationen eine pragmatisch begründete, kurzfristige Bevorzugung bestimmter Bereiche (Entwicklungslinien) gegenüber anderen? Empfiehlt sich, z.B. im Falle von sehr gewalttätigen politischen Konflikten, die Priorisierung „Grund legender" Entwicklungskontexte (die sich z.B. in Verhalten, Wirtschaft und Politik widerspiegeln) innerhalb der rechtsseitigen Quadranten gegenüber linksseitigen Bereichen (z.B. Weltbild, kulturelle Traumaarbeit [UL], psychologische Traumaarbeit [OL])? Wichtig ist für die Liniendimension festzuhalten, dass sich innerhalb der jeweiligen Quadranten weitere Entwicklungs- und Konfliktbereiche finden, die im Idealfall allesamt abgedeckt werden müssten, ggf. aber, je nach Konfliktsituation, auch unterschiedlicher Prioriätensetzungen bedarf.

Entwicklungstypen

Die Typendimension weist auf den Aspekt der „Sensitivität" hin. Unterschiedliche Typen, z.B. in Bezug auf Persönlichkeit (OL), Verhaltensstruktur (OR), Beziehungsmuster (UR) oder Kultur (UL) der Konfliktakteure und -settings, bedürfen entsprechend unterschiedlicher Herangehensweisen.

Zustände

Wesentlich für die langfristige Transformierung polarisierter Konfliktwahrnehmungen ist die Evozierung transformativer Zustände. Für diese sog. „Aufbauarbeit" (Näheres s. Sektion IV) eignen sich besonders dialogische Methoden, die auch mit besonders reizempfänglichen Zuständen (v.a. Trance) arbeiten, wie z.B. die Aufstellungs- (hier: SySt) oder Prozessarbeit (hier: Mindell), aber auch introspektive Methoden, wie z.B. die Meditation (hier: Buddhismus), darüber hinaus aber auch die Hypnotherapie oder die NLP.

6.2. Breitenwirksame Integration dialogischer Methoden

Das Ziel der in den folgenden Unterkapiteln vorgenommenen Untersuchung ist die Formulierung von Orientierungsverallgemeinerungen, die den IA in Bezug auf die heuristische Integration unterschiedlicher Methoden dialogischer Konfliktbearbeitung ergänzen können. Hierzu wird im nächsten Kapitel der Versuch unternommen, ein tendenziell allen Konfliktdialogen bzw. nicht-direktiven Mediationen inhärentes Grundmuster herauszufiltern, auf der Grundlage einer Gegenüberstellung der Arbeitsschritte mehrerer Methoden. Eine wesentliche Inspiration hierzu liefert die „breitenwirksam" ausgerichtete GFK (6.2.1.). Auf der Basis der daraus abgeleiteten Orientierungsverallgemeinerungen wird eine Perspektive aufgezeigt, unterschiedliche Dialogdesigns zu integrieren (6.2.2.).

6.2.1. Allgemeines Grundmuster des Konfliktdialogs in Form von drei Phasen

Eine geeignete Formulierung von Orientierungsverallgemeinerungen für Ansätze des Konfliktdialogs sollte einerseits all ihre spezifischen Unterschiede berücksichtigen, andererseits aber auch ihrem gemeinsamen Grundmuster Rechnung tragen. Hierbei könnte die GFK eine wichtige Orientierungsfunktion einnehmen, da sie im Vergleich zum umfassend-integrativen Charakter der Ansätze von

Glasl und Galtung einen eher grundlegenden, breitenwirksam angelegten Charakter aufzuweisen scheint. So beschreibt Glasl selbst die GFK als *differenziert*, gleichzeitig aber als *universell anwendbar*, sodass sie Grundlage jeglicher Konfliktbehandlung sei (vgl. Glasl 2004a: 347, eigene Hervorhebung).

Kommen wir zum Aspekt der *Differenziertheit:* Die Erkenntnis ist einerseits nicht neu, dass die dialogische Konfliktbewältigung von Seiten der intervenierenden Partei ein hohes Maß an nichtmethodischen Kompetenzen erfordert. Dieser Standpunkt trägt der Einsicht Rechnung, dass jede Konfliktsituation sehr spezifisch ist und dass eine Formulierung allgemeingültiger Standards schwierig, wenn nicht unmöglich ist. So sagt Ed Watzke über seinen Ansatz der sog. Transgressiven Mediation aus, dass er einen Großteil seines professionellen Repertoires „spontan und intuitiv gesetzten Interventionen, hervorgegangen aus weit mehr als tausend Mediationen innerhalb der vergangenen 13 Jahre" verdanke (vgl. Czollek/ Watzke 2004). Gleichwohl impliziert selbst die sehr prozessorientierte Transgressive Mediation eine verallgemeinerbare Methode: So gilt es im ersten Schritt herauszufinden, wie die Konfliktparteien strukturiert sind und was sie beschäftigt. Im zweiten Schritt wird überlegt, wie dies genutzt werden kann (vgl. ebd.). Eine Heuristik des Mediationsgesprächs sollte daher genügend Raum lassen, um der Einzigartigkeit einer jeden Konfliktsituation gerecht zu werden.

In Bezug auf die Skizzierung eines *universell anwendbaren Grundmusters* des Konfliktdialogs zeichnet sich nach dem Mediationsexperten Norbert Ropers das sog. Kreislaufdiagramm der Harvard-Schule als das „kompakteste Verlaufsschema einer Mediation" aus. Wie wir sehen werden, decken sich die unten stehenden vier verallgemeinerbaren Phasen des Harvard-Konzepts weitgehend mit den vier Schritten der GFK sowie anderen Dialogmethoden. Das Vorgehen der Harvard-Methode setzt sich zusammen aus:

1. einer genauen Klärung dessen, worum es in dem Konflikt geht;
2. einer Analyse der Ursachen des Konflikts, seiner Rahmenbedingungen, der hinter den Motiven liegenden Bedürfnisse etc.;
3. einer gemeinsamen kreativen Entwicklung und Reflexion möglicher Konfliktregelungen;
4. der Entscheidung für eine bestimmte Konfliktregelung und der Vereinbarung von konkreten Maßnahmen zu ihrer Umsetzung (vgl. Ropers 1995: 67-71).

Unabhängig davon stellen Fuhr/Gremmler-Fuhr fest, dass sich die heuristische Grundstruktur eines Vier-Phasen-Modells in unterschiedlichsten Konzepten der Meta-Kommunikation wiederfindet – schon zu Zeiten von Rollo May (1939), Carl Rogers (1946), Frederick/Laura Perls und Paul Goodman (1940er und 50er Jahre). In ihrer Synthese unterscheiden Fuhr/Gremmler-Fuhr daher zwischen 1) Vorklärung und Vereinbarung, 2) Erkundung, 3) Sinngebung sowie 4) Perspektiven und Abschluss (vgl. Fuhr/Gremmler-Fuhr 2004: 98-100).

An dieser Stelle wird deutlich, dass dennoch beträchtliche Unterschiede zwischen unterschiedlichen Dialogmethoden bestehen. Mir geht es im Folgenden darum, verallgemeinerbare Strukturen „herauszudestillieren", in Form von Schnittpunkten, die sich in all diesen Ansätzen finden, ohne jedoch ihre spezifischen Besonderheiten außer Acht zu lassen. Daher sollen im Folgenden die wesentlichen Komponenten eines repräsentativen Spektrums unterschiedlicher bewährter Mediationsansätze nebeneinandergestellt werden.

Einschränkend muss an diesem Modell eingeräumt werden, dass sich der Integrationsrahmen auf den dialogischen, nicht-direktiven Bereich beschränkt, worin auch der Schwerpunkt dieser Arbeit liegt. Darin liegt auch der Grund, weshalb im obigen Schema nicht das Konfliktmanagement nach Glasl, die SySt und die Prozessarbeit repräsentiert sind. Beim Ersteren lässt sich, im Vergleich zu den anderen dialogischen COMPAIR-Ansätzen, keine vergleichbar standardisierte Schrittfolge finden, wohl auf Grund der sehr umfassenden Integrierung nicht-direktiver und direktiver Interventionen (vgl. Abb. 3). Die SySt und die Prozessarbeit weisen keine vergleichbare Schrittfolge auf, da sie keine dialogisch-mediativen Methoden darstellen.

Gewaltfreie Kommunikation	Transcend-Dialog	Mediation im Buddhismus	ARIA-Framework[94]	Mediation im Psychodrama
1) Beobachtung: Gegenwärtige Erscheinung des Konflikts	1) Verstehen der Ziele aller Konfliktparteien (Diagnose der Vergangenheit); entspricht Schritt 2) in der *neuen Reihenfolge* (Traumata thematisieren)	1)Verstehen der Ziele aller Konfliktparteien: a) Perzeptionen b) Interne Handlungszwänge	1) Antagonismus: Frage nach dem „Was" des Konflikts	1) Sichtweisen: Ist-Stand/ Erscheinungsform des Konflikts
2) Gefühle: gegenseitige Konsequenzen der Konflikthandlungen		c) Gefühle		
		2) Eskalationsspirale verstehen		2) Konfliktgeschichte
3) Bedürfnisse: zu erreichende Ziele zur Konfliktlösung definieren	2) Unterscheidung von Interessen und Bedürfnissen (negativer Anker durch Negativprognose); entspricht Schritt 4) in der *neuen Reihenfolge* (Ängste thematisieren)	3) Alternativen suchen: a) Mentale Prozesse erkennen, die zu den „greeds" geführt haben. b) Bedürfnisse (needs) erkennen	2) Resonanz infolge unbefriedigter Bedürfnisse („Warum" und „Wer" des Konflikts)	3) Motoren des Konflikts: Bedürfnisse der Konfliktparteien
4) Bitte: Gegenseitige Wünsche zur Konfliktlösung äußern	3) Lösung finden, positive Anker schaffen durch eine gemeinsame Zukunftsvision – entspricht Schritt 1) in der *neuen Reihenfolge* (Träume thematisieren) – oder/und durch einen gemeinsamen Nenner – entspricht Schritt 3) in der *neuen Reihenfolge* (ruhmreiche Vergangenheit)	c) Wege finden alle Bedürfnisse aller Parteien zu befriedigen; gegenseitige Wünsche artikulieren	3) Invention: Handlungsoptionen entwickeln, Ideen sammeln; gegenseitige Wünsche artikulieren	4) Handlungsoptionen entwickeln, Ideen sammeln, gegenseitige Wünsche artikulieren
			4) Action: Planung der Umsetzung	5) Vereinbarungen und Umsetzung
	4) Versöhnung	4) Versöhnung		

Tabelle 10: Gegenüberstellung der Vorgehensweisen von fünf Dialogmethoden (vgl. Fathi 2008: 67)

94 Das **ARIA Framework** wurde von J. Rothman entwickelt, um komplexe Konflikte mit immateriellen Gegenständen (Identitätskonflikte) zu lösen (vgl. im Folgenden ders. 1997: 5-20).

Die vorliegende Tabelle verdeutlicht, dass trotz ihrer unterschiedlichen Hintergründe grundlegende Gemeinsamkeiten zwischen den Phasen der vorliegenden Mediations- bzw. Dialogansätze bestehen. Diese Parallelen finden sich in den unterstrichenen Schlüsselbegriffen und in den durchgezogenen Trennlinien wieder. Aus dem Vergleich der fünf vorgestellten Ansätze lässt sich ein gemeinsamer Nenner von mindestens drei Phasen ableiten (Watzke hatte die ersten beiden Phasen zu einer zusammengefasst). Diese lassen sich nach Bedarf beliebig erweitern und unterteilen, wodurch eine Milderung (wenn nicht gar eine Auflösung) des Spannungsverhältnisses zwischen Allgemeinem und Speziellem im Konfliktdialog gegeben wäre.

Viele erfahrene Konfliktberater, wie Kramer und Graf vom IICP, weisen aber darauf hin, dass eine lineare Abfolge dieser Phasen in der Praxis nicht unbedingt gegeben ist. Daher sprechen sie in diesem Zusammenhang lieber von „Perspektiven", die sich während des Konfliktdialogs gleichzeitig oder in einem chaotischen Wechsel ergeben. Aus didaktischen Gründen sei es aber dennoch sinnvoll, von idealtypischen „Phasen" oder „Arbeitsschritten" auszugehen (vgl. Graf/Kramer 2008). Ich fasse die drei bis vier Phasen wie folgt zusammen:

- *Phase 0: Kontaktaufnahme:* Die Kontaktaufnahme wird meistens nicht erwähnt – ich werde sie daher sinngemäß als „Phase 0" mitzählen – ist aber für jede dialogische Konfliktbearbeitung maßgeblich. In dieser Phase geht es um die Herstellung eines Vertrauensverhältnisses zwischen Konfliktarbeiter und Dialogpartner und zur Klärung des Auftrags.
- *Phase 1: Ist-Zustand:* Danach erfolgt die Analyse der Erscheinung des Konflikts, seines Gegenstands (Anlass), ggf. auch seiner Geschichte. Dies spiegelt sich in den Zielen der Beteiligten wider. In dieser Konfliktbearbeitungsphase soll das wechselseitige Nachvollziehen und Verstehen der Konfliktbeschreibung erreicht werden. Die Methoden, mit deren Hilfe die dritte Partei dieses Ziel erreichen kann, können in Form getrennter Einzelgespräche mit den Parteien (Shuttle Mediation) oder gemeinsamer Sitzungen stattfinden, bei denen die Interaktion zwischen den Parteien mit Hilfe kommunikationsfördernder Techniken unterstützt wird. Hierzu gehört u.a. das aktive Zuhören, das „Paraphrasieren" und das „Spiegeln" der jeweils sprechenden Person, strukturierende Zusammenfassungen, die Unterstützung von Ich-Botschaften sowie die Versachlichung von Aussagen (vgl. hierzu auch Ropers 1995: 69).
- *Phase 2: Tiefenanalyse/Musterunterbrechung*: Ist die Konfliktkonstellation erfasst, erfolgt eine Analyse der tieferen Kon-

fliktursachen, sprich: was die Parteien wirklich wollen (Positionen, Interessen, Wünsche, Erwartungen und Ängste der Parteien) und potenzieller Veränderungspotenziale („reframing“). Spätestens hier geht es darum, die gegenseitige Empathie aller Parteien zu fördern. Hierbei besteht die Herausforderung v.a. darin, der Neigung bei allen Beteiligten zum rein argumentativen Austausch entgegenzuwirken (Entweder-Oder). Hilfreich sind dabei Interventionsformen, die nicht polarisieren, sondern Gemeinsamkeiten herausarbeiten, das Konstruktive am Konflikt zu betonen und Ambivalenzen zu tolerieren. Hierbei bieten sich Techniken an, die über das Verstehen des jeweils anderen hinaus auch die direkte Verständigung mit ihm begünstigen: zu direkten Aussagen auffordern, Ambivalenzen thematisieren, non-verbale Botschaften aufgreifen, das „Doppeln“ von unverstandenen Botschaften, ferner auch gruppenbezogene Interventionen wie Rollenspiele, Gruppenaufstellungen u.ä. (vgl. hierzu auch Ropers 1995: 70).

- *Phase 3: Soll-Zustand:* Zuletzt geht es darum, auf der Basis der zuvor ermittelten legitimen Kerninteressen, Leitmotive oder/ und (Grund-)Bedürfnisse der Konfliktparteien, das bisherige Konfliktverhalten durch den kreativen Einsatz der Ressourcen der konkreten Situation zu transformieren. Geeignete Methoden hierfür sind die Erörterung von bereits praktizierten Lösungsmodellen für vergleichbare Konflikte, das Brainstorming, visuelle Moderationsansätze oder das Konzept der Zukunftswerkstätten (Change Laboratory), oder das sog. „Ein-Text-Verfahren“, bei dem die ersten Entwürfe von nur einer (idealerweise der dritten) Partei stammen sollten und dann solange verbessert werden, bis er die Zustimmung aller Parteien findet (vgl. hierzu auch Ropers 1995: 71).

Das hier skizzierte allgemeine Grundmuster des Konfliktgesprächs lässt genügend Raum für die vielen Besonderheiten der einzelnen Ansätze: So legt z.B. die Transcend-Methode besonderen Wert darauf, die Konfliktparteien erst in der Phase der gemeinsamen Konfliktlösung zusammenzubringen. Dies ist beim ARIA-Framework und der buddhistischen Methode nicht der Fall. Beide Ansätze konzentrieren sich jedoch schon in der ersten Phase darauf, den Parteien zu verdeutlichen, dass der zukünftige destruktive Konfliktverlauf nicht in ihrem Interesse sein kann. Der Schwerpunkt von Transcend liegt auf der partizipativen Entwicklung kreativ-transformativer Konfliktlösungen, während insbesondere die buddhistische Methode besonderen Wert auf Re-Framing und Empathieentwicklung legt. Die Psychodrama-Methode macht, in Anlehnung an Glasls Ansatz, eine vorherige Trennung der Konfliktparteien in erster Linie davon abhängig, ob es sich um einen kalten Konflikt handelt. Das Psychodrama hält eine Vielzahl von Techniken bereit, die auf die spielerische Bearbeitung unterschiedlicher Konflikttypen zugeschnitten ist. An dieser Stelle muss jedoch eingeräumt werden, dass sich die einzelnen Methoden durchaus gegenseitig inspirieren. Dies betrifft insbesondere den Transcend-Ansatz, der in seinem ganzheitlichen Versöhnungsansatz u.a. auch auf die buddhistische Karma-Methode und das psychodramatische Theaterspiel zurückgreift (vgl. 3.2.2.). An dieser Stelle ist es weitgehend vom Setting und vom Konfliktberater abhängig, ob er den Versöhnungsaspekt in die einzelnen Dialogschritte einfließen lässt oder als eigenständige Dialogphase berücksichtigt.

Am Beispiel von Transcend zeigt sich hierbei besonders, dass eine feste Reihenfolge all dieser Dialogphasen in der Praxis nicht gegeben ist. Wie oben dargestellt, betont Galtung seit 2006 einen lösungsorientierten Fokus mit der neuen Reihenfolge der Schrittphasen in seiner Dialogmethode. Dies äußert sich darin, dass die Phase des Soll-Zustands an die erste, die Phase der Grundbedürfnisse (Negativprognose) an die letzte Stelle tritt (vgl. 3.2.3.). Die anderen vorgestellten Ansätze halten sich alle an die allgemein übliche „alte" Reihenfolge, welche tendenziell mehr Raum für die Prozessorientierung lässt. In der Forschung ist noch umstritten, wann und inwieweit im Konfliktdialog eine Lösungsorientierung gegenüber einer Prozessorientierung vorzuziehen ist und umgekehrt.[95] In Anlehnung an die unter 6.1. skizzierten umfassenden Integrationsmodelle mögen hierbei mindestens zwei Kriterien Orientierung verschaffen:

- *Eskalationsgrad der Konfliktparteien:* In niedrig eskalierten Konflikten kann eine lösungsfokussierte Dialogstrategie tendenziell schnell zu einer konstruktiven Konfliktbewältigung führen. Umgekehrt erweist es sich bei stark polarisierten Akteuren generell als schwieriger, zu Anfang des Konfliktdialogs eine konstruktive Vision zu formulieren.
- *Kompetenz der intervenierenden Partei*: Die Angemessenheit einer Lösungs- oder eher Prozessorientierung der Dialog führenden Partei mag auch von ihrem Hintergrundwissen ab-

[95] Im COMPAIR-Dialog fiel dieser Gegensatz v.a. in Bezug auf den Dialog zwischen der Prozessorientierten Konfliktarbeit nach Mindell und dem eher lösungsorientierten Transcend-Ansatz nach Galtung auf. Elsässer fragte hierbei kritisch, ob Galtung immer die Lösung für seine Konflikte wüsste. Galtung entgegnete zwar, dass eine für alle Beteiligten optimale Lösung nur im partizipativen Dialog mit ihnen ermittelt werden könne. Allerdings hätte er die Verpflichtung, seinen Klienten Lösungsmöglichkeiten zu verschreiben, wenn er sie sehe, ähnlich wie es ein Arzt mit seinen Patienten machen würde (vgl. Galtung 2004).

hängig sein. Der lösungsfokussierte Ansatz setzt sehr umfassende und fundierte Vorkenntnisse über den Konflikt voraus (Interessen, Geschichte, Kultur, Struktur, Positionen etc.), was zu Anfang des Konfliktdialogs meist bei allen (auch der intervenierenden) Parteien nicht gegeben ist. Zudem sollte die intervenierende Partei nicht nur fähig sein, eine konstruktive Vision zu formulieren, sondern auch diese entsprechend an die Konfliktparteien zu vermitteln. Mit einer 50-jährigen Beratungserfahrung in über 100 internationalen Konflikten scheint Johan Galtung einer der wenigen Konfliktberatern zu sein, auf den diese Voraussetzungen zutreffen.

6.2.2. Einordnung unterschiedlicher Dialogdesigns in das Drei-Phasen-Modell

Auf der Basis der oben skizzierten Orientierungsverallgemeinerungen, die sich aus einer Gegenüberstellung mehrerer Dialogmethoden ergeben, lassen sich auch eine Fülle möglicher „Dialogdesigns" einordnen. Dialogdesigns legen einen bestimmten Arbeitsrahmen fest, der sich mit spezifischen Dialogmethoden füllen lässt. Oftmals stellen Dialogmethoden selbst zugleich „Dialogdesigns" dar. Auch lassen sich, zumindest im Rahmen heuristischer Überlegungen, Dialogmethoden und -designs eklektisch kombinieren. Diese Überlegungen erscheinen sinnvoll angesichts der Tatsache, dass sich Konflikte ebenfalls in sehr unterschiedlichen Settings ausprägen können, mit entsprechenden Erfordernissen zu ihrer Bearbeitung. Als Grundgerüst zur Zuordnung der Schwerpunkte unterschiedlicher Dialogdesigns dient mir wieder das Drei-Phasen-Modell.

Wichtig ist auch zu berücksichtigen, dass sich diese drei verallgemeinerbaren Phasen des Konfliktdialogs nicht nur auf inter-, sondern auch auf intrapersonale Konstellationen beziehen können, zumal sich Interaktionen sowohl aus dem Bereich der „Äußerung" als auch der „Innerung" zusammensetzen. Dies wird in Sektion IV noch näher auszuführen sein.

Auch sei an dieser Stelle erwähnt, dass die Konfliktparteien und der bzw. die Konfliktberater immer Teil des Konflikts sind, stets „innere Dialoge" führen und dies in einem selbstreflexiven Kontext berücksichtigen sollten. Hierzu eignen sich generell auch introspektive Methoden, z.B. auf der Grundlage einer integralen Psychotherapie (vgl. Tab. 9), wie unter 6.1.1.1. dargestellt. In der unten stehenden Tabelle 11 erfolgt nun eine beispielhafte Einordnung der Schwerpunkte einiger Dialogdesigns in die Grundstruktur der drei Phasen. Das Spektrum der hier eingeordneten Methoden reicht von der Bearbeitung intrapersoneller bis hin zu Großgruppenkonflikten. Ein Anspruch auf Vollständigkeit kann natürlich auf Grund der Methodenfülle nicht gegeben werden. Die neu hinzugekommenen Dialogdesigns - Listening Projects, Knowledge Café, Appreciative Dialogue (AI), Dynamic Facilitation, Theory U, Open Space und Future Search - werden in Anhang A in einer Kurzdarstellung näher erläutert. Das Gesamtschema, das in Sektion IV praxeologisch vertieft werden soll, lässt sich wie folgt skizzieren:

Innerer und äußerer Dialog / **Phasen des Konfliktdialogs**	**Formen des inneren Dialogs (selbstreflexive Settings)**	**Formen des äußeren Dialogs (Konfliktgespräch)**
Ist-Zustand: Ziele der Konfliktparteien erfragen	Unterschiedliche Ziele innerhalb der Konfliktpartei identifizieren; eigene Ziele/Ängste/Ärger formulieren/festlegen; SySt	Knowledge Café; Listening Projects; GFK; SySt
Tiefenanalyse/ Musterunterbrechung: Ziele aufdecken und hinterfragen	Aufdeckende (z.B. Schattenarbeit) und transzendierende Ansätze (z.B. Meditation)	Change Laboratory; Psychodrama-Theater (z.B. nach Moreno); Tiefendemokratie/Dynamic Facilitation; GFK; SySt, AI
Soll-Zustand: Konstruktive Lösungsmöglichkeiten entwickeln	Pre-Sencing (Theory U); Reflexion des Pentalemmas	Open Space; Future Search; Reflexion des Pentalemmas

Tabelle 11: Einordnung unterschiedlicher Dialogdesigns (Eigenanfertigung)

6.3. Fazit

Da sich das AQAL des IA nur als begrenzt wirksam erweist, die heuristischen Kriterien dialogischer Konfliktansätze zu integrieren, wurden zwei Perspektiven für die Formulierung zusätzlicher Integrationskategorien aufgezeigt, die diesem Kontext besser angepasst sind: Das „umfassende" und das „breitenwirksame" Integrationsmodell.

Der *umfassende* Ansatz ergibt sich, mit Bezug auf die vorgestellten Methoden, aus der Kombination wesentlicher Metakriterien der sehr holistisch-umfassend ausgerichteten Modelle von Glasl und Galtung. Das hieraus abgeleitete Metamodell ermöglicht die Berücksichtigung vielfältiger Aspekte bei der Bearbeitung komplexer, v.a. inter-personeller, Konflikte in einem übergreifenden Zusammenhang. Es lässt sich in Ergänzung zum „Wilber-typischen" entwicklungsorientierten Metamodell hinzuziehen, welches einen ausgeprägteren Schwerpunkt auf die intrapersonelle Konfliktbearbeitung aufzuweisen scheint.

Das *breitenwirksame* Modell ergibt sich aus einer repräsentativen Gegenüberstellung der Arbeitsschritte mehrerer Dialogmethoden. Hieraus ergaben sich insgesamt etwa drei bis vier Grundkategorien, die allen Mediationsansätzen der Gewaltprävention und -nachbearbeitung immanent sind: 1) Analyse der Ziele; 2) Analyse der (Grund-)Bedürfnisse (Empathie); 3) Entwicklung von Lösungen.

Ein Bezug zwischen dem umfassenden und dem breitenwirksamen Modell ist insofern gegeben, als sich die drei Phasen (breitenwirksam) beliebig weiter nach den Dimensionen des umfassenden Gerüsts ausdifferenzieren lassen. Eine Kombination beider Modelle stellt, als sog. „integrales heuristisches Gerüst", einen skizzenhaften und ausbaufähigen Vorschlag dar, die Vielfalt unterschiedlicher Methoden dialogischer Konfliktbearbeitung in einem heuristischen und verallgemeinerbaren Kontext holistisch zu integrieren. Zu einer konkreten Darstellung einer solchen Synthese komme ich in Sektion IV am Beispiel einer Methode der intrapersonellen und interpersonellen Dialogführung.

Wie sich eine integrierte dialogische Konfliktbearbeitung in der Umsetzung konkret ausgestaltet - auch in Bezug auf Prioritätensetzungen in der Methodenwahl und der heuristischen Hebelpunkte, hängt jedoch vom jeweiligen Erfahrungshintergrund und der Person des Anwenders sowie den spezifischen Anforderungen der Konfliktsituation ab. Unter diesem Gesichtspunkt zeigt sich die Bedeutung einer eklektischen Strategie im Kontext integrierter Konfliktbearbeitung.

SEKTION IV: INTERVENTION: PRAXEOLOGISCHE INTEGRATION DIALOGISCHER KONFLIKTBEARBEITUNG

VII. SKIZZE EINES INTEGRIERTEN PRAXISMODELLS DIALOGISCHER INTERVENTION

Während in den vorherigen Sektionen eine Standortbestimmung der dialogischen Konfliktbearbeitung im Rahmen einer integrierten Konfliktbearbeitung skizziert wurde (all dies jedoch im Rahmen eines epistemologischen und heuristischen Spektrums, den die COMPAIR-Methoden vorgaben), stellt sich nun die Kernfrage, wie sich ein integrierter Ansatz dialogischer Intervention konkret ausgestaltet.

Da der Prozess des Dialogs im Zentrum der Untersuchung steht, macht dies ein entsprechend integriertes Verständnis hiervon erforderlich. Unter Hinzunahme wesentlicher Einsichten aus dem Ansatz von Schulz von Thun[96] sowie dem Vorstoß von Mark Edwards, das Holonmodell auf die Mediation anzuwenden, wird ein integriertes Metamodell dialogischer Interaktion skizziert (7.1.). Schon von vornherein ergibt sich, auch wenn nur idealtypisch voneinander zu trennen, die Unterscheidung zwischen Interventionen im Bereich des „äußeren", d.h. interpersonellen, und des „inneren", d.h. intrapersonellen, Dialogs. Hierzu werden die Praxeologien zweier repräsentativer Ansätze, die sich in einen besonderen Bezug zu den COMPAIR-Methoden stellen lassen, vorgestellt. Am Beispiel dieser beiden Methoden erhoffe ich mir weitere konkretere Schlüsse für ein allgemeines Metamodell dialogischer Konfliktbearbeitung in epistemologischer und heuristischer Hinsicht und in Bezug auf seine praxeologischen Stärken und Schwächen (7.2.). Auf der Grundlage der bisherigen Schlüsse und eines Spektrums aller bisher vorgestellten Methoden, wird nun der Versuch unternommen, ein verallgemeinerbares praxeologisches Orientierungsmodell integrierter dialogischer Konfliktbearbeitung zu skizzieren (7.3.). Die Ergebnisse werden abschließend kritisch diskutiert und auf das epistemologische und heuristische Metamodell kritisch rückgekoppelt (7.4.).

---

96 **Prof. Dr. Friedemann Schulz von Thun** unterrichtet im Fachbereich Psychologie in Hamburg und ist als Kommunikationsberater und -trainer tätig. Er ist Begründer des Arbeitskreises „Kommunikation und Klärungshilfe". Sein in dieser Arbeit berücksichtigtes Werk „Miteinander Reden 1-3" (2009a-c) gilt als ein weit verbreitetes Standardwerk in der dialogischen Konfliktbearbeitung.

7.1. Skizze eines integrierten Modells dialogischer Interaktion

Ein integrierter Ansatz der dialogischen Konfliktbearbeitung macht ein entsprechend komplexes Verständnis vom Dialogprozess erforderlich. Auf der Basis des IA werde ich einerseits eine Landkarte skizzieren, die auf die Darstellung von (dialogischen) Interaktionszusammenhängen zugeschnitten ist. Hierzu gehe ich auf die Akteurs- und Strukturdimension ein (7.1.1.) und eng daran angelehnt auf die Nachrichtendimension (7.1.2.).

7.1.1. Skizze einer integrierten Modells von Holons-in-Beziehung

Mark Edwards' Sextant-Modell

Der Vorstoß des integralen Theoretikers Mark Edwards zählt vielleicht zu den bekanntesten Pionierleistungen, das Holonmodell des IA dahingehend zu modifizieren, den Beziehungs- und Interaktionsaspekt adäquater darzustellen. Edwards' Ansatz besteht hierbei darin, alle sechs grammatikalischen Hauptperspektiven, welche in einer jeden dialogischen Interaktion repräsentiert sind, zu modellieren – das Ergebnis ist ein um zwei Dimensionen erweitertes Vier-Quadranten-Modell: ein Sechs-Quadranten- bzw. *„Sextant"*-Modell. Während Wilbers Vier-Quadranten-Modell die 1. und 3. Person Plural und Singular betont und die 2.-Person-Perspektiven – „Du" und „Ihr" – auf den Kollektiv-Quadranten (3. Person) reduziert, werden die beiden 2.-Person-Perspektiven („Du" und „Ihr") in Edwards' Sextantmodell explizit berücksichtigt. Das Sextantmodell ermöglicht damit, eine Landkarte bereitzustellen, die eine adäquatere Darstellung von Holons-in-Beziehung ermöglicht (vgl. Edwards 2005). Edwards betont, dass sein Modell nicht Wilbers vier Quadranten ersetzen soll, sondern vielmehr als Metarahmen anzusehen ist, in den sich das bisherige vier-quadrantische Holonmodell integrieren lässt. Edwards schlägt dabei vor, jede dieser sechs Hauptperspektiven als eigenständiges Holon anzusehen, was auf eine Unterscheidung zwischen „Ich"-, „Du"-, „Er/Sie/Es"-, „Wir"-, „Ihr"-, „Sie"-Holons hinausläuft. Da jedes Holon mindestens vier Dimensionen aufweist, sind in jedem Holon alle vier Quadranten vertreten. Edwards' Modell fasst seinen Ansatz in zwei Kernaussagen wie folgt zusammen: „Every perspective [sprich: jede der sechs grammatikalischen Hauptperspektiven] has four quadrants. And every perspective is a holon its own right (Edwards 2005)."

Edwards' Vorstoß, im Rahmen eines integralen Dialog-Ansatzes das Vier-Quadranten-Modell zu erweitern, indem er die 2.-Personen-Perspektive explizit berücksichtigt, erscheint generell sinnvoll. Sein

Bestreben, das Vier-Quadranten-Modell als Sub-Bestandteil seines Sextant-Modells zu sehen, birgt jedoch einen Absolutheitsanspruch im Kontext einer Frage, die m.E. an das Henne-Ei-Problem erinnert: „Was kommt zuerst" bzw. welches Modell bestimmt den übergeordneten Metarahmen: Sextant oder Quadrant? Im Wesentlichen komme ich bei dieser integralen Streitfrage zum selben Ergebnis wie bei der unter 5.2.2. skizzierten Debatte um die integralere Interpretation der „Stränge des Wissenserwerbs": Wilbers Quadranten- und Edwards Sextantenmodell liefern jeweils unterschiedliche, einander ergänzende Metaperspektiven; allerdings scheint die Frage, in welcher Anordnung sich beide Modelle ineinander verschachteln, vom Standpunkt des Betrachters abhängig. Sinnvoller erscheint eher, auch im Umgang mit anderen Metamodellen im Rahmen dieser Arbeit, beide Ansätze als gleichwertig und ihr Verhältnis zueinander flexibel kontextualisierbar zu handhaben. Die Beiträge und Erweiterungspotenziale, die sich aus beiden Modellen ergeben, stellen sich m.E. wie folgt dar:

- *Es lassen sich grundsätzlich Kollektiv- und Individualholons unterscheiden, mit Entsprechungen im Vier-Quadranten-Modell*: Erstere sind die eigentlichen Akteure in Dialogprozessen. Sie sind aber stets in ihrem Handeln und Denken in einem Kollektivkontext eingebettet. Kollektivholons interagieren in sozialen Arenen unterschiedlicher Größenordnung (z.B. im Gemeinschafts-, Gruppen- oder Staatenkontext) stets über repräsentative Individualakteure. Nach außen können sie dabei „Akteurscharakter" aufweisen (nehmen wir z.B. einen Staat, der mit einem anderen Staat Krieg führt), nach innen – d.h. gegenüber Individuen – eher institutionellen Charakter, z.B. in Form von „Strukturen". Diese wichtige Unterscheidung von „Akteuren" und „Strukturen" ist im IA nicht so explizit berücksichtigt wie im Metaansatz von Sibeon (2004). Das Vier-Quadranten-Modell ließe sich im Rahmen einer integralen Kommunikationstheorie um folgende Inhalte ergänzen: Jeder Akteur ist in Werte- (linksseitig) und Institutionsstrukturen (rechtsseitig) einer umfassenderen sozialen Arena eingebunden. Dies schließt nicht aus, dass Akteure unterschiedlicher Größenordnung miteinander interagieren können (z.B. Staaten mit quasi-staatlichen Akteuren oder der einzelne Bürger mit dem Staat). Diese Strukturen geben, abhängig von ihren konkreten Ausprägungen in den anderen AQAL-Dimensionen (z.B. dem Grad der Ebenenentwicklung), den Rahmen vor, in dem die darin eingebetteten Akteure miteinander interagieren können. Am Beispiel der Kriegsneigung der USA und des OECD-Friedens wurde unter 5.1.8.2. die Hypothese formuliert, dass die Kriegsneigung von Staaten (unabhängig von ihrer inneren Entwicklung) auch vom durchschnittlichen Ebenenwert der sie umgebenden Interaktionsstrukturen abhängt. Eingedenk der oben dargestellten Grundannahme einer integralen Post-Metaphysik ist jedoch zu betonen, dass Akteursholons bzw. ihre quadrantischen Entsprechungen nicht ontologische Gegebenheiten sind, sondern nur im Rahmen von Perspektiven „existieren".

- *Jedes interagierende Holon hat sechs Hauptperspektiven*: Dies betrifft in erster Linie individuelle Holons, da sie die Hauptakteure von Interaktionen sind. Die Berücksichtigung der von Edwards vorgeschlagenen sechs Hauptperspektiven (Ich, Du, Er/Sie/Es, Wir, Ihr, Sie) begünstigt auch eine Unterscheidung zwischen (kollektivem und individuellem) Selbst- und Fremdbild – eine Unterscheidung, die für einen integrierten Dialogansatz maßgeblich ist. Edwards' Ansatz müsste um die Anmerkung erweitert werden, dass „Ich"-, „Du"-, „Er/Sie/Es"-, „Wir"-, „Ihr"- oder „Sie"-Holons nur im Kontext einer Perspektive existieren, die von einem Individual- oder Kollektiv-Holon eingenommen wird, sprich: als Abgrenzung von einer „Ich"- oder „Wir"-Perspektive. Zudem hat *jedes* interagierende Holon ein einzigartiges Konzept von „Ich", „Du" etc.; d.h. die 1.- und 2.-Person-Perspektive eines Holons ist nicht identisch mit dem Konzept seines Interaktionspartner-Holons. Im Kontext dieser Arbeit liegt Edwards' Beitrag insbesondere in der Entdeckung, dass eine Erweiterung des Vier-Quadranten-Modells um die 2.-Person-Perspektive für einen heuristischen Ansatz integrierter Kommunikation absolut notwendig ist.

Selbst- und Fremdwahrnehmung

Im Kontext der sich aus Edwards' Modell ergebenden Unterscheidung zwischen „Ich" und „Du" in einer (dialogischen) Interaktion lässt sich ein ergänzendes Quadrantenmodell berücksichtigen, das von dem Psychologen Michaël Balint[97] geprägt wurde und explizit zwischen Selbst- und Fremdwahrnehmung differenziert. Sein sog. „Joharifenster" beschreibt unterschiedliche Konstellationen von Selbst- und Fremdwahrnehmung. Nach den Kriterien „Selbst" (1. Person)/„Fremd" (2., 3. Person) einerseits und „bekannt"/„unbekannt" andererseits unterscheidet das Joharifenster die folgenden Quadranten/Felder:

97 Die Balintmethode wurde vom ungarischen Psychoanalytiker und Arzt **Michaël Balint** (1896-1970) begründet.

- *Arena* (mir bekannt - anderen bekannt): Sachverhalte, die allen offen liegen;
- *Verbergen* (mir bekannt - anderen unbekannt): Sachverhalte, die bewusst vor anderen verborgen werden;
- *Blinder Fleck* (mir unbekannt - anderen bekannt): Verhaltensanteile, die nur die anderen wahrnehmen;
- *Unbewusstes* (mir unbekannt - anderen unbekannt): Dinge, die allen unbekannt sind und die sich nur dem Tiefenpsychologen erschließen (vgl. Deutsche Balint-Gesellschaft).

Dieses Vier-Quadranten-Modell verdeutlicht praxeologische Einwirkungsbereiche, die in der dialogischen Konfliktbearbeitung wesentlich sind.

Daneben bedarf eine integrierte Landkarte zur Kartografierung von „Akteuren-in-dialogischer-Beziehung" zusätzlich auch eines Metamodells dialogischer Interaktion an sich. Hierauf verweist auch Edwards mit Andeutung auf ein „mediating holon" (vgl. Edwards 2005). Einen ähnlichen, aber wesentlich eingehender ausgestalteten Beitrag hierzu leistet der Kommunikationspsychologe Schulz von Thun mit seinem „Nachrichtenquadrat".

7.1.2. Das Nachrichtenquadrat nach Schulz von Thun

Aus Schulz v. Thuns Nachrichtenquadrat wird ersichtlich, dass 1. Kommunikation eine vier-dimensionale Angelegenheit ist, dass 2. daher in einer Nachricht mehrere Botschaften gleichzeitig enthalten sind und 3. dass Kommunikationsprobleme dadurch entstehen können, dass eine der vier Dimensionen gegenüber den anderen zu stark unterdrückt oder hervorgehoben wird. Schulz von Thun unterscheidet insgesamt vier Dimensionen einer Nachricht, deren (gleichberechtigte) Berücksichtigung für eine klare Kommunikation und damit Dialog maßgeblich sind. Diese umfassen (vgl. im Folgenden Schulz von Thun 2009a und 2009b: 19-27):

- Auf der *Sachebene* des Gesprächs steht die Sachinformation im Vordergrund. Für den Sender gilt es hierbei, den Sachverhalt klar und verständlich zu vermitteln. Der Empfänger, der das „Sachohr" aufgesperrt hat, hört auf die Daten, Fakten und Sachverhalte.
- *Selbstoffenbarung* (Schulz von Thun 2009a) oder *Selbstkundgabe* (Schulz von Thun 2009b und c): Jede Äußerung enthält für den Empfänger einen Hinweis darauf, was in dem Sender vorgeht und wie es ihm geht. Dies kann explizit („Ich-Botschaft") oder implizit geschehen.

- *Beziehungsseite:* Jede Nachricht gibt (durch Formulierung, Tonfall, Begleitmimik) zu erkennen, wie der Sender zum Anderen steht, zumindest bezogen auf den aktuellen Gesprächsgegenstand. Die Gefühle des Empfängers und im weitesten Sinne das Selbstwertgefühl eines Menschen nähren sich zu einem großen Teil aus den erhaltenen Beziehungsbotschaften.
- *Appellseite*: Jede Nachricht soll den anderen nicht nur erreichen, sondern auch etwas bei ihm erreichen. Offen oder verdeckt geht es auf dieser Ebene um Wünsche, Appelle, Ratschläge, Handlungsanweisungen, Effekte etc.

Es lässt sich darüber streiten, ob und inwieweit sich diese vier Dimensionen des Nachrichtenquadrats genau auf ein vier-quadrantisches „mediating" oder Nachrichtenholon nach den epistemologischen Vorgaben Edwards' oder Wilbers übertragen lassen (entspricht z.B. die Appellseite dem UR-Quadranten?). Relevant ist, dass das Nachrichtenquadrat problemlos in einen praxeologischen Zusammenhang mit der 1., 2. und 3. Person Singular und Plural des oben skizzierten Akteursmodells gesehen werden kann. Das Nachrichtenquadrat bezieht sich vornehmlich auf die Interaktion zwischen und innerhalb individueller Akteure (d.h. auch Repräsentanten kollektiver Akteure). Den Interaktionsrahmen geben Strukturholons vor, z.B. in Form von Werten, Normen, Sprache (UL) oder Interaktionssystem, Institutionen (UR), und diese wirken implizit in und zwischen jedem Akteursholon mit. Diese Allgegenwart von Strukturholons in jeder Interaktion stets im Hinterkopf behaltend, konzentriert sich die vorliegende Untersuchung auf dialogische Interventionen auf der (individuellen) Akteursebene. Im Wesentlichen lassen sich daher zwei ineinander übergehende praxeologische Grundrichtungen ableiten, die für einen erfolgreichen Dialog maßgeblich sind:

- *Innerer Dialog:* Zum einen kommt es darauf an, eine weitgehende Entsprechung von „Äußerung" und „Innerung" zu erreichen. Dies erfordert Übung in der Selbstwahrnehmung, orientiert am Zielwert der Authentizität. Gemessen am o.g. Joharifenster dürften die Interventionsschwerpunkte des inneren Dialogs in den Bereichen „Verbergen" (mir bekannt - dem Anderen unbekannt) und „Unbewusstes" (mir unbekannt - dem Anderen unbekannt) liegen.
- *Äußerer Dialog:* Zum anderen geht es darum, Äußerungen klar zu formulieren und die „hinter" der Äußerung liegende „Innerung" beim Sender aufzuspüren. Dies erfordert Übung am „vier-ohrigen" Zuhören und Sprechen, orientiert am Zielwert der Empathie. Die Interventionsschwerpunkte des interpersonellen Dialogs dürften daher in den Bereichen des Johari-

fensters „Blinder Fleck" (mir unbekannt - dem Anderen bekannt) und Arena (mir bekannt - dem Anderen bekannt) liegen.

7.2. Dialogische Konfliktbearbeitung im intra- und interpersonellen Bereich am Beispiel von zwei Methoden

Ursachen dafür, dass eine Nachricht beim Empfänger anders ankommt als vom Sender beabsichtigt, finden sich auf beiden Seiten. Daher lassen sich idealtypisch mindestens zwei praxeologische Kerngebiete dialogischer Intervention unterscheiden, welche im Folgenden näher dargestellt werden sollen: Den Bereich des *interpersonellen Dialogs* (7.2.1.) und den Bereich des *intrapersonellen Dialogs* (7.2.2.). Den ersten Bereich werde ich repräsentativ am Beispiel der Praxeologie des integrativen Konfliktdialogs nach Graf/Kramer, den anderen Bereich anhand der Methode „The Work" von Byron Katie darstellen. Beide Methoden lassen sich gegenüber den COMPAIR-Methoden ebenfalls in einer Repräsentativfunktion sehen, da sie zusammen wesentliche praxeologische Aspekte des gesamten COMPAIR-Spektrums abbilden.

- Der integrative Konfliktdialog nach Graf/Kramer basiert auf der Dialogmethode von Transcend. Auf der Grundlage eines komplexen Metarahmens ermöglicht sie eine theoretische und praktische Bearbeitung akteurs-/verhaltensbezogener, hermeneutischer/kultureller und struktureller/institutioneller Gewaltformen (vgl. Graf/Kramer 2008a-e).
- Byron Katies „The Work"-Methode liefert einen prägnanten und intellektuell gut nachvollziehbaren Zugang zum noch wenig erschlossenen Bereich der „spirituellen Konfliktbearbeitung". Von ihrer praxeologischen Einfachheit her lässt sich die Methode mit der GFK vergleichen, gleichzeitig integriert The Work Aspekte der aufdeckenden und der transzendierenden inneren Konfliktarbeit (vgl. Katie 2002).

The Work und der integrative Konfliktdialog stehen daher nicht nur beispielhaft, sondern in gewisser Weise auch repräsentativ für das COMPAIR-Spektrum; gleichzeitig aber auch für die beiden Kernbereiche dialogischer Konfliktbearbeitung - nämlich dem inneren und äußeren Dialog. Auf der Basis einer vorangegangenen epistemologischen und heuristischen Diskussion beider Ansätze im Einzelnen werden im Anschluss die praxeologischen Stärken und Schwächen beider Ansätze im Kontext eines Methoden-Mixes untersucht (7.2.3.).

7.2.1. Interpersoneller Dialogbereich am Beispiel des integrativen Konfliktdialogs nach Kramer/Graf

Im Folgenden wird eine Version der integrativen Konfliktbearbeitung wiedergegeben, die bis Ende 2009 im deutschsprachigen Raum auch in dieser Form gelehrt wurde. Das theoretische Konzept dieser Methode befindet sich jedoch in beständigem Wandel und wird, mit Erscheinen eines eigenen Handbuchs, in den nächsten Jahren vorläufig festgelegt werden. Daher wird unten noch eine sehr eng an den Transcend-Ansatz angelehnte Methode nach Graf/Kramer dargestellt, was dem endgültigen Modell in naher Zukunft wahrscheinlich in dieser Form nicht mehr entsprechen wird. Dennoch kann angenommen werden, dass die unter 3.2. dargestellten philosophischen, theoretischen und praxeologischen Transcend-Grundlagen nach wie vor fast vollständig im Theoriegebäude der integrativen Konfliktbearbeitung nach Graf/Kramer enthalten sind. Der wesentliche Unterschied besteht in erster Linie darin, dass die Methode von Graf/Kramer - wie unter 3.2.3.3. dargestellt - auf den Tätigkeitsbereich von Mediatoren weiterentwickelt wurde und dass sich die Dialogmethode nicht an die „neue“ lösungsorientierte, sondern an die „alte“ Reihenfolge der Arbeitsschritte hält.

Die meisten Informationen, auf denen sich die Arbeit im Folgenden bezieht, stammen aus der von Graf/Kramer angeleiteten Transcend-Fortbildung, an der ich 2008 teilgenommen habe und zahlreicher Konsultationen, die sich in diesem Rahmen ergeben hatten (dies. 2008a-e).

Im Rahmen dieses Kapitels erfolgt ein vertiefender Einblick über die Grundlagen des äußeren Dialogs aus einer integrativen Perspektive (7.2.1.1). Danach wird die Praxeologie des integrativen Konfliktdialogs vorgestellt (7.2.1.2.) und im epistemologischen und heuristischen Kontext diskutiert (7.2.1.3.).

7.2.1.1. Grundlagen des interpersonellen Dialogs aus einer integrativen Perspektive

In der Tradition der Konflikttransformation sieht die integrative Konfliktbearbeitung im Dialog den Königsweg der Konfliktbewältigung, denn sie bildet die Grundlage zu den drei Kernkriterien Gewaltfreiheit, Empathie, Kreativität. Der Dialog will

- eine offene Kommunikation, ein ehrliches Aussprechen und ein aufrichtiges Zuhören ermöglichen;
- eine Transformierung eingeschliffener polarisierter Denkmuster erreichen;

- einen sicheren Raum schaffen, in dem Annahmen ausgesprochen, hinterfragt und geändert werden können;
- ein tieferes Verständnis für Inhalte und Menschen erzielen;
- ermöglichen, Zusammenhänge zu erkennen und holistische Wahrnehmungen zu stärken;
- neue Ideen und Lösungen hervorbringen, an die bis jetzt noch nicht gedacht wurde (vgl. Graf/Kramer 2008a).

Wie bereits angedeutet, versteht sich der Dialog, v.a. in Verbindung mit nach innen gerichteten Ansätzen („innerer Dialog"), nicht nur als eine Form der Kommunikation, sondern als ein Weg zu grundlegender Transformation - sowohl von einzelnen Menschen als auch von Gruppen. Ein erfolgreicher Dialog setzt generell „Dialogfähigkeit" voraus. Im Idealfall impliziert dies mindestens zehn Kernfähigkeiten, wie sie z.B. von Johannes und Martina Hartkemeyer formuliert wurden (vgl. im Folgenden Hartkemeyer 2005: 50-53):

- Generativ zuhören;
- eine lernende Haltung einnehmen;
- von Herzen sprechen;
- produktiv plädieren;
- Annahmen und Bewertungen suspendieren;
- erkunden;
- Verlangsamung zulassen;
- Offenheit;
- radikalen Respekt zeigen;[98]
- den Beobachter beobachten.[99]

Eine erfolgreiche Dialogführung hängt v.a. von der Qualität der gestellten Fragen und des Zuhörens ab.

98 *„Radikaler Respekt"* bedeutet nicht, dass man mit den Zielen und Einstellungen der Dialogpartner übereinstimmt, sondern - unabhängig von den persönlichen Konnotationen - in ihr den Menschen mit ihren legitimen Grundbedürfnissen, Ängsten etc. und damit auch sich selbst zu sehen. (vgl. Graf/Kramer 2008).

99 Mit *„Beobachter beobachten"* ist gemeint, dass sich ein guter Dialogführer dadurch auszeichnet, dass sie sich in einem Dialogprozess selbst transzendiert. Sie lässt sich nicht durch unterschiedliche Wahrnehmungsfilter vereinnahmen, sondern versucht, sich für einen „Selbst-kritischen" inneren Dialog zu öffnen.

Bewusstes Fragen und Zuhören

Fragen haben in einem Konfliktdialog die Funktion

- ein bestimmtes Bewusstsein zu erzeugen;
- Informationen zu sammeln;
- spezifische Prozesse der Neuorientierung zu initiieren.

D.h., Fragen sollen gezielt emotionale Zustände erzeugen, verändern und intensivieren und damit bewusst emotionale und kognitive Prozesse steuern. Je nach den Anforderungen der Gesprächssituation gilt es, gezielt zwischen unterschiedlichen Fragetechniken - in Form von geschlossenen und offenen Fragen - zu wechseln.

Geschlossene Fragen sind Fragen, die man nur mit „ja" oder „nein" beantworten kann. Sie werden verwendet, um

- präzise Informationen zu sammeln (Arztbesuch);
- den Redefluss zu stoppen;
- jemandem das Sprechen zu erleichtern;
- etwas logisch durchzudenken;
- Gesprächsergebnisse festzuhalten;
- den Dialogpartner zu einer eindeutigen Stellungnahme zu bringen (vgl. Heeper/Schmidt 2004: 47f.).

Offene Fragen beginnen mit den typischen Fragewörtern „wie", „was", „wieso", „weshalb", „warum" u.a. und können nicht einfach mit „ja" oder „nein" beantwortet werden. Sie haben folgende Vorteile:

- sie regen zum Nachdenken an;
- sie fördern den partnerschaftlichen Dialog;
- sie lassen Freiräume in der Formulierung der Antwort;
- sie werden als geringere Beeinflussung aufgefasst;
- sie eignen sich für die Bedarfsanalyse;
- es wird ein klares Nein vermieden;
- sie eignen sich dazu, ein Gespräch zu eröffnen oder/und in Gang zu halten;
- aus ihnen ergeben sich zusätzliche Informationen und Gedanken (vgl. Heeper/Schmidt 2004: 47f.)

Konstruktives Fragen setzt *aktives Zuhören* voraus. Dies bedeutet, sich darauf zu konzentrieren, was der Dialogpartner sagt und zu versuchen, ihre Stimmungen und Gefühle sowie hintergründige Informationen zu erfassen (vgl. ebd.: 46).

Ein erfolgreicher und holistisch ausgerichteter Dialogprozess muss zumindest folgende Dimensionen der Kommunikation mitberücksichtigen.

Dimensionen der Kommunikation

Ein integrativer Ansatz trägt dem Umstand Rechnung, dass in einem Kommunikationsprozess Sender und Empfänger unterschiedlichen Wahrnehmungsfiltern ausgesetzt sind:

- Die *kulturelle Dimension* umfasst die kulturell determinierten Aspekte der Kommunikation. So bestehen z.B. signifikante kulturelle Unterschiede in Bezug auf kollektive Grundüberzeugungen, wie Komfortabstand, die Direktheit der Sprache oder des Blickkontakts, Rollenerwartungen etc. (vgl. Graf/ Kramer 2008a; Fuhr/Gremmler-Fuhr 2004: 114).
- Die *strukturelle Dimension* impliziert alle Wahrnehmungsfilter, die sich in der gesellschaftlichen Struktur verorten, z.B. in Bezug auf generationen- oder klassenbedingte Sprachunterschiede (vgl. Graf/Kramer 2008a). Im weitesten Sinne umfasst diese Dimension auch den Aspekt der materiellen Umwelten sowie systemischen Wechselwirkungen und Dynamiken (vgl. Fuhr/Gremmler-Fuhr 2004: 114).
- Die *psychologische Dimension* beinhaltet unterschiedliche Konnotationen, die von der individuellen Lebensgeschichte abhängig sind (vgl. Graf/Kramer 2008a), einschließlich Bilder/Fantasien, Gedanken, Empfindungen und innere Dialoge, Einstellungen und Haltungen (vgl. Fuhr/Gremmler-Fuhr 2004: 114).
- Darüber hinaus drückt sich die *physische Dimension* in physiologischen Prozessen, aber auch in verhaltensspezifischen Aspekten aus, wie Ausdrucksformen, Stimmlage, Gestik, Mimik, Körperhaltungen, Erscheinungsbild, Bewegung etc. (vgl. Fuhr/Gremmler-Fuhr 2004: 114).

Kurz: Empathisches Senden (v.a. in Form von Fragen) und Zuhören und eine gleichzeitige integrierte Berücksichtigung mehrerer Dimensionen des Kommunikationsprozesses sind für eine erfolgreiche Dialogführung unerlässlich.

Kommen wir nun zu der Frage, woran sich die Dialogstrategie einer integrativen Methode orientiert.

7.2.1.2. Praxeologie und Anwendungsbereiche der integrativen Dialogmethode nach Graf/Kramer

7.2.1.2.1. Die integrative Dialogmethode in vier Phasen

Der Ansatz von Graf/Kramer zeichnet sich in erster Linie dadurch aus, dass er an den Erfahrungshintergrund von Mediatoren, Psychologen und Therapeuten angepasst ist. Hierbei wurden die Phasen I-III der Transcend-Methode in je zwei Schritte weiter unterteilt (vgl. Graf/Kramer 2004). Die Dialogmethode nach Graf/Kramer hält sich an die „alte" herkömmliche Reihenfolge der Dialogphasen. Die Herangehensweise sieht also vor, im Konfliktdialog zuerst an der Vergangenheit anzusetzen, während der neue lösungsorientierte Umschwung der Transcend-Methode (seit 2006) den Konfliktdialog in der Lösung ansetzt (vgl. Graf/Kramer 2008a, 2008e).

Wie unter 6.2.2. bereits angesprochen, ist die Linearität des Konfliktdialogs in der Praxis nicht unbedingt gegeben. Daher sprechen Kramer und Graf in ihren Workshops lieber auch von „Perspektiven" als von „Phasen" oder „Schritten", weil in der Dialogpraxis stets zwischen allen Perspektiven gewechselt werden kann und wird. Allerdings ist eine lineare Darstellung schon allein aus didaktischen Gründen notwendig, um zumindest die tendenzielle Stoßrichtung im Dialogprozess darzustellen (vgl. Graf/Kramer 2008a, 2008e).

<u>Phase 0: Kontaktaufnahme und Erstgespräch</u>

Bei der Kontaktaufnahme mit allen Konfliktakteuren ist es wichtig, den eigenen Auftrag und die eigene Rolle mit den Konfliktparteien zu klären. Dies umfasst v.a. auch eine Darstellung der für diesen Ansatz zentralen Grundbedürfnistheorie, weil sie dem Konfliktberater einen Referenzrahmen für Gerechtigkeit liefert und seine Rolle im Konflikt definiert. Die Position des Konfliktberaters ist demgemäß nicht „neutral", sondern „grundbedürfnisorientiert" (hierzu näher unter Phase II, v.a. Schritt 4) (vgl. Graf/Kramer 2008a, 2008b).

<u>Phase I: Ziele verstehen</u>

Innerhalb der ersten Phase geht es v.a. darum, Vertrauen zu den Dialogpartnern aufzubauen und ihre Ziele zu verstehen.

Der *erste Schritt* beinhaltet im Rahmen der Orientierungsfrage „Worum geht es?" eine Analyse der Gegenwart. Ziel ist es, das Konfliktverhalten und den -widerspruch zu erfragen. Liegen mehrere Widersprüche vor, ist es notwendig, sich mit dem Dialogpartner auf einen zu einigen, mit dem zuerst weitergearbeitet werden soll. Jeder dieser Gegensätze in Bezug auf die Konfliktziele (Widerspruch) und das Konfliktverhalten lässt sich in einem conflict mapping auf der

Basis von Abbildung 6 kartografieren. Beide Achsen stellen hierbei die Entweder-Oder-Punkte des Konfliktwiderspruchs dar. Die Positionen der einzelnen Konfliktakteure lassen sich nun im Kontext dieses Widerspruchs und in Bezug auf die fünf Arten der Konfliktbewältigung in diesem Schema einordnen.

Die Dialogstrategie richtet sich u.a. nach Fragen wie:

- Worum geht es?
- Was wollen Sie erreichen?
- Was wollen die Anderen erreichen?
- Wer spielt eine Rolle in diesem Konflikt?
- Gibt es noch andere Akteure, z.B. vergessene oder versteckte Konfliktparteien?
- Welche Beziehungen haben Sie zu den anderen Akteuren?
- Wie intensiv haben die Konfliktparteien miteinander Kontakt? (vgl. Graf/Kramer 2008b)

Im *zweiten Schritt* erfolgt eine Analyse der Vergangenheit und der Konfliktberater konzentriert sich darauf, die Annahmen und Haltungen der Konfliktpartei(en) in Erfahrung zu bringen. Hierzu ist es nicht nur wichtig, unterschiedliche Wahrnehmungen über den Beginn des Konflikts zu ermitteln, sondern auch, wo bzw. welche Wendepunkte ([De-]Eskalationen) und Alternativen die Partei(en) im Konfliktverlauf sehen. All dies lässt sich entsprechend mit einem Zeitachsenschema oder/und mit einer Annahme-Ziele-Tabelle schematisieren. Die Dialogstrategie des Konfliktberaters umfasst u.a. folgende Fragen:

- Wie hat es begonnen? Wann glauben Sie, hat es begonnen?
- Was denken Sie über die Anderen? Welche Gefühle rufen die Anderen bei Ihnen hervor?
- Wie beeinflussen Ihr Denken und Ihre Gefühle Ihre Ziele?
- Worauf ist das begründet? Stimmt Ihr Denken mit Ihrem konkret Erlebten überein?
- Was glauben Sie, denken die anderen über Sie? Welche Gefühle haben die anderen dabei?
- Was sind Ihre Beweggründe?
- Was sind die Beweggründe der Anderen?
- Hätte man früher etwas anders machen können, sodass wir heute eine bessere Situation hätten? Gab es Unterlassungen? Was gibt es vergangenheitsbezogen zu würdigen? (vgl. Graf/Kramer 2008b)

Phase II: Legitime und illegitime Ziele voneinander unterscheiden

In der zweiten Phase erfolgt gemeinsam mit den Konfliktparteien die Erörterung der Tiefendimensionen der direkten, strukturellen und kulturellen Gewaltdimensionen des Konflikts. Ziel ist es, gegenseitige Empathie zu fördern (Rehumanisierung).

Im *dritten Schritt* werden, im Rahmen einer Therapie der Vergangenheit, die Tiefendimensionen des Konflikts - Grundbedürfnisfixierungen, die Tiefenkultur und die Tiefenstruktur - erfragt, interpretiert und hinterfragt. Die Dialogstrategie hält hierzu vielfältige Fragetypen bereit, die es an den Dialogpartner zu richten gilt - einerseits in Bezug auf sie selbst (z.B. Was empfinden Sie...?), andererseits in Bezug auf die anderen Konfliktparteien (z.B. Wie denken Sie, würde Konfliktpartei X ... empfinden?):

- Fragen, die tiefer ins Problem führen, z.B.: Um was geht es noch in diesem Konflikt? Wann war es am schlimmsten?
- Fragen, die auf unbewusste Dimensionen abzielen: Annahmen/Haltungen/Ziele (z.B. Wie prägen Ihre Vorstellungen von richtig/falsch Ihre Annahmen? Und wie ist es bei den Anderen?), Tiefenkultur (z.B. Gibt es in der Geschichte Ereignisse, welche für Ihre Gruppe schmerzlich waren? Wie wird damit umgegangen? Wie ist es bei den Anderen?) und Tiefenstruktur (z.B. Welche Institutionen bei Ihnen/bei den Anderen verhindern/unterstützen eine Konfliktlösung?)
- Generalisierungen - wie z.B. „wir haben alles probiert, aber nichts funktioniert!" - hinterfragen durch Fragewörter, wie: Niemand? Alle? Immer? Niemals? Alles? etc.
- Reframing durch CHUNK UP (z.B. Wie werden Sie in 10, 20 Jahren darüber denken?) und CHUNK DOWN (z.B. Was ist der Hauptwiderspruch?)
- Die emotionale Perspektive des Dialogpartners erweitern durch zirkuläre Fragen (z.B. Wenn ich Konfliktpartei X befragen würde, wie würde er/sie die Situation beschreiben? Und wie würde dann Konfliktpartei Y diese Beschreibung kommentieren?
- Feste Denkmuster erschüttern durch paradoxe Fragen (z.B. Was müssten Sie tun, damit der Konflikt auf jeden Fall so weiter geht/schlimmer wird?) (vgl. Graf/Kramer 2008c)

Im *vierten Schritt* wird näher auf die unbefriedigten, aber unverhandelbaren (und daher legitimen) Grundbedürfnisse der Konfliktparteien eingegangen. Zum einen sollen die Konfliktparteien versuchen, ihre eigenen, aber auch die Grundbedürfnisse der Gegenparteien zu artikulieren. Zum anderen werden die Parteien mit der Negativprognose auf die Frage sensibilisiert, was passieren würde, wenn diese Grundbedürfnisse nicht befriedigt werden und die Parteien weiter an den illegitimen Bedürfnissen ihrer Fixierungen festhalten.

Die Dialogstrategie für Schritt 4 nimmt insgesamt die Funktion einer „Therapie der Zukunft" ein und untergliedert sich in zwei Unterschritte:

- *Schritt 4a* ist empirisch. Im Rahmen der Leitfrage „Was wird in der Zukunft passieren, wenn sich nichts ändert?" sollen „negative Prognosen" helfen, die eigene Verantwortung für den Konflikt herauszuarbeiten (z.B. Wenn dieser Konflikt weitergeht, wie beeinflusst das Ihr persönliches Leben? Was könnte schlimmstenfalls passieren, wenn der Konflikt so weitergeht?)
- *Schritt 4b* ist hingegen konstruktiv. Die Dialogstrategie sieht hier die „Konstruktion" neuer Werte auf Basis der Grundbedürfnisse vor und schafft die Ausgangsbasis für konstruktive Visionen. Die Leitfrage ist hier „Welche positive Zukunft ist vorstellbar, wenn ich meine Grundbedürfnisse auf vollständigere und gesündere Weise befriedige und die Grundbedürfnisse der anderen berücksichtige?" Um ein Grundbedürfnisbewusstsein zu schaffen, ist eine Kombination von Fragetypen nötig (z.B. Welches Ihrer Grundbedürfnisse sind Sie bereit zu opfern? Durch welches Ihrer/ihrer Ziele werden ihre/Ihre Grundbedürfnisse verletzt? Wie würden Sie an ihrer Stelle darauf reagieren, wenn Sie ... beanspruchen?) (vgl. Graf/Kramer 2008c).

Phase III: Überbrückende Formel zu einer grundbedürfniskompatiblen Lösung

In der Dialogphase III arbeitet der Konfliktberater darauf hin, bei dem Dialogpartner konstruktive - sprich: grundbedürfniskompatible - Annahmen, Verhaltensweisen und Lösungswege zu entwickeln. Während es in der Dialogphase II darum ging, Empathie zu fördern, hat die Phase III ihren Schwerpunkt in der Kreativität.

Im *fünften Schritt* geht es darum, gemeinsam so viele grundbedürfniskompatible Lösungsmöglichkeiten wie möglich zu ersinnen. Hierzu ist es wichtig, Frieden stiftende Ressourcen auszumachen und gezielt zu aktivieren. Im Rahmen einer Therapie der Zukunft wird also eine „überbrückende Formel" formuliert, mit der die Annahmen, Ziele und Verhaltensweisen der Parteien transformiert werden können. Die Dialogstrategien in Schritt 5 sind zweigeteilt:

- In *Schritt 5a* werden zusammen mit dem Dialogpartner kreative, positive Visionen herausgearbeitet (z.B. Was hat sich bei

Ihnen geändert und was können Sie ändern? Was könnte der Andere ändern? Wie könnte unsere gemeinsame Vision aussehen?).

- In *Schritt 5b* werden langfristige Strategien entwickelt, um diese Visionen zu erreichen. Die Strategien richten sich nach allen zur Verfügung stehenden Ressourcen: intern (z.B. Welche Ihrer Fähigkeiten wären hier nützlich?) und extern (z.B. Wer/Was könnte Sie unterstützen? Gibt es Beispiele, wo ähnliche Konflikte gelöst wurden?) (vgl. Graf/Kramer 2008d)

Im *sechsten Schritt* werden dann die nächsten konkreten Schritte in einem Aktionsplan formuliert. Wie schon Galtung an dieser Stelle darauf hinwies, ist es hierbei wichtig zu gewährleisten, dass die Maßnahmen rückgängig gemacht werden können (Prinzip der Reversibilität).

Zur Dialogstrategie gehören Fragen zum Überbrücken in die Zukunft (Future Pace), wie z.B.:

- Was wird der nächste konkrete Schritt sein?
- Wie werden Sie Ihre neue Erkenntnis in Zukunft anwenden?
- Wie wird Ihre neue Erkenntnis Ihr Verhalten in Zukunft beeinflussen?

Wichtig ist es aber auch, die möglichen Konsequenzen der nächsten Schritte auf die Umwelt mitzuberücksichtigen. Hierzu stellen sich Fragen wie:

- Wenn Sie Ihr Ziel erreichen, was würde sich für die Anderen ändern?
- Was ist der Preis dafür, dass Sie Ihr Ziel erreichen?
- Wenn Sie Ihr Ziel erreichen, würden die Grundbedürfnisse für alle befriedigt sein?
- Was sind kurzfristige, mittelfristige und langfristige Ziele?
- Top-down-Ansätze? Bottom-up-Ansätze?
- Was brauchen die Anderen, damit sie kooperieren?
- Wie kommuniziere ich den Anderen, dass ich meine Annahmen relativiert habe? (vgl. Graf/Kramer 2008d)

Die Phasen I-III des integrativen Dialogs nach Graf/Kramer lassen sich grafisch wie folgt zusammenfassen:

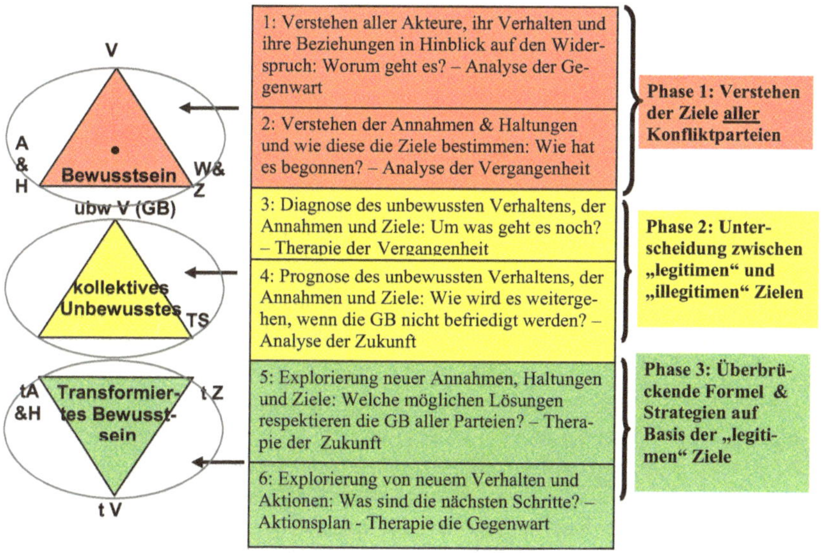

Abbildung 30: Phase I-III im integrativen Dialogverfahren (Eigenanfertigung nach den Vorgaben von Graf/Kramer 2008a-e)

Phase IV: Versöhnung

In *Phase IV* erfolgt die Versöhnung und damit der Aufbau einer neuen friedlichen Beziehung zwischen den Parteien. Kramer und Graf betonen, dass sich die Versöhnung - verstanden als „Vergangenheitsbewältigung“ - durch den gesamten Dialogprozess - v.a. den Phasen I und II - zieht. Kramer und Graf neigen daher dazu, diese Phase (wie auch die Phase 0) in ihrem Modell auszusparen, ohne sie jedoch in der Praxis zu vernachlässigen.

Bei der Versöhnung geht es nicht nur um die sachliche Konfliktlösung, sondern um die Verbesserung der Beziehungen zwischen den Konfliktparteien, damit sie in Zukunft mit Konflikten besser umgehen können. Eine erfolgreiche Versöhnung umfasst nach Galtung, Kramer und Graf im Wesentlichen drei Komponenten:

1) *Eingeständnis*: Der Täter gesteht gegenüber dem Opfer ein, dass er ihm Schaden zugefügt hat.
2) *Vertiefung*: Täter und Opfer reflektieren die Hintergründe des Vergehens/der Vergehen: „Warum habe ich es getan?“ bzw. „Warum hat er mir das angetan?“ Im Rahmen einer „Therapie der Vergangenheit“ wird also darüber diskutiert, was an welchem Punkt falsch gelaufen ist und was hätte getan werden können.

3) *Gemeinsames Projekt*: Auf die Leitfrage hin „Was tun wir jetzt?" legen die Konfliktparteien ein gemeinsames Projekt fest. Im Rahmen einer „Therapie der Zukunft" erfolgt eine Diskussion darüber, wie die Zukunft zu Gunsten eines nachhaltigeren Friedens aussehen würde und wie eine solche, hier und jetzt beginnend, eingeleitet werden könnte.

Ein nachhaltiger Versöhnungsansatz setzt Massenpartizipation voraus, sprich: dass alle Beteiligten aktiv an der Konfliktlösung mitarbeiten: als Subjekte, nicht nur als Objekte von Entscheidungen und Taten anderer. Erst dies schafft, so Galtung, Kramer und Graf, die Grundlage für einen Heilungsprozess im menschlichen, kulturellen und strukturellen Bereich (vgl. Galtung 2008b).

Im Rahmen von Transcend und der integrativen Konfliktbearbeitung wird auf eine Vielzahl von Versöhnungsansätzen aus unterschiedlichen Kulturkreisen zurückgegriffen. Diese wurden unter 3.2.3.3. kurz aufgezählt, z.B. der typisch christliche Theologie-/Reue-Ansatz, der säkulare Ansatz der Rechtsprechung oder der eher buddhistische Karma-Ansatz. Da eine erfolgreiche Versöhnung nur von den Konfliktparteien selbst getragen werden kann, kann der Prozess nur im jeweiligen kulturellen Kontext stattfinden. Oft geschieht es aber in inter-ethnischen Konflikten, dass unterschiedliche Versöhnungsverständnisse aufeinanderprallen. Dies liegt v.a. daran, dass die Konfliktparteien erstaunlich wenig von der jeweils anderen Kultur wissen. Eine neugierige Grundhaltung „von den/r anderen Kulturen/Religionen zu lernen", kann ein bedeutender Schritt in Richtung Versöhnung sein. Diese Neugierde geht weit über eine bloße Duldung des Anderen („Toleranz") oder eines Austauschs mit dem Anderen („Dialog") hinaus. Sie bildet die Voraussetzung für „gemeinsames Lernen" und einen konstruktiven Eklektizismus, bei dem aus möglichst vielen unterschiedlichen kulturellen Perspektiven profitiert wird. I.d.R. gilt: Je mehr sich die Versöhnungsansätze voneinander unterscheiden, umso umfassender können sie einander im Rahmen einer ganzheitlichen Versöhnung ergänzen (vgl. Galtung 2008b).

In ihrer Arbeit bevorzugen sowohl Galtung (vgl. ders. 2008b) als auch Graf/Kramer (vgl. Ingruber 2004) die Methode des Ho'oponopono[100] - ein polynesisches Versöhnungsritual, welches die meisten Aspekte der oben dargestellten unterschiedlichen Ansätze integriert. Trotz ihrer tiefen Verwurzelung in der hawaiianischen Kultur stellt Ho'oponopono auch auf andere Kulturen an-

---

100 Ho'oponopono bedeutet „etwas richtig stellen" oder „etwas zurechtrücken". Es leitet sich aus *Ho'o*, „etwas tun" und *pono*, „ausgleichen, in Harmonie sein", ab.

wendbare Methode dar (vgl. Galtung 2008b). Hierbei ruft ein weiser Mann oder eine weise Frau die Gemeinschaft zusammen, inklusive dem Täter, dem Opfer und seinen Verwandten und Freunden. Dann erfolgt ein strukturiertes Verfahren, das von der weisen Person angeleitet wird und sich grob in fünf Phasen unterteilen lässt:

1) *Handlungen*: In der ersten Phase gibt die weise Person die Fakten der Situation wieder, ohne eine der Teilnehmer anzugreifen (vgl. Ingruber 2004).
2) *Persönliche Erfahrungen*: In der zweiten Phase erzählt jeder Teilnehmer seine persönlichen Erfahrungen (Motivationen, Umstände, Traumata) im Zusammenhang mit dem Vergehen (vgl. ebd.).
3) *Vergebung*: In der dritten Phase wird diskutiert, was der Beitrag jedes Einzelnen war. Hierbei wird nicht nur ergründet, was begangen, sondern auch, was *unterlassen* (*nicht getan*) wurde (vgl. Ingruber 2004) und was hätte getan werden können. Jeder Teilnehmer hat daher direkt oder indirekt zum Problem beigetragen und trägt eine Mitverantwortung an der Entstehung des Problems. Jeder Sprecher wird von der Gemeinschaft vergeben (vgl. Galtung 2008b).
4) *Versprechen*: In der vierten Phase reflektiert jeder Teilnehmer, was er im Rahmen seiner Möglichkeiten beitragen kann, damit das Problem in Zukunft nicht mehr passiert (vgl. ebd.; vgl. Ingruber 2004).
5) *Abschluss*: In der letzten Phase erklärt die weise Person die Probleme als gelöst und mahnt alle Teilnehmer an, nur die Versprechen (Phase 4) in Erinnerung zu behalten. Symbolisch wird das Protokoll, in dem die Inhalte des gesamten Prozesses festgehalten wurden, verbrannt. Die weise Person verpflichtet sich hierbei, die Einhaltung der Versprechen bei jedem Teilnehmer von Zeit zu Zeit überprüfen und wenn nötig, zu unterstützen. Anschließend wird gemeinsam gefeiert (vgl. Galtung 2008b).

Wie jede Versöhnungsmethode setzt Ho'oponopono eine funktionierende Gemeinschaft voraus. Vorteilhaft ist an diesem Ansatz, dass er einerseits den „Täter-Opfer“-Aspekt der Verantwortung bzw. der „Tat“, welcher in den okzidentalen Epistemologien betont wird und andererseits den Aspekt der „Mitverantwortung“ bzw. des „Unterlassens“, welcher in den orientalen Epistemologien betont wird, beinhaltet. Darüber hinaus lässt er sich selbstverständlich auch mit anderen Ansätzen, wie des gemeinsamen Wiederaufbaus, der Reparation etc., kombinieren (vgl. Galtung 2008b).

7.2.1.2.2. Unterschiedliche Anwendungsbereiche des integrativen Konfliktdialogs

Eins-zu-eins

Die Dialogmethode nach Graf/Kramer und Galtung ist traditionell auf den Eins-zu-eins-Dialog ausgerichtet. Dies birgt den Vorteil, sinnvolle Ergebnisse zu erzielen, auch wenn sich nicht alle Konfliktparteien zum Dialog bereit erklären (vgl. Graf/Kramer 2008e). Der Zweck der individuellen Arbeit mit den Dialogpartnern besteht darin, sie auf konstruktive Verhandlungen vorzubereiten, durch die gemeinsame Erarbeitung neuer, empathischerer Hypothesen über den bzw. die „Anderen". Diese Hypothesen richten sich nach der Legitimität und Illegitimität der Ziele der Dialogpartner und der der Anderen. Im Eins-zu-eins-Setting steht also nicht unbedingt der objektive Gesamtkonflikt, sondern vielmehr der „innere Konflikt" im Bewusstsein der Gesprächspartner im Fokus (vgl. Graf/Kramer 2008e).

Daher hat dieses Dialogformat eine gewisse Ähnlichkeit mit dem klassischen „Therapeut-Patient"-Setting, wobei der Selbstreflexionsaspekt gleichwohl den Konfliktberater als auch den Dialogpartner betrifft. Graf/Kramer verstehen die Rolle des Konfliktberaters nicht als „Therapeuten" im psychotherapeutischen Sinne, sondern eher als „Coach" oder „Berater". Dies liegt u.a. daran, dass die Befähigung zum „Therapeuten" zusätzliche psychotherapeutische Kenntnisse erfordert, die nicht von jedem Konfliktberater erwartet werden können. Sie betonen hierbei, dass in ihrer Methode der einzige psychologische Fokus im Grundbedürfniskonzept angelegt ist. Konflikte werden in erster Linie in ihrer Beziehungsdimension aufgefasst und unbefriedigte Grundbedürfnisse bilden dabei das verbindende Element (vgl. Graf/Kramer 2008e; Galtung 2008b).

Konfliktdialog im Plenum

Der Konfliktdialog im Plenumsetting bietet den Vorteil, mehrere Beteiligte mit einzubinden. Je nach Format kann es sich zum einen um einen Dialog *mit* einer ganzen Akteursgruppe oder einen Einzeldialog *vor* einer Gruppe mit völlig unbefangenen Beobachtern handeln. Letzteres bietet den Vorteil, neue Problemsichten und Lösungsansätze zu generieren. Die Grundidee dieser Variation basiert auf der Supervisionsmethode nach Balint[101] (vgl. Graf/Kramer 2008e).

---

101 Balints Ansatz basiert auf der Annahme, dass man in Problemsituationen häufig die Anteile der Anderen gut erkennt, für die eigenen Anteile aber teilweise blind ist (vgl. Deutsche Balint-Gesellschaft). Dies wurde mit dem o.g. „Joharifenster" kartografiert. Jede Art von Feedback zielt v.a. auf die Verkleinerung des Feldes „Blinder Fleck" ab (vgl. Frischknecht 2005).

Bei internationalen Konfliktinterventionen arbeitet das IICP - das von Graf/Kramer begründete Institut - mit Workshop-Formaten, die „vergleichendes Wissen“ über Friedensprozesse weltweit liefern. Die Konfliktparteien werden hierbei mit Experten oder/und Ex-Kombattanten aus vergleichbaren Konfliktregionen in einen Dialog zusammengebracht und erhalten Einblicke in Lösungsmöglichkeiten, die sich in ähnlichen Konfliktkonstellationen bewährt haben.

7.2.1.2.3. Praktische Einschränkungen des integrativen Konfliktdialogs

Der Erfolg der integrativen Dialogmethode im Besonderen sowie dialogisch-nachhaltiger Ansätze der Konfliktbearbeitung im Allgemeinen ist an viele Bedingungen geknüpft, die eine Umsetzung in die Praxis erschweren. Von Seiten der Interventionspartei werden u.a. folgende Faktoren vorausgesetzt:

- Das Schlüsselpersonal muss sehr gut ausgebildet sein und über ein *hohes Maß an persönlichen Kompetenzen* verfügen, die sich grob mit „Dialogfähigkeit“, wie unter 7.2.1.1. dargestellt, umschreiben lassen.
  - Der Konfliktberater sollte über eine ausgezeichnete Prozess- und Moderationsqualifikation verfügen.
  - Integrierte Methoden setzen im Idealfall auch noch ein hohes Maß an Kenntnissen über unterschiedliche Methoden und Dialogdesigns voraus und die Fähigkeit, diese flexibel einzusetzen.
- Je nach Komplexität des Konflikts und Umfang des Auftrags muss die Interventionspartei über *unterschiedliche Ressourcen* - wie z.B. Zeit, finanzielle Mittel, Netzwerke, Wissen - verfügen, die es ihr ermöglichen, langfristig zu intervenieren und einen sozialen, kulturellen, psychischen Wandel voranzutreiben.

Von Seiten der Konfliktakteure wird vorausgesetzt, dass

- sie bereit sind, sich ernsthaft auf den/die Konfliktberater einzulassen, ohne sie für ihre politischen Zwecke zu instrumentalisieren. Dies bedeutet die *Bereitschaft*, sich kritisch mit den eigenen Annahmen und Intentionen auseinanderzusetzen.
- sie über *Ressourcen* verfügen, die für den Transformationsprozess genutzt werden können, z.B. bewährte konstruktive oder/und spirituelle Rituale, eine Gemeinschaft, eine Kerngruppe, die eine Multiplikatorfunktion einnehmen kann.
- bei hoch eskalierten Konflikten die direkte Gewaltaustragung effektiv *eingedämmt* ist.

7.2.1.3. Epistemologische und heuristische Diskussion der integrativen Dialogmethode nach Kramer/Graf

Im Folgenden wird die integrative Dialogmethode im epistemologischen (7.2.1.3.1.) und heuristischen Metakontext (7.2.1.3.2.) näher untersucht und diskutiert. Einen losen Orientierungsrahmen liefern mir hierzu die unter V. und VI. formulierten Metamodelle.

7.2.1.3.1. Epistemologische Verortung des integrativen Konfliktdialogs

Die integrative Konfliktbearbeitung basiert in ihrer Epistemologie auf der Theorie von Johan Galtung, stellt aber zusätzlich theoretische und methodische Bezüge zu anderen Beiträgen her, u.a. auch von Marshall Rosenberg, Jay Rothman, Roger Sibeon und Ken Wilber (vgl. Graf/Kramer 2008a-e). Da die epistemologische Verortung des integrativen Konfliktdialogs mit der Theorie von Galtung identisch ist (vgl. 3.2. und 5.1.2.), werde ich im Folgenden lediglich auf einige zusätzliche und tiefergehende Fragen eingehen, die im Rahmen der Quadranten- und Ebenendimension offengeblieben sind.

Quadranten

Das dreifaltige Metaframe des integrativen Konfliktdialogs fußt auf der Prämisse „komplexe Konflikttransformation". Obwohl Graf/Kramer mit der Quadrantendimension des IA vertraut sind und gegenüber Transcend betonen, dass das Dreiecksmodell einen „blinden Fleck" im OL-Quadranten aufweist, neigt die integrative Konfliktbearbeitung ebenfalls dazu, das Dreiecksmodell beizubehalten. Wie an unterschiedlichen Stellen angemerkt, würde ein „Viereck"-bzw. Quadrantenmodell für die Konfliktbearbeitung implizieren, neben der Konfliktstruktur (inter-objektiv), der Konfliktkultur (inter-subjektiv) und des Konfliktverhaltens (individuell-objektiv) auch noch die autobiografische und ggf. spirituelle Dimension der Konfliktintention (individuell-subjektiv) mitzuberücksichtigen.

Obwohl Graf/Kramer mit dem Vier-Quadranten-Modell von Wilber sowie dem Sextant-Modell von Edwards im Wesentlichen übereinstimmen, sind für sie im Wesentlichen zwei Faktoren bestimmend, die psychologische Dimension des OL-Quadranten gegenüber den anderen Dimensionen weniger zu berücksichtigen. Einerseits würde dieser durchaus wichtige Analysebereich vom Konfliktberater psychotherapeutische Kompetenzen erfordern, die im Rahmen einer einfachen Ausbildung in Konflikttransformation nicht erwartet oder vermittelt werden können. Zwar würde eine Ausdifferenzierung und Ergänzung der Dreiecksepistemologie um eine individuell-subjektive Dimension helfen, den Dialogpartner und jeden einzelnen Konfliktakteur besser zu verstehen. Dies sei jedoch in Konflikten mit unüberschaubarer Größenordnung nicht realisierbar. Ein weiterer Grund, der nach Graf/Kramer, trotz der epistemologischen Notwendigkeit, dagegen spricht, eine individuell-subjektive Dimension in diesem Modell zu berücksichtigen, besteht darin, nicht die Beraterrolle zu überschreiten und mit der Funktion eines (Psycho-) Therapeuten zu vermischen (vgl. Graf/Kramer 2008a). Protagonisten aus der ZKB, die auch individuelle Traumaarbeit durchführen, wie z.B. dem LPI, könnten hierbei eine wichtige Orientierung für eine professionelle Berücksichtigung der psychotherapeutischen Dimension liefern. Sie betonen hierbei, dass diese, explizit „therapeutische", Arbeit i.d.R. nicht von „Conflict transformers", sondern von entsprechend geschulten Experten durchgeführt werden sollte (vgl. LPI 2009: 20).

Das Vier-Quadranten-Modell wird bei Graf/Kramer vorzugsweise im epistemologischen Kontext benutzt, um andere Theorien und Methoden - wie in dieser Arbeit geschehen - miteinander zu vergleichen. Hierzu verwenden sie aber vorzugsweise das mit dem Wilber'schen Schema weitgehend identische Vier-Quadranten-Modell von Derek Layder bzw. Roger Sibeon (2004), da es einen stärkeren geisteswissenschaftlichen Bezug aufweist und in akademischen Kreisen anerkannter ist als Wilbers Modell (vgl. ebd.).

Eine wesentliche von Graf/Kramer geprägte Funktion der Quadrantendimension liegt v.a. in der Zuordnung der vier von Galtung formulierten Grundbedürfniskategorien: physisches Wohlbefinden (UR), körperliche Unversehrtheit (OR), Identität und Anerkennung (UL) und Wahlfreiheit (OL) (vgl. ebd.).

Ebenen

Obwohl Graf/Kramer mit dem Werk von Wilber vertraut sind, neigen sie ebenso wie Galtung dazu - abgesehen von der Berücksichtigung der Eskalationsstufen (nach Glasl) - dem Wilber'schen Entwicklungsmodell eher kritisch gegenüberzustehen. Dieses Misstrauen scheint, wie unter 5.1.8. dargestellt, weniger epistemologisch denn heuristisch begründet zu sein. Dies wird an geeigneter Stelle noch näher zu vertiefen sein.

Die epistemologische Einordung der integrativen Konfliktbearbeitung entspricht grafisch der von Transcend (vgl. Abb. 15).

7.2.1.3.2. Diskussion des integrativen Konfliktdialogs im heuristischen Metakontext

Im Folgenden wird der integrative Konfliktdialog im Abgleich mit dem heuristischen Metakontext näher diskutiert. Hierzu verwende ich die unter VI. skizzierten Metakategorien.

Quadranten

Wie oben dargestellt, unterscheiden Graf/Kramer und Galtung vier gleichwertige Grundbedürfniskategorien, die sich den vier Quadranten zuordnen lassen - diese Zuordnung haben Graf/Kramer sogar selber geprägt (vgl. dies. 2008a). An dieser Stelle wird das oben skizzierte heuristische Prinzip der „Synchronizität" bestätigt. Obwohl Galtung und Graf/Kramer betonen, dass diese Grundbedürfnisse gleichwertig sind, stellt sich die Frage, ob und inwieweit eine ergänzende Berücksichtigung von Bedürfnishierarchien epistemologisch und praxeologisch sinnvoll ist, wofür das entwicklungsorientierte Ebenenmodell prädestiniert ist.

Ebenen

Generell bleibt in der Grundbedürfnisdebatte nicht nur umstritten, ob, inwieweit und welche Grundbedürfnisse universell sind, sondern ob und inwieweit ihnen eine hierarchische Struktur zu Grunde liegt. So unterscheidet das bekannte Modell von Abraham Maslow eine entwicklungspsychologische Hierarchie (vgl. hierzu Abb. 11), nach der sich zuerst existenzielle, danach soziale Bedürfnisse und hiernach selbstverwirklichungsorientierte Grundbedürfnisse entwickeln. Wilber würde dieser Hierarchie noch weitere Ebenen hinzufügen, in denen transmentale Bedürfnisse abgedeckt werden. Diese Ebenen implizieren das Bedürfnis nach Selbsttranszendenz, Erleuchtung und Wunschlosigkeit.

Nach diesem entwicklungspsychologischen Ebenenmodell lassen sich (zumindest) einige Grundbedürfnisse aus dem Vier-Quadranten-Modell als „Grund legender" bzw. niederer als andere bezeichnen. Demnach wäre z.B. das Grundbedürfnis „Überleben" allen anderen Bedürfnissen vorangestellt. Dieser These würde die von Graf/Kramer und Galtung vertretene Philosophie, dass alle Grundbedürfnisse *gleichwertig* sind bzw. dass zwischen ihnen keine (Rang-)Ordnung besteht, folgende Überlegungen entgegenhalten:

1. Es finden sich viele Beispiele von (Konflikt-)Akteuren, die besonders ihre existenziellen Bedürfnisse zu Gunsten höherer Bedürfnisse vernachlässigen: Sei es z.B. ein Selbstmordattentäter, der sein Leben zu Gunsten seiner sozialen Bedürfnisse (Identität) aufgibt oder ein Workaholic, der seine körperliche Gesundheit zu Gunsten von Bedürfnissen der beruflichen Selbstverwirklichung aufs Spiel setzt.

2. Zudem erweist sich aus Umfragen, dass viele Menschen unterschiedliche Prioritäten in der Befriedigung ihrer Grundbedürfnisse setzen. So gesehen, gibt es viele unterschiedliche subjektive Bedürfnishierarchien, was die Formulierung einer

objektiven Hierarchie unmöglich macht (vgl. Graf/Kramer 2008a, 2008c).

Aus der Perspektive entwicklungshierarchischer Grundbedürfniskonzepte dürfte hingegen einleuchten, dass z.B. ein Säugling, der erst ein körperliches Ich-Bewusstsein ausgebildet hat, vorwiegend existenzielle Grundbedürfnisse aufweist und noch nicht fähig ist, Bedürfnisse nach Sinnfindung und Wahlfreiheit voll zu empfinden. Erst eine komplexere Bewusstseinsstruktur (emotionales, später: autobiografisches Ich) macht die Ausbildung zusätzlicher und komplexerer Grundbedürfnisse möglich. Der entwicklungspsychologische Ansatz macht deutlich, dass sich ein (Konflikt-)Akteur zu einer bestimmten Wahrnehmungsstufe hin entwickeln muss, um entsprechende Grundbedürfnisse auszubilden. Diese unbestreitbare Tatsache muss jedoch nicht bedeuten, dass ein Individuum mit einem komplexen Ich-Bewusstsein durchaus unterschiedliche Prioritäten im Rahmen des Spektrums seiner „zurückgelegten" Grundbedürfnisse entwickeln kann. D.h., die subjektive Priorisierung von Grundbedürfnissen muss nicht ein allgemeingültiges Ordnungsverhältnis aufweisen. Es besteht daher kein Widerspruch, wenn sich z.B. ein postrational verwirklichtes Individuum auf Grund einer existenzialistischen Sinnkrise mit Absicht in Lebensgefahr begibt – sprich: auf Grund einer Fixierung an die Gundbedürfniskategorie „Sinnfindung" das grundlegendere Bedürfnis nach „Überleben" vernachlässigt. Und gleichzeitig deutet sich an dieser Stelle eine Hypothese an, dass sich aus dem Entwicklungsmodell ein objektiver Trend schließen lässt, der für die (dialogische) Konfliktbearbeitung in unterschiedlichen Gesellschaften durchaus wesentlich ist:

- So weisen (post-)moderne Gesellschaften des globalen Nordens eine tendenziell höhere Selbstmordrate und damit größere Neigungen zu existenzialistischen Sinnkrisen und Depressionen auf, als extrem arme Länder des globalen Südens, in denen tendenziell Konflikte vom Kampf um das physische (existenzielle) oder ethnopolitische Überleben geprägt sind.
- Zudem würden entwicklungsorientierte Bedürfnishierarchien, aus einer „Ad Hoc"-Perspektive verdeutlichen, weshalb die Befriedigung existenzieller Grundbedürfnisse wie Nahrung, Obdach, Gesundheit, Sicherheit, z.B. bei humanitären Einsätzen in von Katastrophen gebeutelten Ländern, von primärer Priorität wäre. Erst die Befriedigung dieser existenziellen Grundbedürfnisse würde längerfristig das Streben nach „höheren Bedürfnissen" wie Selbstverwirklichung und transmentaler Sinnfindung gewährleisten, was stärker in den sog. Industriegesellschaften thematisiert wird.

Aus einer Entwicklungsperspektive ließe sich auch ableiten, dass mit fortschreitender sozialer Entwicklung mehr Grundbedürfniskategorien zu befriedigen wären, was auch zusätzliche Konfliktgegenstände mit sich bringt. Sollte sich diese Hypothese in der weiterführenden Forschung bestätigen, wäre sie für die Praxeologie einer integrierten Konfliktbearbeitung nicht zu vernachlässigen. Ich fasse die wesentlichen Punkte der obigen Überlegungen wie folgt zusammen:

- Es besteht - wie die obigen Beispiele aufzeigen - kein starres allgemeingültiges Hierarchieverhältnis, wie Akteure Grundbedürfnisse persönlich priorisieren;
- gleichzeitig ist im entwicklungspsychologischen Kontext erwiesen, dass Grundbedürfnisse in einer universellen Abfolge emergieren;
- es deutet sich tendenziell an, dass Gesellschaften und Akteure mit einer höher entwickelten Bedürfnisstruktur komplexere Konfliktdimensionen aufweisen, die aus der Nicht-Befriedigung höherer Grundbedürfnisse resultieren (können).

Aus einem *integrierten* Ebenenverständnis leitet sich also ab, dass eine nachhaltige Konfliktbearbeitung die Befriedigung *aller* Grundbedürfnisse der zurückgelegten Ebenen gewährleisten muss - unabhängig von ihrer entwicklungspsychologischen Reihenfolge. Darin liegt die wesentliche Übereinstimmung zwischen hierarchischen und heterarchischen Grundbedürfnispositionen; denn beide Philosophien implizieren, dass alle Grundbedürfnisse (ob sie hierarchisiert werden können oder nicht), zu denen ein Akteur Zugang hat, letztlich gleichwertig und vollständig zu befriedigen sind. I.d.R. gehen Graf/Kramer und Galtung von Konfliktakteuren aus, die ein Ego-Bewusstsein entwickelt haben und damit einen konkreten Zugang zu Grundbedürfnissen haben, die sich nach Wilber zwischen dem 0. und den 4. Drehpunkt einordnen lassen. Diese Grundbedürfnisse sind zwar hierarchisch in ihrer entwicklungspsychologischen Stoßrichtung, aber gleichwertig i.S. einer integrierten Befriedigung.

Aus der Ebenenperspektive wird ersichtlich, dass ein empathischer integraler Konfliktdialog stets auch die Ebenenperspektive des Dialogpartners, v.a. in Bezug auf ihre (zurückgelegten) Grundbedürfniszugänge, berücksichtigen muss. Daraus könnte sich aber ableiten lassen, dass ein Akteur mit einem Schwerpunkt seiner Bewusstseinsentwicklung auf dem 3. Drehpunkt keinerlei spirituell-transmentale Grundbedürfnisse hätte. Dies ist in Bezug auf den Einsatz meditativ-transpersonaler Dialogdesigns durchaus umstritten und soll an anderer Stelle näher diskutiert werden.

Typen

Galtung und Graf/Kramer betonen in ihrer Arbeit die Wichtigkeit, lokale „Friedenskeime" zu aktivieren[102] und eng mit lokalen Experten zusammenzuarbeiten. Wesentlich ist hierbei auch, wie Graf/Kramer betonen, die „Übersetzung" der eigenen Modelle in die Episteme und Heuristiken der lokalen Kultur.[103] Hierzu gehört auch, auf Dialogformate zurückzugreifen, die sich in der lokalen Kultur konstruktiver Konfliktbearbeitung bewährt haben. Dies schließt umgekehrt nicht aus, auch Methoden auszuprobieren, die den lokalen Kulturen nicht bekannt sind, wie z.B. bereits an der vielseitigen Anwendbarkeit der hawaiianischen Versöhnungsmethode Ho'oponopono erläutert. Daneben sind noch andere wesentliche Typenaspekte zu berücksichtigen, die sich in allen Quadranten widerspiegeln, und entsprechend sensitive Herangehensweisen notwendig machen, so z.B. Persönlichkeitstypen/Enneagramme (z.B. OL), Konfliktaustragungstypen (OR), (tiefen-)kulturelle Episteme (UL) oder/und Beziehungssysteme (UR). Letztere sind von besonderer praxeologischer Relevanz und werden an anderer Stelle noch näher erörtert.

Linien

Wie bereits erörtert, bieten sich in unterschiedlichen Kontexten im Meso- und Makrobereich - z.B. Umwelt, Kultur, Wirtschaft, Politik etc. - Herausforderungen und Möglichkeiten der gemeinschaftlichen Kooperation und Weiterentwicklung, während sich im (inter-) individuellen Bereich unterschiedliche Bereiche der (inter-)personellen Entwicklung fördern lassen.

Das vorliegende Gittermodell fasst die wesentlichsten Punkte des integralen Konfliktdialogs auf der Basis des Ansatzes von Graf/Kramer zusammen und stellt sie mit dem AQAL wie folgt in Beziehung:

---

102 Z.B. im Rahmen der kulturellen Dimension des Sri-Lanka-Konflikts: Die Einbeziehung einer alten gemeinsamen Tempelanlage im Süden des Landes, in der die Religionen der drei ethnischen Gruppen (Muslime, hinduistische Tamilen und buddhistische Singhalesen) von jeher nebeneinander praktiziert wurden, ist für alle Konfliktparteien von gemeinsamem Wert (vgl. Graf/Kamer 2004).

103 Bei ihrer Konfliktarbeit in Sri Lanka nahm diese Funktion die von Dr. A.T. Ariyatne begründete Sarvodaya-Shramadana-Bewegung ein (vgl. Graf/ Kramer 2008a, 2008b).

IA-Dimensionen / Integrativer Konflikt-Dialog Phasen I-IV	Quadranten	Ebenen	Typen	Linien
Phase I: **Verstehen der Ziele aller Konfliktparteien**	- Analytische Berücksichtigung von mindestens vier Gewaltbereichen	- Analytische Berücksichtigung der Entwicklungs- und der Regressionsstufe aller Akteure und der Austragung - v.a. des Ebenenniveaus, auf dem sich der Schwerpunkt der Konflikte befindet	- Analytische Berücksichtigung aller beteiligten Konfliktkulturen (Religion, Identität, Konflikttyp, Persönlichkeitstyp, Gender, Regimetyp etc.) - Dialog: Partizipative Analyse mit beteiligten Akteuren	Analytische Berücksichtigung aller (relevanten) individuellen (kognitiv, interpersonell etc.) und v.a. sozialen Entwicklungskontexte (Wirtschaft, Ökologie etc.)
Phase II: **Unterscheidung zwischen legitimen und illegitimen Zielen**	- Generelle Berücksichtigung aller Grundbedürfniskategorien - Tiefenanalyse in allen Quadranten	- (synchrone) Berücksichtigung aller integrierten Grundbedürfnisse innerhalb der Perspektive jedes Konfliktakteurs	Kultur-sensitivität: Kriegs- und Friedenskeime in allen Tiefendimensionen lokalisieren	Analytische Berücksichtigung aller (relevanten) individuellen (kognitiv, interpersonell etc.) und v.a. sozialen Entwicklungskontexte (Wirtschaft, Ökologie etc.)
Phase III: **Überbrückende Formel**	- Langfristig: Berücksichtigung des Prinzips der Synchronizität - Kurzfristig: Berücksichtigung von Dimensionen, in denen Prioritäten zu setzen sind. - Ressourcen in allen Quadranten sichten	- Transformative Methoden; Ziel: einen Ebenensprung des Bewusstseins hervorrufen und zurückgelegte Ebenen integrieren - Kreativitätstechniken mit Schwerpunkten auf unterschiedlichen Ebenen miteinbeziehen	Kultursensitive Strategien ausarbeiten (in Kooperation mit lokalen Experten)	- Langfristig: Berücksichtigung aller Linien - Kurzfristig: Berücksichtigung von Linien, in denen Prioritäten zu setzen sind - Verknüpfung vieler Bereiche der Zusammenarbeit (Technik, Wirtschaft, Kultur, Umwelt, Spiritualität etc.)

	- Verknüpfung von Top-Down- und Bottom-Up-Strategien - Kreativitätstechniken mit Schwerpunkten auf unterschiedlichen Quadranten (z.B. Meditation, SySt, Psychodrama) miteinbeziehen			- Berücksichtigung möglichst vieler unterschiedlicher Entwicklungskontexte bei den Lösungen
Phase IV: **- Versöhnung** **- Mögliche Dialogdesigns: Ho'oponopono etc.**	- Unterschiedliche Ansätze zum Wiederaufbau reversibler Schäden - Unterschiedliche Ansätze zur Versöhnung der Konfliktparteien - Gemeinsame Konfliktlösung (en Detail 3.2.3.1.)			

Tabelle 12: Gittermodell des integralen Konfliktdialogs auf der Basis des Ansatzes von Graf/Kramer (Eigenanfertigung)

7.2.2. Innerer Dialog: Die spirituelle Konfliktbearbeitung am Beispiel von The Work

Im Folgenden wird ein Einblick in die Grundzüge des inneren Dialogs gegeben (7.2.2.1.). Darauf aufbauend, erfolgt eine Darstellung der Praxeologie der spirituellen Konfliktbearbeitung am Beispiel von The Work nach Byron Katie (7.2.2.2.) sowie eine epistemologische und heuristische Diskussion (7.2.2.3.).

7.2.2.1. Einblick in die Grundzüge des inneren Dialogs

Interaktionen liegen stets innere Reaktionen zwischen den Kommunikationspartnern zu Grunde, daher ist jedes Empfangen einer Nachricht auch das „Machwerk des Empfängers" (vgl. Schulz von Thun 2009a: 69). Mehrere einander ergänzende Modelle geben hierzu Einblick:

<u>Das Innere Team</u>

Während Schulz von Thuns Nachrichtenquadrat ein Instrument zur Aufschlüsselung von Äußerungen darstellt, liefert ein Modell, das von einer „inneren Pluralität" des Menschen ausgeht, einen vertiefenden Einblick auf der Seite der Selbstkundgabe – dem Bereich der „Innerung". Inspiriert von diesem Gedanken, der sich in den Ansätzen unterschiedlicher Experten wiederfindet[104], hat Schulz von Thun sein Modell des „Inneren Teams" entwickelt. Dieses und andere Modelle verdeutlichen, dass jede innere Reaktion auf einen Menschen, z.B. in Form einer anstehenden Entscheidung, ein Ereignis, nicht einheitlich und klar ist, sondern vielmehr schwankend, gemischt und widersprüchlich. Die Innenwelt eines jeden Menschen ist durch eine Pluralität von inneren Stimmen gekennzeichnet. Diese melden sich in Form von Gefühlen, Impulsen, Gedanken etc. bei einem bestimmten Vorfall oder Thema zu Wort, sind miteinander jedoch selten einig und setzen alles daran, auf die Kommunikation und das Handeln Einfluss zu nehmen. Wenn es gelingt, aus dem zerstrittenen Haufen ein Inneres Team zu machen, dann können innere Synergieeffekte zu kongruenterem, angemessenerem und authentischerem Verhalten führen. Im Grunde treffen in jedem Interaktionsprozess das Innere Team von Sender und Empfänger aufeinander. Bei jedem Akteur besteht die Herausforderung entsprechend darin, die Inneren Mitarbeiter zu einem gegebenen Problem zu identifizieren, zu benennen und im Rahmen eines „Inneren Konfliktdialogs" zusammenzuführen (vgl. Schulz von Thun 2009c).

Ein wesentliches Konfliktpotenzial besteht nach Schulz von Thun darin, dass innere Stimmen „Ausdruck mehrfacher Systemzugehörigkeit" und -interessen sind, wie z.B. den Systemen „Ego", „Freundschaft", „Familie", „Gesellschaft" etc. (vgl. ebd.: 126f.). An dieser Stelle besteht eine wichtige Parallele zur Gesamtspirale des IA, das ebenfalls zwischen Selbsten unterschiedlicher Größenordnung unterscheidet (z.B. ego-, sozio-, weltzentrisches Selbst).[105]

---

104 Im Folgenden ein kleiner Überblick: Die Familientherapeutin *Satir* schrieb über „Meine vielen Gesichter", *Orban* über die Multiplizität des Menschen in „Der multiple Mensch"; *Bach/Torbets* Ansatz soll den fairen Streit innerhalb der menschlichen Seele fördern; *Assagiolis/Feruccis* Ansatz der „Psychosynthese" soll die innere Vielfalt des Menschen vereinen; die Voice-Dialogue-Methode von *H. und S. Stone* verbindet die innere Pluralität des Menschen und *Schwartz* findet das „System Familie" innerpsychisch wieder (vgl. Schulz von Thun 2009c: 51f.). Darüber hinaus unterscheidet die *NLP* zwischen unterschiedlichen Persönlichkeitsteilen im Menschen (vgl. Seymour/O'Connor 2009: 206-210).

105 Die Berücksichtigung des Modells vom „Inneren Team" dürfte weiterführenden integralen Forschungen im Grenzbereich von Zone 1 (Phänomenologie) und 2 (Strukturalismus) noch interessante Anreize geben. Theorie und Anwendung des Inneren Teams zeigen einerseits auf, dass es sich im Grunde um ein Modell mit einer strukturalistischen „Außenansicht" vom Ich handelt (Zone 2, vgl. Abb. 7b). Andererseits drückt sich jede Entwicklungsebene, die ein Akteur in seinem Selbst integriert hat, durch vorüberziehende, phänomenologisch erfahrbare „innere Stimmen" aus. Ob es sich beim „inneren Dialog" um eine Methodologie der Zone 1 oder 2 handelt,

Ein weiterer wichtiger Konfliktaspekt der inneren Pluralität des Menschen besteht im von C.G. Jung geprägten Begriff des „Schattens". Innere Stimmen, die vom Akteur nicht erkannt werden oder unerwünscht sind, werden nach außen projiziert und in dem Anderen erkannt. Handelt es sich um verdrängte Persönlichkeitsanteile, die nicht erwünscht sind, weil sie nicht in das eigene Selbstbild passen, werden sie mit umso größerer Heftigkeit bekämpft (vgl. Schulz von Thun 2009b: 125-127; vgl. ders. 2009a: 176). Besonders in sehr gewaltsam ausgetragenen Konflikten, so Glasl, neigen Konfliktakteure dazu, die scheußlichsten Aspekte des eigenen Verhaltens in ihre(n) Gegner zu projizieren - das Ergebnis ist dann eine stark polarisierte Wahrnehmung, indem sich die Akteure selbst als „gut" definieren und dem/den Andere(n) alles zuschreiben, was sie an sich selbst verachten (vgl. Glasl 2004a). Jeder konflikthaften Interaktion liegt daher eine Art „Schattenboxen" zu Grunde (vgl. Schulz von Thun 2009a: 176). Umgekehrt richtet sich nach Glasl in „kalt" ausgetragenen Konflikten der Selbsthass des Egos gegen sich selbst und prägt sich z.B. in Form von schlechtem Gewissen, Selbstzweifeln, Selbstvorwürfen, Scham etc. aus, sowohl in bewusster als auch in unbewusster Form (vgl. Glasl 2004a). Insgesamt verdeutlicht das Phänomen des Schattens, dass in der Bewusstwerdung und Integration „innerer Außenseiter" in das „Innere Team" eine der wesentlichsten Herausforderungen innerer Konfliktbearbeitung liegt.

Das ABC-Modell

Im Wesentlichen lassen sich drei Ebenen des Vorgangs unterscheiden, auf denen sich die innere Reaktion des Empfängers aufbaut. In seinem ABC-Modell unterscheidet der Psychologe Ellis zwischen Ausgangssituation (A), Bewertung (B) und Verhaltens- und Gefühlskonsequenzen (C) (vgl. Stavemann 2003: 30):

- *Ausgangssituation:* Etwas wird *wahrgenommen*, z.B. der Blick eines Anderen.
- *Bewertung:* Das Wahrgenommene wird *interpretiert*, z.B. wird dieser Blick als „abfällig" gedeutet.
- *Konsequenz:* Auf das Wahrgenommene und Interpretierte wird mit einem *Gefühl* geantwortet, z.B. Wut angesichts des „abfälligen Blicks" (vgl. ebd.: 30; Schulz von Thun 2009: 72f.).

Aus der Unterscheidung dieser drei Empfangsvorgänge ergibt sich die für Konfliktdiagnose und -therapie relevante Erkenntnis, dass sich Gefühls- und Verhaltenskonsequenzen von Akteuren nicht direkt aus der wahrgenommenen Ausgangssituation ergeben. Der

---

bleibt hierbei eine offene Frage, die es im Rahmen der weiterführenden Forschung noch zu klären gilt.

Therapieansatz zur Überwindung problematischer Gefühle (C) besteht darin, auf der tieferen Ebene der Situationsbewertung (B) den Interpretationsrahmen zu verändern - sprich: das Bewertungssystem zu rekonstruieren. Hierzu gehört z.B., das eigene Bewertungssystem differenzierter zu betrachten, hinsichtlich der persönlichen Sichtweise der Ausgangssituation sowie vermuteter Konsequenzen und der Bewertung dessen (vgl. Stavemann 2003: 32-40). Auf der noch tieferen Ebene der Ausgangssituation (A) wird die Wahrnehmung an sich hinterfragt. Hier wird z.B. gefragt, was jeder Mensch ohne Vorwissen in dieser Situation wahrnehmen und beschreiben würde (vgl. ebd.: 31f.).

Wie im Folgenden zu ersehen, sind die wesentlichen Aspekte beider o.g. Modelle auch Kernbestandteil der spirituellen Psychologie, werden jedoch auf einer tieferen Ebene weitergeführt.

7.2.2.2. Wesentliche Aspekte der spirituellen Psychologie am Beispiel von The Work

„Das Ego des Menschen […] ist der Ursprung all seiner Probleme, aller Kriege, aller Konflikte, aller Eifersucht und allen Neides, aller Ängste und Depressionen. Sich selbst als Versager zu fühlen und sich ständig mit anderen zu vergleichen – das schmerzt jeden. Und es tut furchtbar weh, denn du kannst nicht alles haben. Jemand ist schöner als du – das tut weh. […] Jemand hat mehr Wissen als du – das tut weh. Da gibt es Millionen Dinge, die dir wehtun. Aber du erkennst nie, dass es gar nicht diese Dinge sind, die dir wehtun – denn mir tun diese Dinge nicht weh. Dir tun sie weh wegen deines Egos. […] Alle Erleuchteten, alle Religionen […] sind sich in einer Sache einig. So unterschiedlich ihre Auffassungen in anderen Dingen auch sein mögen – in einer einzigen Sache stimmen sie alle überein: Das Ego trennt den Menschen von der Wirklichkeit […] (Osho 2004: 9).“

Diese Diagnose ist typisch für die Psychologie spiritueller Weisheitstraditionen. Obwohl in akademischen Kreisen noch überhaupt nicht anerkannt, dürfte diese sog. „spirituelle Psychologie“[106] den profundesten Einblick in die Natur inner- und intrapersoneller Konflikte liefern. Am Beispiel von The Work nach Byron Katie wird eine Methode skizziert (7.2.2.2.2.), die einen intellektuell nachvollziehbaren Zugang zum Verständnis und zur praxeologischen spirituellen

---

106 Dieses Wort ist eine Neuschöpfung von mir, die ich im Rahmen dieser Untersuchung arbeitshypothetisch gebrauche. Anders als sehr uneinheitliche und umfassende Begriffe, wie z.B. „transpersonale Psychologie“, verstehe ich die „spirituelle Psychologie“ als so etwas wie den kleinsten gemeinsamen Nenner unterschiedlicher mystischer bzw. spiritueller Weisheitstraditionen über psychologische Zusammenhänge im Akteursbewusstsein. Zentral ist hierbei, wie oben bereits beschrieben, die Grundunterscheidung zwischen „falschem“ Ego-Selbst und „wahrem“ Selbst.

Konfliktbearbeitung liefert (7.2.2.2.3.). Zuvor werden die Konfliktpotenziale des Egos, der Ursache von Leid, aus der Sicht der spirituellen Psychologie skizziert (7.2.2.2.1.).

7.2.2.2.1. Profunde Konfliktdimension des Egos

Leid und Schmerz

Ausgangspunkt der spirituellen Konfliktpsychologie ist die Grundannahme, dass der Mensch in all seinen Handlungen im Grunde von seiner Suche nach „Glück" geleitet wird (vgl. Krishnamurti 2000). Glück impliziert im Wesentlichen die Abwesenheit von persönlichem Leid. Im Leid liegt der problematische Aspekt und Motor eines jeden Konflikts. Der spirituelle Lehrer Deepak Chopra[107] liefert hierbei eine besonders prägnante Definition von Leid, in Abgrenzung zum Schmerzbegriff: Der wesentliche Unterschied zwischen Schmerz und Leid besteht nach Chopra darin, dass *Schmerz* im Grunde ein Phänomen ist, das spontan wieder vergeht (vgl. ders. 2008: 98). Die Wahrnehmung kontrolliert hierbei Schmerz, „nicht, indem sie ihn verringert, sondern indem sie noch größeren Schmerz verhindert. […] Der Körper lässt Schmerz automatisch los, doch der Geist kann diesen Instinkt außer Kraft setzen, indem er den Schmerz in etwas ‚Gutes' verwandelt, in dem Sinne, dass er anderen, schlimmeren Alternativen vorzuziehen ist." (Chopra 2008: 101)

Auf der Basis dieser Definition versteht sich *Leid* als Schmerz, an dem man festhält. Dieses Festhalten führt Chopra auf einen „Instinkt" des Geistes zurück, der „glaubt, Schmerz sei gut, man könne ihm nicht entkommen, oder der Betreffende habe ihn verdient" (ebd.: 98). Leid ist daher keine objektive Tatsache, sondern wird vom Geist durch eine Mischung aus Glauben und Wahrnehmung erzeugt. Leid kann auf vielfältige Arten genährt werden, z.B. durch Realitätsflucht, zwanghaftes Festhalten an einer negativen Wahrnehmung etc. (vgl. ebd.: 98f.).

Schmerz und Leid sind sehr subjektiv und von der persönlichen Wahrnehmung abhängig. So kann sich ein Mensch von einer Erfahrung tief traumatisiert fühlen, die ein anderer kaum zur Kenntnis nimmt. Daher gibt es - wie schon am ABC-Modell angedeutet - im Grunde keine direkte Verbindung zwischen Ursache (z.B. Tod eines geliebten Menschen) und Wirkung (Depression) (vgl. ebd.: 103f.): „Es kommt der ganze Mensch ins Spiel und mit ihm eine Fülle von Faktoren aus seiner Vergangenheit. Es ist als laufe der Schmerz be-

107 **Deepak Chopra** ist ein populärer zeitgenössischer Autor von Büchern über Spiritualität, alternative Medizin und Ayurveda. Seine zahlreichen Gesundheits- und Lebenshilfebücher erreichen weltweit Millionenauflagen und wurden bisher in mindestens 30 Sprachen übersetzt (vgl. ders. 2008).

vor wir ihn spüren, durch einen schwarzen Kasten, in dem ein Abgleich mit allem stattfindet, was wir sind - unserer gesamten emotionalen Vergangenheit, unseren Erinnerungen, Überzeugungen und Erwartungen. In Wirklichkeit kann Leid nur in dem Maße fortbestehen, in dem wir uns gestatten, uns in unserer eigenen Schöpfung zu verlieren." (ebd.: 104). Schmerz und Lust - die Faktoren, die das Ego grundsätzlich antreiben (im negativen wie im positiven Sinne), sind daher in Wirklichkeit „neutral". Beide bedingen sich gegenseitig, was auch erklärt, dass Lust - wie üblicherweise vom Ego angenommen - nicht Leid vermeiden kann. Indem sich Leid aus dem Anhaften an Schmerz ergibt, resultiert es auf dem gleichen Weg auch aus Lust (vgl. ebd.: 361). Das Geheimnis von Leid steckt in seiner Unwirklichkeit.

Unkenntnis als die Wurzel des Leids

Das Ego lebt davon, ein „Selbst-Bild", das aus vergangenen Erfahrungen ständig (biografisch) rekonstruiert wird, aufrechtzuerhalten und zu bestätigen. Dieser Prozess ist untrennbar mit Leid und daher mit Konflikt verbunden. Der spirituelle Lehrer Nisargadatta Maharaj soll hierzu treffend angemerkt haben: „Sie werden feststellen, dass Sie nur dann ein Selbst haben, wenn Sie in Schwierigkeiten sind (Chopra 2008: 139)." Chopra erklärt diese Aussage damit, dass man sich innerlich zusammenzieht und verhärtet, je mehr man sich bedroht fühlt. Dadurch vergrößere sich zwar die Kluft zwischen sich selbst und zwischen dem, was man fürchte, aber im Grunde finde dieses Zusammenziehen um einen „leeren Kern" statt (vgl. ebd.: 139). Die spirituelle Psychologie diagnostiziert einen direkten Zusammenhang zwischen Leid und Unkenntnis von der Wirklichkeit. Unkenntnis kann sich auf unterschiedlichen Ebenen der Selbstwahrnehmung ausprägen, ähnlich dem unter 7.2.2.1. erwähnten ABC-Modell. Eine hinduistische Version dieses Modells wären z.B. die „fünf Kleshas" (vgl. Chopra 2008: 109-113). Unabhängig von der variierenden Stufenzahl dieser unterschiedlichen Mentalmodelle stellt sich auf der tiefsten Ebene der Selbstwahrnehmung heraus, dass die *Unwirklichkeit* der Ursprung allen Leids ist. „Der Schmerz war nie das Problem. Ganz im Gegenteil: Der Schmerz verhindert, dass die Illusion mit ihren Tricks durchkommt. Wenn Unwirklichkeit nicht schmerzte, hielten wir sie bis in alle Ewigkeit für wirklich." (ebd.: 113). Leid resultiert daher im Grunde aus der Verwechslung zwischen „Ich bin mein Schmerz" und „ich bin".

Es lässt sich schlussfolgern, dass Leid - und damit jedes Konfliktpotenzial - im Grunde aus einer falschen Wahrnehmung der Wirklichkeit resultiert. So stellen die Wahrnehmungen eines eigenen vergänglichen „Ichs" und von Kräften, die „außerhalb" meiner selbst wirken, keine Tatsachen dar, sondern sie wurden selbst „erschaffen". Chopra, wie auch viele andere Erleuchtete, behauptet, dass in Wirklichkeit nichts außerhalb des „wahren" Selbst existiert (vgl. Chopra 2008: 113f.). Was hat dies zu bedeuten?

Zugänge zum wahren Selbst

Die spirituelle Konfliktbearbeitung diagnostiziert, dass alle Konflikte auf der Welt im Grunde aus der inneren Wahrnehmung der beteiligten Akteure - sowohl der Täter als auch der Opfer - resultieren. Eine wesentliche und oft missverstandene Kernprämisse der spirituellen Psychologie ist hierbei: *„Ich bin nicht in der Welt; die Welt ist in mir"* und hieraus abgeleitet: *„Die Welt entsteht in uns."* Aus der dieser Definition zu Grunde liegenden Einsicht leitet sich ab, dass alle Menschen „ihr gegenseitiger Traum" sind. Demgemäß sind sie in einer Mischung aus den Vorstellungen gefangen, die sie sich von den Ereignissen machen. Das tiefste Motiv des Menschen wird daher nach Chopra von einer spirituellen Suche nach Antworten bestimmt, wie all diese individuellen Sichtweisen ineinandergreifen und miteinander in Einklang gebracht werden können. Jeder Mensch ist in dieser Hinsicht ein „Schöpfer seiner Erfahrung" - des Guten und des Schlechten - und gleichzeitig Mittelpunkt der Schöpfung (vgl. ebd.: 37). Unter diesem Gesichtpunkt erweist sich die eingangs zitierte Aussage „das Ego ist der Ursprung allen Leids" als epistemologisch zutreffend, in praxeologischer Hinsicht jedoch als relativierbar. Es geht nämlich in erster Linie nicht darum, sich des Egos zu entledigen (wie einer „Erbsünde"), sondern es seiner angstvollen und gewalttätigen Träume zu entkleiden und es seinen „natürlichen Platz des Mysteriums" einnehmen zu lassen (vgl. Chopra 2008: 42-45). Wirklichkeitsnahe Überzeugungen, die einen nachhaltigen und profunden Umgang mit Leid und Konflikt ermöglichen, implizieren im Wesentlichen:

- *Alle meine Erfahrungen spiegeln mich selbst:* Ich bin Schöpfer meines Leids und meines Glücks;
- *Mein Leben ist Teil jedes anderen Lebens:* Es ist unmöglich, dass ich Feinde habe, weil ich mit allem Leben verbunden bin;
- *Ich muss nichts und niemanden kontrollieren:* Ich kann Veränderungen herbeiführen, indem ich das Einzige verändere, was ich je unter Kontrolle hatte - nämlich mich selbst (Chopra 2008: 46).

Die praxeologische Anwendung der o.g. Kerngedanken der spirituellen Psychologie lässt sich nun im Folgenden anschaulich anhand der „The Work"-Methode von Byron Katie darstellen.

7.2.2.2.2. Veranschaulichung der spirituellen Konfliktbearbeitung am Beispiel von The Work

The Work ist eine Methode, die von Byron Katie[108] entwickelt wurde. Die folgende Darstellung basiert im Wesentlichen auf ihr Hauptwerk „Lieben was ist" (dies. 2002) und dessen Zusammenfassung auf ihrer Homepage (dies. 2008).

Sich nicht mit der Wirklichkeit anlegen

The Work folgt der spirituellen Einsicht, dass man nur dann leidet, wenn man einen oder mehrere Gedanken glaubt, der/die mit der Wirklichkeit im Widerspruch ist/sind. Die Wirklichkeit anders haben zu wollen als sie ist", betont Katie, ist hoffnungslos, da sie sich nicht um die Wünsche des Egos kümmert. I.d.R. neigt der Mensch dazu, viele solcher Gedanken zu denken, wie z.B.: „Die Menschen sollten freundlicher sein"; „Kinder sollten sich benehmen"; „Mein Ehemann (meine Ehefrau) sollte mit mir übereinstimmen"; „Ich sollte schlank sein"; „es sollte weniger Krieg auf der Welt geben". Diese und andere Konfliktgedanken implizieren, dass man die Wirklichkeit anders haben möchte, als sie ist. Jeder hieraus resultierende Stress beruht darauf, dass man sich „mit der Wirklichkeit anlegt" – ein Kampf, den man, wie Katie betont, „nur verlieren kann." The Work verdeutlicht hierbei, dass das, wovon man denkt, dass es nicht hätte geschehen sollen, geschehen musste und dass kein Denken in der Welt dies ändern kann. Dies bedeutet nicht, die Dinge zu dulden oder gutzuheißen, sondern lediglich, sie ohne Widerstand und ohne die Verwirrung von innerer Abwehr zu sehen (vgl. Katie 2002).

Bei der eigenen Angelegenheit bleiben

Ein beträchtlicher Teil persönlichen Stresses entsteht nach Katie, wenn man sich gedanklich außerhalb der eigenen Angelegenheit befindet (z.B. „Du musst eine Arbeit finden", „ich möchte, dass Du glücklich bist", „Du solltest Dich besser um Dich kümmern"). Wenn man sich über Erdbeben, Flutwellen, Kriege oder um den Zeitpunkt des Todes sorgt, ist man im weitesten Sinne bei „Gottes Angelegenheit". Ist man mental nicht in der eigenen Angelegenheit, bewirkt dies eine Trennung von der Wirklichkeit (vgl. Katie 2002: 35f.).

108 **Byron Katie** (wirklicher Name: Byron Kathleen Mitchell) ist eine US-amerikanische Lehrerin und Bestsellerautorin und hat „The Work" 1986 für sich selbst entwickelt. Da andere Menschen die tief greifenden Veränderungen, die in ihr stattgefunden hatten, wahrnahmen und um ihre Hilfe baten, wurde sie in andere Städte und Länder eingeladen und vermittelt. The Work wurde und wird seitdem auf unterschiedlichen Vortrags- und Workshop-Reisen in vielen Ländern der Welt vorgestellt und praktiziert (vgl. Katie 2002).

Nicht an Gedanken anhaften

Gedanken richten keinen Schaden an, solange man nicht glaubt, sie seien wahr. Die Überwindung von Leid besteht in der Erkenntnis, dass es nicht die eigenen Gedanken sind, die Leiden verursachen, sondern das *Anhaften* an ihnen. Einem Gedanken anhaften bedeutet zu glauben, dass er wahr ist, ohne ihn zu hinterfragen. Katie definiert eine Überzeugung als einen Gedanken, dem man über längere Zeit - vielleicht über Jahre - anhaftet (vgl. ebd.: 37f.).

Der ursprüngliche Auslöser für belastende Gefühle im Akteur liegt nach Katie nicht im Widerspruch von Gedanken mit der Wirklichkeit einer Situation, sondern in seiner Überzeugung, er sei das, was seine Gedanken ihm vermitteln. Gedanken sind im Grunde „genauso unpersönlich wie Wolken, die über den Himmel ziehen. Sie kommen, um zu gehen, nicht um zu bleiben (Katie 2008)." Der Weg, konstruktiv mit den eigenen Konfliktgedanken umzugehen, besteht daher nicht darin, sie „zu kontrollieren", sondern ihnen mit Verständnis zu begegnen, dann lassen sie den/die Praktizierende(n) von selbst los (vgl. Katie 2002: 37f.).

Methode

Der *erste Schritt* bei The Work besteht darin, die eigenen Urteile über eine belastende Situation im Leben zu fixieren, am besten schriftlich. Der/die Praktizierende kann über einen Menschen schreiben oder über eine Situation, die mit negativen Gefühlen verbunden ist (vgl. Katie 2002: 44-53). Danach wird jeder dieser Gedanken mit vier Fragen untersucht (vgl. im Folgenden Katie 2002: 54-62):

1. Ist das wahr?
2. Können Sie mit absoluter Sicherheit wissen, dass das wahr ist?
3. Wie reagieren Sie, wenn Sie diesen Gedanken glauben?
4. Wer wären Sie ohne diesen Gedanken?

Manchmal werden auch weitere Unterfragen für die Untersuchung benutzt, v.a. zwischen Frage 3 und 4:

a) Finden Sie einen Grund, der keinen Stress verursacht, an diesem Gedanken festzuhalten?
b) Finden Sie einen Grund, diesen Gedanken loszulassen (und ich sage nicht, dass Sie ihn loslassen sollen)?

Dann folgt das, was Byron Katie „Die Umkehrung“ nennt: Der Stress verursachende Gedanke wird

1. zu sich selbst,
2. zum anderen und
3. in sein Gegenteil umgekehrt.

Am Beispiel des vorliegenden Konfliktgedanken „Paul sollte mir besser zuhören“ bedeutet dies:

1. „*Ich* sollte *mir selbst* besser zuhören.“
2. „*Ich* sollte *ihm* besser zuhören.“
3. „Er sollte mir *nicht* besser zuhören.“

Zu 1) „*Ich* sollte *mir selbst* besser zuhören“ - warum ist das genauso wahr oder wahrer als „er sollte mir besser zuhören“?

a) Ich habe gespürt, dass ich mir mehr Zeit für mich hätte nehmen wollen, habe dies aber nicht getan.
b) Ich habe meine Wünsche nicht klar ausgedrückt, habe also mir selbst nicht so zugehört, dass ich es gut weitergeben konnte.
c) Ich habe schon lange gedacht, dass ich mehr Sport (oder Yoga, Meditation, usw.) machen wollte, habe dies aber nicht umgesetzt.

Zu 2) „*Ich* sollte *ihm* besser zuhören“ - warum ist das genauso wahr wie oder wahrer als „er sollte mir besser zuhören“?

a) Ich bin sofort ärgerlich geworden und habe ihm gar nicht mehr richtig zugehört.
b) Es fühlt sich für mich besser an, ihm zuzuhören als zu verlangen, dass er mir zuhört. Ich kann damit beginnen, was ich von ihm will.
c) Wenn ich ihm wortwörtlich zugehört hätte, dann hätte ich ihm auch klar und ohne Stress antworten können. Ich habe aber mehr meinen Gedanken darüber „zugehört“, was er gesagt hat, als dem, was er tatsächlich gesagt hat.

Zu 3) „Er sollte mir *nicht* besser zuhören“ - warum ist das genauso wahr wie oder wahrer als „er sollte mir besser zuhören“?

a) Die Realität ist: Niemand kann jemandem besser zuhören, als er es getan hat. Er sollte mir *besser* zuhören ist nicht möglich, selbst wenn alle meine Freunde mir recht geben würden.

b) Ich kann ihm nicht besser zuhören, als ich es tue, also kann er es auch nicht.

c) Es bringt mehr Frieden in mein Leben, wenn ich aufhöre, etwas von ihm zu fordern, was er nicht erfüllen kann. Er kann ja nicht besser zuhören, als er es tut (vgl. Katie 2002: 54-62).

Wenn der/die Praktizierende die Untersuchung mit The Work macht, erkennt er sich selbst in seinen Gedanken über andere Menschen. Er/sie erkennt, dass alles, was er/sie im Außen sieht, eine Spiegelung des eigenen Selbst ist. Der Praktizierende ist der „Geschichtenerzähler“, der die Geschichten projiziert, und die Welt ist das projizierte Bild der eigenen Gedanken. Um Glück zu finden, muss daher nicht die Welt verändert werden. The Work zeigt, wie der Praktizierende den Projektor - den Verstand - ändern kann statt das Projizierte (vgl. Katie 2002: 39f.; vgl. Katie 2008).

Die Methode ist sowohl im inneren Dialog von einem einzelnen Konfliktakteur als auch im Eins-zu-eins-Dialog mit einem Fragensteller anwendbar. In ihren Workshops pflegt Byron Katie Eins-zu-eins-Dialoge vor einem breiten Publikum zu führen. Dies birgt den Vorteil, dass viele Konfliktakteure aus dem Publikum mitangesprochen werden, indem sie den Dialogverlauf auf ihren persönlichen Konflikt übertragen (vgl. Katie 2002)

Besonderheiten der spirituellen Konfliktbearbeitung

Die herkömmliche Konfliktbearbeitung arbeitet i.d.R. damit, die Grundbedürfnisse aller Konfliktparteien zu erörtern und eine gegenseitige Verantwortung für begangenes Leid zu etwa gleichen Teilen zuzuschreiben. Die Grundbedürfnisse aller Parteien stellen hierbei den Richtwert für die Unterscheidung zwischen „legitimen“ und „illegitimen“ Handlungen dar.

Demgegenüber führt eine Konfliktbearbeitung, die sich aus den Einsichten der tiefer reichenden spirituellen Psychologie ableitet, alle Konflikte in der Welt auf den inneren Konflikt des Individuums zurück, denn: „Wahrnehmung ist Welt“ und „Welt ist Wahrnehmung“. Katie pflegt hierzu zu sagen: *„Die Welt ist unsere Wahrnehmung der Welt* (Katie 2002: 360)“ und *„Die Wirklichkeit ist immer freundlicher als die Geschichte, die wir über sie erzählen* (Katie 2008).“ Dies bedeutet im Umkehrschluss, dass das Individuum bei der spirituellen Konfliktarbeit die volle Verantwortung für ihr eigenes Leid übernimmt, denn das Leid resultiert nicht aus der Tat des anderen, sondern aus der eigenen Wahrnehmung und Bewertung der Tat. Kein Mensch ist aus dieser profunden Perspektive für das Leid oder das Glück eines anderen Menschen verantwortlich. Prägnante Aussagen von Katie wären hierzu: *„Vergebung bedeutet zu entdecken, dass etwas gar nicht so war, wie du gedacht hast* (Katie 2002: 357)" oder *„Niemand kann mich verletzen, das ist meine Aufgabe* (Katie 2008)."

Selbst für Extremsituationen, wie Vergewaltigungen, gilt im Grunde, dass die Ursache des Leids und des Traumas des Opfers immer zu 100% aus der eigenen Wahrnehmungs- und Bewertungswelt resultiert, auch wenn der vergängliche Schmerz des Gewaltaktes auf den Anderen zurückgeht. Daher beinhalten sogar Umkehrungen wie „*Ich* sollte *mich* nicht missbrauchen" und „*ich* sollte *ihn* nicht missbrauchen" meistens ebenso wahre Aspekte, wie im ursprünglichen Gedanken „*Er* sollte *mich* nicht missbrauchen"; denn: Das Trauma und das Leid des Opfers leben davon, ständig wieder von ihm als Erinnerungen abgerufen und wiederholt in der eigenen Gedankenwelt durchlebt zu werden. Dies wäre sinngemäß damit gemeint, dass ein traumatisiertes Vergewaltigungsopfer mit Hilfe von The Work die „Vergewaltigung im eigenen Innern" beheben kann (vgl. Katie 2002: 303-316).

Eine moderne ergänzende Erklärung für das wesentliche Symptom allen Leids liefert der beschriebene psychologische Mechanismus von „Projektion" und „Schatten": Das Ego ist demgemäß niemals vollständig, sondern im Wesentlichen eine Mischung aus allen anderen Egos, die ihm nahe stehen (vgl. Chopra 2008: 176). Das Ego neigt hierbei dazu, unerwünschte Bewusstseinsanteile, die sein Selbstbild bedrohen, zu unterdrücken, bis sie als „fremde Kräfte" (intensive Wutausbrüche etc.), als Schatten, zum Ausdruck kommen. Eng mit dieser Unterdrückung geht die Projektion einher, indem das Ego seine unbewältigten und verdrängten inneren Aspekte auf andere Egos überträgt. (vgl. Chopra 2008: 192-211). Die spirituelle Psychologie geht bei diesem, von der westlichen Psychologie beigesteuerten, Konzept noch weiter, indem sie postuliert, dass jeder Konflikt im Grunde ausschließlich eine Projektion des/der Konfliktakteurs/e ist.

Daher zielt die spirituelle Konfliktbearbeitung auf eine „Konfliktauflösung" ab, indem sie das Bewusstsein der einzelnen Konfliktakteure so weit transzendiert, bis sie keine „Akteure" mehr sind. Indem die spirituelle Konfliktbearbeitung jedes Leid und jeden Konflikt auf das Individuum zurückführt, begreift sie diese Symptome als Signal, dass die Akteurswahrnehmung im Widerspruch mit der Wirklichkeit steht. Die Prämisse ist hierbei, dass die Wirklichkeit im Grunde darauf ausgerichtet ist, ihr „*wahres Selbst*" immer wieder neu zu erkennen. Da die „Wirklichkeit nicht so böse ist wie die Geschichte, die wir über sie erzählen“, lassen sich Probleme und Konflikte i.d.S. als Chancen zur Selbst-Findung begreifen (vgl. Chopra 2008: 167f.). Dahinter verbirgt sich eine metaphysische Konflikttheorie (z.B. über das „Warum“ von Gut und Böse, Konflikt und Frieden etc.), deren Darstellung jedoch den Rahmen dieser Arbeit sprengen würde.[109] Allerdings bleibt im nächsten Kapitel zu skizzieren, was überhaupt das sog. „wahre Selbst“ ist, das sich finden will.

7.2.2.2.3. Das wahre Selbst

Was bleibt, wenn man seinen Verstand/Ego transzendiert? In den meditativen Praktiken aller Weisheitstraditionen gilt das sog. „wahre Selbst“ als der Teil des Selbst, der übrig bleibt, wenn der Praktizierende gänzlich frei von allen Ablenkungen ist (vgl. ebd.: 79). Sinngemäß wird diese Instanz in den unterschiedlichen Traditionen auch als „stiller Beobachter“, „innerer Zeuge“ oder „Wächter“ bezeichnet - ein subtiles Selbst, das immer allgegenwärtig ist. Gleichzeitig entpricht diese Instanz dem Teil des Selbst, der den Mystiker auf seinen Weg der Selbst-Findung ruft. Da sich das falsche Selbst als unabhängig von seiner Umwelt wahrnimmt, nimmt es, je nach Situation und Umfeld, unterschiedliche Rollen ein (ob in der Familie, im Berufsleben, bei Freunden etc.). Demgegenüber lässt sich das wahre Selbst als die Instanz begreifen, die als Beobachter hinter den Rollen steht - gleich einem Schauspieler, der eine wahre Persönlichkeit hinter seinen gespielten Rollen besitzt (vgl. Chopra 2008: 317-320). Das wahre Selbst ist aber im Grunde kein zweites Selbst, sondern eher eine zweite Perspektive, die neben (und unabhängig von) der Egoperspektive besteht. Es ist ein „Selbst ohne Grenzen“, weil es „nicht-lokal“ ist und daher keinen konkreten Raum einnimmt. Gleichzeitig ist es die „Mitte“ des Selbst, der ruhige Angelpunkt der Aufmerksamkeit und der Konzentration. Daher bezeichnen die Traditionen den Zustand der Zerstreutheit, des Gestresst- und des Abgelenktseins oft mit „die Mitte verlieren“ (vgl. ebd.: 89f.).

Das Ego-Selbst stellt einen starren Komplex dar, der sich lediglich aus Erinnerungen und aus vergangenheitsbezogenen Verhaltensmustern zusammensetzt. Während das Ego immer auf Gedanken über die Vergangenheit und Sorgen über Zukunft basiert, erschließt sich das wahre Selbst immer aus dem JETZT des unmittelbaren Augenblicks. Der innere Zeuge erkennt, dass im Grunde nichts anderes existiert außer dem gegenwärtigen Augenblick, der, wenn er ge-

---

[109] Verwiesen sei an dieser Stelle z.B. auf das Gleichnis des kósmischen Dramas, welches unter 5.1.8. im Rahmen des transpersonalen Friedens- und Konfliktverständnisses sehr kurz skizziert wurde.

dacht wird, bereits vergangen ist. Das wahre Selbst ist daher im völligen Einklang mit dem kreativen Fluss der Wirklichkeit, die sich in jedem Augenblick immer wieder neu entfaltet. Dies bedeutet, dass der stille Beobachter einerseits in jeglicher Hinsicht frei ist von den Zweifeln, Ängsten und dem Drang der Ego-Persönlichkeit, Entscheidungen zu treffen. Andererseits wird er vom Fluss des Lebens „geführt". D.h. mit anderen Worten: Wenn die Ego-Persönlichkeit transzendiert und ein völliger Einklang mit der absoluten Wirklichkeit hergestellt ist, handelt der Fluss des Universums durch das Selbst des verwirklichten Praktizierenden hindurch (vgl. ebd.: 139f.).

Daraus ergibt sich als ein weiterer wesentlicher Aspekt: Aus der Perspektive des wahren Selbst gibt es im Grunde kein Böses. Da „Wahrnehmung die Welt ist" besteht die Wirklichkeit vielmehr aus unterschiedlichen Bewusstseinsmustern, die sich von ihrem jeweiligen Entwicklungsgrad unterscheiden, einen „immerwährenden Tanz vollführen und sich ständig verändern." Die Wirklichkeit setzt sich daher aus allen Welten mit ihren unterschiedlichen Verständnissen von Gut und Böse zusammen, denn „alles, was wahrgenommen werden kann, ist für denjenigen, der es wahrnimmt, Wirklichkeit (vgl. Chopra 2008: 186)."

7.2.2.2.4. Schlussfolgerung: Spirituelle Konfliktbearbeitung als ein Balanceakt zwischen Sein und Tun

„Frieden" und „Leid" sind aus der Einsicht der spirituellen Psychologie niemals objektive Tatsachen, sondern stets subjektiv bewertete Begriffe im Inneren des Individuums. Als Ansatz der „Konfliktauflösung" läuft die spirituelle Konfliktbearbeitung darauf hinaus, beim Akteur so viel Weisheit und Gleichmut zu entwickeln, die Wirklichkeit zu akzeptieren, ohne jedoch das Leid Anderer gutzuheißen. Hierin liegt jedoch ein Paradoxon, der für den Nicht-Erleuchteten schwer nachzuvollziehen ist: „Ein Akteur, der nicht mehr leidet und der frei von Wünschen ist, hat doch gar keinen Anreiz mehr, eine ungerechte Situation zu verändern oder überhaupt noch zu handeln!" Byron Katie würde diese geläufige Annahme mit der Gegenfrage „Kannst Du absolut sicher sein, dass das wahr ist?" beantworten. Erleuchtung, Gleichmut und Ego-Transzendenz sind daher nicht mit Weltabgewandtheit, Gleichgültigkeit und Verzicht auf Individualität zu verwechseln.

Der Gegensatz zwischen „Sein" – i.S. von: die Wirklichkeit akzeptieren durch innere Transzendenz bzw. „Erwachen" – und „Tun" – die Wirklichkeit verändern durch äußere Einwirkung – umschreibt die zwei fundamentalsten „Wege" der Konfliktbearbeitung. Eine Möglichkeit, diesen profunden Widerspruch zu balancieren, erschließt sich einzig auf der Ebene der spirituellen Konfliktbearbeitung. Sinngemäß lässt sich dies in einem berühmten Gebet wiedergeben:

„Gib mir den Mut, die Dinge zu erreichen, die ich beeinflussen kann,

die Geduld, die Dinge zu akzeptieren, die ich nicht verändern kann

und die Weisheit, zwischen beidem zu unterscheiden."

(hierzu auch Wilber 1996)

7.2.2.2.5. Kritik: Praktische Implikationen spiritueller Methoden

Seit messtechnisch nachgewiesen werden kann, dass geübte Meditierende gezielt besondere Hirnzustände erreichen können, werden spirituelle Ansätze von westlichen Wissenschaftlern unterschiedlicher Disziplinen zunehmend ernst genommen. So konnte z.B. das Team des berühmten Bewusstseinsforschers Richard Davidson bei Personen mit 10.000 bis 50.000 Stunden Meditationserfahrung gesteigerte Gammawellen-Werte und synchrone Neuronenaktivitäten während und nach der Meditationssitzung nachweisen. Dies gelte nach dem Bewusstseinsforscher Passie als Kriterium dafür, dass „ein wahrhaft Erleuchteter [...] die mystische Erfahrung kultiviert [habe] und darüber ein anderer Mensch geworden [sei]." Empirisch scheint sich hierbei der Verdacht zu erhärten, dass langjährige spirituelle Praxis (meist in Form von Meditation) zu so etwas wie einem „verbesserten Geist" führe und auf eine gelassene, demütige, altruistische und an materiellen Werten nicht mehr interessierte Werte- und Verhaltensstruktur hinauslaufe (vgl. Weber 2005). Dies dürfte für die Friedensforschung von maßgeblicher Bedeutung sein. Von Seiten der transpersonalen Psychologie wird für eine neue Bewusstseinskultur plädiert, in der es um die „Normalisierung des Außergewöhnlichen" ginge. „Der Mensch solle alle seine möglichen Bewusstseinszustände nutzen. Meditation in der Arztpraxis, ein Raum der Stille im Finanzamt, spirituelles Training an den Schulen. Warum nicht?" (vgl. ebd.) Es kann also zu Gunsten der spirituellen Praxis festgehalten werden, dass sie, auf Grund ihres empirisch nachgewiesenen Nutzens, in der Theorie und Praxis unterschiedlicher Disziplinen (vgl. näher hierzu auch unter Goleman 2005) sowie in der traditionell interdisziplinär ausgerichteten Friedensforschung eine immer breitere Akzeptanz und Anwendung findet.

Kritisch lässt sich aber entgegenhalten, dass eine im Sinne der Friedensarbeit erfolgreiche praktische Umsetzung spiritueller Methoden an vielfältige und einschränkende Bedingungen geknüpft ist. So ist das Erreichen eines oben beschriebenen „verbesserten" friedfertigeren Geistes i.d.R. an einer intensiven und langjährigen Praxis gebunden, was von Seiten des Anwenders ein sehr hohes Maß an persönlicher Reife, Offenheit, Einsichtsfähigkeit, Geduld und Selbstdisziplin erfordert. Dies kann in akuten Problemsituationen, wie z.B. in hoch eskalierten Konflikten, mit Akteuren, die aus einer sehr polarisierten Wahrnehmung heraus handeln, nicht ohne Weiteres gewährleistet werden. Zudem hat die spirituelle Friedensarbeit einen vergleichsweise kleinen Wirkungsradius, da sie stets auf die Selbst-Arbeit des Individuums bezogen bleibt. Viele Formen in die Tiefe gehender spiritueller Arbeit erfordern daher eine intensive und vertrauensvolle Meister-/Guru-Schüler-Beziehung, die im Übrigen auch die Gefahr von Missbrauch beinhalten kann (aber nicht zwangsläufig muss).

Der Schwerpunkt spiritueller Friedensarbeit liegt also v.a. in sehr langfristig angelegten Initiativen im Mikrobereich, insbesondere in den Phasen der Konfliktprävention (vor dem Gewaltausbruch) und der Konfliktnachbearbeitung (nach dem Gewaltausbruch). Doch auch in diesen Bereichen kann die Spiritualität herkömmliche Ansätze nicht ersetzen, auch wenn sich, wie oben beschrieben, eine wirklich integrierende Friedensperspektive nur auf der transrationalen Ebene der Spiritualität vollends erschließt. Während die spirituelle Konfliktarbeit ihren Fokus auf den Aspekt der „Konfliktauflösung" im individuellen Akteursbewusstsein legt, arbeiten herkömmliche Methoden dialogischer Konfliktbearbeitung stärker auf die Beseitigung objektiv wahrnehmbarer latenter und manifester Gewaltformen hin, die sich u.a. in den Bereichen Verhalten, Governance oder Kultur ausprägen. Die spirituelle Friedensarbeit lässt sich also als ein Strang verstehen, der die unterschiedlichen Bereiche herkömmlicher Friedensarbeit in Bezug auf ihre Praxisrelevanz ergänzt und hinsichtlich ihrer theoretisch-epistemologischen Relevanz in die Tiefe erweitert und integriert. Für die weiterführende Friedensforschung wäre von Bedeutung zu ergründen, ob und inwieweit sich spirituelle und herkömmliche Ansätze der Friedensarbeit in der konkreten Praxis integrieren lassen.

7.2.2.3. Epistemologische und heuristische Diskussion der spirituellen Konfliktbearbeitung am Beispiel von The Work

7.2.2.3.1. Epistemologische Verortung von The Work

<u>Quadranten</u>

The Work weist einen klaren epistemologischen Schwerpunkt im phänomenologischen Innenhorizont des OL-Quadranten auf und deckt einige Aspekte in den Quadranten UL und OR ab. OR-Inhalte deuten sich, wie auch bei der GFK, durch klare Verhaltensrichtlinien an, die von den vier Fragen + der Umkehrung vorgegeben sind. Im kollektiven Innenhorizont des UL-Quadranten hat The Work keine klare epistemologische, eher eine heuristische Ausprägung, indem sie sich interaktiv, d.h. in Form eines bilateralen Dialogsettings, anwenden lässt und vom Anwender eine hermeneutische Ergründung der Annahmen des Dialogpartners voraussetzt.

In Anlehnung an die Prämissen der spirituellen Psychologie (z.B. „die Welt ist in mir") liegt jedoch, wie eingangs dargestellt, der wesentliche Fokus von The Work im phänomenologischen Innenhorizont des OL-Quadranten. Im Rahmen dessen führt The Work - im Allgemeinen: die spirituelle Psychologie - jeden Konflikt und jedes Leid auf Widersprüche zwischen Projektionen subjektiver Überzeugungen einerseits und der „Wirklichkeit" andererseits zurück. D.h. auch Leid, das sich auf den ersten Blick aus einer konkreten objektiv wahrnehmbaren Ausgangssituation (rechtsseitige Quadranten) ergibt, resultiert letztlich aus subjektiven Faktoren (OL), wie z.B. einer beschränkten Wahrnehmung (daher die Frage „ist es wahr?") und der Bewertung dieser Wahrnehmung („wie reagierst Du, wenn Du daran denkst?"). Diese subjektiven Faktoren lassen sich spirituell transzendieren.

Epistemologisch kritisiert Wilber an The Work, dass die Methode zu wenig postmoderne Erkenntnisse berücksichtige, nach denen intersubjektive Triebkräfte die Wahrnehmung jedes Individuums unterfüttern. Daher könnten postmoderne Vertreter zu leicht The Work als geringschätzig abtun (vgl. Wilber 2008a: 385).

Ebenen

The Work weist keinen strukturalistischen Ansatz auf, der eine explizite theoretische Berücksichtigung eines Ebenenmodells begünstigen würde. Dennoch ist es an dieser Stelle von Bedeutung, kurz auf eine spezifische epistemologische Debatte einzugehen, die für die Erstellung holistischer Landkarten unter Berücksichtigung der psychischen und spirituellen Dimension des Menschen relevant ist. Im Rahmen dieser Arbeit kann diese Debatte nur sehr grob, im Kontext auf ihre Implikationen für den unten zu diskutierenden heuristisch-praxeologischen Kontext, umrissen werden:

Im Zentrum der Debatte, die besonders aufmerksam von Wilber beobachtet und thematisiert wird, steht die Frage, ob die Bewusstseinsentwicklung in einem evolutionären „Aufstieg" oder eher in einem regressiven „Abstieg" zu modellieren ist:

- *Aufstiegsorientiert:* Wilbers Modell würde klar betonen, dass die Entwicklung einer klaren Richtung vom „Nicht-Ego" eines Säuglings (Drehpunkt 0) zum prärationalen (Drehpunkte 1-3), rationalen (Drehpunkte 4-5), postrationalen Ego (Drehpunkt 6) hin zum transpersonalen „Nicht-Ego" (Drehpunkte 7-10) folge.

- *Abstiegsorientiert:* Alternative Modelle von Maitri/Almaas/Naranjo (2004) bis hin zu Grof (2002) postulieren hingegen, dass die Entwicklung vom vorrationalen zum rationalen Ego-Bewusstsein und dann in einer „weisen" Regression wieder zurück „zum spirituellen Ursprung" (Nicht-Ego) erfolge.

Der Widerspruch in der epistemologischen Debatte besteht v.a. in der chronologischen Frage, ob für eine langfristige Ego-Transzendenz in der spirituellen Konfliktbearbeitung die post-rationale Entwicklungsstufe durchlaufen werden muss (so z.B. Wilber) oder ob der Transformationsprozess eher regressiv-kathartischer Natur ist (so z.B. Grof). Graf/Kramer halten sich, auch auf Grund ihres starken persönlichen Austauschs mit Naranjo, eher an das „regressive" Modell (vgl. Graf/Kramer 2008e).

M.E. sprechen in epistemologischer Hinsicht die Argumente eher für Wilbers „Aufstiegsmodell", auch wenn es, wie im heuristischen und praxeologischen Kontext zu skizzieren, durchaus auch Beschränkungen gegenüber dem Abstiegsmodell aufweist. Die Vorteile von Wilbers Entwicklungsmodell im epistemologischen Kontext lassen sich wie folgt begründen: Zuerst einmal ist festzuhalten, dass Auf- und Abstiegsmodell unabhängig voneinander die spirituelle Grundannahme teilen, dass Bewusstseinsentwicklung bis hin zur Erleuchtung im weitesten Sinne einem „Wiederentdecken" (annamnesis) der Identität mit dem GEIST entspricht. Die Abwärtsspiritualität von Maitri/Almaas/Naranjo/Grof betont mit ihrer regressiven Stoßrichtung diesen Aspekt besonders deutlich. Wilbers Ebenenmodell unterscheidet hingegen explizit zwischen „eingefaltetem" (unbewusstem) und „ausgefaltetem" (bewusstem) GEIST und konstatiert hierbei, dass Bewusstseinsentwicklung und Selbsttranszendenz der „Ausfaltung" (Evolution) des allen Ebenen immanenten (Involution) GEISTES entspricht. In diesem Zusammenhang verdeutlicht Wilbers Modell der Prä-/Trans-Verwechslung die regressiven Ansätzen inhärente Gefahr, transpersonale Ebenen mit präraionalen Ebenen zu verwechseln. Durch die Unterscheidung von Involution und Evolution sowie Prä und Trans erweist sich Wilbers Modell m.E. daher als insgesamt komplexer, weniger fehleranfällig und differenzierter. Doch unabhängig davon, welchem der beiden Modelltypen in epistemologischer Hinsicht der Vorzug zu geben ist, bleibt im Folgenden weiter zu vertiefen, wie sich die Vorzüge beider Modelle in heuristisch-praxeologischer Hinsicht gestalten.

Innen: Innerer Dialog: Systematische Hinterfragung der eigenen Annahmen; Projektion **Intention**	Verhaltensrichtlinie: Vier Fragen + Umkehrung **Verhalten**
Kultur *Innen:* The Work als eine Methode des einfühlenden Hinterfragens im Konfliktgespräch Fokus: Inter-Mikro (bilateral)	**Struktur** Nicht berücksichtigt

Abbildung 31: Epistemologische Bezugspunkte von The Work (Eigenanfertigung)

7.2.2.3.2. Diskussion der spirituellen Konfliktbearbeitung im heuristischen Metakontext

Aus den AQAL-Dimensionen leiten sich unterschiedliche Verwendungen des Spiritualitätsbegriffs ab, die für eine Diskussion im heuristisch-praxeologischen Metakontext unabdingbar sind.

Unterschiedliche Definitionen von Spiritualität im Integralen Ansatz

Um den praxeologischen Nutzen von The Work im Kontext des IA verorten zu können, gilt es vorher, unterschiedliche Verwendungen des Spiritualitätsbegriffs festzuhalten, die sich aus den AQAL-Dimensionen ableiten lassen (vgl. hierzu auch Wilber 2008a: 144-147). Spiritualität lässt sich definieren als

1. ein außergewöhnlicher (aber vorübergehender) mystischer *Gipfelzustand;*
2. eine eigene unabhängige *Entwicklungslinie* (vgl. Wilber 2005b: 311f.);[110]
3. die *höchsten Ebenen* in jeder der Linien (des Dritten-Ranges);

[110] Wilber betont, dass jede Entwicklungslinie jeweils eine Antwort auf eine spezifische Lebensfrage darstellt. So grenzt sich die spirituelle Entwicklungslinie durch die in ihr enthaltene Lebensfrage „Was ist wesentlich?“ von den anderen ab, während z.B. die moralische Entwicklung durch die Lebensfrage „wie soll ich mich verhalten?“, die Selbst-Entwicklung durch „wer bin ich?“ und die Bedürfnisentwicklung durch „was brauche ich?“ geprägt werden (vgl. Wilber 2005c: 26).

4. eine Haltung. Darunter wird verstanden, dass Spiritualität als *„Haltung"* auf *jeder* Stufe und in *jedem* Zustand präsent sein kann: z.B. Liebe, Mitgefühl oder Weisheit. Das ist eine weit verbreitete Verwendung, die aber nach Wilber bei genauerem Hinsehen gewöhnlich auf eine der ersten drei Bedeutungen zurückzuführen ist, da es tatsächlich Stufen von Liebe, Mitgefühl und Weisheit gibt (vgl. Wilber 2005c: 61).
5. Unter Spiritualität lässt sich auch die Instanz im Selbst verstehen („das *höhere Selbst*"), die alle Ebenen und Linien integriert (vgl. Wilber 2005b: 478).

Insgesamt nennt Wilber elf unterschiedliche Verwendungen des Begriffs, wobei die fünf hier genannten die am häufigsten auftretenden darstellen, mit einem besonderen Schwerpunkt - auch im Rahmen dieser Arbeit - auf den ebenenbezogenen Begriff (vgl. ebd.: 478). Aus diesen Blickwinkeln würde sich der Einsatz spiritueller Praktiken - wie The Work - damit auf Aspekte im Akteursbewusstsein beziehen, zu denen jedes Individuum von vornherein Zugang hat (vgl. ebd.: 478).

Ebenen

Aus der Ebenendimension leitet sich im heuristischen Kontext ab, dass eine „holarchische Sensibilität" erforderlich ist. Hierbei geht es um die Identifizierung der dominanten und verdrängten inneren Stimmen der Konfliktpartei und ihre Integrierung.

Wie verhält es sich aber mit der (breitenwirksamen) Anwendbarkeit spiritueller Methoden? Aus dieser AQAL-Dimension wird ersichtlich, dass intrapersonelle Konflikte ihren Ursprung auf unterschiedlichen Ebenen der Entwicklung haben können, welche jeweils einer anderen Herangehensweise bedürfen (vgl. das unter 6.1.1.1. skizzierte Konzept einer integralen Psychotherapie). Durch den Ansatz der intellektuellen Hinterfragung von Konfliktgedanken impliziert The Work einerseits Aspekte der kognitiven Therapie (v.a. durch die erste Frage „Ist das wahr?"), geht aber andererseits, durch den Aspekt der Selbst-Transzendenz (v.a. durch die dritte Frage „Wer wärst Du ohne diesen Gedanken?" und der Umkehrung), weit darüber hinaus. In Wilbers Ebenenmodell ließe sich der praxeologische Einwirkungsbereich von The Work dem Bereich des Dritten Ranges verorten. Dies erweist sich jedoch, in Bezug auf den unter 6.1.1.1. thematisierten Umstand, dass sich unterschiedliche - v.a. spirituelle - Therapieformen nicht immer eindeutig den Ebenen oder Linien im Schema zuordnen lassen, als problematisch. So betont Wilber, wie oben dargestellt, dass bei der Bewusstseinsentwicklung keine Ebene übersprungen werden könne und dass sich nur ein sehr kleiner Anteil der Weltbevölkerung auf einer Bewusstseinsebene befinde, dem ein Sprung in das transpersonale Reich möglich wäre.

Andererseits würde er, im Rahmen einer integralen Therapie, auch Patienten, deren Entwicklungsschwerpunkt sich nicht auf den transmentalen Ebenen befindet, spirituell-transformative Therapieformen (in Kombination mit anderen Methoden) verschreiben (Fallbeispiele vgl. z.B. unter Wilber 2005b: 359).[111] Auch Katie betont, dass The Work außergewöhnliche Erfolge, auch bei der Arbeit mit Schwerverbrechern oder Kleinkindern, gezeitigt habe (vgl. Katie 2002) - mit anderen Worten: Methoden spritueller Transformation haben sich auch bei Akteuren, bei denen sich tendenziell ein Schwerpunkt auf einer präkonventionellen Entwicklungsebene vermuten ließe, bewährt. Der nachhaltige Effekt von Meditationstechniken, wie Vipassana, lässt sich v.a. im Rahmen von Resozialisierungserfolgen belegen (vgl. Dhamma Dvara 2008). Sogar in „körperorientierten", schulmedizinischen Bereichen, wie z.B. der Krebsbehandlung, zeitigen all diese Techniken nachhaltige Erfolge (vgl. Goleman 2005). Dies alles spricht für eine sehr breite Anwendbarkeit von spirituell-meditativen Techniken, welche sich nicht allein aus dem von Wilber verwendeten Entwicklungsebenenkontext erschließt. In Bezug auf die Erklärungskraft des integralen Akteurs- und v.a. Psychotherapie-Modells hat dies folgende Auswirkungen:

- Das evolutionsorientierte Ebenenmodell nach Wilber versteht „Spiritualität" als gleichbedeutend mit *„transmental"* und kann daher nicht erklären, weshalb sich die Anwendung spiritueller Methoden der Konfliktbearbeitung generell bei einem weitaus größeren Bevölkerungsanteil lohnt und bewährt hat. In dieser Hinsicht wäre es vielleicht fruchtbar, die Frage aufzuwerfen, ob andere Modelle des Akteursbewusstseins im Praxisbezug mehr Erklärungskraft haben und ergänzend hinzugezogen werden könnten. Damit soll nicht der epistemologische Nutzen des unter IV. skizzierten Akteursmodells von Wilber und das hieran angelehnte Konzept der integralen Psychotherapie (vgl. 6.1.1.1.) bestritten werden. Vielmehr hinterfragt sich der

[111] Einem Klienten mit Borderline-Erkrankung und einem tendenziellen Schwerpunkt auf den präkonventionell-impulsiven Entwicklungsstufen empfiehlt er - neben vielen Therapieformen, die auf seine Entwicklungsebene zugeschnitten sind - auch Meditation (hier allerdings keine Gewahrsamkeits-, sondern eher Konzentrationsmeditation). Einem anderen Klienten, mit Schwerpunkt auf dem vierten Drehpunkt (Blau), empfiehlt er u.a. auch Vipassana-Meditation (vgl. zu beiden Wilber 2005b: 359); eine Meditationsform, die aber im integralen Akteursmodell v.a. eine Entwicklung hin zum 9. Drehpunkt (Nirvana, kausale Ebene) begünstigt.

Anspruch der Ausschließlichkeit des evolutionären Ebenenkontexts nach Wilber für die heuristische Anwendung.

Ein Beispiel für eine in dieser Hinsicht aussagefähigere Landkarte könnte z.B. das Modell der „logischen Ebenen" aus der NLP liefern. Ähnlich wie Wilbers Entwicklungsmodell beschreibt dieses Schema eine Hierarchie des Denkens, in der sich die Ebenen wechselseitig beeinflussen. Die Funktion jeder Ebene ist es hierbei, die Information auf der darunterliegenden Ebene zu organisieren. Veränderungen auf einer höheren Ebene haben notwendigerweise auch Veränderungen auf den niederen Ebenen zur Folge. Eine Änderung auf einer der unteren Ebenen kann, muss aber nicht, die höheren Ebenen beeinflussen. Anders als Wilbers Modell beschreibt dasjenige der NLP keinen Evolutionskontext, der ein Spektrum erreichter und noch zu erreichender Bewusstseinsebenen umfasst. Vielmehr kartografiert das NLP-Modell einen Kontext, in dem das gesamte Ebenenspektrum - auch die Ebene der Spiritualität - im Akteur bereits vorhanden und bearbeitbar ist. Die höchste Ebene stellt zugleich die innerlichste und proaktivste Form des Handelns bzw. Denkens dar und die niederste Ebene hingegen ihre äußerlichste, konkreteste und reaktivste Form. Die einzelnen, jeweils kursiv markierten, Ebenen lassen sich vom Höheren zum Niederen wie folgt kurz darstellen (vgl. im Folgenden Seymour/O'Connor 2009: 132f.):

1. Die höchste Ebene ist die der *Spiritualität* und umfasst die metaphysische, Sinn stiftende Grundlage der Existenz des Individuums. Jede Veränderung auf dieser Ebene hat tief greifende Veränderungen auf alle anderen.
2. Die nächste Ebene ist die der *Identität*, des grundlegendsten Selbstbilds und der tiefsten zentralen Werte des Individuums.
3. Diese schlagen sich in spezifischere Glaubenssätze und Einstellungen nieder, welche das Individuum als Grundlage seines alltäglichen Tuns benutzt.
4. Diese wiederum äußern sich in Klassen von Fähigkeiten und Strategien,
5. welche sich auf einer noch konkreteren Ebene in spezifische Handlungen und Verhaltensweisen ausprägen.
6. Die niederste bzw. konkreteste Ebene ist die der Umwelt, sprich: alles, worauf man reagiert (vgl. ebd.: 132f.).

Da, wie bereits erwähnt, Veränderungen auf einer niederen bzw. äußerlicheren Ebene „nicht notwendigerweise Veränderungen auf höheren Ebenen" verursachen (vgl. ebd.: 136), zeichnet sich eine effektive Konfliktbearbeitung dadurch aus, auf allen, insbesondere auf den höheren, Ebenen anzusetzen. Aus diesem Schema lässt sich sinnvoll darstellen, dass *jeder* Akteur einen Zugang zu immanent angelegten spirituellen Bewusstseinsebenen hat. Dies wird zwar von Wilbers Ebenenmodell nicht bestritten, doch anders als dieses Modell zeigt das Ebenenspektrum der NLP auf, dass die hohen transzendenten Bewusstseinsebenen zugleich Wurzelebenen der Innenwelt des Individuums darstellen und damit eine „Grund legende" *und* eine „bedeutende" Funktion aufweisen können, was – und hier liegt der entscheidende Punkt – heuristisch genutzt werden könnte. Hierin liegt also der wesentliche Unterschied zum Wilber-typischen Entwicklungsmodell, in dem die niederen Ebenen eine grundlegende und die höheren eine bedeutende – aber nicht allen Akteuren zugängliche – Funktion einnehmen. Da sich das NLP-Modell und das von Wilber verwendete Entwicklungsspektrum als empirisch gesättigt erweisen, dürfte die Frage, welches Modell richtig oder falsch sei, nicht weit führen. Im Gegenteil, deutet sich an, dass beide Modelle an unterschiedliche Metakontexte angepasst sind. So liefert Wilbers Evolutionsmodell in der oben skizzierten Debatte „Abwärts- vs. Aufstiegsorientierung" klarere epistemologische Einsichten. Das alternative – die Immanenz des GEISTES betonende – NLP-Modell scheint hingegen im heuristischen Metakontext treffender die breitenwirksame Anwendbarkeit spiritueller Methoden erklären zu können. Es deutet sich damit an, dass sich das aufstiegsorientierte Wilbertypische Evolutionsmodell und alternative Bewusstseinsebenenmodelle, die die Immanenz des GEISTES betonen, nicht ausschließen, sondern einander ergänzen.

Für die weiterführende Auseinandersetzung mit dem integralen Akteursmodell dürfte von Interesse sein, die Beiträge von Wilbers Evolutionsmodell und dem hier skizzierten Kontext des NLP-Schemas miteinander zu kombinieren. Eine Modellvorlage hierfür könnte das unter Abb. 12 skizzierte Zwei-Achsen-Schema liefern. In weiterführenden Publikationen müsste erforscht werden, ob eine Zuordnung beider Ebenenkontexte stimmig und relevant ist. Sollte dies der Fall sein, bestünde der Beitrag des NLP-Modells darin, Wilbers Evolutionsschema auf einen heuristischen Metakontext zu übertragen, der die breitenwirksame Anwendbarkeit spiritueller Methoden erklären kann.

- Eine weitere Erklärung für die breite Anwendbarkeit von The Work liegt vielleicht darin, dass die Methode eine Möglichkeit bietet, verdrängte Persönlichkeitsaspekte (Schatten) bewusst zu machen und zu integrieren – die Annahme vorausgesetzt, dass Verdrängung und Projektion im Grunde jedem Konflikt zu Grunde liegt. Wie unten noch näher darzustellen, ordnet sich die Schattenarbeit weniger dem Bereich „überbewusster" Selbst-Transzendenz zu, sondern mehr dem „aufdeckenden" Bereich des „Unterbewusstseins".
- Dass, wie am Anfang dieses Kapitels dargestellt, unterschiedliche Verwendungen des Spiritualitätsbegriffs im Rahmen des IA möglich sind, lässt darauf schließen, dass die anderen Dimensionen des AQAL, v.a. die Linien- und die Zustandsdimension, erklären können, weshalb sich die Anwendung spiritueller Methoden der Konfliktbearbeitung generell bei einem großen Bevölkerungsanteil lohnt und bewährt hat.

Zustände

Die Zustandsdimension verdeutlicht, dass unterschiedliche Bewusstseinsebenen jedem Akteur zumindest kurzfristig zugänglich sind. Dies beinhaltet sowohl regressive Eskalationsebenen, aber auch entrückende transmentale Ebenen. Der Beitrag von The Work und anderen spirituellen Methoden liegt darin, kurzfristige transformative Einsichten zu liefern,[112] die (wenn öfters praktiziert) mittel- und langfristig zu einer nachhaltigen Bewusstseinstransformation führen. Entrückende Zustände können durch unterschiedliche Einflüsse (entsprechend aller Quadrantendimensionen) hervorgerufen werden und sich im Rahmen eines bestimmten kulturellen Settings (Typendimension) und eines bestimmten Entwicklungskontexts (Liniendimension) auf allen Bewusstseinsebenen ausprägen.

Linien

Wie unter 6.1.1.1. dargestellt, berücksichtigt Wilber den Nutzen spiritueller Praktiken nicht nur in Bezug auf höhere transmentale Bewusstseinsbereiche (zu denen nur ein Bruchteil der Weltbevölkerung bewussten Zugang hat) im Rahmen der Ebenendimension, sondern v.a. auch in Bezug auf ganze Entwicklungslinien. In Anlehnung daran lässt sich der Schwerpunkt von The Work (und artverwandter spiritueller Methoden) auf den Hauptentwicklungslinien der interpersonellen, moralischen, kognitiven und v.a. der spirituellen Entwicklung vermuten.

---

112 Nach Wilber liefert The Work Einblicke in „kausale Leerheit" (vgl. Wilber 2008a: 385).

Unter 6.1.1.1. wurde auch dargestellt, dass eine integrale Methode der innerpersonellen Konfliktbearbeitung, wenn möglich, zumindest alle Hauptentwicklungslinien mitberücksichtigen müsste. An dieser Stelle könnte sich The Work gut durch andere Methoden ergänzen lassen, z.B. durch die GFK in Bezug auf die interpersonelle Linie.

Quadranten

Wie jeder meditativ-introspektive Therapieansatz - sprich: jede Methode der „tiefen" Konfliktbearbeitung - impliziert The Work die Grundannahme, dass die Veränderung von Gemeinschaften letztlich *nur* durch die Veränderung des Bewusstseins jedes Individuums erfolgen kann. Wie erwähnt, läuft die spirituelle Konfliktbearbeitung im Grunde darauf hinaus, im Individuum Überzeugungen von „gut" und „schlecht" aufzulösen und ihn vom inhärenten Leiden zu befreien.

Der heuristische Fokus von The Work und im weitesten Sinne der spirituellen Psychologie liegt deutlich auf dem OL-Quadranten. Sie erweist sich daher nicht nur in Bezug auf genetisch oder neurologisch determinierte Konfliktursachen (OR), sondern auch gegenüber kollektiven Konfliktstrukturen (UR) als „blind" - denn Strukturen und Kollektive sind mehr als nur die Summen ihrer Teile.[113] Die Lösung von Konflikten, in denen Akteure Opfer massiver Ausbeutung sind, kann im Rahmen einer integrierten Konfliktbearbeitung nicht nur in der Auflösung ihres subjektiven Leids liegen, sie würde ergänzend Maßnahmen des Empowerments, ggf. des (gewaltlosen) Widerstands, erfordern, welche auf die bestehenden kollektiven Gewaltmechanismen einwirken. Umgekehrt muss die spirituelle Konfliktbearbeitung aber nicht darauf hinauslaufen, dass Akteure, die ihr subjektives Leid transzendieren, zu ewiger Passivität verdammt und nicht handlungsfähig sind. An dieser Stelle kommen wir wieder auf den im Rahmen eines integrierten Ansatzes aufzulösenden Gegensatz zwischen „Sein" und „Tun" zurück. Eine integrierte Konfliktbearbeitung erfordert einerseits den kritischen Einsatz für Grundbedürfnisbefriedigung und Gerechtigkeit in allen Quadranten, andererseits aber auch eine spirituelle Transzendenz all dessen, v.a. im OL-Quadranten.

Von einer anderen Perspektive stellt sich die Frage, inwieweit die anderen Quadranten, die von spirituellen Methoden i.d.R. nicht

---

113 Diese These lässt sich jedoch mit Bezug auf den z.B. in Tab. 12 aufgezählten Karma-Versöhnungsansatz relativieren. Dieser Ansatz zeichnet sich gerade durch die Einsicht aus, dass es keine klaren Täter und Opfer gibt, dass alle Akteure durch komplexe, systemische Ursache-Wirkungsbeziehungen „im selben Boot sitzen" und daher im Konflikt eine Mitverantwortung tragen.

stark abgedeckt werden (sprich: OR, UL und UR), im Rahmen einer integralen Spiritualität stärker miteinbezogen werden könnten:

- *Intersubjektiv (UL):* Für den zukünftigen Einsatz spiritueller Methoden ist z.B. von Interesse, inwieweit sie sich auf Gruppen-Settings ausweiten lassen - z.B. als „kollektive Friedensmeditationen“, „interaktives Vipassana“ oder „kontemplative Gruppentherapie“ etc.
- *Objektiv (OR):* Von z.T. umstrittenem Forschungsinteresse ist die künstliche Induktion transformativer Zustände von außen - z.B. mittels psychotroper Substanzen, holotroper Atemtechniken, Hypnose, schamanistischer Ritualtänze, MindMachines etc.
- *Interobjektiv (UR):* Methoden wie die Prozessorientierte Konfliktarbeit oder die SySt bieten einander ergänzende Möglichkeiten, Rollentranszendenz und z.T. auch Schattenarbeit im systemischen Rahmen umzusetzen.

Typen

Eine wichtige Voraussetzung für jeden Einsatz spirituell-transformierender Methoden ist v.a. die Bereitschaft der Konfliktakteure, sich freiwillig darauf einzulassen. Entscheidend ist hierbei, den jeweiligen kulturellen Kontext zu berücksichtigen. In Bezug auf den Sri-Lanka-Konflikt könnte dies z.B. bedeuten, dass Vipassana i.d.R. nicht zusammen mit muslimischen oder/und tamilischen Akteuren eingesetzt werden kann, da diese Vipassana für „Opium des faschistischen Staatsbuddhismus“ halten (vgl. Graf/Kramer 2008e, persönliche Korrespondenz). Der Königsweg würde daher in den eigenen spirituellen Methoden des friedlichen Konfliktumgangs liegen, den die unterschiedlichen Akteurskulturen aufweisen.

Im subjektiven Kontext (OL) geben spirituelle (z.B. Enneagramme) und psychologische (z.B. Psychotypen) Modelle Aufschluss über individuelle typenbedingte Hebelpunkte.

Drei Ansätze (Makro, Meso, Mikro) / Arbeitsschritte	Quadranten	Ebenen	Typen	Linien
Phase I: Konfliktanalyse (Ist-Zustand) **I) Darstellung des inneren Konflikts/Leids**	Integrales Psychotherapiemodell (s. Tab. 8), z.B.: - OL: Meditation - UL: „Interaktives Vipassana" - OR: MindMachines - UR: Spirituell-systemische Ansätze (Prozessarbeit nach Mindell)	- Integrierung und Transzendierung von Schatten - Ebenenbedingte Sensitivität (vgl. 6.1.1.1.) - Breitenwirksame Anwendbarkeit	Typenbedingte Sensitivität: - Berücksichtigung des Persönlichkeits- (Enneagramm, Psychotyp) und Verhaltenstyps des Gesprächspartners - Berücksichtigung vorhandener lokaler Traditionen, ggf. „Übersetzung"	Ergänzende Berücksichtigung von artverwandten Methoden, die auf anderen Linien wirken, z.B. die GFK (als interpersonelles Pendant zu The Work)
Phase II: **Grundbedürfnisse / Tiefendimensionen** **II) Vier Fragen + Umkehrung:** **Ist es wahr?** **Kannst Du Dir absolut sicher sein, dass es wahr ist?** **Wie reagierst Du, wenn Du an diesem Gedanken festhältst?** **Wer wärst Du ohne diesen Gedanken?** **Umkehrung**				
Phase III: **Soll-Zustand: Konfliktlösung** **III) Einsicht über die Eigenverantwortung für das eigene Leid, daraus resultierend: Vergebung und innerer Frieden**				

Tabelle 13: The Work in einem heuristischen Gittermodell (Eigenanfertigung)

7.2.3. Der integrative Konfliktdialog und The Work in einem praxeologischen Methoden-Mix

Wie ließe sich ein Methoden-Mix aus The Work als Beispiel-Methode für innere Dialogführung und dem integrativen Konfliktdialog als Beispiel für äußere Dialogführung praxeologisch bewerten?

Bevor ich zu den praxeologischen Stärken und Schwächen aus einer integrierten Kombination beider Methoden zu sprechen komme (7.2.3.2.), möchte ich in aller Kürze die wesentlichen Kriterien einer Integration beider Methoden aus epistemologischer und heuristischer Sicht zusammenfassen (7.2.3.1.).

7.2.3.1. Wesentliche Kernpunkte einer epistemologischen und heuristischen Integration beider Methoden

Die wesentlichen Kernpunkte einer Integration beider Methoden sind im Lichte der bisherigen Darstellungen schnell zusammengefasst:

Epistemologisch

Der epistemologische Schwerpunkt des *integrativen Konfliktdialogs* liegt in einer komplexen Zusammenschau aus mehreren Dimensionen, mit Bezug auf Roger Sibeons/Derek Layders Vier-Quadranten-Modell (welches im Wesentlichen mit dem von Wilber übereinstimmt):

1. *interobjektiv:* politische und soziologische Dimensionen (Graf umschreibt dies heute mit „realistischer Systemtheorie", persönliche Korrespondenz 2010);
2. *intersubjektiv:* hermeneutisches Verstehen, auch in Bezug auf kritische und poststrukturalistische Kulturtheorien;
3. *subjektiv:* konstruktivistischer Interaktionismus und humanistische Grundbedürfnisphilosophie;
4. *objektiv:* Interaktionismus aus der Perspektive von Gruppenverhalten.

Im Wesentlichen deckt der integrative Konfliktdialog alle vier Quadranten ab, auch wenn die Individualquadranten gerne auch zu einem Eckpunkt im Dreiecksmodell zusammengefasst werden. Es wird damit eine wesentliche Grundbasis für ein komplexes metatheoretisches Verständnis von konstruktiver und destruktiver Interaktion geschaffen.

Der epistemologische Schwerpunkt von *The Work* liegt hingegen klar im subjektiven Bereich (Quadrant OL). Hier besteht einerseits ein Fokus in der psychologisch aufdeckenden Dimension von Projektionen, andererseits in der spirituellen Tiefendimension der Selbst-Transzendenz.

In Kombination scheinen sich beide Ansätze entsprechend gut zu ergänzen: Der integrative Konfliktdialog deckt umfassend alle Quadranten ab, während The Work ergänzende Tiefeneinsichten in der subjektiven Dimension liefert. Hier mag auf den ersten Blick ein Widerspruch bestehen, zumal der Ansatz von Graf/Kramer den Konflikt als ein komplexes Phänomen bewertet, der sich ursächlich und symptomatisch in allen vier Quadrantendimensionen ausprägt. Demgegenüber liegt The Work eine typisch spirituelle Annahme zu Grunde, Leid und Konflikt in letzter Ursache ausschließlich auf die Akteurspsyche zurückzuführen. Aus The Work wird damit eine „Grundbedürfnis-transzendente" Sichtweise ersichtlich, welche das Kernkonzept des integrativen Konfliktdialogs (nämlich das Grundbedürfniskonzept) quasi dekonstruiert. Aus einer dialektisch-entwicklungshierarchischen Perspektive wird m.E. aber ersichtlich, dass sich beide Ansätze auf unterschiedliche Tiefendimensionen beziehen und daher eher einander ergänzen als widersprechen. Während der integrative Konfliktdialog eine betont komplexe, integrative Sicht (Zweiter-Rang) einnimmt, liegt The Work ein Fokus auf der transmentalen Ebene (Dritter-Rang) zu Grunde.

Heuristisch

Aus einem heuristischen Vergleich beider Methoden werden wieder starke wechselseitige Ergänzungspotenziale ersichtlich:

Der integrative Konfliktdialog hat einen Schwerpunkt auf dem „äußeren Dialog", auch unter Berücksichtigung subjektiver Dimensionen, wie v.a. Grundbedürfnissen. Die Problemlösung wird auf eine Bearbeitung struktureller, kultureller und verhaltensspezifischer Gewaltpotenziale ausgerichtet. The Work hat hingegen einen Fokus auf den „inneren Dialog" und stellt den Konflikt ursächlich als psychische nach innen gerichtete Gewalt dar, die es in den Tiefen des individuellen Bewusstseins zu bearbeiten gilt. In einem heuristischen Vier-Quadranten-Modell würden sich beide Methoden entsprechend ergänzen.

Aus einem Vergleich der ersten Spalten der Tabellen 12 und 13 wird ersichtlich, dass The Work einen großen Schwerpunkt in der Dialog-Phase II - der Tiefenanalyse und dem Re-Framing - aufweist, während der Fragenkatalog des integrativen Konfliktdialogs alle drei Dialogphasen gleichberechtigt abdeckt. Ein heuristischer Methoden-Mix könnte daher auf zwei Integrationsstrategien aufbauen:

- *Synchron:* Die Verwendung der Fragenkataloge von The Work für die innere und die des integrativen Konfliktdialogs für die äußere Dialogführung.
- *Sequenziell:* Entsprechend der Schwerpunkte der Methoden in den einzelnen Dialogphasen empfiehlt sich ein gleichberechtigter Einsatz des integrativen Konfliktdialogs durch alle Phasen hindurch und ein schwerpunktmäßiger Einsatz von The Work in der zweiten Phase.

7.2.3.2. Praxeologische Einschätzung des Methoden-Mix

Die praxeologische Anwendung eines Methoden-Mix beider Ansätze lässt sich anhand eines von mir Ende 2008 durchgeführten Konfliktgesprächs beispielhaft veranschaulichen.

Konflikt: Versicherungskauffrau vs. Finanzkrise

Der im Folgenden stark verkürzt wiedergegebene Dialoginhalt soll und kann nicht die Komplexität der aktuellen Finanzkrise darstellen. Vielmehr sollen Facetten eines intrapersonellen Konflikts und dazugehöriger Lösungsansätze vor dem Hintergrund eines komplexen Makro-Konflikts skizziert werden.

Einführung

Dezember 2008: Die Welt wurde von der schwersten Wirtschaftskrise seit Jahrzehnten erschüttert: Das Platzen der Spekulationsblase auf dem US-amerikanischen Immobilienmarkt mündete in einen Vertrauensverlust im Finanzsektor, weil nicht bekannt war, welche Fehlspekulationen das jeweils andere Geldinstitut noch einräumen musste. Dies veranlasste viele Regierungen rund um den Erdball beinahe zeitgleich, Rettungsfonds für die Banken aufzulegen, welche z.T. an Bedingungen gebunden waren - von der Kürzung von Managergehältern (z.B. BRD) bis hin zu Verstaatlichungen (z.B. Lettland). Gleichzeitig fanden auf globaler Ebene Gespräche über eine stärkere Regulierung und Reformierung des Finanz- und Wirtschaftssystems statt. In Erwartung einer Weltrezession und in Folge bereits bestehender konjunktureller Zusammenbrüche machten sich bei den meisten Menschen in aller Welt Zukunftsängste breit. Vor diesem Hintergrund fand im Rahmen eines von Graf/Kramer angeleiteten Konflikttransformationstrainings ein Konfliktdialog zwischen mir und Franka P. (Name von mir geändert) statt - einer Versicherungskauffrau, die in einem persönlichen Konflikt mit den Ungerechtigkeiten der Welt stand (im Folgenden sinngemäß aus meinen persönlichen Aufzeichnungen während des Konflikttransformationstrainings bei Graf/Kramer 2008d).

Schritt 1: Akteure, Widersprüche, Ziele und Verhaltensweisen

Auf die Leitfrage *„Worum geht es?"* schilderte Franka P. die Grundzüge des von ihr wahrgenommenen Konflikts. Sie identifizierte den *Hauptwiderspruch* zwischen den Profitinteressen einzelner „Macher" der Hochfinanz einerseits und den Interessen der Zivilgesellschaft an einem stabilen System andererseits. Erstere erwirtschaften ihren Reichtum auf Kosten der Letzteren. Ein dritter *Akteur* wurde von ihr als „die Politik" in Form der Regierungen, die den Markt zu regulieren versuchten, wahrgenommen. Die Akteure der Politik verortete Franka P. innerhalb dieses Widerspruchs auf der Seite der Zivilbevölkerung, quasi als „Bewahrer der zivilen Gemeinschaftsinteressen", indem sie mittels Auflagen und Zuschüssen den Raubtierkapitalismus der „Macher" zu bändigen versuchten. Sich selbst ordnete Franka P. der „Zivilgesellschaft" zu, die aus dem bisherigen Konflikt als Hauptleidtragende hervortrat. Auf Grund ihrer relativ sicheren Position in ihrem Versicherungsunternehmen sah sie sich selbst, im Gegensatz zu den anderen Akteuren der Zivilgesellschaft, nicht in unmittelbarer Gefahr. Ihr persönlicher Konflikt war daher kein Überlebenskonflikt, sondern es ging ihr um den Umgang mit der Ungerechtigkeit des bestehenden Systems. Im Grunde ließ sich diese Konfliktkonstellation auf unterschiedliche Kontexte übertragen – sei es innerhalb einzelner Staaten, wie die BRD, sei es im Rahmen des Nord-Süd-Konflikts: immer handelte es sich um eine von kalten Profitinteressen getriebenen Akteursgruppe, wie Unternehmens- oder/und Bankenvorständen, die auf dem Rücken einer Bevölkerungsmehrheit ihren Reichtum erwirtschafteten. Dabei würde der weltweit erwirtschaftete Reichtum schon längst ausreichen, die Grundbedürfnisse aller Menschen zu befriedigen.

Schritt 2: Annahmen, Strategien

Auf die Kernfrage in Schritt 2 *„wie hat der Konflikt begonnen?"* skizzierte Franka P., dass ihrer Ansicht nach der Beginn des Konflikts vor etwa 15-20 Jahren seinen Anfang genommen hatte. Sie selbst wurde im Rahmen ihrer Tätigkeit als Versicherungskauffrau auf die ersten „faulen Kredite" aufmerksam, aus denen später die ersten Symptome der Finanzkrise resultierten. Die Krise hatte ihr zufolge daher nicht direkt mit dem System „Kapitalismus" an sich zu tun, sondern mit dem kurzfristig orientierten Handeln einiger „Macher" aus dem Bereich der Ökonomie. Auch wenn sie einige Hauptverantwortliche wie Josef Ackermann (Chef der Deutschen Bank AG) als Hauptschuldige nannte, empfand Franka P. die kollektive Konfliktpartei, die sie als Urheber der Bedrohung identifizierte, als gesichtslos. Daher nahm sie, obwohl sie das kapitalistische Gesamtsystem an sich nicht in Frage stellte, die Krise als einen Strukturkonflikt wahr. Sich selbst empfand sie in diesem Rahmen als dermaßen ohnmächtig, dass sie zu keiner Zeit eine Möglichkeit hatte, etwas am Konfliktverlauf zu ändern.

Im Rahmen der zeitlich sehr begrenzten Dialog-Sitzung konnte die Zeitlinie von Franka P.s Konfliktwahrnehmung nicht angemessen behandelt werden. Daher konzentrierte ich mich darauf, den weiteren Verlauf des Konflikt-Dialogs in Bezug auf den von Franka P. thematisierten Hauptwiderspruch und den zu Grunde liegenden Annahmen weiterzuführen.

Wie erwähnt, identifizierte Franka P. mindestens drei Großbereiche in diesem Konflikt, mit zahlreichen Kleinakteuren:

1. Die Ökonomie umfasste alle Akteure, die im Rahmen der Finanzkrise von Profitinteressen getrieben wurden und nach Franka P. die Hauptschuld für die Labilität des Systems trugen. Als einen von vielen Repräsentanten dieses Großakteurs sah sie den damaligen Deutsche-Bank-Chef Josef Ackermann, der sich gegen die Auflage der Bundesregierung, Managergehälter zu kürzen, sperrte.
2. Der Bereich der Politik beinhaltete alle Akteure, die im Rahmen der Krise an der Durchsetzung von Reformen zur Regulierung der Finanzmärkte beteiligt waren, welche die Stabilität des Systems gewährleisten sollten.
3. Die Zivilgesellschaft beinhaltete die steuerzahlende Bevölkerungsmehrheit, die von den Risiken der Krise als erste betroffen war.

Einige wesentliche Annahmen, die sich aus Franka P.s Schilderungen herausfilterten, waren:

- Die Akteure der Ökonomie werden von Profitinteressen getrieben
- Sie erwirtschaften ihren Reichtum zu Lasten der Bevölkerungsmehrheit
- Sie tragen die Hauptschuld an der Krise
- Die Zivilgesellschaft ist Opfer der Krise
- Die Politik ist Bewahrer der Stabilität des Marktsystems und damit (in diesem Konflikt) gleichzeitig Bewahrer der Interessen der Zivilgesellschaft
- In Anlehnung an Gandhi: „Die Welt reicht für alle".

Eine von vielen möglichen fundamentalen Grundannahmen, die sich aus Franka P.s Schilderungen herauskristallisierten, war: „Die Welt ist ungerecht und sollte gerechter sein".

Schritt 3: Hinterfragung und tiefere Konfliktdimensionen

Ausgehend von der Leitfrage *„Worum geht es noch?"* wurde in diesem Dialogschritt ein tieferer und komplexerer Blickwinkel auf

Franka P.s Konfliktwahrnehmung geworfen. Hierzu gehörte die Erörterung tieferer Konfliktdimensionen und der Annahmen.
Auf Grund ihres Erfahrungshintergrunds hatte Franka P. einen fundierten Blick auf die unterschiedlichen Auswirkungen der Finanzkrise. Aus dieser Perspektive gestaltete sich die Finanzkrise v.a. als ein Strukturkonflikt, bei der sich der Einzelne ohnmächtig den Entwicklungen der Weltwirtschaft gegenübersah. In diesem Konflikt wurden v.a. die existenziellen Grundbedürfnisse, die das Überleben sicherten, bedroht. Vielleicht ging dieser Konflikt sogar noch über diese Betrachtungsdimension hinaus und stellte in kultureller Hinsicht sogar das gesamte kapitalistische System in Frage (wovon Franka P. eingangs nicht ausgegangen war)? Ging es in Franka P.s Konflikt nicht nur um Macht und Sicherheit, sondern v.a. auch um die Gestaltung einer neuen, gerechteren Welt?
Von einer anderen Perspektive stellte sich die Frage, wie die Akteure aus dem Bereich der Ökonomie, die aus Franka P.s Sicht die Hauptschuldigen waren, den Konflikt von ihrem Standpunkt vertreten würden: All diese Unternehmer und Banker würden argumentieren, dass ihre Handlungen und Entscheidungen zwar profitorientiert waren, aber dass sich dieser Profit an der Nachfrage des Konsumenten (sprich: der Zivilgesellschaften des Nordens) orientierte. Aus diesem Blickwinkel würde die Zivilgesellschaft mit ihrem Konsumverhalten ebenfalls eine Verantwortung für die ungerechte Weltordnung tragen – sei es die Unterdrückung der Dritten Welt im Rahmen der Handelspolitik (Beispiel: Billigprodukte aus Asien oder die Schuldenmentalität des Konsumenten (Beispiel: Kreditkartenkultur in den USA) im Rahmen der Finanzpolitik. Auch der Politik konnte eine Mitverantwortung eingeräumt werden, weil sie den Rahmen definierte, in dem die anderen Akteure handeln und im Rahmen der aktuellen Finanzkrise eine Informationspolitik führte, die sich eher darauf beschränkte, die Bevölkerung zu beschwichtigen als über die langjährigen Krisenursachen zu informieren.
Angesichts der Erweiterung der Komplexität dieses Konflikts stellte sich auch die Frage, inwieweit Franka P. in dieser übermächtig anmutenden Gesamtkrise überhaupt ihr persönliches Leid verringern könnte.
An dieser Stelle empfahl sich die Anwendung spiritueller Methoden des inneren Dialogs, um den unter Schritt 2 festgehaltenen unbewussten Grundgedanken, der Franka P.s persönlichem Konflikt zu Grunde liegt – „die Welt sollte gerechter werden" –, zu hinterfragen. Mit Einvernehmen von Franka P. entschloss ich mich, auf der Basis von The Work einen sokratischen Dialog anzuregen, um eine tiefere Erschließung und ein Re-Framing des inneren Konflikts zu fördern. Die ersten beiden Fragen dieser Methode ließen sich gut im Rahmen dieses Dialogschritts anwenden. Bei der Hinterfragung der kon-

flikthaften Grundüberzeugung Franka P.s „die Welt sollte gerechter werden" stellte sich im Rahmen von The Work die Frage „ist das wahr?". Franka P. beantwortete die Frage mit „ja". Dies entsprach aber keiner objektiven Wahrheit, sondern lediglich einer persönlichen Überzeugung, denn die Tatsache, dass die Welt ungerecht *ist*, steht im Widerspruch zu ihrem Gedanken, dass die Welt gerecht sein *sollte*. Mit anderen Worten: ihr Gedanke „die Welt *sollte* nicht ungerecht sein" entsprach einer „Lüge", da sie mit der Wirklichkeit im Widerspruch stand (denn die Welt *ist* ungerecht). Diese Überzeugung, an der Franka P. (aus gut nachvollziehbaren Gründen) festhielt, ließ sich mit der zweiten Frage „kannst Du *absolut sicher* sein, dass die Welt nicht ungerecht sein sollte?" noch tiefer hinterfragen. Im Grunde gibt es keine These, die auf diese Frage mit „ja" beantwortet werden kann - auch nicht die Überzeugung, dass die Welt nicht ungerecht sein sollte. Warum? Weil sich das Gegenteil einfach nicht mit absoluter Sicherheit beweisen lässt. Dies ließ sich auch in Bezug auf die weltweite Ungerechtigkeit der Wohlstandsverteilung feststellen. So war und ist es zwar durchaus wahr, dass die Wohlstandskluft noch nie so hoch war wie in der Gegenwart. Andererseits konnte man dem entgegenhalten, dass die Kluft in erster Linie darauf zurückzuführen ist, dass der Reichtum der Staaten des Nordens seit Anfang des 19. Jhs. schneller gewachsen war als bei den übrigen Ländern (USA: das 25-Fache; Westeuropa: das 15-Fache). Selbst die ärmsten Länder sind heute besser gestellt als die reichsten vor etwa zwei Jahrhunderten, als weltweit eine „universelle Armut" vorherrschte (hierzu auch Sachs 2005). Mit anderen Worten: Gerechtigkeit ist ein Phänomen, das sich entwickeln muss und dies auch tut - dies ist die Wirklichkeit. Franka P. konnte so gesehen nicht mit absoluter Sicherheit sagen, ob es am besten für alle Menschen auf der Welt wäre, wenn sie plötzlich mit einem Schlag gerecht werden würde.

Schritt 4: negative Prognose, Grundbedürfnisse

Ähnlich wie die Leitfrage dieses Dialogschritts *„wie wird es weitergehen?"* lautete die dritte Frage von The Work „wie reagierst Du, wenn du an den Gedanken (die Lüge) ‚die Welt soll nicht ungerecht sein' festhältst?". Auf diese Frage antwortete Franka P., dass sie sich viele Sorgen machte und dass sie sich wütend über die Ungerechtigkeit in der Welt fühlte. Dieses Gefühl wäre nicht angenehm, aber Franka P. ging davon aus, dass dies notwendig wäre, um überhaupt für eine gerechtere Welt kämpfen zu können. Diese Annahme ließ sich an dieser Stelle ebenfalls hinterfragen: „Wenn ich mir keine Sorgen mache, bin ich nicht handlungsfähig - ist das wahr?" Byron Katie würde dies entschieden verneinen. Man muss nicht leiden, um handlungsfähig zu sein und man wird auch nicht Ungerechtigkeit dulden, wenn man Gleichmut (nicht zu verwechseln mit „Gleichgültigkeit") und Gelassenheit verwirklicht hat und in Harmonie mit der Wirklichkeit lebt (vgl. dies. 2002). In spiritueller Hinsicht ist die Wirklichkeit so, wie unsere Einstellungen, die wir in sie hineintragen. Franka P.s unbewusste Überzeugung, sie müsse leiden (indem sie sich Sorgen macht), um sich für das Leid anderer einzusetzen, war in spiritueller Hinsicht die psychologische Ursache ihres Konflikts. Denn auf die vierte Frage von The Work „wer wärst Du ohne den Gedanken ‚die Welt soll gerechter sein?'" musste Franka P. einräumen, dass sie gelassener und frei von ihren Sorgen wäre. Anschließend folgte mit dem fünften Schritt von The Work die Umkehrung des Konfliktgedankens (in diesem Falle „die Welt soll gerechter sein"):

- „Die Welt soll *nicht* gerechter sein" - warum? Weil sie es (noch) nicht ist.
- „*Ich* (bzw. mein Denken) soll gerechter sein" - warum? Weil mein Denken im Widerspruch zur Wirklichkeit steht und weil ich mir damit selbst unnötig Leid zufüge.

All diese Reflexionen bedeuteten aus einer anderen Perspektive nicht, dass sich Franka P. nicht für eine gerechtere Welt einsetzen könnte und sollte. The Work machte lediglich deutlich, dass ein wichtiger Schritt zur Bewältigung ihres Konflikts darin liegen würde, einen inneren Frieden zu finden. Erst dann könnte sich Franka P. - vielleicht sogar mit einer umso größeren Effizienz - für den Frieden in der Welt einsetzen. Aus dieser Einsicht heraus konstatierte Franka P. selbst, dass viele gewalttätige Handlungen politischer Konfliktakteure einerseits aus spezifischen Gerechtigkeitsvorstellungen, andererseits aus einem fanatischen Anhaften an diese Überzeugungen erwuchsen. Ohne inneren Frieden könnte man sich nicht für den äußeren Frieden einsetzen.

Eine wichtige Komponente jedes äußeren Friedens ist das Grundbedürfniskonzept. Von einer grundbedürfnisorientierten Perspektive gesehen war und ist die Welt tatsächlich ungerecht, was sich leicht am Umstand ersehen lässt, dass die existenziellen Grundbedürfnisse vieler Menschen von der strukturellen Gewalt des Finanz- und Wirtschaftssystems bedroht wurden und werden. Und diese würden weiterhin bedroht werden, wenn sich am Weltfinanzsystem nichts ändert. Was konnte also Franka P. tun?

Schritt 5: Lösungsvorschläge

Im Rahmen des Vier-Quadranten-Modells ließen sich unterschiedliche Lösungsalternativen sammeln:

- *Individuell-subjektiv (Einstellung):* Aus dieser Perspektive war es für Franka P. erstens wichtig, in einem inneren Dialog ihr persönliches Leid zu bearbeiten und zweitens von einer gesunden

Distanz heraus die Grundbedürfnisse aller Akteure in dieser Krise zu reflektieren. Ersteres wurde im Konflikt-Dialog beispielhaft an The Work aufgezeigt: Sind meine persönlichen Überzeugungen wahr? Was trage ich selber zu meinem eigenen Leid bei?

- *Intersubjektiv (kollektive Annahmen):* In diesem Bereich konnte Franka nicht mehr tun, als die kollektiven Annahmen der unterschiedlichen Konfliktakteure zu hinterfragen und sich so gut wie möglich selbst zu informieren. Ggf. könnte sie sich im Rahmen des Friedensjournalismus für eine bessere Information ihrer Mitmenschen engagieren, was aber voraussetzen würde, dass sie bereits die legitimen und die illegitimen Aspekte des Konflikts reflektiert hatte. Fragen, die die kollektiven Annahmen betreffen, könnten lauten: Ist der Mensch wirklich ein Homo Oeconomicus? Muss ich dies konsumieren, um glücklich zu sein? Werde ich ausreichend über den Stand der Dinge informiert? Welche kulturellen Faktoren haben zur Finanzkrise geführt? Wie steht es wirklich um die Finanzkrise? Was gehört zu einer neuen, gerechteren Wirtschafts- und Konsumkultur?
- *Individuell-objektiv (Verhalten):* Nachdem Franka P. ihre Einstellung reflektiert und sich gründlich informiert hatte, konnte sie ihr Verhalten ändern. Sie richtete sich darauf ein, Vorsorge zu treffen, um für alle Eventualitäten gewappnet zu sein und änderte ihr Verhalten hin zu einer bewussteren Lebensführung und nachhaltigerer Vermögenssicherung und entsprechendem Konsumverhalten.
- *Interobjektiv (System):* Darüber hinaus erwägten wir uns für Franka P. Zugänge, um auf das System einzuwirken.

<u>6: Aktionsplan</u>

Wie ließen sich die oben skizzierten Lösungsvorschläge umsetzen? Einige Ansatzpunkte waren:

- *Individuell-subjektiv (Einstellung):* Morgens und abends meditieren und sich von Tag zu Tag langsam in der Dauer steigern; die eigene Lebensphilosophie selbstkritisch reflektieren, mittels The Work oder/und tiefenpsychologischer Verfahren; ggf. einen Psychotherapeuten aufsuchen.
- *Intersubjektiv (kollektive Annahmen):* Anfangen sich breiter zu informieren mittels unterschiedlicher Medien (Zeitung, Bücher, Internet, Fernsehdokumentationen); ggf. Fortbildungen besuchen; ggf. sich aktiv in der Meinungspolitik engagieren, wie z.B. im Rahmen eigener Internetblogs, Publikationen etc.
- *Individuell-objektiv (Verhalten):* Vermögenssicherung durch Orientierung an die sog. „Drei-Speichen-Regel" (d.h. in Immobilien, Wertpapiere und Edelmetalle investieren); ggf. den Inves-

tionsschwerpunkt auf krisenresistente Wertaufbewahrungsmittel (Edelmetalle, v.a. Gold und Silber) legen; in ethisch orientierte Spareinlagen anlegen; eigene Schulden tilgen; umsichtiger konsumieren (Fair Trade) etc.

- *Interobjektiv (System):* Sich Zugänge suchen, um auf das System einzuwirken - z.B. über den Beruf, gleichgesinnten Vereinen, Organisationen, einschlägigen Internetforen etc.

Box 1: Kombination von The Work und integrativem Konfliktdialog in einem Beispielkonflikt (persönliche Aufzeichnungen bei Graf/Kramer 2008d)

Das Beispiel verdeutlicht m.E. gut einige Vor- und Nachteile einer Kombination beider Methoden. Vorteilhaft erscheint mir, dass sich beide Methoden in der Praxis - zumindest war es in diesem Konflikt der Fall - genauso ergänzen und umsetzen lassen, wie zuvor in epistemologischer und heuristischer Hinsicht skizziert. Der vorliegende Methoden-Mix ermöglicht vielperspektivische Diagnosen und Handlungsempfehlungen. In diesem Fall wird sogar die Bearbeitung eines Konflikts mit sehr abstrakten Variablen („Finanzkrise", „die Banker", „die Not" etc.) ermöglicht, gleichfalls mit inneren und äußeren Diagnosen und Lösungsoptionen. Ferner eignet sich die Anwendung des Methoden-Mix v.a. in prozessorientierter bzw. partizipativer Konfliktanalyse und Lösungsfindung. Gleichzeitig liefert das Grundbedürfniskonzept des integrativen Konfliktdialogs Einsicht über Möglichkeiten zur Nachhaltigkeitsüberprüfung.

Einschränkend ist festzuhalten, dass sich nicht immer eine Anwendung des gesamten Methoden-Mix in der Praxis ergibt. Dies zeigt sich v.a. in einfachen Sachkonflikten (z.B. betrieblichen Verhandlungen), die 1) von einer niedrigen Eskalationsstufe geprägt sind oder/und 2) unter Zeitdruck stehen und schneller Lösungen bedürfen. In solchen Fällen könnten sich transformierende Hinterfragungen („Ist es wahr?") und Tiefenanalysen (Projektion, Grundbedürfnisse, kulturelle und strukturelle Gewalt) als unangemessen erweisen.

An dieser Stelle zeigt sich, dass der Intuition des Konfliktarbeiters, seinen integralen Werkzeugkasten an die jeweiligen Erfordernisse der Konfliktsituation anzupassen, von entscheidender Bedeutung ist. Von Vorteil ist hierzu aber stets ein möglichst breites Methodenrepertoire, um vielfältige Lösungsperspektiven anbieten zu können. Ergänzend zum tiefen Einblick, den wir am Beispiel des Methoden-Mix gewinnen konnten, möchte ich nun eine verallgemeinerbare Gesamtschau auf der Basis eines breiten Spektrums aller bisher vorgestellten Methoden skizzieren.

7.3. Skizze eines allgemeinen praxeologischen Metagerüsts

Wie lässt sich das Spektrum aller bisher dargestellten Dialogmethoden und -designs praxeologisch integrieren?

Eine richtungsweisende Antwort könnte durch eine entsprechende Systematisierung des in den vorigen Kapiteln dargestellten Drei-Phasen-Gerüsts (vgl. Tab. 10-13) geliefert werden.

Ein aktuelles Beispiel für eine praxeologische Kombination der Ergänzungspunkte dreier unterschiedlicher Dialogansätze auf der Basis des Drei-Phasen-Modells liefert die sog. „Kumi-Methode."
Die Kumi-Methode wurde im Rahmen eines ambitionierten, auf 10 Jahre befristeten (2003 - 2013), Projekts der zivilen Bearbeitung des Israel-Palästina-Konflikts entwickelt. Schwerpunkt ist die Entwicklung und Erprobung einer methodologischen Synthese, in der sowohl Ansätze identitätsbasierter Konflikttransformation wie auch aktionsorientierter Methoden der Gemeinschaftsentwicklung kombiniert werden. Ziel ist hierbei die Ausbildung möglichst vieler Multiplikatoren aus der Zivilgesellschaft, auf israelischer und palästinensischer Seite. Kumi[114] ist das Ergebnis einer Verknüpfung der praxeologischen Schwerpunkte der integrativen Dialogmethode (IICP), der ARIA-Methode (ARIA-Gruppe) und des Ansatzes des Institute for Cultural Affairs (ICA) (vgl. IICP 2010a). Die Kumi-Methode setzt sich damit aus neun Arbeitsschritten zusammen, die in 3- bis 5-tägigen Workshops vor Ort vermittelt werden, wobei die exakte Reihenfolge dieser Schritte je nach Gruppe variiert. Die Synthese aller drei Methoden besteht darin, dass ihre einander ergänzenden Stärken und Schwerpunkte miteinander kombiniert werden. Die neun Schritte, in denen sich das Grundraster des Drei-Phasen-Modells wiederfindet, umfassen:

1. Vorbereitung;
2. Erfassung der Widersprüche: Beschreibung der Konfliktkonstellation (ICA);
3. Antagonismus: Verstehen der Konfliktgeschichte (IICP/ARIA);
4. Resonanz: Re-Framing der Konfliktnarrative (IICP/ARIA);
5. Tiefes Verstehen: Analyse sozio-struktureller Tiefendimensionen, Erkundung möglicher zukünftiger Entwicklungen (IICP);
6. Transzendenz: Re-Framing sozio-struktureller Narrative (IICP);
7. Gemeinsame Vision: Vergegenwärtigung einer bevorzugten Zukunft auf der Basis gemeinsamer Grundbedürfnisse (IICP);
8. Strategie: Strategieentwicklung zur Erreichung der bevorzugten Zukunft (IICP/ICA);

114 „Kumi" = „auftauchen" auf Arabisch und Hebräisch.

9. Aktion: Aktionsplanung und anhaltende Unterstützung (ICA).

Im Abschluss erfolgt eine 6- bis 9-monatige Phase der Implementierung, Follow Ups und Evaluation (vgl. IICP 2010b, persönliche Korrespondenz mit Graf 2010).

Box 2: Die Kumi-Methode – Praxisbeispiel für eine Synthese dialogischer Methoden auf der Basis des Drei-Phasen-Modells

7.3.1. Phase 0: Einstieg und Vorgespräche

Möglichst viele Akteure vs. Schlüsselakteure

Auf Grund der sehr unterschiedlichen Ausprägungsformen, die Konflikte annehmen können, sind die Einstiegsmöglichkeiten externer Parteien sehr vielfältig. Alle Konfliktdialoge haben aber gemeinsam, dass sich Klient und externe Partei in irgendeiner Form zusammenfinden müssen. Nicht selten geht die Initiative für ein Erstgespräch von der externen Partei aus, wie bereits am Beispiel der Tätigkeit des IICP aufgezeigt. Wie unter 6.1.2. erwähnt, stellt aber schon die Wahl, welche Konfliktpartei zu einem Konfliktdialog herangezogen wird (und welche nicht) bereits eine Handlung dar, die konkrete Auswirkungen auf das Konfliktsystem hat. Strittig ist hierbei die Frage, ob in hoch eskalierten Gewaltkonflikten nur mit bestimmten (z.B. den „moderaten“) Fraktionen aller Konfliktparteien gearbeitet werden sollte oder mit allen (d.h. auch mit radikalisierten, unnachgiebigeren) Akteuren. Für beide Ansätze finden sich Argumente:

- Der Ansatz, den Dialogprozess nur auf *bestimmte Akteure* zu konzentrieren, findet sich z.B. im pragmatisch begründeten Konzept der „kritischen Masse“ (critical mass/yeast). Basierend auf der Annahme, dass in Phasen unübersichtlicher gesellschaftlicher Umbrüche relativ kleine Gruppen einen überproportionalen Einfluss haben können, versteht sich eine kritische Masse als „eine hinreichend große, einflussreiche, gut vernetzte und kreative Gruppe von strategisch talentierten Personen (...), die [als sog. „Agenten des friedlichen Wandels“] gemeinsam in der Lage sind, in einer gesellschaftlichen Umbruchphase sozialen Wandel zielstrebig zu beeinflussen (BPS 2006: 19).“
- Galtung betont hingegen die Notwendigkeit, in komplexen Konflikten möglichst *alle Akteure* in den Dialogprozess miteinzubeziehen. Ein Ausschluss von Konfliktakteuren aus dem Dialogprozess, so die These, würde ihre radikale Einstellung nur verstärken (nach dem Motto: „Ihr werdet noch von uns hören“). Dies sieht Galtung in vielen Fällen bestätigt, wie z.B. den Sabotagen des Nahost-Friedensprozesses in den 1990er

Jahren, von radikalen Akteuren auf israelischer (z.B. die Ermordung des israelischen Ministerpräsidenten Jitzchak Rabin durch den jüdischen Fundamentalisten Jigal Amir im Jahre 1995) und auf palästinensischer Seite (z.B. die Bombenattentate der von Gesprächen systematisch ausgeschlossenen Hamas). Die hier zu Grunde liegende Annahme, dass konstruktive Konfliktdialoge auch mit hoch radikalisierten Akteuren nicht nur theoretisch sinnvoll, sondern auch praxeologisch durchführbar sind, sieht Galtung aus vielen persönlichen Erfahrungen bestätigt (vgl. Galtung 2008b).

Aus einer etwas breiteren Perspektive der ZKB sei an dieser Stelle auf die empirisch gesättigte *RPP-Studie* verwiesen, schlüsselpersonenorientierte („Key People") als auch die Breite-Masse-Ansätze („More People Approach") in einem Gesamtzusammenhang zu berücksichtigen (vgl. CDA 2009: 9f.). Als wegweisend, wenn auch bei Weitem noch nicht erschöpfend, könnte sich die in 1.2.2.3. skizzierte RPP-Matrix erweisen. Dieser auf die Analyse von Programmstrategien ausgerichtete Vier-Quadranten-Ansatz unterscheidet auf einer Achse den Kontext „Adressaten des Friedensengagements" („Whom to engage for peace")

- *Mehr-Personen-Ansätze:* Ansätze, die eine möglichst breite und auszuweitende Einbeziehung einer großen Anzahl von Menschen („the people") beinhalten, um Frieden zu fördern und
- *Schlüssel-Personen-Ansätze:* Ansätze, die nur auf Personen bzw. Gruppen ausgerichtet sind, die für die Konfliktbewältigung unabdingbar sind (je nach Kontext z.B. politische Führer, Warlords, arbeitslose junge Männer).

Auf der anderen Achse wird der Kontext „Typen des Wandels" abgebildet:

- *Sozio-politischer Wandel (Makro):* Programme, die Politiken, Gesetzgebungen, ökonomischen Strukturen, Waffenstillstandsabkommen, im weitesten Sinne auch Wandel sozialer Normen und Inter-Gruppenbeziehungen umfassen (vgl. CDA 2009: 9f.).
- *Individueller/persönlicher Wandel (Mikro)*: Programme, i.d.R. Dialog- oder/und Trainingsprogramme, die Einstellungen, Werte, Annahmen von Individuen verändern.

Wie in 1.2.2.3. erwähnt, lässt sich letztere Achse bei Bedarf nach den von Lederach, Wilber, Sibeon etc. gemeinsamen Dimensionen des Vier-Quadranten-Modells weiter unterteilen:

- Die Mikrodimension („individual/personal change") differenziert sich noch noch weiter in „perceptions/attitudes" und

„behaviour/individual relationships" [und entsprechen z.B. dem subjektiven OL- und dem objektiven OR-Quadranten von Wilber.]

- Die Makrodimension („socio-political change") schlüsselt sich noch weiter in „group behaviour/social norms", „institutional change" und „structural + cultural change" auf (vgl. CDA 2009: 20f.). Diese Kategorien entsprechen dem intersubjektiven und dem interobjektiven Quadranten von Wilber.

In den meisten Fällen kann ein Interventionsprogramm nur einen Quadranten abdecken, doch betont die der RPP-Matrix zu Grunde liegende empirische Studie, dass zwischen den Quadranten unterschiedlich starke Bezüge bestehen, die es strategisch zu berücksichtigen gelte. So hätten Initiativen, die auf den Mikrobereich des individuellen/personellen Wandels abzielen, einen stärkeren Einfluss auf den Makrobereich des sozio-politischen Wandels als umgekehrt (vgl. CDA 2009: 11f.).[115] Dieses Ergebnis bestätigt im Allgemeinen die herausragende Stellung, die dialogisch-transformative Methoden im gesamten Komplex der ZKB einnehmen (sofern eingeräumt werden kann, dass der dialogischen Konfliktbearbeitung, im Vergleich zu anderen Methoden der ZKB, ein besonderer Schwerpunkt in der oben beschriebenen Mikrodimension – „individual/personal change" – zuerkannt werden kann). In Bezug auf die Debatte über die Bedeutung von Schlüsselpersonen- (Key People) vs. Mehr-Personen-Initiativen (More People) wird im sozio-politischen Makrobereich empfohlen, beide Bereiche gleichermaßen abzudecken (vgl. ebd.: 11f.). Weiterführende Ausführungen seien zukünftigen Studien über die Entwicklung und Diskussion einer integrierten ZKB überlassen.

Kommen wir wieder zurück auf den engeren Kontext der dialogischen Konfliktbearbeitung: Welche Herangehensweise ließe sich tendenziell empfehlen? Ohne eine Wahl zwischen Mehr- und Schlüsselpersonen zu treffen, weist m.E. das Setting der Shuttle Mediation (sprich: getrennte Gespräche mit jeweils nur einer Konfliktpartei) eine besonders breite und flexible Anwendbarkeit auf, zumal sie den Erfolg der Konfliktbearbeitung nicht von der Frage abhängig macht, mit welchen Konfliktakteuren gearbeitet werden sollte – sie nutzt einfach das, „womit gearbeitet werden kann." Dies empfiehlt sich v.a. in hoch polarisierten Identitätskonflikten, in denen nicht immer alle Konfliktakteure sofort für einen Konfliktdialog zu ge-

115 Ein Beispiel ist hierbei die mittel- und langfristige Wirkungslosigkeit eines auf Regierungsebene verabschiedeten Waffenstillstandsabkommens, wenn bei den betroffenen Kämpfern auf der Graswurzelebene noch kein innerer Wandel stattgefunden hat (vgl. CDA 2009: 11f.).

winnen sind. Im Allgemeinen begünstigen getrennte (Einzel-)Gespräche mit den Konfliktparteien Analysen und Interventionsmöglichkeiten auf inter-, aber auch auf intradialogischer Ebene.

Auf Grund dieser Vorzüge ist das Setting des Einzelgesprächs v.a. in der Anfangsphase, insbesondere im Rahmen der Vorgespräche, tendenziell vorherrschend. In der/den Phase/n der gemeinsamen Lösungsfindung ist hingegen das Setting des Runden Tisches mit allen Konfliktparteien eher verbreitet. Letztlich ist es aber den spezifischen Erfordernissen der Konfliktsituation sowie der persönlichen Vorliebe der externen Partei überlassen, ob und wann sie in ihrer Herangehensweise das Setting des Einzelgesprächs oder eher des Runden Tisches bevorzugt.

Funktion des Vorgesprächs

Das Vorgespräch erfüllt unterschiedliche Funktionen, um überhaupt ein Zustandekommen des Konfliktdialogs zu gewährleisten. Wie oben schon am Beispiel des integrativen Konfliktdialogs nach Graf/Kramer dargestellt, gehört hierzu die Klärung des Mandats der externen Partei und des Verfahrensablaufs. Wenn nötig, kommt eine Einführung in wesentliche Grundannahmen der angewandten Methode (z.B. die Grundbedürfnisphilosophie zur Erläuterung der eigenen Annahmen über universell gültige Gerechtigkeitsnormen) hinzu. In dem Falle, dass die externe Partei die Konfliktparteien aufsucht, kann es erforderlich sein, die Konfliktpartei erst einmal vom Nutzen des Konfliktdialogs zu überzeugen. An dieser Stelle können bestimmte Fragetypen zum Einsatz kommen, die sich idealtypisch sonst eher in den späteren Dialogphasen verorten.

- Lösungsorientierte Fragen werden beispielsweise im Rahmen der Tetralemmaarbeit nach Vaga von Kibéd / Sparrer im Vorgespräch bevorzugt. „Wunderfragen“ wie z.B. „nehmen wir an, Dein Problem würde sich über Nacht plötzlich lösen: woran würdest Du es erkennen, wenn Du am nächsten Morgen aufwachst?“ generieren eine Weichenstellung zum Ziel der Dialogarbeit. Aus der hieraus ersichtlichen Diskrepanz zwischen problematischem Ist-Zustand und erstrebenswertem Soll-Zustand wird gleichzeitig ein Anreiz geschaffen, sich auf den Dialogprozess einzulassen.
- Bei Konfliktparteien mit einer sehr polarisierten Konfliktwahrnehmung scheint sich hingegen tendenziell eine Fragestrategie zu eignen, die auf einer Dekonstruktion dieser Sichtweisen abzielt. Fragenkataloge, die sowohl von The Work als auch von der integrativen Methode nach Graf/Kramer innerhalb der Dialogphase II Anwendung finden, liefern hierzu anschauliche Inspirationen und Beispiele. Als eine generelle Ori-

entierung eignet sich auch das Meta-Modell des Fragens aus dem NLP (vgl. Anhang B).

Letzteres möchte ich näher im Rahmen eines Praxisbeispiels darstellen. Hierzu führe ich einen Auszug aus einem Vorgespräch mit einer Konfliktpartei an, in welchem das NLP-Modell des Fragens zur Anwendung kommt, um dessen polarisierte Einstellung zu dekonstruieren. Es handelt sich hierbei um ein Vorgespräch, den der integrale Mediator Michael Wurst mit einem Geschäftsführer durchführte, der sich im Konflikt mit seinen Angestellten befand. Der gesamte Mediationsprozess findet sich gut dokumentiert in seiner Weg weisenden Masterarbeit wieder (im Folgenden Wurst 2009: 37-40):

> [...] Nach einigen Plattitüden über sein Hobby [...] fragte ich ihn nach der Stimmung in seinem Team. Zur Antwort bekam ich, dass man viel zu tun hätte und das wäre gut, auch wenn die eine oder der andere dem offensichtlich nicht gewachsen wäre, aber alles in allem würde es gut laufen und wir sollten uns nun der Testfalloptimierung zuwenden. Er versuchte auszuweichen. Das konnte ich natürlich nicht zulassen, also fragte ich nach:
> „Was genau lässt Dich annehmen, Leander[116], dass die eine oder der andere der Arbeitslast nicht gewachsen ist?“ Mit dieser Frage - zum Einsatz kam hierbei das von John Grinder und Richard Bandler entwickelte Metamodell der Sprache - hatte er offensichtlich nicht gerechnet und es schien ihm auch nicht einfach zu sein, eine Antwort zu finden:
> „Ich bin mir nicht sicher, was Du mit dieser Frage meinst. Es liegt doch auf der Hand, dass ein erhöhter Krankenstand nichts anderes ist als verdeckte Arbeitsverweigerung, weil man nicht mehr wie früher den halben Tag Pause machen kann, sondern die vollen acht Stunden zu arbeiten hat. Aber dieses Problem bin ich bereits angegangen und es wird sich ziemlich bald in Luft aufgelöst haben.“
> Dies schien mir eine etwas fragwürdige Ansicht zu sein, so dass ich noch etwas nachhaken wollte: „Das ist aber eine sehr interessante Ansicht, Leander. Was genau lässt Dich denn zu der Ansicht kommen, dass Krankheit nichts anderes als Arbeitsverweigerung sei, und was lässt Dich auf einen Zusammenhang zu der Arbeitslast schließen? Wie bist Du dieses Problem angegangen und was lässt Dich annehmen, dass es bald gelöst sein wird?“
> „Du weißt selber [...], dass hier früher alle eine bis anderthalb Stunden Mittagspause gemacht haben, dazu noch unzählige Raucher- und Kaffeepausen. Außerdem kam und ging jeder wann er wollte, dass ging halt nicht so weiter, so kann ich nicht planen. Aus diesem

116 Der Name der Person wurde selbstverständlich anonymisiert.

Grunde habe ich Kernarbeitszeiten eingeführt, um mehr Planungssicherheit zu gewinnen, das macht es für alle einfacher und es muss nicht mehr jeder von Projekt zu Projekt springen. Aber das wollen die nicht verstehen, die regen sich noch darüber auf und danken einem das durch erhöhte Fehlzeiten und absichtliches Zuspätkommen, und die Arbeitsleistung lässt auch zu wünschen über. Aber da halte ich jetzt gegen, und wenn die es nicht verstehen wollen, dann müssen wir halt auch über disziplinare Maßnahmen nachdenken."

„Leander, hältst Du das wirklich für eine gute Idee? Was lässt Dich denn vermuten, dass sich die Entwicklungen im Team gegen Dich richten? Hast Du dem Team Deine Motivation für die neuen Regelungen erklärt oder sie lediglich angeordnet?"

„Nun, großartig erklärt habe ich die Gründe für die Regelungen nicht, die liegen doch auf der Hand. Und da sie von mir kommen, richtet sich der Widerstand auch gegen mich, also muss ich dagegenhalten."

„Könntest Du Dir vorstellen, dass die plötzliche Einführung solcher Regelungen ohne weitere Begründung eventuell dazu führen kann, dass man sich geringer geschätzt fühlt als zuvor und sich so etwas negativ auf die Motivation auswirkt? Wie wäre es für Dich, Leander, wenn der Gordi (der Vorgesetzte von Leander) von Dir eine tägliche Übersicht deiner Einsatzplanung des Teams verlangen würde? Würdest Du dann nicht denken, dass er Zweifel an deinen Fähigkeiten als Teamleiter hätte und dass er deshalb auf Nummer Sicher gehen will und sich lieber selber einen Überblick verschafft, als davon auszugehen, dass Du schon alles regeln wirst?"

Leander schien etwas verwirrt durch diese Frage, nach einiger Zeit meinte er: „Warum sollte er so etwas tun? Schließlich habe ich alles unter Kontrolle!"

„Was wäre, wenn er es dennoch tun würde, und zwar ohne Dir auch nur ansatzweise zu erläutern, warum er es täte?"

„Das würde ich mir nicht bieten lassen, das würde meine Leistung abwerten und auch anderen den Eindruck vermitteln, dass ich meine Aufgaben nicht alleine auf die Reihe bekomme!!!"

Da Leander nun schon etwas aggressiv geworden war, beschloss ich direkt nachzusetzen: „So, und wie fühlt sich jetzt wohl Dein Team, nachdem Du ihm ohne jegliche Begründung einen völlig neuen Tagesablauf vorgeschrieben hast?" Leander wurde etwas blass und scheinbar fehlten ihm die Worte, um auf diese Frage eine Antwort zu finden. Da gab ich ihm einen Tipp: „Könnte es vielleicht sein, Leander, dass sie sich so fühlen, wie Du es mir gerade für den Fall beschrieben hast, dass Gordi sich in Deinen Aufgabenbereich einmischt?"

„Nun, ähh ... ich weiß nicht ... ja vielleicht ... obwohl es etwas anderes ist ... aber gut, möglich könnte das sein ... so gedacht war das aber nicht von mir."
Offensichtlich hatte Leander hier gerade so etwas wie einen Moment der Erkenntnis erlebt, diesen wollte ich nutzen: „Könntest Du Dir nicht vielleicht vorstellen, eine andere Lösung zu finden, die zum einen die Vorteile bringt, die Du mir vorhin beschrieben hast, aber ohne im Team für Unruhe und Missstimmung zu sorgen, schließlich dürfte sich eine solche Lösung ja auch positiv auf die Motivation und somit, deiner Meinung nach, auch auf den Krankenstand auswirken?"
„Schön wäre so etwas bestimmt, aber wie sollte das aussehen? Mir fällt da spontan nichts zu ein, und alles mit dem Team zu diskutieren, kommt für mich nicht in Frage!"
„Nun, Leander, es gibt durchaus Alternativen, mit denen man eine Lösung finden kann, die für alle zufriedenstellend ist, die langfristig ausgelegt ist und bei der man daher nicht bei jeder Kleinigkeit anfangen muss, alles von vorne zu diskutieren."
„Nah, da bin ich mal gespannt, was Du mir jetzt wieder erzählst [...]!"
In der Folge erklärte ich Leander in aller Kürze das Verfahren und die Verfahrensgrundsätze der Mediation und, da es mir hier geboten schien, insbesondere die Option, lediglich einzelne mediative Elemente zur Konfliktlösung einzusetzen.

Box 3: Praxisbeispiel eines Vorgesprächs (Wurst 2009: 37-40)

7.3.2. Phase I: Erfassung des Ist-Zustands eines Konflikts

Nachdem in Phase 0 ein Einstieg gefunden wurde, gilt es in der ersten Phase der Dialogarbeit den Ist-Zustand des Konflikts zu ermitteln und zu kartografieren. Je nach Konfliktart sind unterschiedliche Herangehensweisen erforderlich - d.h. z.B. in Abhängigkeit von seiner Größenordnung (intra- oder interpersonell? Mikro, Meso oder Makro?), seines Gegenstands („greifbare" [z.B. Bodenschätze] oder „nicht-greifbare" Ressourcen [z.B. Identität]?) und des Eskalationsniveaus. Dies macht eine allgemeingültige Metamodellierung, auch im Rahmen der hier schon erfolgten Eingrenzungen, schwierig. Als eine grundlegende und sehr allgemeine Orientierung für die folgende Darstellung eines entsprechenden Metagerüsts dient mir das AQAL-Modell, insbesondere das (ebenfalls in der FuK weit verbreitete) Quadrantenmodell. Dies wird nicht unproblematisch sein, zumal die unten zu erwähnenden Methoden oft mehrere Dimensionen gleichzeitig abdecken und sich daher nicht immer eindeutig kategorisieren lassen. Auf Grund der wechselseitigen Bezüge der Dimensionen des Quadrantenmodells behalte ich mir auch vor, in jeder dieser Dimensionen noch weitere Unterteilungen mit Hilfe anderer Metakategorien vorzunehmen. Die Metamodellierung folgt hierbei aber weniger dem Anspruch epistemologisch verbindlicher Korrektheit und stellt keinen entsprechenden Selbstzweck dar. Vielmehr folgt die unten stehende Untersuchung einem pragmatischen Kalkül, auf diejenigen Schwerpunkte einzugehen, die (meta-)praxeologisch relevant sind.

7.3.2.1. Objektiver Bereich: Verhaltensdimension

Hat die externe Partei die Möglichkeit, vor oder während der Intervention den Konflikt von außen zu beobachten, stellen die beobachteten Verhaltensweisen der Konfliktparteien den leichtesten Einstieg für die Ist-Analyse des Konflikts dar. Als Modelle für eine Einschätzung der Konfliktaustragung bieten sich v.a. das Eskalationsmodell von Glasl sowie sein Konflikttypmodell an; wie bereits dargestellt, auch mit möglichen heuristischen Hebelpunkten für die Interventionsplanung.

Dokumentation des Ist-Zustands von außen

Sofern möglich, bietet sich praxeologisch an, die eigenen Tätigkeiten der Betroffenen zu dokumentieren, z.B. über Video-Aufzeichnungen von Konfliktsituationen und -prozessen, Interviews (Listening Projects), Fallgeschichten (Story Telling[117]), statistischen Daten, teilnehmender Beobachtung (Shadowing) etc. Die Konfliktparteien könnten anschließend mit den Ergebnissen konfrontiert werden - dies entspricht z.B. dem, was im Change-Laboratory-Ansatz als „Spiegel“ bezeichnet wird. Diese Vorgehensweise eignet sich besonders in (Groß-)Gruppenkonflikten.

Bewertung von Gewaltpotenzialen durch Verhaltensimperative

Daneben liefern Ansätze wie die GFK Orientierungspunkte, Gewaltpotenziale in der vorherrschenden Konfliktaustragung, gemessen am Soll-Zustand der Gewaltfreiheit, zu identifizieren. Besonders eignet sich die Anwendung der GFK für Konflikte, in denen (noch) keine körperliche, sondern verbale Gewalt stattfindet. Wie oben dargestellt, identifiziert diese Methode hierbei eine Vielzahl von Kriterien, die eine gewalttätige verbale Konfliktaustragung begünstigen (Schakalsprache) oder verhindern (Giraffensprache). Ausgehend vom heuristischen Modell in Tab. 11 haben die ersten beiden Schritte der GFK (1) Beobachten, z.B. „Wenn *du keinen Abend in der Woche mit mir verbringst,...*“ und 2) Gefühle, z.B. „...dann fühle ich

---

117 Beim Story-Telling erzählt jeder Teilnehmer der Gruppe ihre persönliche Lebensgeschichte, während die anderen aktiv zuhören und ggf. mit Fragen und Anmerkungen darauf eingehen.

mich *einsam,...*") einen Schwerpunkt in dieser Phase der Dialogführung. An dieser Stelle wird ein wesentlicher Verhaltensimperativ aus der Kommunikationspsychologie bestätigt, nämlich der Vermeidung von Aussagen über den Anderen, sprich: „Du-Botschaften" (z.B.: „Du bist rücksichtslos"), zu Gunsten von „Ich-Botschaften" („Ich fühle mich übergangen") (vgl. Schulz von Thun 2009a: 79f.). Schulz von Thun macht aber an dieser Stelle auch darauf aufmerksam, dass gewaltfreie Verhaltensempfehlungen wie „Ich-Botschaften" Gefahr laufen können, einer „neuen Sittsamkeit" Vorschub zu leisten: „Bevor die Partner noch richtig aneinander geraten, legen sie einen kommunikativen Schongang ein, bei dem man zwar die psychologischen Glocken läuten hört, aber doch auch viel Ärger verschluckt und konserviert." Für Menschen, die zu „kalter Eskalation" neigen, also vom Typ her intrapunitiv, aggressionsgehemmt, harmoniesüchtig etc. sind, wäre die zornige Du-Botschaft eine wesentliche Bereicherung ihrer Verhaltensmöglichkeiten. „Sie müssen wieder lernen zu schimpfen (vgl. Schulz von Thun 2009b: 139)."

Mit Blick auf Schulz von Thuns Nachrichtenquadrat beginnt also jede konflikt- bzw. gewaltbehaftete Interaktion, wenn Nachrichten einen niedrigen Selbstkundgabeanteil haben. Hierzu gehören zum einen die Bewusstmachung dessen, worum es dem Konfliktakteur eigentlich geht und die Kommunikation dessen. Dies gilt es im Rahmen der parallelen psychologisch-subjektiven Dimension sowie im zweiten Analyseschritt des Drei-Phasen-Modells zu erörtern.

7.3.2.2. Subjektiver Bereich: die psychologische Dimension

Der subjektive Bereich befasst sich mit den den Verhaltensweisen zu Grunde liegenden inneren Stimmen der individuellen Konfliktparteien bzw. Dialogpartner. Der praxeologische Fokus in der ersten Dialogphase liegt daher in der Identifizierung der konfliktrelevanten Intentionen, Gefühle, Gedanken, Persönlichkeitsanteile etc. Auf Grund ihrer Unterschiedlichkeit können die hier zu Tage tretenden Motive, Interessen etc. der Konfliktpartei zueinander in Widerspruch stehen. Nach außen können sich diese in unterschiedliche Verhaltensweisen der Konfliktaustragung ausprägen und nach innen für unterschiedliche Streitparteien eines „Inneren Teams" stehen. Für die heuristische Kartografierung erweisen sich mehrere bereits beschriebene Modelle als hilfreich, die unterschiedliche „Typen *im* Menschen" erfassen, so z.B.:

- *Vertikal* bzw. hierarchisch designte Modelle, wie z.B. die in Kapitel 6.1. beschriebenen Ebenenmodelle nach Glasl (eskalationsorientiert) und Wilber (entwicklungsorientiert);

- *Horizontal* bzw. heterarchisch designte Modelle in Form von Persönlichkeitstypen, wie z.B. die neun Enneagramme (vgl. Maitri 2004) oder die Kommunikationstypen nach Schulz von Thun (2009b) etc.
- *Holarchische* Modelle, wie z.B. Schulz von Thuns oben beschriebenes Modell vom „Innerem Team" (ders. 2009c).

Als praxeologische Erhebungsmethoden im subjektiven Bereich dieser Interventionsphase bieten sich auch Herangehensweisen an, die eine grobe Entsprechung im Vier-Quadranten-Modell aufweisen:

- *Verhaltensorientiert:* Mit der von Laura und Fritz Perls entwickelten „Zwei-Stuhl-Technik" lassen sich die unterschiedlichen inneren Instanzen des Klienten voneinander getrennt zum Ausdruck und später sogar miteinander in Dialog bringen. Hierzu setzt sich der Klient auf einen Stuhl und spricht aus der Perspektive einer der vielen in ihr kämpfenden Instanzen. Danach wechselt sie den Stuhl und versetzt sich in die Position einer anderen inneren Stimme etc. (vgl. Schulz von Thun 2009c: 150f.). Als Hilfestellung kann der Konfliktarbeiter, wie z.B. beim Psychodrama und der GFK üblich, seinen Gesprächspartner „doppeln". Hierzu tritt er hinter seinen Gesprächstpartner heran und drückt empathisch als Ich-Botschaft aus, was sie aus seiner Aussage zwischen den Zeilen herausgehört hat.
- *Systemisch:* Als eine der Zwei-Stuhl-Technik ähnliche Herangehensweise bieten sich, v.a. in größeren Settings, auch Aufstellungen an, wie z.B. die SySt. Wie an anderer Stelle beschrieben, haben die SySt hierbei den Vorteil, auf Wunsch des Klienten verdeckt verfahren zu können, d.h. ohne dass sie konkrete Inhalte aus ihrem Innenleben kundgeben muss. Der Konfliktarbeiter gewinnt ihre Einsichten v.a. aus einer sich systemisch offenbarenden transverbalen Grammatik.
- *Hermeneutisch:* Alternativ oder ergänzend bieten sich ähnliche, aber eher hermeneutisch ausgerichtete Verfahren an, wie z.B. aus der Soziometrie, dem interaktiven Theater bzw. dem Psychodrama.
- *Psychologisch:* Wie an der Praxeologie von The Work aufgezeigt, können sich die von dem Klienten empfundenen konflikthaften Gedanken, Gefühle etc. von ihr schriftlich fixieren lassen. Alternativ oder in Ergänzung dazu, filtert der Konfliktarbeiter diskurs- und psychoanalytisch aus der Konfliktbeschreibung des Dialogpartners die inneren Stimmen selbst heraus, die sich bei Bedarf auch Eskalations- oder Entwicklungsebenen zuordnen lassen. Zur Veranschaulichung möchte

ich in der unten stehenden Box eine Beispielsituation aus der integralen Mediationspraxis von Wurst anführen, in der er unterschiedliche Meme aus den Aussagen seines Gesprächspartners Leander herausfiltert und in Anlehnung an Abb. 23 heuristisch interpretiert (im Folgenden Wurst 2009: 59f.).

Ich sah mir [...] an, welche Meme [Leanders] Denken dominierten:

- Die Optimierung der Arbeitsleistung ist Leander insbesondere wichtig, da er die Ergebnisse des Teams zu verantworten habe. Dies ist ein typischer Ausdruck von *orangem* Erfolgsstreben, es geht ihm darum, Anerkennung für seine Leistungen zu ernten. Zugleich zeugen die Optimierungsbestrebungen von *orangem* Ressourcendenken, welches Kollegen und Mitarbeiter eher nach ihrer Nützlichkeit als nach persönlichen Kriterien zu beurteilen neigt.
- Für Leander sind die zeitlichen Reglementierungen notwendiger *blauer* Unterbau, denn nur diese *blaue* Ordnung ist seiner Meinung nach in der Lage, das Wissen im Team optimal zu transferieren. Dies wiederum ist seiner Ansicht nach unabdingbar für den Erfolg des Teams und damit wiederum für seinen persönlichen *orangen* Erfolg als Teamleiter.
- In seiner Forderung nach mehr Flexibilität kommt das *BLAU/orange* Motto: „Arbeite!" zum Ausdruck, wenn etwas nach seiner Meinung erforderlich ist, ist es auch richtig, und daher darf bzw. muss er es auch von seinem Team einfordern. Des Weiteren klingt hier das *BLAU/orange* Autoritätsdenken an, denn er urteilt ausschließlich auf seiner eigenen Bewertung der Situation.
- [...] Und sollten die *BLAU/orangen* Ermahnungen und Aufrufe ihre beabsichtigte Wirkung nicht zeitigen, so werden die disziplinaren Maßnahmen dies schon durch *rote* Dominanz durchzusetzen wissen und vermögen, und zwar ohne Rücksicht auf Verluste im Team.
- Leanders Denken ist sehr eindeutig vom *blauen* und vom *orangen* Mem dominiert sowie von der *BLAU/orangen* Übergangsphase zwischen diesen Memen. Er sucht daher eine Lösung auf der Basis von Recht, welches er - als Teamleiter - auf seiner Seite sieht. Seine Lösungsansätze zu den Problemen im Team sind dementsprechend von *blauer* Ordnung, *BLAU/oranger* Forderung von Leistung und *orangem* Ressourcendenken durchsetzt. Nur wenn eine Lösung auf Basis seiner Rechte nicht möglich ist, zieht er eine Durchsetzung mittels *roter* Macht in Betracht.

Box 4: Praxisbeispiel für eine diskursanalytische Identifizierung unterschiedlicher Konfliktkompetenzen in der Konfliktpartei (Wurst 2009: 59f.)

7.3.2.3. Interobjektiver Bereich: die systemische und strukturelle Dimension

Erfassung des Widerspruchs

Zentral für jede Ist-Analyse ist die Erörterung der wahrgenommenen Widersprüche im Konfliktsystem. Hierzu leistet das im integrativen Konfliktdialog verwendete conflict mapping, auf der Basis des Zwei-Achsen-Schemas in Abbildung 6, einen wichtigen heuristischen Beitrag. Wie erwähnt, stehen beide Achsen für zwei entgegengesetzte Strömungen im Kontext eines Konfliktwiderspruchs, und innerhalb des Schemas lassen sich die beteiligten Konfliktparteien positionieren. Die Erfassung des Konfliktwiderspruchs ist Kernbestandteil für Erhebungen des weiter gefassten Kontexts struktureller Gewalt, welche für die adäquate Erfassung hoch komplexer Konflikte, die sich auch auf mehreren sozialen Arenen ausprägen können (sprich: Mikro, Meso, Makro), von wesentlicher Bedeutung sind.

Erfassung der systemischen Dynamiken

Unabhängig von der Größenordnung erschließt sich ein umfassenderes und gleichzeitig pragmatisch reduziertes Verständnis vom Konflikt aus dem systemischen Denken. Im Mittelpunkt stehen hierbei nicht der Akteur und sein Verhalten und Erleben, sondern das gesamte Beziehungssystem, innerhalb dessen alle Konfliktakteure ihren Platz haben. Der Beziehung liegt ein Muster zu Grunde, in dem die Akteure, als Systemelemente, aufeinander reagieren und Einfluss nehmen. So gesehen, gehen die Ursachen interpersoneller Konflikte nicht auf den einzelnen Menschen, sondern auf das (Fehl-)Funktionieren des gesamten Regelsystems zurück. Kein Konfliktakteur trägt eine spezifische „Schuld“, sondern alle „spielen“ nach geltenden Regeln und Agieren und Reagieren in einer Form, die für die Erhaltung des Gesamtsystems unentbehrlich ist. Konfliktsysteme zeichnen sich daher durch eine zirkuläre - meist über sog. „Feedback-Schleifen“ dargestellte - Struktur aus, die weder Anfang noch Ursache kennt, sondern nur Wechselwirkungen. Das unten stehende Schema gibt einen beispielhaften Einblick in den Kreislauf eines Vater-Sohn-Konflikts: Ein elfjähriger Junge lebt nach der Trennung seiner Eltern bei seinen Großeltern und frisst immer wieder etwas aus. Wenn dem Vater dies gemeldet wird, reagiert er entsetzt und voller Strenge. Der Sohn fühlt sich von niemandem anerkannt, als krimineller Problemfall abgestempelt und handelt entsprechend (vgl. ebd.: 36). Neben diesem Konfliktsystem lassen sich eine Vielzahl von unterschiedlichen Systemtypen unterscheiden, wie z.B. die systemischen Archetypen nach William Braun (ders. 2002). An dieser Stelle sei auch auf den Ansatz von Norbert Ropers verwiesen, Brauns Ansatz für Analysen komplexer Konflikte (wie z.B. den Sri-Lanka-Konflikt) anzuwenden (vgl. Ropers 2008: 11-41).

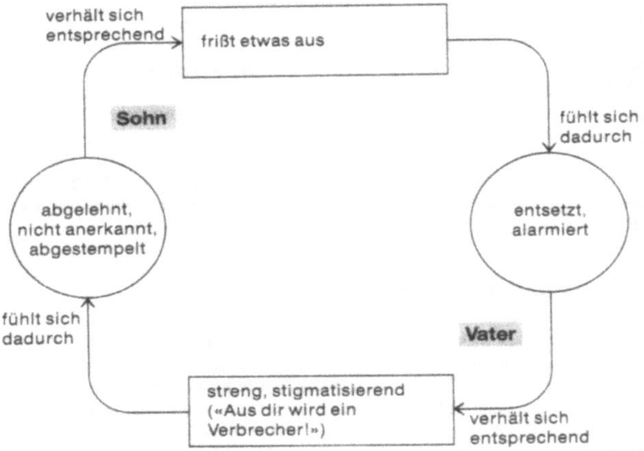

Abbildung 32: Systemische Darstellung eines Vater-Sohn-Konflikts (Schulz von Thun 2009b: 36)

Systemischen Ansätzen liegt also der Vorteil zu Grunde, Konflikte auf aussagekräftige Muster hin pragmatisch zu vereinfachen. Je nach Erfordernis lassen sich systemische Modelle auch um das Entwicklungs- (Wilber) oder/und Eskalationsmodell (Glasl) ergänzen.

Als praxeologischer Ansatz zur Erhebung systemischer Konfliktkonstellationen oder/und von Konfliktwidersprüchen bieten sich neben den bereits dargestellten Fragestrategien des integrativen Konfliktdialogs die SySt, die Prozessarbeit, ggf. auch die Soziometrie an. Für die repräsentative Erhebung in größeren Settings (z.B. innerbetrieblich) könnten sich Methoden eignen, die den (in Tab. 11 erwähnten) Listening Projects oder/und den Knowledge Cafés entlehnt sind.

7.3.2.4. Intersubjektiver Bereich: die kulturelle Dimension

Für die praxeologische Berücksichtigung der kulturellen Dimension gilt ähnliches, wie schon oben dargestellt, für die strukturelle Dimension. Der kulturelle Faktor, wie besonders im integrativen Konfliktdialog bzw. Transcend berücksichtigt, ist für ein umfassendes Verständnis komplexer und v.a. „großer" Konflikte unabdingbar. Ergänzend lässt sich kulturelle Gewalt durch (eskalations- oder/und entwicklungsorientierte) Ebenenmodelle differenziert modellieren.

Einen praxeologischen Zugang liefern qualitative, auf Gruppen ausgerichtete Erhebungsmethoden, wie z.B. die Listening Projects, aufgezeichnete Fallinterviews (Story Telling, „Spiegel“ im Change Laboratory) oder/und interaktives Theater. An dieser Stelle bestehen vielfältige grundlegende Gemeinsamkeiten.

7.3.3. Phase II: Verständnis unbewusster Dimensionen, Re-Framing

In der zweiten Dialogphase kommen v.a. Ansätze zur Anwendung, polarisierte Annahmen und Muster aufzubrechen (Re-Framing), auf der Basis eines tieferen Verständnisses unbewusster (d.h. „unter“- und „überbewusster“) Konfliktursachen. Zur groben Orientierung bietet sich auch hier wieder ein pragmatisch unterteilbares Vier-Quadranten-Modell an.

7.3.3.1. Subjektiver Bereich: Aufbauarbeit und Aufdeckungsarbeit

<u>Aufbauarbeit durch unterschiedliche Wahrnehmungspositionen</u>

Der Aufbau von Empathie stellt vielleicht den schwierigsten und wichtigsten Aspekt im gesamten Dialogprozess dar. Es geht v.a. darum, die polaren Wahrnehmungen der Konfliktparteien zu überwinden, indem deren Selbst-Wahrnehmung ausgeweitet und ein Prozess des „Sich-Erkennens-im-Anderen“ eingeleitet wird. Ansätze, die auf einem Konzept des „Walking in the shoes of the other“ basieren, haben sich hierbei besonders bewährt. Weit verbreitet ist in diesem Rahmen die oben erwähnte (und z.B. im Psychodrama verbreitete) „Zwei-Stuhl“-Methode, wobei der erste Stuhl die eigene Ego-Perspektive repräsentiert und der zweite für die Perspektive des Anderen steht. Aus der Berücksichtigung beider Wahrnehmungspositionen ergibt sich bereits eine Erweiterung des individuellen Bewusstseins. Diese Übung ließe sich noch um weitere Positionen erweitern, die ebenfalls einem echten Platz, wie z.B. einem Stuhl, zugeordnet werden. Durch dieses Aufstellungsphänomen – man beachte die Parallelen zur Aufstellungsarbeit – wird eine Identifikation mit der jeweiligen Wahrnehmungsposition begünstigt. Die NLP unterscheidet hierbei insgesamt vier Wahrnehmungspositionen, wobei die ersten beiden schon oben genannt wurden:

1. Die *erste Position* umfasst die eigene innere Realität in einer vollständig assoziierten Weise, unabhängig von anderen Gesichtspunkten („wie wirkt das auf mich?“),
2. Aus der *zweiten Position* versetzt man sich empathisch in die Lage anderer Menschen und würdigt ihre Blickwinkel („wie wirkt es auf ihn/ihr/ihnen?“),
3. Aus der *dritten Position* versetzt man sich in den Standpunkt einer Person, die nicht persönlich von der aktuellen Situation

beteiligt ist („Wie würde dies für jemanden aussehen, der nicht beteiligt ist?") (vgl. Seymour/O'Connor 2009:129f.)

4. Aus der *vierten Position* stellt sich die Situation aus der Vogelperspektive dar, mit einer größtmöglichen Berücksichtigung aller Gesichtspunkte (Ponschab/Schweizer 2008: 28f.)

Nach Schweizer lässt sich hierbei jede Position einem der vier Quadranten aus dem IA zuordnen. Die erste Position entspricht dem subjektiven OL-Quadranten, die zweite Position dem intersubjektiven UL-Quadranten, die dritte Position dem objektiven OR-Quadranten und die vierte Position ordnet sich dem interobjektiven UR-Quadranten zu (vgl. ebd.: 28f.). Die Aufbauarbeit besteht also darin, mit dem Dialogpartner alle vier Positionen behutsam nacheinander durchzugehen. Im Idealfall ergeben sich ihm dadurch auch Erkenntnisse um die eigene Verantwortung am Konflikt durch eigene Assoziationen, wie bereits in Anlehnung am ABC-Modell dargestellt. Im Folgenden ein kurzes Praxisbeispiel aus der Arbeit des integralen Mediators Wurst bei der Anwendung dieser NLP-Methode auf seinen Gesprächspartner Leander (im Folgenden Wurst 2009: 59f.):

„Die Aufbauphase mit Leander verlief [...] letztlich ohne größere Probleme. Ich bat ihn, sich die Situation einige Stunden zuvor vorzustellen, als er seinem Vorgesetzten den wöchentlichen Statusreport vorgestellt hatte. Nach einigen Diskussionen über Sinn und Zweck dieses Vorgehens ließ er sich schließlich aus Neugier doch darauf ein, und wir begannen mit einer kurzen Schilderung der Situation aus der 1st position. Es stellte sich hierbei heraus, dass die Sitzung für ihn nicht besonders erfreulich verlaufen war, es hatte einige Verzögerungen gegeben, die er zu vertreten hatte, da er ein anderes Projekt höher priorisiert hatte als dies von Voxacom geplant war. Er fühlte sich von Gordi falsch verstanden, bzw. hatte dieser seiner Meinung nach gar nicht versucht, ihn zu verstehen, stattdessen hatte er ihn schlicht und einfach ermahnt, dass so etwas nicht noch einmal vorkommen dürfe. Im Anschluss prüfte ich die 3rd position ab und bat Leander, sich vorzustellen, er hätte die beschriebene Szene auf dem roten Sofa in der Ecke sitzend beobachtet. Auch dies gelang ihm auf Anhieb, er beschrieb sofort die Ereignisse und sprach dabei unmittelbar von Leander und Gordi und nicht von „Ich" und Gordi, er hatte also verinnerlicht, dass er in der 3rd position ein Beobachter ist, der auch Leander von außen sieht. Seine Gefühle in dieser Rolle waren eher kühl, er fand es etwas überzogen, dass Gordi Leander nicht richtig zu Wort kommen ließ.
Der nächste Schritt führte uns zur 2nd position, in der Leander sich die Situation durch die Augen von Gordi vorstellen sollte. Mit etwas [...] Unterstützung, [...] gelang ihm dies nach einigen Minuten. Er

schilderte zunächst die Situation nahezu spiegelbildlich zu der Schilderung, die Leander in der 1st position gegeben hatte [...]. Er schilderte auf der einen Seite Enttäuschung darüber, dass Leander die in ihn gesetzten Hoffnungen nicht erfüllt hatte, und auf der anderen sogar Wut darüber, dass dies nicht das erste Ereignis dieser Art war. Es grämte ihn, dass er sich darauf eingelassen hatte, Alwin durch Leander abzulösen, da nun ständig Klagen seitens Voxacom auf ihn zukamen. [...] Zum Abschluss bat ich Leander, sich in die 4th position zu begeben, physisch hatten wir dafür einen Platz am anderen Ende des Raums bei den Flipcharts ausgewählt, und Leander sollte sich das System nun von außen ansehen. Nach einigen einführenden Erklärungen gelang ihm dies nun ebenfalls ohne allzu große Anstrengung. Er beschrieb die Situation, und als er begann, mit der Zeit herumzuexperimentieren, kam er zu der Erkenntnis, dass sich das Verhältnis zwischen Gordi und Leander in den letzten Monaten zunehmend verschlechtert hatte, da es immer wieder zu ähnlichen Vorfällen gekommen war. Letztlich beurteilte er die Konstellation als passend, aber Leander müsste dringend etwas unternehmen, um Gordi wieder von seinen Fähigkeiten zu überzeugen. Nach Abschluss der Übungen unterhielt ich mich noch einige Minuten mit Leander bei einem Kaffee und er bedankte sich für die interessanten Erkenntnisse, die er an diesem Nachmittag gewinnen durfte."

Box 5: Aufbauarbeit mit den vier Wahrnehmungspositionen aus dem NLP (Wurst 2009: 59f.)

Aufbauarbeit: Grundbedürfnisse/Leitmotive

Ein weiterer bewährter, v.a. auf die erste und zweite NLP-Wahrnehmungsposition angelehnter, Ansatz stellt das Grundbedürfniskonzept dar, das von nahezu allen COMPAIR-Methoden verwendet wird. Wie an anderer Stelle erwähnt, unterscheiden Galtung/Graf/Kramer mindestens vier (beliebig weiter unterteilbare) Grundbedürfniskategorien, die in jedem Quadranten eine Entsprechung haben. Als Referenzrahmen für Gerechtigkeit trägt das Grundbedürfniskonzept dazu bei, illegitime und verhandelbare von legitimen und unverhandelbaren Ansprüchen zu unterscheiden. Dies ist besonders für die nachhaltige Bearbeitung von Gewaltkonflikten von höchster Relevanz. Hierbei bleibt zu überlegen, inwieweit die Bearbeitung niedrig eskalierter Konflikte, wie z.B. reiner Sachkonflikte, Grundbedürfniskonzepte (wie das von Transcend) bedarf. Doch selbst hierbei fällt auf, dass zumindest eine Unterscheidung zwischen „Positionen" und dahinter liegenden legitimen „Interessen" bzw. „Bedürfnissen" üblich ist, was von der Grundidee her mit der Unterscheidung zwischen „unverhandelbaren Grundbedürfnissen" und „verhandelbaren Interessen" (z.B. bei der Bearbeitung hoch eskalierter Identitätskonflikte) weitgehend identisch ist.

In ähnlicher Form legen andere Ansätze statt unverhandelbarer (Grund-)Bedürfnisse ebenso unverhandelbare „Schlüssel"- oder „Leitwerte" fest. Beispielhaft sei an dieser Stelle u.a. auf das Modell von Adrian Schweizer hingewiesen, das neun Leitwerte[118] und damit einhergehende Denkkategorien, Kernängste bzw. -wünsche, Rollenverständnisse von (Konflikt-)Akteuren unterscheidet.

„Bei Leander zeigten sich [...] Anteile von *Macht*, für den Fall, dass es notwendig werden würde, seine neuen Regelungen durchsetzen zu müssen, wenn sie nicht befolgt würden. *Integrität* in Hinblick auf seine Teamkonzeption und auch *Sicherheit* hinsichtlich der Qualität der Arbeitsergebnisse waren ihm wichtig. Dominiert wurde all dies jedoch von seinem Streben nach *Anerkennung*, er war bereit, alles zu tun, damit er für die Leistungen, die sein Team unter seiner Führung vollbringen würde, gelobt würde. Positives Feedback war ihm sehr wichtig, er schien sich darüber zu definieren."

Box 6: Praxisbeispiel für eine diskursanalytische Identifizierung unterschiedlicher Leitmotive in der Konfliktpartei (Wurst 2009: 64)

Universelle (Grund-)Bedürfnis- bzw. Leitwertkonzepte bergen den großen Vorteil, dass sie für alle Parteien nachvollziehbar sind und via „walking in the shoes of the other"-Methoden (z.B. durch empathisch-zirkuläre Fragen nach dem Gegenseitigkeitsprinzip[119], wie „wie würdest Du Dich an seiner Stelle in dieser Situation fühlen?") eine von allen Parteien geteilte Identifikationsbasis schaffen können.

Als generell umstritten oder zumindest uneinheitlich erweist sich jedoch von Methode zu Methode die genaue Differenzierung und Festlegung von (Grund-)Bedürfnissen bzw. Leitwerten. Hierzu gibt es zwar viele Gemeinsamkeiten, aber auch viele Unterschiede: Wie viel (Grund-)Bedürfnisse/Leitmotive lassen sich insgesamt unterscheiden? Wie viel lohnt es sich für eine konkrete Konfliktinterven-

---

118 Er unterscheidet: Freiheit, Sicherheit, Anerkennung, Macht, Harmonie, Intensität, Integrität, Fürsorge, Neugier (vgl. Ponschab/Schweizer 2008: 37-39)

119 Die sog. „Goldene Regel" ist Grundlage der Ethiken aller Weltreligionen und -philosophien. In der christlich-jüdischen Tradition ist sie z.B. unter dem Ausspruch *„Was Du nicht willst, was man Dir tu, das füge keinem anderen zu"* bekannt. Für Konfliktparteien und -arbeiter mit einer integralen Wahrnehmung empfiehlt sich am besten die Befolgung der sog. „Platin-Regel", die Sir Popper wie folgt beschrieben hat: „Die goldene Regel ist eine gute Standardregel, die wir weiterentwickeln, wenn wir andere, wann immer uns das möglich ist, so behandeln, wie *sie* [Hervorhebung wurde übernommen] behandelt werden möchten (Wilber et al 2010: 312)."

tion zu unterscheiden? Ist vielleicht auch die (Grund-)Bedürfnis-/Leitwertsdefinition von Konflikt zu Konflikt unterschiedlich?

Eine Antwort könnte darin bestehen, sich von vornherein nicht allzu sehr auf bestimmte Interpretationsfolien und Kategorien festzulegen (die von einer theoretischen Vogelperspektive her sehr sinnvoll sein mögen), den bevorzugten Bedürfniskontext lieber vom Dialogpartner zu erfragen und von ihm selbst festlegen zu lassen. Dies ermöglicht zudem auch, lokale und kulturelle Besonderheiten mitzuberücksichtigen, aber auch sog. „Grundbedürfnisfixierungen“ (Graf/Kramer und Galtung) auszumachen. Die so erhobenen (Grund-)Bedürfnisse/Leitmotive lassen sich dann in Bezug auf den in der ersten Dialogphase ermittelten Konfliktwiderspruch mit Hilfe zirkulärer Fragen mit den Bedürfnissen der anderen Parteien abgleichen. Hieraus ergeben sich zum einen Schnittmengen, d.h. gemeinsam geteilte (Grund-)Bedürfnisse, aber ggf. auch einander ergänzende Leitwerte. Letzterer Aspekt ist durchaus sinnvoll, um konfliktrelevante (Grund-)Bedürfnisse oder Leitmotive der Konfliktpartei im Nachhinein aufzudecken, die ihr nicht bekannt sind.

Bevor wir dazu übergehen, auf weitere Techniken der Aufdeckungsarbeit näher einzugehen, sei noch darauf hingewiesen, dass Grundbedürfnisse nicht nur in Form von „positiven“, sondern auch von „negativen Ankern“ zur Aufbauarbeit beitragen können. Letzteres wird u.a. von Transcend/dem integrativen Konfliktdialog angewendet, um für die zukünftigen nachteilhaften Konsequenzen zu sensibilieren, die mit dem unveränderten Fortgang des Konflikts einhergehen. Eine hieran orientierte Herangehensweise für den Bereich des inneren Dialogs stellt auch The Work mit den Fragen drei („wie reagierst Du, wenn Du diesen Gedanken denkst?“) und vier („wer wärst Du ohne diesen Gedanken?“) dar.

Aufdeckungsarbeit: Projektion und Schatten

Da polarisierte Wahrnehmungen auch von unbewussten Triebkräften unterfüttert werden, sind aufdeckende Interventionen für nachhaltige Konfliktlösungen unumgänglich. Im subjektiven Bereich stechen Interventionsansätze wie die Schattenarbeit hervor. Unabhängig davon, wie sie sich konkret ausprägen, handelt es sich bei Schatten stets um Aspekte, die einen integralen Bestandteil der Psyche der Konfliktpartei darstellen, von dieser aber als etwas „Fremdes“ wahrgenommen werden.

In stark polarisierten Konfliktsituationen fällt dabei oft auf, dass sich die Parteien mit einem Standpunkt identifizieren, der eine reine Werthaltung verkörpert, während dem Konfliktgegner die entwertete Übertreibung des Gegenteils vorgeworfen wird. Dies lässt sich kurz an einem kleinen Beispiel veranschaulichen:

In einem Streit um die richtige Verwendung von Geld wirft Partei X der anderen „Geiz" vor und identifiziert sich selbst als „großzügig". Partei Y sieht sich hingegen als „sparsam" und wirft X „Verschwendungssucht" vor. Beide Parteien schreiben sich also gegenseitig die negativen Gegenteile der von ihnen jeweils vertretenen Tugenden zu, aber insgesamt stehen sich nicht zwei Wertepositionen gegenüber, sondern vier, nämlich: zwei miteinander verschwisterte Tugenden (hier z.B.: Sparsamkeit und Großzügigkeit) und ihre beiden negativen Ausprägungen (hier z.B.: Geiz und Verschwendungssucht). Nach Schulz von Thun kann jeder Wert/Tugend/Leitprinzip/menschliche Qualität/etc. nur dann zu einer konstruktiven Wirkung gelangen, wenn er sich in einer dialektischen Balance zu einem positiven Gegenwert, der „Schwesterntugend", befindet. Ohne diese Balance verkommt ein Wert zu seiner entwerteten Übertreibung (Schulz von Thun 2009c: 151 - 154). Eine Depolarisierung solcher Wertekonflikte könnte also an einem empathischen Prozess des „Sich-Erkennens" in bzw. „Sich-Identifizierens" mit dem legitimen Kern des gegnerischen Standpunkts ansetzen. The Work geht sogar noch weiter, indem auf eine reflexive Umkehrung der Konfliktgedanken und Negativzuschreibungen abgezielt wird (der Konfliktgedanke „*Er* sollte endlich fit werden" könnte einen unbewussten Wahrheitskern in Form von „*Ich* sollte endlich fit werden" beinhalten). Die Methode liefert ein Beispiel dafür, wie nach außen projizierte Anteile aufgedeckt werden können.

Inwieweit können aufdeckende, auf das Unterbewusstsein abzielende, Methoden nun aufbauende, auf das Überbewusstsein bezogene Ansätze ergänzen? Der in der unten stehenden Box zitierte Interviewauszug mit Wilber liefert im Folgenden ein treffendes Beispiel über die integrale Schattenarbeit (im Folgenden Wilber 2006b):

„Nehmen wir an, jemand begegnet in einem Traum einem Monster. Es gibt verschiedene Möglichkeiten, damit umzugehen, aber nehmen wir an, da ist dieses Monster, und Du erlebst Angst. [...] Wenn man diese Emotionen [mittels meditativer Techniken] umwandelt, kann man diese Emotion, diese Angst, in ihre entsprechende Weisheit verwandeln. Das kann sich in unterschiedliche Richtungen entwickeln. Angst kann zu einer Offenheit werden oder zu einer Weisheit von Gleichmut - begibt man sich also ganz in die Angst hinein, gelangt man zu der tieferliegenden Weisheit, die darin liegt. Unglücklicherweise ist diese Angst eine *nicht authentische* Emotion, es ist ein (be)trügerisches Gefühl. Das Monster ist in Wahrheit Dein eigener projizierter Schatten [hier: die Angst vor dem verdrängten Persönlichkeitsanteil, der Wut empfindet]. Was wir daher anbieten - und zwar *bevor* man den Kontakt zu einer nicht authentischen Emotion aufnimmt - und diese dann in die Unendlichkeit erweitert -

und das dann GEIST nennt, ist zu sagen: „Augenblick mal, identifiziere Dich doch erst einmal mit dem Monster, und schau, was sich dahinter verbirgt." Im Rahmen des 3-2-1 Prozesses beginnt man daher [das Monster nicht mehr dissoziiert aus der „Es"-Perspektive der 3. Person wahrzunehmen, sondern es] sich [...] anzuschauen, mit ihm zu reden [aus der „Du"-Perspektive der 2. Person], und es dann [aus der „Ich"-Perspektive der 1. Person] zu sein. Man *identifiziert* sich also mit dem Monster, und was dabei vielleicht hochkommt, ist ein „ich bringe Dich um". Du sprichst jetzt als das Monster, und jetzt kommt Bewegung in die Sache. Du bist jetzt im Kontakt mit einer mörderischen Wut, und *das* ist eine authentische Emotion, die projiziert wurde. Es ist also nicht Angst sondern Wut, zu welcher der Kontakt verloren ging. Es geht *nicht* um den fühlenden Kontakt zur Angst - es geht um Wut, und diese kann *jetzt* verwandelt werden, z. B. durch Vipassana - jetzt ist die Emotion *authentisch* und kann in eine *authentische* Weisheit umgewandelt werden. Angst ist hierbei die falsche Grundlage, und die Meditation darüber *dissoziiert* die Emotion, zu der man keinen Kontakt hat [in diesem Fall Wut]. [...] Jedes Mal, wenn Du die Angst bezeugst und beobachtest, dissoziierst Du die wahre Emotion dahinter. Du spaltest einen grundlegenden Aspekt Deines Selbst immer weiter ab. Das ist der Grund, warum so viele dieser ansonsten wunderbaren [Weisheitstraditionen] [an dieser Stelle] versagen (Wilber 2006b; Hervorhebungen wurden übernommen; vgl. auch Wilber 2008a: 191-193).

Zusammenfassung: Der hier beschriebene sog. 3-2-1-Prozess beschreibt die „Konfrontation" mit verdrängten, als „Es" (3. Person) dissoziierten Persönlichkeitsanteilen, Gefühlen etc. Sie müssen über den Umweg einer „Kontaktaufnahme" aus der „Du"-Perspektive (2. Person) wieder vollständig als „Ich" (1.-Person-Perspektive) assoziiert werden (vgl. Wilber et al 2010: 76f., Hervorhebungen wurden übernommen).

Box 7: Ein Beispiel aus der Schattenarbeit von Wilber (Wilber 2006b)

Verknüpfung von Aufdeckungs- und Aufbauarbeit

Aufbauend auf den Beitrag in Box 7 verdeutlicht der Beitrag in Box 8 eine Möglichkeit und die Notwendigkeit, Aufdeckungs- und Aufbauarbeit miteinander zu verknüpfen:

Praxeologische Einsichten über die gegenseitigen Ergänzungspunkte von psychotherapeutischer Aufdeckungsarbeit und spiritueller Selbst-Transzendenz liefert der Zen-Meister Genpo Roshi im Dialog mit Ken Wilber:

Genpo Roshi: „Was wir durch die Arbeit von Hal und Sidra Stone entdeckten, war, dass wir eine Menge Eigenschaften und Aspekte von uns selbst abgespalten oder unterdrückt hatten, um das Zen-

Training auf diese sehr disziplinierte Weise durchführen zu können. Bei diesem Training gab es keinen Platz für Zorn, Eifersucht und all das, was man mit negativen Eigenschaften bezeichnen kann. Dafür gab es keinen Raum. Wir wurden angehalten, nicht zornig zu werden, Zorn war etwas Falsches, eines der drei Gifte [des Buddhismus]. Es wurde also klar, dass wir es mit einem ganzen Bündel von abgespaltenen Aspekten unserer selbst zu tun hatten. Diese Aspekte arbeiteten im Untergrund weiter, sie waren nicht verschwunden, aber wir waren uns dieser Aspekte nicht bewusst. Wir konnten sie nicht erkennen [...] Wir arbeiteten also mit dem Voice Dialog Prozess, wir arbeiteten mit Hal und Sidra, und wir erreichten dabei einen Punkt, wo wir erkannten, dass diese Arbeit sich mit unserer Tradition vereinbaren ließ und diese ergänzte (Roshi 2007)."

Ken Wilber: „Die meisten Menschen sind mit diesen kleinen Selbsten in ihren Bewusstseins identifiziert, kleine Subjekte [mind] wie dem suchenden Geist [...]oder dem kontrollierenden Geist oder dem skeptischen Geist oder dem Opfer usw. Du [Genpo Roshi] sprichst zu ihnen allen, und die Menschen können dies objektivieren, Abstand davon nehmen und es transzendieren[120], [...] und so werden während dieses Vorgangs aus kleinen Subjekten und Selbsten Objekte, und dann kommt die Frage: „Darf ich bitte zu Big Mind oder dem nicht-suchenden Selbst usw. sprechen", und was dann passiert, ist absolut spürbar. Es ist nichts mehr übrig außer dem Ich-Ich oder dem reinen Zeugen oder reiner Bewusstheit. Hat man alle die kleinen Subjekte objektiviert, ist alles, was noch übrig bleibt, das große Subjekt. [...] Und dann kann es natürlich weiterhin sehr subtile Formen endlicher Selbste geben, die nach wie vor nicht objektiviert sind, und daher ist es weiterhin wichtig zu praktizieren und damit immer mehr vertraut zu werden. „Welche kleinen und endlichen Subjekte gibt es immer noch, die ich noch nicht objektiviere und sehe, was geistert immer noch durch mein Bewusstsein und gibt vor, ein Selbst zu sein?" Dies sind keine Subjekte, sie können gesehen werden, es

---

120 Wilber betont, dass das Geheimnis von Transzendenz darin liegt, dass aus einem Subjekt ein Objekt wird. Er unterscheidet hierbei zwischen pathologischer und gesunder Transzendenz. *Pathologische Transzendenz* ist gleichbedeutend mit Verdrängung von Persönlichkeitsanteilen, Gefühlen etc., die als ein „mir nicht zugehöriges" „Es" (3. Person) objektiviert und wahrgenommen werden. *Gesunde Transzendenz* impliziert, dass Ebenen bzw. Persönlichkeitsanteile im Zuge des Entwicklungsprozesses transzendiert *und* integriert werden. Phänomenologisch bedeutet das, dass vom aktuellen Selbst, das sich selbst als „Ich" (Subjekt) wahrnimmt, die transzendierten (objektivierten) Selbstanteile als „mich/mein/mir" wahrnimmt und integriert (vgl. Wilber 2008a: 179 - 191).

sind Objekte, die man zu einem falschen Selbst gemacht hat, indem man sich mit ihnen identifiziert hat. Hat man sie jedoch zu einem Objekt gemacht, dann passieren zwei Dinge: 1. hört man auf, sich damit zu identifizieren und 2. ist ein Raum geschaffen, in dem sich das unbegrenzte Bewusstsein länger aufhalten kann. Und natürlich integrieren wir diese und dissoziieren uns nicht von ihnen. Daher sprichst Du auch von einem der Endergebnisse dieses Vorgangs als dem *vollständig integrierten und frei wirkenden Selbst*. Es geht also nicht nur um reine Transzendenz und ein Loswerden des endlichen Bereiches, sondern es geht darum, ihn überhaupt erst einmal zu integrieren." (Wilber 2007c, Hervorhebung wurde übernommen)

Schlussfolgerung: Eine integrale Kombination aus Aufdeckungs- (bzw. Reintegration) und Aufbauarbeit (Transzendenz) läuft auf eine Verknüpfung von Arbeitsprozessen hinaus, die einen Perspektivwechsel von der 3. zur 1. Person (3-2-1-Schattenarbeit) und dann von der 1. zur 3. Person implizieren. Mit anderen Worten: Erst nach vorangegangener Assoziierung verdrängter, als „Es" (3. Personenperspektive) wahrgenommener Persönlichkeitsanteile, über die 2. („Du") hin zur 1. Personenperspektive („Ich") kann eine gesunde Transzendenz gewährleistet werden, die wieder von einer „Ich"-(1. Person-)Wahrnehmung hin zu einer vollständigen Objektivierung (3. Person) führt (vgl. Wilber et al 2010: 66-96 zum 3-2-1-Prozess und S. 260-306 zum „1-3"-Prozess zur Verwirklichung von GEIST).

Box 8: Integration von Schatten- und Transzendenzarbeit (Roshi 2007, Wilber 2007c)

Unter dem in dieser Arbeit dargestellten Methodenspektrum liefert The Work ein einfaches Beispiel einer Verknüpfung von Aspekten der Aufdeckungs- und Aufbauarbeit. Ersteres geschieht im fünften Schritt der Umkehrung und entspricht einem Perspektivwechsel auf den Konflikt von der 3. hin zur 1. Person. Die Aufbauarbeit erfolgt durch die ersten vier Fragen und impliziert einen Wechsel von der 1. Personen- zur 3. Personenperspektive.

Aufdeckende und aufbauende Methoden können, v.a. im Rahmen der Versöhnungspraxis, zu wesentlichen Einsichten über die eigene Verantwortung in dem Konflikt gelangen. Dies darf nicht darauf hinauslaufen, die gegnerischen Konfliktakteure vollständig von der Verantwortung ihrer Handlungen freizusprechen. Vielmehr gilt es, alle Konfliktparteien in der Verantwortungsübernahme für ihr eigenes Leid und v.a. Glück zu stärken. Damit wird auch das oben beschriebene ABC-Modell der unterschiedlichen Empfangsvorgänge bestätigt; denn es wird mittels der vier Fragen + der Umkehrung erkannt, dass Gewalthandlungen stets „neutral" für sich selbst stehen. Erst aus ihrer Interpretation und ihrer ständigen Reaktivierung im eigenen Geist (meist in Folge eines Traumas) erwächst psychisches Leid.

7.3.3.2. Intersubjektiver Bereich: Aufdeckungs- und Aufbauarbeit

Wie auch schon in Schritt 1 bestehen einige Überschneidungen mit den Maßnahmen im subjektiven Bereich. Auch hier liefern die Ebenenmodelle Glasl (Eskalation) und Wilber (Entwicklung) Material zur heuristischen Modellierung. Und ebenfalls erstrecken sich die praxeologischen Maßnahmen im Wesentlichen auf Aufdeckungs- und Aufbauarbeit, mit dem wesentlichen Unterschied, dass sie auf kollektive Akteure zugeschnitten sind.

Aufdeckungsarbeit

Wie aus dem Begriff hervorgeht, erstreckt sich die intersubjektive Aufdeckungsarbeit vorwiegend auf Inhalte, die im kollektiven Welt-Raum geteilt werden. Zentrale Aspekte einer Konfliktpsychologie von Gruppen sind Mythen von „Trauma“ und „Ruhm“. Das Modell von Glasl hebt hierbei hervor, dass der psychologische Mechanismus von Verdrängung und Projektion eigener Untaten auf den kollektiven Bereich ebenfalls zutrifft. Transcend und der integrative Konfliktdialog liefern ergänzend vielfältige diskursanalytische Untersuchungskriterien. Wie oben dargestellt, verfügen Transcend und der integrative Konfliktdialog über einen besonderen praxeologischen Fokus in der problemorientierten Aufdeckung kultureller Tiefensymptome, die sich in vielfältigen symbolgetragenen Medien (z.B. visuelle Medien, Printmedien, Nationalhymnen, Straßennamen, Denkmäler) widerspiegeln können. Unbewusste kollektive Verdrängungen unterfüttern nicht nur die Abgrenzung gegenüber anderen Gruppen, sondern auch die Fixierung auf bestimmte kollektive Leitmotive und Grundbedürfnisse, die für das Bestehen der eigenen Gruppe im Konflikt als maßgeblich erachtet werden.

Beispiele für Praxeologien zur Aufdeckung von kollektiven Schattenaspekten liefern neben dem integralen Konfliktdialog bzw. Transcend auch The Work – hier: als Anwendung im Plenum –, aber auch die ursprünglich als „Gruppenpsychotherapie“ gedachte Psycho-Soziodrama-Methode. Praxeologischer Schwerpunkt dieser Methode ist zum einen die Aufdeckung sozio-emotionaler Inhalte hinter den informellen Zusammenschlüssen und Abgrenzungen von Akteuren; zum anderen geht es um die Aufdeckung von „eingeklemmtem Leben“ mit Hilfe symbolhaltiger und kreativer Techniken, wie z.B. dem interaktiven Theater.

Aufbauarbeit

Der Kern intersubjektiver Aufbauarbeit besteht in der Umformulierung destruktiver Weltbilder, i.d.R. nach ihrer vorangegangenen Depolarisierung. Ein praxeologischer Ansatz könnte darin bestehen, wie am „negativen Anker" von Transcend/dem integrativen Konfliktdialog aufgezeigt, mögliche zukünftige Konfliktverläufe aufzuzeigen. Ein komplementärer, ebenfalls von Transcend/integrativen Konfliktdialog verfolgter Ansatz sieht vor, „positive Anker" in der Vergangenheit zu identifizieren. Hierin liegt der Schwerpunkt der, auch für größere Settings anwendbaren, AI-Methode, durch die gezielte Erfragung positiver Erfahrungen (z.B. „Ich möchte, dass Sie sich an eine herausragend positive Erfahrung erinnern; gleichgültig, ob aus der jüngsten oder ferneren Vergangenheit") und der Erinnerung an Aspekte, die die Akteure am meisten an der Gruppe bzw. dem Anderen wertschätzen.

Eine eher spirituell orientierte intersubjektive Aufbauarbeit könnte, je nach lokaler Tradition, durch Gruppenmeditationen, gemeinsame Gebete etc., aber auch interaktive Reflexionen in der Gruppe, wie z.B. Satsangs (= „gemeinsam in Weisheit"), bewerkstelligt werden. Satsangs sehen z.B. Frage-Antwort-Settings mit Gurus vor. In einem solchen Kontext lassen sich z.B. auch The Work oder der in Box 8 beschriebene Big-Mind-Prozess von Genpo Roshi auf Großgruppenveranstaltungen anwenden.

7.3.3.3. Interobjektiver Bereich: Tiefenstruktur und Musterunterbrechung

Um eine Musterunterbrechung systemischer Gewaltkreisläufe einzuleiten, so die Annahme v.a. von Transcend bzw. des integrativen Konfliktdialogs, bedarf es eines Verständnisses von der Tiefenstruktur des Konflikts. Galtung bzw. Graf/Kramer unterscheiden hierbei 8-12 gesamtgesellschaftliche Konfliktlinien, welche eine Orientierung für ein tieferes Konfliktverständnis liefern sollen.

Auch die oben skizzierte Herangehensweise, Konflikte in systemischen Kreisläufen zu modellieren, lässt sich vertiefen. Im oben dargestellten Beispiel des Vater-Sohn-Konflikts stellt sich der dem Kreislauf immanente unbewusste Mechanismus wie folgt dar: Dem Vater, durch den Zerfall der Familie in seiner Rolle ziemlich „abgemeldet", bieten die Missetaten seines Sohnes Anlass, wieder seine Vaterrolle aufzunehmen. Sein Gefühl, hier anerkannt und „gebraucht" zu werden, könnte ein heimliches Interesse an den Missetaten seines Sohnes begründen. Umgekehrt bietet dem Sohn, der seinen Vater verloren hat, die Kollusion ein Gefühl von Zusammengehörigkeit mit und Aufmerksamkeit von seinem Vater, welches ihm auf „regulärem" Wege verwehrt bleibt.

Die Abbildung 32 erweitert sich entsprechend wie folgt:

Abbildung 33: Tiefensystemische Darstellung eines Vater-Sohn-Konflikts (Schulz von Thun 2009b: 37)

Einen praxeologischen Fokus auf die Musterunterbrechung von manifesten und subtilen Konfliktkreisläufen haben insbesondere die SySt und die Prozessarbeit bzw. die Tiefendemokratie nach Mindell. Die Tiefendemokratie erlaubt, Strukturen hinter dem scheinbar chaotischen Konfliktsystem auszumachen und im späteren Prozess für die Lösung zu nutzen. Analog zum im subjektiven und intersubjektiven Bereich diskutierten Schattenphänomen besteht im interobjektiven Bereich die Möglichkeit, „systemische Schatten" aufzudecken. Dies spiegelt sich klar in Mindells Konzept der „Geisterrollen" wider, und mit Hilfe der SySt ist es möglich, diese „unbekannten" Phänomene aufzustellen. Methodologische Anknüpfungspunkte finden sich auch zwischen der Prozessarbeit und der Dynamic Facilitation, durch die Prozessierung spontaner aus dem System erwachsender Durchbrüche in der Konfliktgemeinschaft.

Ein strukturierterer, lösungsorientierter Ansatz bietet sich hingegen mit dem Change Laboratory (aufbauend auf dem vorangegangenen Arbeitsschritt des „Spiegels") und damit Möglichkeiten, neue kollektive Tätigkeitsmodelle zu entwerfen.

7.3.3.4. Objektiver Bereich: Tiefenverhalten

Objektiv-empirische Konfliktursachen, die auf subtile Weise das Konfliktverhalten beeinflussen, können ebenfalls vielfältig sein. Hierunter können – was vom hier dargestellten Methodenspektrum nicht abgedeckt wird – (neuro-)biologische oder/und medizinische Faktoren fallen.

Andere Faktoren des sog. „Tiefenverhaltens“ erschließen sich hingegen aus akteursbezogenen Varianten des unter 7.3.3.3. dargestellten Maßnahmenspektrums vor. Insbesondere die GFK und die Change-Laboratory-Methode und decken diesen Bereich einer sog. „akteurszentrierten Verhaltensmusterunterbrechung“ ab:

Aufbauend auf einer in der ersten Dialogphase erfolgten Fixierung des IST-Konfliktstands und einer Konfrontation der Beteiligten damit („Spiegel“), erfolgt im Change Lab eine tiefere Analyse vergangener Fehlentwicklungen und möglicher zukünftiger Szenarien.

In einem eher interpersonell ausgerichteten Bereich sieht die GFK ein tief greifendes Verhaltenstraining vor, bei dem ein Kommunikationsverhalten automatisiert wird, das Ich-Botschaften (1) „Wenn … passiert, 2) dann fühle ich mich/fühlst Du Dich…“) und Grundbedürfnisorientierung („…weil…“) beinhaltet. Analog betrachtet zum Drei-Phasen-Modell liegt in dieser Dialogphase der Schwerpunkt der GFK, sprich: auf dem Training von Konfliktparteien, Grundbedürfnisse gewaltfrei zu kommunizieren. Dies impliziert natürlich die Fähigkeit, sich seiner eigenen und der Grundbedürfnisse der/des Anderen (erste und zweite Wahrnehmungsposition) bewusst zu werden.

7.3.4. Dialog-Phase III: Entwicklung und Umsetzung von Lösungsmöglichkeiten

In der dritten Dialog-Phase wird darauf hingearbeitet, neue, zukunftsgerichtete und kreative Möglichkeiten zur konstruktiven Konfliktbewältigung zu generieren. Zur Orientierung erfolgt auch hier eine Metakategorisierung von Interventionsbereichen in Anlehnung an das Vier-Quadranten-Modell.

7.3.4.1. Subjektiver Bereich: Presencing

Der Kern der Dialogarbeit in dieser Phase liegt in der Öffnung kreativer Potenziale im individuellen Bewusstsein.

Hierin liegt u.a. der theoretische und praxeologische Fokus der „Theory U“ von Claus Otto Scharmer. Heuristisch zeigt das dieser Methode zu Grunde liegende Schema, wie individuell (und kollektiv) eine Verschiebung der Aufmerksamkeitsstruktur vom „Downloading“ über die „gegenständlich-unterscheidende“ und die „empathische Wahrnehmung“hin zum „Presencing“ zu erreichen ist. Diese sog. vier Feldstrukturen der Aufmerksamkeit bezeichnet Scharmer auch als 1) „Ich-in-mir“, 2) „Ich-im-Es“, 3) „Ich-im-Du“ und 4) „Ich-in-Gegenwärtigung“. Praxeologisch gesehen entsprechen diese „vier Feldstrukturen der Aufmerksamkeit" haargenau den „vier Wahrnehmungspositionen" im NLP und ihrer Zuordnung im Vier-Quadranten-Modell (s. Box 5). Während der Schwerpunkt der oben skizzierten Dialogphase II in einer Öffnung des Dialogpartners für alle vier Wahrnehmungspositionen liegt, konzentriert sich die hier darzustellende Dialogphase III v.a. auf die sich aus dem vierten Aufmerksamkeitsfeld erschließenden Potenziale und ihrer Verwirklichung in den nachfolgenden Entwicklungsstufen. Scharmer unterscheidet hierzu „24 Prinzipien und Praktiken", die sich durch den U-Prozess hindurchziehen. Zusammengenommen umfassen diese Praktiken fünf Schritte, wobei sich die ersten beiden mit der Dialog-Phase II überschneiden. Ich erwähne sie aber an dieser Stelle, da der Fokus der Theory U ausschließlich lösungs- und zukunftsorientiert ist.

- *Initiating:* Zur Grundkompetenz im U-Prozess gehört das Zuhören - sowohl sich selbst und anderen gegenüber als auch demgegenüber, was sich aus der Gemeinschaft heraus entwickelt. Hierzu werden im U-Prozess Praktiken der Selbst-Beobachtung angewandt, um den „inneren Zeugen" auszubilden und den inneren Widersacher, in Form der „Stimme des Urteils", in seine Schranken zu weisen.
- *Sensing:* Eine Grundvoraussetzung für das Presencing ist die Abstimmung dreier innerer Instrumente: des „offenen Geistes", des „offenen Herzens" und des „offenen Willens". Dieser Öffnungsprozess entspricht einem aktiven „Hinfühlen" der Umgebung. Entsprechende Praktiken umfassen tiefer gehende Selbstbeobachtung und Schulung der eigenen Intuition, um den inneren Widersacher, in Form der sog. „Stimme des Zynismus", einzudämmen.
- *Presencing:* Das Presencing stellt den Übergang von „Letting go" und „Letting come" dar. Der Praktizierende verbindet sich mit der tiefsten Quelle des eigenen Seins und Willens und erlaubt es der Zukunft aus dem Ganzen zu entstehen. Praktiken, wie z.B. (Schweige-/)Meditationsretreats, sollen die Verbindung mit der eigenen Quelle begünstigen und den inneren Widersacher, die „Stimme der Angst", zum Schweigen bringen.
- *Co-Creating:* Über Visualisierungspraktiken wird die Intention des Praktizierenden gestärkt und konkretisiert. Eine Vision kristallisiert sich heraus. Die Kraft der Intention kann andere Menschen, Gelegenheiten und Mittel anziehen, um die erwünschten Dinge geschehen zu lassen. „Mikrokosmische Infrastrukturen", wie z.B. Kerngruppen, können Ausgangspunkt für große Prozesse werden.

- *Co-Evolving:* Durch Achtsamkeitstechniken, die die Interdependenz der eigenen Entwicklung mit der Umwelt bewusst machen, werden makrokosmische Perspektiven in das sich konkretisierende Projekt miteinbezogen (vgl. Scharmer 2007: 377-441).

Im Idealfall stellen die 24 Praktiken und Prinzipien des U-Prozesses eine Möglichkeit dar, als einzelnes Individuum oder als kleine Kerngruppe Innovationsprozesse in makrokosmischen und strukturellen Dimensionen einzuleiten. Eine Gesamtschau erfolgt im nächsten Kapitel.

7.3.4.2. Interobjektiver Bereich: Systemische Innovationen, Überwindung des Konfliktwiderspruchs

Die Auflösung systemischer und struktureller Gewaltmechanismen bedarf, je nach Konfliktkontext, Bündel zukunftsgerichteter und kreativer Innovationen, die es möglichst partizipativ zu entwickeln gilt. Ziel ist eine Lösungsfindung, die die Konfliktwidersprüche und die Konfliktlinien überwindet.

<u>Systemische Innovationen</u>

Ein wesentlicher Weg zu systemischen Innovationen ist die Vernetzung möglichst aller Konfliktakteure und der Einbindung ihrer vielfältigen konstruktiven Potenziale, welche durch Methoden wie der Future Search oder der Tiefendemokratie gewährleistet werden kann. Der übergeordnete U-Prozess verdeutlicht, wie Individuen oder Kerngruppen als Multiplikatoren Innovationen in makrokosmischen Dimensionen einleiten können. Analog zu den oben erwähnten Schritten geht es im Grunde darum,

- eine Kerngruppe von Schlüsselpersonen mit einer gemeinsamen Intention zu *co-initiieren;*
- kollektive *Sensing*-Organe herauszubilden, Scharmer empfiehlt hierzu Dialogdesigns wie das Knowledge Café/World Café;
- *den Zustand des Co-Presencing,* u.a. durch gemeinsam durchgeführte „Stille"-Praktiken (z.B. in Form von Meditations- oder/und Schweigeretreats) zu erreichen;
- sich mit der Kerngruppe dem Ergebnis eines nun festgelegten Projektes zu verpflichten und damit eine Grundlage für strategische *co-kreierende* Mikrokosmen zu schaffen;
- *co-evolvierend* den Makrobereich in das Projekt mit einzubeziehen mit dem Ziel, innovative dialogische Infrastrukturen zu entwickeln. Hierzu werden systemisch weitere Stakeholders hinzugezogen und „innovative Sozial-Techniken" entwickelt

(bzw. bestehende, die sich bewährt haben), aufgegriffen und umgesetzt (vgl. Scharmer 2007: 378-441).

In ein Gesamtbild zusammengefasst stellen sich der U-Prozess und seine immanenten 24 Praktiken und Prinzipien wie folgt dar:

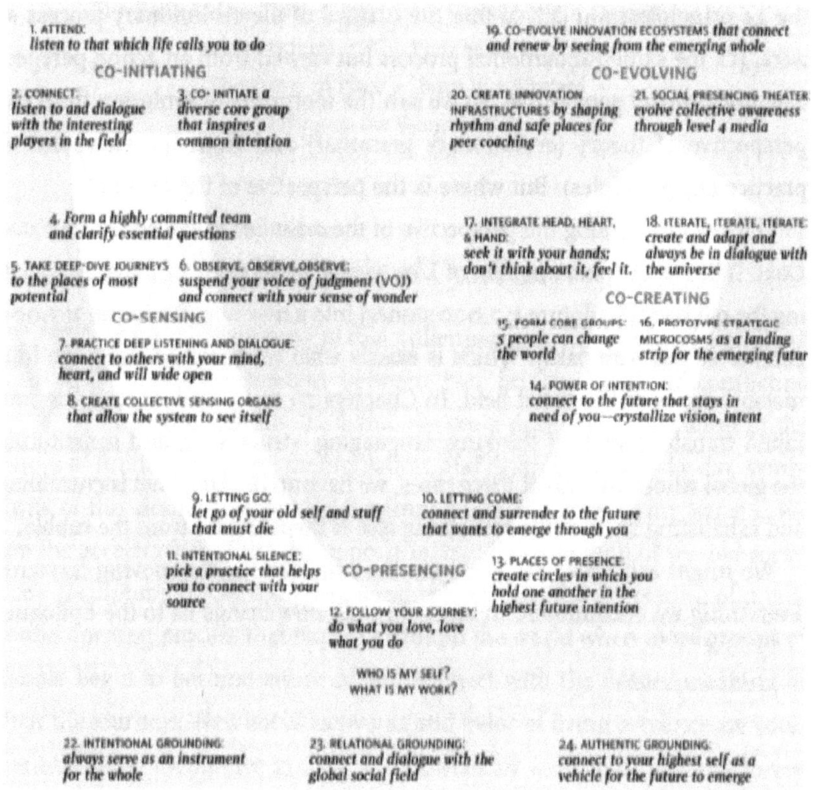

Abbildung 34: Die 24 Prinzipien und Praktiken des U-Prozesses auf einem Blick (Scharmer 2007: 441)

Überwindung des Widerspruchs

Der praxeologische Kerngedanke, der aus der Tiefendemokratie/Prozessarbeit und den SySt hervorgeht, liegt in der Facilitierung eines neuen, konstruktiveren Gleichgewichts innerhalb der vorherrschenden Konfliktkonstellation. Bei beiden Methoden ergibt sich die Lösung des Konfliktwiderspruchs durch eine prozessorientierte Herangehensweise. Daneben kann die direkte Reflexion des buddhistischen Tetra- bzw. Pentalemmas im Rahmen von Transcend/dem integrativen Konfliktdialog und der Tetralemmaarbeit (SySt) eine Möglichkeit zur zielgerichteten kreativen Lösungsfindung darstellen.

7.3.4.3. Objektiver Bereich: vergleichendes Wissen und neues Verhalten

Die Schwerpunkte der dritten Dialogphase bestehen in der Fixierung eines von allen Parteien bevorzugten möglichen Zukunftsszenarios und kreativer Brain-Storming-Prozesse. Hierauf basierend, erfolgt eine gemeinsame Strategieentwicklung und Aktionsplanung.

In betrieblichen Konflikten kann durch die Future-Search-Methode ein entsprechendes Forum geschaffen werden. In großen politischen Konflikten sind eher das unter 6.2.1. beschriebene „Ein-Text-Verfahren" sowie die gemeinsame Erörterung von Lösungen, die sich in ähnlichen Konflikten bewährt haben, üblich.

Den kleineren interpersonellen Rahmen decken v.a. Methoden wie die GFK ab, welche ein konstruktives Verhaltenstraining vorsehen. Analog zum Drei-Phasen-Modell liegt der praxeologische Schwerpunkt der GFK in dieser Phase in der Bitte („...daher möchte ich Dich bitten.../...daher möchtest Du...").

7.3.4.4. Intersubjektiver Bereich: Friedenskultur und Versöhnung

Schwerpunkt des intersubjektiven Bereichs ist die Schaffung einer konstruktiven Konfliktkultur sowie die partizipative Aufarbeitung und Transformation kollektiver Traumata. Dieser Prozess gestaltet sich, im Gegensatz zu den anderen o.g. Interventionsbereichen (Transformation des Verhaltens, der Psyche und des Systems) am langwierigsten, ist jedoch für eine nachhaltige Konfliktbewältigung unabdingbar.

Friedenskultur

Bei der insbesondere im Rahmen von Transcend bzw. dem integrativen Konfliktdialog praktizierten Transformation von kultureller Gewalt kommt v.a. folgenden Instrumenten eine besondere Bedeutung zu. Beispielhaft fallen hierunter:

- *Koexistenz- und Integrationsarbeit:* Hierunter fallen diverse Initiativen aus Friedenspädagogik, wie z.B. gemeinsame Gesprächskreise, Sport- und Jugendclubs, Theatergruppen, Kindergarteninitiativen, Sommercamps und Jugendfreizeiten für Angehörige der Konfliktparteien. Im Rahmen dieser Austausch- und Begegnungsprogramme ist auch die Arbeit mit dem staatlichen Schulwesen im Rahmen der pädagogischen Friedensarbeit von Bedeutung. Hierunter fallen z.B. Toleranz- und Demokratieerziehung, aber auch politische Bildung (vgl. Wolff-Jontofsohn 2001). Letzteres erfordert die gemeinsame Arbeit mit Wissenschaftlern aus beiden Konfliktparteien, z.B. die Entwicklung gemeinsamer Geschichtsbücher, die alle Konfliktperspektiven ausgewogen darstellen (vgl. Bar-On/Adwan 2003 am Beispiel des Israel-Palästina-Konflikts).

- Der *Friedensjournalismus* stellt neben der Friedenserziehung einen wesentlichen Bestandteil von Transcend zur Transformation von kultureller Gewalt dar. Der Begriff steht für eine kritisch-konstruktive Form der Berichterstattung aus Kriegsgebieten. Sie zeichnet sich zum einen dadurch aus, dass sie nicht die polarisierende Sichtweise des Militärs übernimmt; zum anderen will sie die Hintergründe des Konflikts verdeutlichen, mögliche friedliche Lösungen aufzeigen und auf diese aktiv hinarbeiten. Den Journalisten und den Medien kommt damit eine hervorgehobene Rolle in der Vermittlung zwischen den Konfliktparteien zu (vgl. Galtung 2001).

Versöhnung

Es lässt sich darüber streiten, ob die Versöhnung tendenziell eine vierte Dialogphase darstellt oder ob sie sich eher durch die anderen Dialogphasen hindurchzieht. Dies dürfte von Konfliktfall zu Konfliktfall unterschiedlich sein. Fest steht aber, dass die Versöhnung die Bereitschaft beider/aller Konfliktparteien voraussetzt, sich konstruktiv-emotional aufeinander einzulassen und die Beziehungsebene des Konflikts nachhaltig zu transformieren. Wie oben dargestellt, stellen Transcend bzw. der integrative Konfliktdialog ein umfassendes Spektrum an unterschiedlichen, einander ergänzenden Versöhnungskonzepten bzw. -methoden bereit (vgl. hierzu 3.2.3.1. oder Tab. 12), welche weitgehend alle Quadrantenbereiche abdecken:

Wiederaufbau der reversiblen Schäden:

- Rehabilitation: Trauma/gemeinschaftliche Trauer (OL, UL)
- Wiederaufbau: Entwicklung (OR)
- Restrukturierung (UR)
- Aufbau einer Friedenskultur (UL)

Versöhnung der Konfliktparteien:

- Reparation/Wiederherstellung (OR)
- Entschuldigung/Vergeben (OL)
- Theologie/Reue (UL)
- Rechtsprechung/Bestrafung (OR)
- Gemeinsame Ursprünge/Karma (UR)
- Historischer Ansatz/Wahrheitskommission (OL)
- Theater: Noch-einmal-erleben (UL)

- Gemeinsamer Wiederaufbau (UR)
- Heilung durch gemeinsamen Kummer (UL)

Gemeinsame Konfliktlösung (UR)

Ein Beispiel für ein integrativ-eklektisches Versöhnungskonzept, das sich in erster Linie für die Bearbeitung gemeinschaftlicher Konflikte eignet, stellt die unter 7.2.1.2.1. vorgestellte Ho'o-pono-pono-Methode dar.

Daneben lassen sich noch betont ethisch ausgerichtete Friedensmeditationen berücksichtigen, welche sich sowohl in Einzelarbeit als auch in Gruppen durchführen lassen. Hierunter sticht z.B. die insbesondere im Buddhismus verwendete Meditationspraxis des „mitfühlenden Austauschs" hervor. Diese Praxis beinhaltet im Wesentlichen sich vorzustellen, wie man mit jedem Einatmen das Leid von anderen in sich aufnimmt, um dieses Leid mit jedem Ausatmen mühelos und leicht loszulassen. Für den Praktizierenden ist es sinnvoll, sich dabei an ein Ereignis zu erinnern, das Fürsorge und Anteilnahme bei ihm auslöst. Während des Atmens weitet der Praktizierende seine Aufmerksamkeit von Menschen, die ihm am Herzen liegen, aus, bis sie sich auf alle Wesen auf der Welt, ihn eingeschlossen, ausweitet (vgl. Wilber et al 2010: 304f.). Diese Praxis empfiehlt Scharmer auch auf der unter 7.3.4.3. erwähnten U-Prozessphase des Co-Evolving (vgl. Scharmer 2007: 439).

7.3.5. Evaluation

Der gesamte Dialogprozess beinhaltet Zyklen, die jede Dialogsitzung in eine Vor- und Nachbereitungsphase einbetten. Hierzu bieten sich mehrere Methoden mit Entsprechungen im Vier-Quadranten-Modell an, z.B. „Sich-vor-Augen-Führen" der vergangenen Dialogsitzung (OL), Supervision oder co-operative inquiry mit außenstehenden Experten (UL), empirischer (OR) und systemischer Wirkungsbeobachtung (UR). Im Idealfall folgt auf den gesamten Dialogprozess eine große Evaluationsphase, um eine Feinjustierung der Konfliktlösung(en) zu ermöglichen. Hierzu bietet sich die von Schweizer entwickelte Nachhaltigkeitsüberprüfung auf der Basis des Vier-Quadranten-Modells bzw. der vier NLP-Wahrnehmungspositionen an (vgl. im Folgenden Wurst 2009: 18f.):

- *Wahrhaftigkeit* (OL, 1st position): Fühlt sich diese Lösung für Sie gut an?
- *Gerechtigkeit* (UL, 2nd position): Fühlen Sie, dass die andere(n) Partei(en) sich mit dieser Lösung auch gut fühlen wird(/werden)?

- *Wahrheit* (OR, 3rd position): Woran werden Dritte erkennen, dass diese Lösung das Problem gelöst hat?
- *Systemisches Passen* (UR, 4th position): Erfüllt Ihr System die ihm zugedachte Funktion mit dieser Lösung auch weiterhin?

7.4. Kritische Anmerkungen und Rückkopplungen

Mit dem hier skizzierten praxeologischen Metamodell wurden Orientierungen für einen Methoden-Mix gegeben, auf der Basis eines kleinen, erweiterbaren Spektrums unterschiedlicher Ansätze dialogischer Konfliktbearbeitung. Trotz oder vielleicht auf Grund ihres integrierenden Anspruchs ergeben sich einige offene Fragen, auch mit Bezug auf das epistemologische und das heuristische Metamodell.

Einschränkend muss eingeräumt werden, dass der hier dargestellte Methoden-Mix zwar ein weites Spektrum repräsentativer Ansätze abdeckt, jedoch auf Grund der vorherrschenden Vielfalt keinen Anspruch auf Vollständigkeit haben kann. Zudem ist anzumerken, dass sich der hier dargestellte Methoden-Mix in der Praxis vermutlich nur zu einem Bruchteil umsetzen lässt. Warum? Eine erfolgreiche Anwendung von Methoden hängt von einer Vielzahl von Faktoren ab, wie z.B. den Präferenzen, Ressourcen und Kompetenzen der beteiligten Konfliktarbeiter und Konfliktparteien sowie den spezifischen Erfordernissen der jeweiligen Konfliktsituation.

„Complexify <-> simplify“ und andere offene Diskurse

Aus einer anderen pragmatisch-strategischen Perspektive fragt sich, ob und inwieweit „simplifizierende“, also: „gewollt reduktionistische“, Metatheoriebildungen für die Konfliktbearbeitung sinnvoll sind. So betont z.B. der Ansatz der systemischen Konflikttransformation der Organisation Berghof Peace Support (BPS[121]), dass in der Praxis der Konfliktbearbeitung nur sehr begrenztes Wissen über den Konflikt zur Verfügung stehe und trotzdem aber Lösungsansätze gefunden werden müssen; dies gelte v.a. für komplexe innerstaatliche Gewaltkonflikte. Daher sieht der von BPS designte Ansatz der „systemischen Konflikttransformation“ nicht nur vor, die Komplexität des Konflikts angemessen zu erfassen („complexify“), sondern auch, diesen auf seine bearbeitbaren, systemischen Variablen zu reduzieren („symplify“), um „Hebelwirkungen“ auszumachen, die zur Konfliktlösung beitragen (vgl. BPS 2006). Während sich also der epistemologische Metatheoriekontext durch einen Umgang mit Komplexität auszeichnet, bei dem Reduktionismen so weit wie

121 Bei BPS handelt es sich um die Schwesterorganisation der BCR (näher unter BPS 2007)

möglich zu vermeiden versucht werden, stellt sich aus einer praxisorientierten Metaperspektive hingegen die Frage, ob und inwieweit nicht ein ausgewogeneres Verhältnis von „complexify <-> simplify" angemessen ist. Hiermit einhergehend stellt sich auch die Frage, wie das Verhältnis zwischen komplexer Vergangenheitsaufarbeitung und Problemorientierung einerseits und pragmatischer Zukunfts- und Lösungsorientierung andererseits gestaltet werden soll. Ein ähnlicher Diskurs betrifft das v.a. unter 6.2.1. diskutierte Verhältnis zwischen Prozessorientierung vs. Lösungsorientierung.

Eingedenk dieser noch offenen Diskurse deutet sich für den Anspruch eines wahrhaft integrierten Metaansatzes der Konfliktbearbeitung an, zumindest die oben aufgezählten Diskurspositionen angemessen zu berücksichtigen. Ausblickend deuten sich bereits Hypothesen an, die in der weiterführenden Forschung zu integrierten Lösungen beitragen könnten:

- Bei einem Vergleich der drei Diskurse deuten sich *diskursübergreifende Verbindungen* zwischen den jeweiligen Grundpositionen an, was in der weiterführenden Forschung dazu beitragen könnte, die Diskurse in einen größeren Zusammenhang einzuordnen. Folgende Korrelationen sehe ich zwischen den Diskursen „Problem- vs. Lösungsorientierung" und „complexify vs. simplify": Problemorientierte Konfliktbearbeitungsstrategien bedürfen einer möglichst umfassenden Konfliktanalyse und begünstigen daher „complexify" bzw. die Kategorisierungsstrategie (1.2.2.3.). Lösungsorientierte Ansätze legen ihren Schwerpunkt auf die Suche nach strategischen Interventionspunkten und scheinen tendenziell eher mit der „simplify" bzw. der „Vereinfachungsstrategie" (1.2.2.1.) in Verbindung stehen. Eine vergleichbare Korrelation der Grundpositionen mit dem Diskurskontext „Lösungsorientierung vs. Prozessorientierung" ergibt sich m.E. nicht, bis auf dass die Position „Lösungsorientierung" doppelt vertreten ist. Diese und ähnliche Zusammenhänge zu vertiefen, bleibt weiterführenden Publikationen überlassen.
- *Praxisrelevante Metakonzepte* wie die Nachhaltigkeitsüberprüfung von Schweizer oder das Grundbedürfnismodell von Transcend/dem integrativen Konfliktdialog scheinen sich in Theorie und Praxis gut zu eignen, Ansprüche nach Komplexifizierung und Simplifizierung sowie der anderen Diskurspositionen ausbalanciert und flexibel abzudecken. So lassen sich z.B. die vier Grundbedürfniskategorien, je nach Führung des Dialogprozesses, problemorientiert komplexifizieren (z.B. Schritt 1: „Worum geht es?") als auch auf einer abstrakten Diskursebene lösungsorientiert vereinfachen (z.B. Schritt 4:

„Wie wird es weitergehen, wenn die Grundbedürfnisse nicht befriedigt sind?“ oder Schritt 5: „Wie kann ich die Erfüllung der Grundbedürfnisse aller gewährleisten?“). Zudem wurde u.a. am Beispiel der lösungsorientierten Transcend-Methode aufgezeigt, dass die traditionelle Reihenfolge der drei Dialogphasen - wie sie vom integrativen Konfliktdialog eingehalten wird - ein ausgewogenes Verhältnis zwischen Prozess- und Lösungsorientierung begünstigt (vgl. z.B. Box 1).

Dennoch ergeben sich viele weiterführende konkrete Fragen, die im Rahmen dieser Arbeit nicht geklärt werden können, wie u.a.: Wann, wo und inwieweit ist es sinnvoll, in einer integralen Konfliktbearbeitung aus pragmatischen Kalkülen Prioritäten zu setzen? Ist es hierbei notwendig, langwierige und schwer greifbare Variablen, wie z.B. kulturelle Gewalt (UL), kurzfristig auszublenden, um sich vorerst an „greifbarere“, evaluierbarere Faktoren (UR, OR) zu halten? Ist eine Simplifizierung des Konflikts auf seine „relevanten“ (an dieser Stelle das Problem der Festlegung: Wer/was ist „relevant“?) und zügig bearbeitbaren Elemente aus einer integral-heuristischen Perspektive zulässig? Aus diesen Fragen deutet sich an, dass in komplexen Situationen, in denen nicht alles über den Konflikt gewusst werden kann - was in der Praxisrealität durchaus die Regel ist -, pragmatischer, z.B. systemischer, Reduktionismus sinnvoll ist. Von einer noch radikaleren Perspektive stellt sich die Frage: Können integrierte Ansprüche in der (dialogischen) Konfliktbearbeitung in Situationen, die zügiger Entscheidungen und Handlungen bedürfen, nicht manchmal sogar hinderlich oder unangemessen sein? Letzteres möchte ich abschließend anhand eines kleinen Fallbeispiels unkommentiert darstellen:

Im Folgenden sinngemäß aus den Erfahrungen eines Managers von einem Fall, der sich vor etwa 5 Jahren in Moskau zugetragen hat (im Folgenden persönliche Korrespondenz 2010):[122] Pierre, seit über 10 Jahren als Manager in einem großen Event-Service-Unternehmen in Moskau tätig, erhielt eine Beschwerde von einer Küchenhilfe - Irina. Sie beklagte sich, dass es unmöglich wäre, mit ihrem neu zugeteilten, afrikanisch-stämmigen, Kollegen - Luis - zu arbeiten. Sie sagte aus, er würde seine Arbeit nicht richtig ausführen. Pierre war unter Zeitdruck und bat beide zu sich für eine kurze Unterredung. Er sprach jeden einzeln in seinem Büro und befragte zuerst Luis zu den Vorwürfen. Luis - er beherrschte perfekt Russisch - beklagte, dass Irina ihn absichtlich meiden und arbeitsrelevante Informationen vorenthalten würde. Danach führte er ein Einzelgespräch mit Irina. Auf Nachfrage gab sie zu, dass sie, auf Grund seiner schwarzen

122 Die Namen der im Folgenden erwähnten Personen wurden geändert.

Hautfarbe, Vorbehalte gegen Luis hätte und ihn deshalb bewusst meiden würde. Sie bat Pierre, Luis zu entlassen und durch einen Weißen zu ersetzen. Pierre überlegte kurz, bat Luis herein und schlug beiden folgende Lösung vor: Irina sollte über ihren Schatten springen und beide sollten für einen Monat konstruktiv miteinander arbeiten. Sollte Irina dies verweigern, würde Pierre sie entlassen. Sollte sich aber nach einem Monat, trotz guten Willens, herausstellen, dass beide nicht miteinander arbeiten könnten, würde Pierre eine andere Lösung finden. Nach einem Monat stellte sich heraus, dass Irina und Luis so gut miteinander auskamen, dass sie noch viele Jahre gerne zusammenarbeiteten.
Wäre, auch unter Berücksichtigung der kulturellen Umstände (hier: autoritätshörige russische Unternehmenskultur), ein integrierter Ansatz, mit vorheriger Diagnose der Psyche und Grundbedürfnisstruktur, kultureller und struktureller Gewalt sowie einer transformativen Lösung, praxeologisch durchführbar und daher sinnvoll gewesen?

Box 9: Fallbeispiel einer einfachen, nicht-integrativen Konfliktlösung (persönliche Korrespondenz)

„Die wirksamsten und stimmigsten Methoden sind [...] solche, die wir selbst in einer Situation spontan erfinden" schreiben Fuhr/Gremmler-Fuhr aus ihrer integralen Praxis (vgl. dies. 2004: 221). Bei der Umsetzung der (Meta-)Theorie in die (integrale) Praxis kommt daher der Intuition des Konfliktarbeiters eine Schlüsselrolle zu.

Diskrepanz zwischen Metatheoriebildung und integraler Praxis

Dies bedeutet aber auch, sich auf dem Weg der Umsetzung, von der Metatheoriebildung zur integralen Praxis, eines „blinden Flecks" gewahr zu werden. Diese große Unbekannte zeigt sich v.a. darin, dass die Gemeinsamkeiten und Ergänzungspunkte, die sich im epistemologischen AQAL-Modell so elegant darstellen lassen, in der Praxis der Konfliktbearbeitung in dieser Form nicht unbedingt bestätigen müssen. Dies wirft von Fall zu Fall Fragen auf, wie z.B.: Wie „reagieren" (ggf. kontra-induzieren) unterschiedliche Dialogmethoden bzw. -Designs mit- bzw. aufeinander? Ist die Konstellation eines Methoden-Mix für jede Konfliktsituation angemessen? Sollten die Methoden ad hoc aufeinander abgestimmt werden oder synchron? Antworten auf diese und ähnliche Fragen ergeben sich von Fall zu Fall im Nachhinein und werden zu einer Optimierung der Metatheoriebildung für die Praxis weiter beitragen. Eine sinnvolle Abstimmung von Metatheorie und integraler Praxis bedarf daher wechselseitiger Optimierungen und Rückkopplungen, die durch regelmäßige (Re-)Evaluierungen bewerkstelligt werden können und müssen.

Pragmatischer Eklektizismus

Lassen sich in der Praxis z.B. Psychodrama und SySt wirklich integrieren? Diese und ähnliche Fragen lassen sich m.E. nur sehr bedingt mit „ja" beantworten. Wurde schon in Bezug auf das epistemologische (und heuristische) Grundgerüst angemerkt, dass sich nur einzelne Aspekte der Methoden (nicht unbedingt die Methoden an sich) in bestimmte Metakategorien integrieren lassen, zeigt sich in der Praxis die Bedeutung eklektischer Ansätze. Integration und Vielperspektivität ist im praxeologischen Kontext kein epistemologischer Selbstzweck; vielmehr zählt „das, was funktioniert" und was sich, gemessen an den jeweiligen Erfordernissen der Konflikte, kombinieren lässt.

SEKTION V: SCHLUSSBETRACHTUNGEN

VIII. FAZIT UND SCHLUSSFOLGERUNGEN

Die vorliegende Arbeit folgte der Einsicht, dass eine sich stetig weiterentwickelnde FuK im Allgemeinen und dialogische Konfliktarbeit im Besonderen nicht nur immer neuerer spezialisierterer Methoden bedarf, sondern Metaansätze, die diese anwachsenden Wissensmengen integrieren und für eine ganzheitliche Konfliktbearbeitung nutzbar machen. Gleichzeitig greift die Arbeit die immer breiter in der FuK vertretene Annahme auf, dass integrierte Herangehensweisen, die Konflikten in ihrer gesamten Komplexität und ihren profundesten Dimensionen Rechnung tragen, für nachhaltige Lösungen unabdingbar sind. Unter integralen Ansätzen führend und in der zeitgenössischen Literatur weit verbreitet sticht der IA hervor, der bislang noch keine angemessene Anwendung in der FuK gefunden hatte. Auf der Basis und am Beispiel des IA (auf der metatheoretischen Ebene) und den auf der wegweisenden COMPAIR-Konferenz vorgestellten Methoden (auf der theoretischen Ebene) folgte die Untersuchung im Wesentlichen folgenden Zielen:

1. Skizzierung von Möglichkeiten der epistemologischen, heuristischen und praxeologischen Integration unterschiedlicher Methoden dialogischer Konfliktbearbeitung im Rahmen ihrer gegenseitigen Schnitt- und Ergänzungspunkte.
2. Herausarbeitung der hierbei analysierten Beiträge, Grenzen und des Modifizierungsbedarfs des IA in seiner Anwendung auf die FuK im Allgemeinen und v.a. auf die dialogische Konfliktbearbeitung im Besonderen.
3. Ableitung allgemeiner Schlüsse und weiterer Herausforderungen in Bezug auf das Verhältnis vorherrschender Strategien, Komplexität ganzheitlich zu bearbeiten (Kategorisierung, Vereinfachung, Eklektizismus) und den spezifischen Ansprüchen unterschiedlicher Metakontexte (Epistemologie, Heuristik, Praxeologie).

Eine Beantwortung der den Zielen 1 und 2 immanenten Forschungsfragen ergibt sich aus der folgenden Zusammenfassung des bisherigen Untersuchungsverlaufs (8.1.). Die Ergebnisse von Untersuchungsziel 3 werden schwerpunktmäßig vom daran anschließenden Kapitel abgedeckt (8.2.).

8.1. Fazit

Im Rahmen der Untersuchung wurden in Sektion I sieben führende Ansätze dialogisch-nachhaltiger Konfliktbearbeitung vorgestellt, die schon im Rahmen der COMPAIR-Konferenz 2004 in einen interdisziplinären Methodendialog getreten waren. All diese Methoden stehen repräsentativ für eine große Bandbreite konfliktlösender, -managender, -transformierender und z.T. sogar -„auflösender" Ansätze. Den theoretischen Rahmen dieser Untersuchung gab überwiegend der IA von Ken Wilber vor mit seinen fünf Kategorisierungswerkzeugen: Quadranten, Ebenen, Linien, Typen und Zustände (zusammen „AQAL" = All Quadrants All Levels).

In Sektion II dieser Arbeit wurde der IA zur epistemologischen Integration dieser sieben Methoden angewendet. In dem sich hieraus ergebenden Grundgerüst konnten vielfältige Gemeinsamkeiten und Ergänzungspunkte aller Methoden dargestellt werden. Auch ergaben sich einige für die weiterführende integrale Forschung relevante Ansatzpunkte, wie z.B. über die Etablierung eines „intentionalen" Gewaltbegriffs oder der (bislang in der FuK umstrittenen) Einführung entwicklungshierarchischer Modelle sowie der Kartografierung des Verhältnisses von „Entwicklung vs. Eskalation". Wie erwartet, konnte insgesamt auch festgestellt werden, dass die Stärke des IA insbesondere in diesem epistemologischen Integrationskontext liegt.

In Sektion III wurde die Untersuchung auf den heuristischen, sprich: problemlösungsorientierten, Metakontext ausgeweitet. Skizziert und verglichen wurden hierbei Metamodelle, die zum einen auf einer „traditionell" (Wilber-typischen) entwicklungsorientierten, zum anderen auf einer eskalationsorientierten Ausrichtung der AQAL-Kategorien beruhen. Unter Einschränkungen bestehen zwischen Eskalations- und Entwicklungsmodellen Korrelationen und wechselseitige Ergänzungsmöglichkeiten.

In Ergänzung dazu ergab sich aus einer repräsentativen Gegenüberstellung der Heuristiken mehrerer Dialogmethoden eine Orientierungsverallgemeinerung von drei „Arbeitsschritten" oder „Arbeitsphasen". Diese Orientierungsverallgemeinerung erwies sich im weiteren Untersuchungsverlauf als geeignet, das für die Ansprüche des heuristischen Metakontexts unzureichende AQAL-Modell zu ergänzen. Bei diesen Arbeitsphasen, deren lineare Anordnung in der Praxis nicht gegeben sein muss und die einer jeden dialogischen Konfliktbearbeitung idealtypisch zu Grunde liegen, handelt es sich um:

1. die Analyse der *Ziele* und der Konfliktkonstellation;
2. die Analyse und Hinterfragung der *tieferen Konfliktdimensionen*: Ermittlung unverhandelbarer Motivstrukturen (z.B. Grundbedürfnisse) und die Förderung von gegenseitiger Empathie (Re-Framing);
3. die kreative *Lösungsfindung* und konkrete Aktionsplanung.

Aus einer Kombination des AQAL mit den drei „Arbeitsphasen" ergibt sich ein skizzenhafter Vorschlag, die Vielfalt unterschiedlicher Methoden dialogischer Konfliktbearbeitung in einen noch sehr allgemeinen heuristischen Metakontext zu integrieren.

Insgesamt zeigte sich in dieser Sektion v.a. die Herausforderung bei der Formulierung FuK-relevanter Metakategorien, die das AQAL-Modell sinnvoll ergänzen können (z.B. das o.g. Drei-Phasen-Modell).

In Sektion IV wurden Grundzüge eines praxeologischen Metaansatzes dialogischer Konfliktbearbeitung skizziert. Hierzu erhielten wir Einblicke in die beiden Kernbereiche der Dialogführung, unter Hinzunahme unterschiedlicher Metaansätze, u.a. der NLP und des Hamburger Modells von Schulz von Thun. Repräsentativ für die beiden Dialogbereiche sowie der COMPAIR-Methoden wurden „The Work" nach Byron Katie und der integrative Konfliktdialog nach Kramer/Graf vorgestellt. Ersterer Ansatz verdeutlichte im intrapersonellen Interventionsbereich die Besonderheiten der spirituellen Konfliktbearbeitung („Konfliktauflösung"), letzterer lieferte ein Beispiel für holistische Dialogarbeit im interpersonellen Kontext. Kritisch war anzumerken, dass eine Umsetzung beider Ansätze - auch im Methoden-Mix - im Allgemeinen sinnvoll, aber auch an vielfältige Bedingungen geknüpft und dadurch eingeschränkt möglich ist. Im Anschluss wurde ein allgemeineres Metamodell skizziert, welches eine Möglichkeit aufzeigt, das gesamte in der Arbeit vorgestellte Methodenspektrum in einem metapraxeologischen Zusammenhang zu diskutieren und zu integrieren. Gleichwohl musste kritisch eingeräumt werden, dass sich das Gesamtgerüst kaum in der Praxis umsetzen ließe - der Kernbeitrag dieses Metamodells liegt eher darin, eine allgemeine, metapraxeologische Orientierungsfunktion zu leisten. In der Praxis kommt der Intuition des integralen Konfliktarbeiters eine besondere Bedeutung zu, auf die spezifischen Erfordernisse der konkreten Konfliktsituation angemessen zu (re-)agieren. Kritisch rückgekoppelt auf den epistemologischen und heuristischen Metakontext zeigte sich letztlich, dass sich holistische Ansprüche im epistemologischen, heuristischen und praxeologischen Metakontext sehr unterschiedlich, z.T. sogar widersprüchlich, darstellen.

8.2. Schlussfolgerungen

8.2.1. Ansprüche an eine integrierte Konfliktbearbeitung

Aus den Untersuchungsergebnissen dieser Arbeit lässt sich folgern, dass eine wirklich ganzheitliche Konfliktbearbeitung im Idealfall fähig sein sollte, kurzfristige und nachhaltige Methoden, rationale und spirituelle Techniken, allgemeine und spezifische, ggf. aber auch komplexifizierende und simplifizierende Perspektiven sowie umfassende und breitenwirksame Kategorien zu berücksichtigen und zu integrieren. Zudem sollte das bzw. sollten die Metamodelle auf unterschiedliche Kontexte und Ausgangsbedingungen anwendbar sein. Der methodologische Königsweg ist hierbei der (innere und äußere) Dialog - ein Instrument, das es dem Konfliktbearbeiter ermöglicht, partizipativ Problemursachen und Lösungspotenziale zu eruieren und stetig dazu zu lernen. Wichtig ist hierzu die Berücksichtigung möglichst vielfältigster Konfliktaspekte. Die Untersuchung hat aufgezeigt, dass der IA hierzu einen wichtigen Verwendungsrahmen liefern kann - d.h. ganzheitliche Konfliktbearbeitung sollte zumindest „AQAL-sensitiv" ausgerichtet sein. Das AQAL allein erweist sich jedoch, zumindest in anwendungsbezogeneren (sprich: heuristischen und praxeologischen) Kontexten, als unausreichend.

Am Beispiel der Grenzen des IA hat sich gezeigt, dass ein einziger Metaansatz mit dem Anspruch einer „Theorie von Allem" nicht möglich ist. Es wäre daher verfehlt, integrierte Konfliktbearbeitung nur an einem Ansatz festzumachen. Dies ist u.a. darauf zurückzuführen, dass die Metaebene mannigfaltige Kontexte - hier v.a. den epistemologischen, heuristischen und praxeologischen Metakontext - mit jeweils unterschiedlichen Anforderungen enthält.

8.2.2. Komplexität auf der Metaebene

Arbeitshypothetisch wurden im Rahmen der Untersuchung drei Metakontexte unterschieden. Im Rahmen ihrer sehr spezifischen Ansprüche fallen hierbei die drei eingangs erwähnten „holistischen Strategien im Umgang mit Komplexität" (vgl. 1.2.2.) unterschiedlich ins Gewicht. So zeigte sich im Laufe der Untersuchung:

- Im *epistemologischen Metakontext* nimmt die größtmögliche Integration unterschiedlicher Kosmologien durch die Kategorisierungs- bzw. Komplexifizierungsstrategie, unter Vermeidung von Reduktionismen und Eklektizismen, einen besonderen Vorrang ein.
- Im *heuristischen Metakontext* wird der integrative Anspruch auf eine speziellere problemlösungsorientierte Fragestellung ausgerichtet. Auch an dieser Stelle erweist sich die Kategorisierungsstrategie als hilfreich zur Einordnung von Methoden und strategischen Interventionspunkten. Allerdings ergeben sich an dieser Stelle auch an einem pragmatischen Eklektizismus angelehnte Fragen um die Priorisierung bestimmter Metakategorien bezüglich ihres heuristischen Nutzens.

- Der *praxeologische Metakontext* folgt einem noch konkreteren strategischen Anspruch. Integrative Kategorisierungsmodelle können auch hier eine wichtige Orientierungsfunktion für Methoden-Kombinationen einnehmen, aber sie stellen keinen erkenntnistheoretischen Selbstzweck dar. Hinsichtlich ihres pragmatischen Nutzens kommt eklektischen und reduktionistischen Strategien eine hervorgehobene Bedeutung zu, zumal in der Praxis nicht immer alles über einen Konflikt gewusst werden kann (was für simplify spricht) und letztlich „das zählt, was wirkt" und unter den vorherrschenden Bedingungen eingesetzt werden kann.

Neben der theoretischen bzw. praktischen gestaltet sich also auch die Metaebene als zunehmend komplex, allein schon durch unterschiedliche Verwendungsmöglichkeiten derselben Metakategorien, wie v.a. am Beispiel des Ebenen- oder Quadrantenmodells, im Spannungsfeld zwischen Theorie und Praxis, aufgezeigt wurde.

8.2.3. Zukünftige Herausforderungen

Wissenschaftliche Debatten werden daher nicht nur, wie bereits vorhanden, auf der theoretischen Ebene, sondern auch mit sowie innerhalb der metatheoretischen Ebene zu erwarten sein.

Zweifellos zeichnen sich langsam aber stetig in allen wissenschaftlichen Großbereichen Holismusdiskurse ab, mit neuen wissenschaftsphilosophischen Problemen. Wesentliche Herausforderungen stellen sich hierbei u.a. bei der Formulierung konkreter wissenschaftlicher Standards in der Metatheoriebildung - sprich: gemeinschaftlich getragener „Dos" und „Don'ts" - u.a. zur

- Generierung holistischer Metakategorien in unterschiedlichen Kontexten (z.B. epistemologisch, heuristisch, praxeologisch);
- sinnvollen Ausdifferenzierung und Interpretation von Metakategorien und ihrer Beziehung zueinander oder auch
- Verifikation und v.a. Falsifikation von (Teil-)Aussagen holistischer Metamodelle, um vorzubeugen, dass mit ihnen eine Ideologie betrieben wird (was heute u.a. der integralen Bewegung von Wilber vorgeworfen wird).

Es stimmt hoffnungsvoll, dass erste souveräne Schritte zu überdisziplinären Diskursen gegangen werden, wie z.B. von Seiten des Soziologen Sibeon, aber auch von vielen anderen Denkern, die im Rahmen dieser Arbeit nicht näher berücksichtigt werden konnten, wie z.B. Roy Bhaskar und Edgar Morin (Philosophie), Michael Murphy (Psychologie), Jürgen Habermas (Sozialphilosophie) oder Sean Esbjörn Hargens (Ökologie), um nur einige wenige zu nennen.

Über kurz oder lang wird die FuK nicht daran vorbeikommen, sich gezielter holistisch-metatheoretischen und sogar weltanschauungs-übergreifenden Fragen zu stellen, will sie „Frieden" und „Konflikt" in einem umfassenden und tief greifenden Sinne verstehen und bearbeiten.

Für den einzelnen Anwender erfordert ein erfolgreicher Einsatz integrierend-holistischer Metamodelle im Kontext dialogischer Konfliktbearbeitung sowohl auf der Metaebene als auch auf theoretischer und praktischer Ebene entsprechende Kernkompetenzen, u.a.

- die Fähigkeit, Metakategorien im Rahmen ihrer Kontextgrenzen als abstrakte und allgemeine Integrationsschablonen anzuwenden;
- diese Kategorisierungsinstrumente an konkrete Kontexte, Situationen und Anwendungsbedingungen anzupassen, umzuinterpretieren, zu ergänzen oder ggf. einfach wegzulassen;
- die wechselwirkenden und z.T. sogar widersprüchlich anmutenden Zusammenhänge und Anforderungen zwischen Theorie und Praxis, auch auf der Metaebene, zu integrieren.

QUELLENANGABEN

Almaas, A. H. (2005): Die Wirklichkeit beginnt jetzt. Der diamantene Weg des Herzens, *Freiamt*

Ariyaratne, A.T. (2004) im Dialog mit Galtung, J.: „Conflict Resolution and Buddhism - and what I learned from Johan Galtung" *im Rahmen des COMPAIR-Dialogs am 25.07.2004; unveröffentlichte DVD-Aufzeichnung, bezogen vom Institute for Integrative Conflict Transformation and Peacebuilding (IICP), Wien*

Assefa, H. (1999): *The Meaning of Reconciliation.* In: European Centre for Conflict Prevention: *People Building Peace. 35 Inspiring Stories from Around the World.* Den Haag: 37-45

Arntz, W./Chasse, B./Vincente, M. (2004): *What the Bleep Do We Know?* USA

Bar-On (2000): Den Abgrund überbrücken. Mit persönlicher Geschichte politischen Feindschaften begegnen. *Hamburg.*

Bar-On, D./Adwan, S. (2003): *Die „anderen" in uns. Dialog als Modell der interkulturellen Konfliktbewältigung,* in: Albrecht Mahr (Hg.): *Konfliktfelder - Wissende Felder,* 1. Aufl., Heidelberg

Baros, W. / Jaeger, S. (2004): *Eskalationsdynamik und Konfliktbearbeitung.* In: Sommer, G. / Fuchs, A. (Hg.): *Krieg und Frieden. Handbuch der Konflikt- und Friedenspsychologie,* Berlin: 222-234

Bauwens, M. (2006): *The Cult of Ken Wilber (revisited),* http://www.kheper.net/topics/Wilber/Cult_of_Ken_Wilber_revisited.html, letzter Zugriff: 10.09.2006

Berghof Forschungszentrum für konstruktive Konfliktbearbeitung (BCR) (2010): Homepage des Berghof Conflict Research, *unter http://www.berghof-conflictresearch.org*

Berghof Foundation for Peace Support (BPS) (2006): *Systemische Konflikttransformation: Konzept und Anwendungsgebiete,* Berlin, unter: http://www.berghof-peacesupport.org/systemic_approach.htm, letzter Stand: März 2006

Berghof Foundation for Peace Support (BPS) (2007): Homepage des *Berghof Peace Support,* unter http://www.berghof-peacesupport.org/

Böge, V./Brown, A./ Clements, K./ Nolan, A. (2009): *On Hybrid Political Orders and Emerging States: What is Failing – States in the Global South or Research and Politics in the West?* In: Fischer, Martina / Schmelzle, Beatrix (Hg.): *Building Peace in the Absence of States*, Berghof Dialogue Series No. 8, Berghof Forschungszentrum für konstruktive Konfliktbearbeitung http://berghof-handbook.net/dialogue-series/no.-8-building-peace-in-the-absence-of-states, letzter Zugriff: 19.05.2009

Böge, V. (2004): *Traditional Approaches – Potentials and Limits*, Berghof Forschungszentrum für konstruktive Konfliktbearbeitung, Berlin unter http://www.Berghof Handbook.net/std_page.php?LANG=e&id=11, letzter Zugriff: 18.06.2007

Bohm, D. (1987): *Die implizite Ordnung. Grundlagen eines dynamischen Holismus*. Goldmann, München

Bonacker, T. (Hg.) (2005): *Sozialwissenschaftliche Konflikttheorien*, Wiesbaden

Bonacker, T. (05/06): *„Einführung in die Friedens- und Konfliktforschung"*, Vorlesung im Masterstudiengang Friedens- und Konfliktforschung, Wintersemester 05/06 an der Philipps-Universität Marburg

Bonsen, M. z./Maleh, C. (2001): *Appreciative Inquiry (AI): Der Weg zu Spitzenleistungen*, Weinheim und Basel

Braun, W. (2002): *The System Archetypes*, unter www.uni-klu.ac.at/~gossimit/pap/sd/wb_sysarch.pdf, letzter Zugriff: 02.04.2010

Büssing, A./Ostermann, T./Glöckler, M./Matthiessen, P. F. (2006): *Spiritualität, Krankheit und Heilung – Bedeutung und Ausdrucksformen der Spiritualität in der Medizin*, VAS-Verlag für Akademische Schriften

Capra, F. (1977): *Das Tao der Physik*

CDA Collaborative Learning Projects (2009): *Reflecting on Peace Practice – Participant Training Manual*, Cambridge

Chopra, D. (2008): *Das Buch der Geheimnisse*, München

Coleman, P. T. (2006): *Conflict, Complexity and Change: A meta-framework for addressing protracted, intractable conflicts* – III. Peace and Conflict, in: Journal of Peace Psychology 12: 325-348

Coleman, P. T. (2003): *Characteristics of protracted, intractable conflict: Towards the development of a meta-framework – I. Peace and Conflict*, in: Journal of Peace Psychology 9 (1): 1-37

Coleman, P. T. (2004): *Paradigmatic framing of protracted, intractable conflict: Towards the development of a meta-framework – II. Peace and Conflict*, in: Journal of Peace Psychology 10 (3): 197-235

Czollek, L/ Watzke, E. (2004): *Lea Czollek im Gespräch mit Ed Watzke über Queeres und Transgressive Mediation. Der Fisch des Diogenes.* In: Perko, G./Czollek, E. (Hg.): *Lust am Denken: Queeres jenseits kultureller Verortungen.* Köln

Dallman, M. (2006): *„ON KEN WILBER: Hopelessly New Age, Hopeless for the Humanities"* http://www.matthewdallman.com/essay_object/on_wilber_object.html, letzter Zugriff: 15.09.2008

Deutsche Balint-Gesellschaft e.V. (Hg., 2008), http://www.balintgesellschaft.de (letzter Zugriff: 04.08.2008)

Dhamma Dvara (2008): 10-tägiger Vipassana-Retreat vom 07.07.-18.07.2008 in Triebel. Mehr Informationen unter http://www.dvara.dhamma.org/

Dietrich, W. (2008): *Variationen über die vielen Frieden – Band 1: Deutungen*, Schriften des UNESCO-Chair for Peace Studies der Universität Insbruck

Dynamic Facilitation Associates (Hg.): *Dynamic Facilitation*, Dynamic Facilitation Associates http://www.tobe.net/df/dynamic_facilitation.html (letzter Zugriff: 25.03.2010)

Edwards, M. (2000): *The Integral Cycle of Knowledge - Some thoughts on integrating Ken Wilber's Developmental and Epistemological Models*, http://www.integralworld.net/edwards2.html, letzter Zugriff: 16.11.2009

Edwards, M. (2005): *Another Way of Putting It - My particular take on the four quadrants, holons and suchlike*, http://www.integralworld.net/edwards23.html, letzter Zugriff: 09.03.2009

Elsaesser, S./Goeres, A.: Vortrag *„Prozessorientierte Konfliktarbeit"* im Rahmen des COMPAIR-Dialogs am 31.07.2004; unveröffentlichte DVD-Aufzeichnung, bezogen vom Institute for Integrative Conflict Transformation and Peacebuilding (IICP), Wien

Fathi, K. (2008): *Möglichkeiten der Integration unterschiedlicher Methoden mediativer Konfliktbearbeitung – ein konzeptioneller Vorschlag*, Hamburg

FEWER/International Alert/Saferworld (2003): *„Conflict-sensitive approaches to development, humanitarian assistance and peace building: tools for peace and conflict impact assessment, Chapter 2"* http://www.conflictsensitivity.org/resource_pack/chapter_2__266.html, letzter Zugriff: 28.12.2006

Fichtenhofer, B. / Richter, K. / Uh-Tückard, T. (2004): *Psychodrama in Konfliktberatung und Mediation*. In: von Ameln, F. / Gerstmann, R. / Kramer, J. (Hg.): *Psychodrama*. Berlin: 485-500

Fitzduff, M./Jean, I. (2010): *Current Challenges to the Field of Peacebuilding Work*, USIP, unpubliziert

Frischknecht, R. (2005): *Eigene Problemsituationen durch die Sicht Anderer erkennen und lösen*, http://www.refrisch.ch/balint_super vision.html, letzter Zugriff: 04.08.2008

Fuhr, R./Gremmler-Fuhr, M. (2004): *Kommunikationsentwicklung und Konfliktklärung*, Göttingen, Bern, Oxford, Seattle, Prag, Toronto

Future Search (2008): *The Method*, http://www.futuresear ch.net/method/, letzter Zugriff: 31.07.2008

Galtung, J. (1975): *Strukturelle Gewalt*, Reinbek: Rowohlt

Galtung, J. (1997): *Der Preis der Modernisierung – Struktur und Kultur im Weltsystem*. (Hg.): Graf, W./ Kinkelbur, D. Wien

Galtung, J. (1998a): *Frieden mit friedlichen Mitteln. Friede und Konflikt, Entwicklung und Kultur*. Opladen

Galtung, J. (1998b): *Die andere Globalisierung - Perspektiven für eine zivilisierte Weltgesellschaft im 21. Jahrhundert*. Münster

Galtung, J. (2000): *Conflict Transformation by Peaceful Means (the TRANSCEND Method) Manual,* unter: www.TRANSCEND.org

Galtung, J. (2001): *„Wenn man Bin Laden tötet, entstehen zehn neue"*, Interview mit Johan Galtung in: Spiegel-Online, vom 19.09.2001 2 Teile, unter: http://www.spiegel.de/politik/ausland/0,1518,157979,00.html, letzter Zugriff: 26.11.2009

Galtung, J./Tschudi, F. (2003): *Über die Psychologie des TRANSCEND-Ansatzes*. In: Galtung, J./Jacobsen, C. G./Brand-Jacobsen, K. F. (Hg.): *Neue Wege zum Frieden: Konflikte aus 45 Jahren: Diagnose, Prognose, Therapie*, Minden: 192-216

Galtung, J. (2004): Vortrag *„Die Transcend Methode"* im Rahmen des COMPAIR-Dialogs am 27.07.2004; unveröffentlichte DVD-Aufzeichnung, bezogen vom Institute for Integrative Conflict Transformation and Peacebuilding (IICP), Wien

Galtung, J. (2005): *„Die Tage des US-amerikanischen Imperiums sind gezählt" - Johan Galtung über Irak, gewaltfreien Widerstand und die Welt von 2020*, Interview in: *Neues Deutschland*, 08.11. 2005, herunterzuladen unter: http://www.uni-kassel.de/fb5/frieden/themen/neuekriege/galtung.html, letzter Zugriff: 25.11. 2009

Galtung, J. (2008a): *50 Years - 25 Intellectual Landscapes Explored,* Transcend University Press No. 3

Galtung, J. (2008b): *Das Transcendverfahren - Konzept und Erfahrungen in internationalen Konflikten,* 6. Veranstaltung der Transcend-Fortbildung 2008: 05. - 07. 12. 2008, Evangelische Akademie Schwerte

Galtung, J. (2008c): *50 Years: 100 Peace and Conflict Perspectives.* Transcend University Press No. No. 1

Galtung, J. (2009): *„Selbstverständlich ist es ein Krieg",* Interview von: Zurheide, Jürgen in: Deutschlandfunk, 25.07.2009 http://www.dradio.de/dlf/sendungen/interview_dlf/1004892/, letzter Zugriff: 13.10.2009

Galtung, J./ MacQueen, G. (2008): *Globalizing God - Religion, Spirituality, Peace,* Transcend University Press No. 4

Gens, K.-D.: *Gewaltfreie Kommunikation nach Dr. Marshall Rosenberg - Einführung,* Berlin unter: www.gewaltfreiforum.de und www.gewaltfrei.de, letzter Zugriff: 14.12.2008

Glasl, F. (1999): *Konfliktmanagement* (6. Auflage), Bern/Stuttgart

Glasl, F. (2003a): *Das Anwendungsspektrum unterschiedlicher Mediationsformen: Ein kontingenztheoretisches Modell,* in: Mehta, G. / Rückert, K. (Hg.): *Mediation und Demokratie,* Heidelberg: 102-119.

Glasl, F. (2003b): *Interventionsstrategien für heiße und kalte Konflikte im mikro- und mesosozialen Bereich,* in: Mehta, G. / Rückert, K. (Hg.): *Mediation und Demokratie,* Heidelberg: 281-300.

Glasl, F. (2004a): *Konfliktmanagement. Ein Handbuch für Führungskräfte, Beraterinnen und Berater,* Bern

Glasl, F. (2004b): Vortrag *„Konfliktmanagement und Mediation"* im Rahmen des COMPAIR-Dialogs am 26.07.2004; unveröffentlichte DVD-Aufzeichnung, bezogen vom Institute for Integrative Conflict Transformation and Peacebuilding (IICP), Wien

Goleman, D. (2005): *Mind and Life VIII: Dialog mit dem Dalai Lama - Wie wir destruktive Emotionen überwinden können,* München

Graf, W. (2009): *Kultur, Struktur und das soziale Unbewusste. Plädoyer für eine komplexe zivilisationstheoretische Friedensforschung. Johan Galtungs Gewalt- und Friedenstheorie kritisch-konstruktiv weiterdenken.* In: Wintersteiner, Werner (2009): *Spielregeln der Gewalt. Kulturwissenschaftliche Beiträge zur Friedens- und Geschlechterforschung.* Bielefeld: 27-66

Graf, W. / Bilek, A. (2003): *Kritische Konflikttransformation nach Johan Galtung und John Paul Lederach.* In: Mehta, G. / Rückert, K. (Hg.): *Mediation und Demokratie*, Heidelberg: 301-311

Graf, W./Kramer, G./Nicolescou, A. (2007): *The Art of Conflict Transformation through Dialogue*, Wien, unpubliziert

Graf, W./Kramer, G. (2004a): *Internationale Akademie für Konfliktlösung: Compair – Methoden im Dialog*, Programmheft 16, 25.07.-01.08.2004, Stadtschlaining, Österreichisches Studienzentrum für Frieden und Konfliktlösung - ÖSFK

Graf, W./Kramer, G. (2004b): Vortrag „*Transcenddialog in 7 Schritten*" im Rahmen des COMPAIR-Dialogs am 27.07.2004

Graf, W./Kramer, G. (2008a): *Grundlagen des Transcendverfahrens – Paradigmen, Konzepte, Methoden integrativer Konfliktbearbeitung*, 1. Veranstaltung der Transcend-Fortbildung 2008: 18. - 20. 04. 2008, Evangelische Akademie Schwerte

Graf, W./Kramer, G. (2008b): *Phase 1: Verstehen der Konfliktformation und Selbstreflexion zur Rolle des Konfliktberaters*, 2. Veranstaltung der Transcend-Fortbildung 2008: 23. - 25. 05. 2008, Evangelische Akademie Schwerte

Graf, W/Kramer, G. (2008c): *Phase 2: Analyse der Tiefendimension von Konflikten – Grundbedürfnisse, Tiefenstrukturen und Tiefenkulturen*, 3. Veranstaltung der Transcend-Fortbildung 2008: 04. - 06. 07. 2008, Evangelische Akademie Schwerte

Graf, W./Kramer, G. (2008d): *Phase 3: Konstruktion kreativer Lösungsperspektiven – neue Annahmen, Ziele und Verhaltensweisen*, 4. Veranstaltung der Transcend-Fortbildung 2008: 12. - 14. 09. 2008, Evangelische Akademie Schwerte

Graf, W./ Kramer, G. (2008e): *Arbeitsfelder des Transcendverfahrens: Vermittlung, Gewaltminderung, Friedensentwicklung und Versöhnung*, 5. Veranstaltung der Transcend-Fortbildung 2008: 24. - 26. 10. 2008, Evangelische Akademie Schwerte

Grof, S. (2002): *Die Psychologie der Zukunft – Erfahrungen der modernen Bewusstseinsforschung*, Wettswil

Hage-Malsch, S. (2007): *Personalisiertes Wissensmanagement: Knowledge-Cafés - ein Tool mit Potenzial*, in: *wissensmanagement – Das Magazin für Führungskräfte*, 5/07: 26-28.

Hartkemeyer, J. F./M. (2005): *Die Kunst des Dialogs – Kreative Kommunikation entdecken*, Stuttgart

Harrington, A. (2002): *Die Suche nach Ganzheit. Die Geschichte biologisch-psychologischer Ganzheitslehren. Vom Kaiserreich bis zur New-Age-Bewegung*, Reinbek

Hawkins, D. R. (2004): *Die Ebenen des Bewusstseins – Von der Kraft, die wir ausstrahlen*, Freiburg

Heeper, A./Schmidt, M. (2004): *Verhandlungstechniken – Vorbereitung, Strategie und erfolgreicher Abschluss*, Berlin

Imbusch, P. (2005): *Moderne und Gewalt. Zivilisationstheoretische Perspektiven auf das 20. Jahrhundert*, Wiesbaden.

Integrales Forum (Hg.): *„Ken Wilber Perspektiven in Theorie und Praxis"* http://if.integralesforum.org/, letzter Stand: 13.07.2007

Integrative Institute for Conflict Transformation and Peacebuilding (Hg., 2010a): *Beyond Managing the Israeli-Palestinian Conflict: Demonstrating the Effectiveness of a Model for Social Transformation in Conflict*, http://www.iicp.at/projects/isrpal/isrpal.htm, letzter Zugriff. 02.04.2010

Integrative Institute for Conflict Transformation and Peacebuilding (Hg., 2010b): *KUMI: Towards Social Transformation in Conflict*, http://www.iicp.at/projects/isrpal/kumi.htm, letzter Zugriff: 02.04.2010

Katie, B. (2008): *The Work of Byron Katie – Who would you be without your story?* http://www.thework.com/thework.asp, letzter Zugriff: 10.06.2009

Katie, B. (2002): *Lieben was ist – Wie vier Fragen Ihr Leben verändern können*, München

Krishnamurti, J. (2000): *Antworten auf Fragen des Lebens*, Freiburg

Kuhn, T. (1988): *Die Struktur wissenschaftlicher Revolutionen*, Frankfurt a. M.

Lompscher, J. (2003): *Was wir vom Lernen kulturhistorisch wissen: Lernkultur Kompetenzentwicklung – aus kulturhistorischer Sicht*, in Lompscher et al 2003: *Was kann ich wissen? Theorie und Geschichte von Lernkultur und Kompetenzentwicklung*, QUEM-report Schriften zur beruflichen Weiterbildung Heft 82, Berlin: 27–44, unter http://www.abwf.de/content/main/publik/report/2003/Report-82.pdf, letzter Zugriff: 01.04.2010

Laotse (1984): *Tao te king*, Übersetzung: Wilhelm, Richard. Köln

Laszlo, E. (1996): *Das fünfte Feld – Materie, Geist und Leben – Vision der neuen Wissenschaften*, Berlin

Layard, R. (2005): *Die glückliche Gesellschaft – Kurswechsel für Politik und Wirtschaft*, Frankfurt a.M.

Lederach, J. P. (2002): *Quo Vadis? Terror neu überdenken aus der Perspektive der Konfliktlösung*. In: Graf, W./Bilek, A./Neumann, A. (Hg.): *Kritik der Gewalt. Friedenspolitik im Zeichen von Krieg und Terror*. Wien: 141-153.

Lederach, J. P. (2003): *Conflict Transformation*, Auszüge aus Lederachs Buch *The Little Book of Conflict Transformation*, zusammengestellt von Maiese, Michelle. Stand: Oktober 2003 http://www.beyondintractability.org/essay/transformation/?nid=1223, letzter Zugriff: 16.12.2009

Life & Peace Institute (LPI) (Hg., 2009): *Conflict Transformation: A challenging necessity in a war-ridden region*, in: Life & Peace Institute (2009, Hg.): *Three lenses in one frame*, New Routes Vol. 14 02/2009. Uppsala: 19-22

Listening project (Hg., 2008): *The Listening Project*, http://www.listeningproject.org/, letzter Zugriff: 31.07.2008

Maitri, S. (2001): *Neun Portraits der Seele – Die spirituelle Dimension des Enneagramms*, Bielefeld

McConnell, J. (1995). *Mindful Mediation: A Handbook for Buddhist Peacemakers*. Bangkok: Buddhist Research Institute, Mahachula Buddhist University/Spirit in Education Movement/ Wongsanit Ashram/Foundation for Children

Meyerhoff, J. (2006): *„Bald Ambition - A Critique of Ken Wilber's Theory of Everything"*, http://www.integralworld.net/index.html?meyerhoff-ba-toc.html, letzter Zugriff: 12.09.2006

Miall, H. (2004): *Conflict Transformation: A Multi-Dimensional Task*, Berghof Forschungszentrum für konstruktive Konfliktbearbeitung, Berlin unter http://www.BerghofHandbook.net/std_page.php?LANG=e&id=11, letzter Zugriff: 18.06.2007

Microsoft Encarta (Hg, 2009): *Integration*, Online-Enzyklopädie http://de.encarta.msn.com/encnet/refpages/RefArticle.aspx?refid=761569249, letzter Zugriff: 12.10.2009

Mind and Life Institute (2008): Homepage http://www.mindandlife.org/, letzter Zugriff: 12.11.2008

Mindell, A. (2006): Offizielle Website von *„Amy and Arnie Mindell"* unter http://www.aamindell.net/; letzter Stand: März 2006

Mindell, A. (2002): *The Deep Democracy of Open Forums*, Charlottesville

Mindell, A. (1989): *Globale Prozessarbeit*. In: A. Mindell: *Das Jahr Eins*. London: 95-108

Moreno, J. L. (1959): *Gruppenpsychotherapie und Psychodrama*, Stuttgart

Müller-Koch, U. (2009): *System (Philosophie)*, Online-Enzyklopädie http://de.encarta.msn.com/encyclopedia_721537981/System.html, letzter Zugriff: 12.10.2009

Nuscheler, F. (2006): *Entwicklungspolitik*, Bundeszentrale für politische Bildung, Bonn

OpenSpace: *Pushing People and Passion into the Center – State-of-the-art Online Conferencing*, http://www.openspace-online.com/, letzter Zugriff: 30.07.2008

Osho (2004): *Ego*, München

Ottomeyer, K. (2004a): *Das Psychodrama zwischen Psychoanalyse und kritischer Gesellschaftstheorie*. In: Fürst, J. / Ottomeyer, K. / Pruckner, H. (Hg.): *Psychodrama-Therapie – Ein Handbuch*. Wien: 59-80

Ottomeyer, K. (2004b): Vortrag *„Psycho-Soziodrama"* im Rahmen des COMPAIR-Dialogs am 30.07.2004; unveröffentlichte DVD-Aufzeichnung, bezogen vom Institute for Integrative Conflict Transformation and Peacebuilding (IICP), Wien

Payer, A. (2000): *Karma und Wiedergeburt im Buddhismus: Vortrag, Fassung vom 26.06.2000* (ursprünglich 1944), unter http://www.payer.de/einzel/karma.htm, letzter Zugriff: 27.03.2007

Pia, E./ Diez, T. (2007): *„Conflict and Human Rights: A Theoretical Framework"*, SHUR Working Paper Series 01/07, University of Birmingham

Perlas, N. (2000): *Die Globalisierung gestalten*, Frankfurt a. M.

Pethes, N./Ruchatz, J. (Hg., 2001): *Eklektizismus*, in: *Lexikon Gedächtnis und Erinnerung*, Reinbek bei Hamburg

Ponschab, R./Schweizer, A. (2008): *Schlüsselqualifikationen – Kommunikation · Mediation · Rhetorik · Verhandlung · Vernehmung*, Köln

Popper, K. R. (2004): *Alles Leben ist Problemlösen – Über Erkenntnis, Geschichte und Politik*, München

Pruckner, H. (2004a): *Soziometrie – Eine Zusammenschau von Grundlagen, Weiterentwicklung und Methodik*. In: Fürst, J./Ottomeyer, K./Pruckner, H. (Hg.): *Psychodrama-Therapie – Ein Handbuch*. Wien: 161-192

Pruckner, H. (2004b): Vortrag *„Psycho-Soziodrama"* im Rahmen des COMPAIR-Dialogs am 30.07.2004; unveröffentlichte DVD-Aufzeichnung, bezogen vom Institute for Integrative Conflict Transformation and Peacebuilding (IICP), Wien

Ramsbotham, O./Woodhouse, T./Miall, H. (2005): *Contemporary Conflict Resolution – The Prevention, Management and Transfomation of Deadly Conflicts*. Cambridge, MA: Polity Press

Reimann, C. (2004): *Assessing the state-of-the-art in conflict transformation*, Berghof Forschungszentrum für konstruktive Konfliktbearbeitung, Berlin unter http://www.Berghof Handbook.net/std_page.php?LANG=e&id=11, letzter Zugriff: 18.06.2007

Richmond, O. P.: *Peace and International Relations*, Routledge

Riepl, R. (2004): Vortrag *„Psycho-Soziodrama"* im Rahmen des COMPAIR-Dialogs am 30.07.2004; unveröffentlichte DVD-Aufzeichnung, bezogen vom Institute for Integrative Conflict Transformation and Peacebuilding (IICP), Wien

Rinpoche, S. (2002): *The Tibetan Book of Living and Dying*, San Francisco

Ropers, N. (1995): *Friedliche Einmischung*, Berghof Forschungszentrum für konstruktive Konfliktbearbeitung, Berlin

Ropers, N. (2008): *Systemic Conflict Transformation: Reflections on the Conflict and Peace Process in Sri Lanka*, Berghof Foundation for Peace Support (Hg.): *A Systemic Approach to Conflict Transformation - Exploring Strengths and Weaknesses*, Berghof Handbook Dialogue Series No. 6, Berlin: 11-41. Herunterzuladen unter http://berghof-handbook.net/documents/publications/dialogue6_systapp_complete-1.pdf, letzter Zugriff: 20.03.2010

Rosenberg, M. (1996): *Nonviolent Communication Introductory Workshop*. La Crescenta.

Rosenberg, M. (2001): *Von Herzen geben: Das Herz der gewaltfreien Kommunikation.* In: Rosenberg, M.: *Gewaltfreie Kommunikation. Aufrichtig und einfühlsam miteinander sprechen.* Paderborn

Rosenberg, M. (2004a): Vortrag *„Gewaltfreie Kommunikation"* im Rahmen des COMPAIR-Dialogs am 29.07.2004; unveröffentlichte DVD-Aufzeichnung, bezogen vom Institute for Integrative Conflict Transformation and Peacebuilding (IICP), Wien

Rosenberg, M. (2004b): *Gewaltfreie Kommunikation: Aufrichtig und einfühlsam miteinander sprechen. Neue Wege in der Mediation und im Umgang mit Konflikten.* Paderborn, 5. überarb. und erw. Auflage.

Roshi, Genpo (2007): *Big Mind Big Heart. Part 1. The Most Important Discovery in Two Centuries of Buddhism*, Integral Naked, http://in.integralinstitute.org/talk.aspx?id=882 Stand: 16.04. 2007, letzter Zugriff: 02.04.2010

Rothman, J. (1997): *The ARIA Framework. Antagonism, Resonance, Invention, Action*. In: Rothman, J.: *Resolving Identity Based Conflict in Nations, Organizations, and Communities*. San Francisco

Roy, O. (2006): *Der islamische Weg nach Westen – Globalisierung, Entwurzelung und Radikalisierung*, München

Sachs, J. D. (2005): *Das Ende der Armut*, Bundeszentrale für politische Bildung (BpB), Bonn

Scharmer, C. O. (2005): *Theorie U: Von der Zukunft her führen – Presencing als soziale Technik der Freiheit*, Massachusetts Institute of Technology (MIT), Exzerpt (2. Entwurf), herunterzuladen unter http://www.tombeck.at/unternehmensbegleitung/files/scharmer_von_der_zukunft.pdf, letzter Zugriff: 10.06.2008

Scharmer, C. O. (2007): *Leading from the Future as It Emerges – The Social Technology of Presencing*, Cambridge

Schiller, B. (2007): *Wenn es gluckst im „Ozean der Weisheit"*, Hamburger Abendblatt, 11.07.2007: 3

Schnabel, U./ Sentker, A. (1997): *Wie kommt die Welt in unseren Kopf?* Reinbek, Hamburg

Schulz von Thun, F. (2009a-c): *Miteinander reden*, Bd. 1-3, Hamburg

Senghaas, D. (1994): *Wohin driftet die Welt?* Frankfurt a. M.

Seymour, J./O'Connor, J. (2009): *Neurolinguistisches Programmieren: Gelungene Kommunikation und persönliche Entfaltung*, Freiburg

Shaw, B. (1971): *Haus Herzenstod*, Frankfurt a.M.

Sibeon, R. (2004): *Rethinking Social Theory*, London

Smith, H. (2004): *Die sieben großen Religionen der Welt. Eine Wahrheit, viele Wege*, München

Sparrer, I. (2004a): *Das lösungsgeometrische Interview*. In: Sparrer, I.: *Wunder, Lösung und System. Lösungsfokussierte Systemische Strukturaufstellungen für Therapie und Organisationsberatung*. Heidelberg: 345-379

Sparrer, I. (2004b): Vortrag *„Systemische Strukturaufstellungen"* im Rahmen des COMPAIR-Dialogs am 28.07.2004; unveröffentlichte DVD-Aufzeichnung, bezogen vom Institute for Integrative Conflict Transformation and Peacebuilding (IICP), Wien

Sponsel, R. (DAS). *Spiritualität. Eine psychologische Untersuchung. Abstrakte Grundbegriffe aus den Wissenschaften: Analogien, Modelle und Metaphern für die allgemeine und integrative Psychologie und Psychotherapie sowie Grundkategorien zur Denk- und Entwicklungspsychologie.* InternetPublikation - General and Integrative Psychotherapy IP-GIPT. Erlangen: http://www.sgipt.org/wisms/gb/spirit0.htm (letzter Stand: 06.06.2008)

Starkmuth, J. (2003): *Die Entstehung der Realität – Wie das Bewusstsein die Welt erschafft*, Bonn

Stavemann, H. (2008): *Therapie emotionaler Turbulenzen – Einführung in die kognitive Verhaltenstherapie*, Hamburg

Stiglitz, J. E. (2004): *Die Schatten der Globalisierung*, Goldmann

Störig, H. J. (2002): *Kleine Weltgeschichte der Philosophie*, überarb. Neuauflage, Stuttgart

Tietze, K.-O. (2003): *Kollegiale Beratung – Problemlösungen gemeinsam entwickeln*, Hamburg

Trungpa, C./Freemantle, F. (2002): *Das Totenbuch der Tibeter*, München

Uberoi, M. (2005): *The Mahabharata*, New Delhi

Varga von Kibéd, M./Sparrer, I. (2000): *Tetralemmaarbeit als eine Form Systemischer Strukturaufstellungen*. In: Döring-Meijer, H. (Hg.): *Die entdeckte Wirklichkeit: Die systemisch-phänomenologische Arbeit nach Bert Hellinger. Familienaufstellungen in Bewegung*. Paderborn: 49-76

Varga von Kibéd, M. /Sparrer, I. (2003): *Ganz im Gegenteil – Tetralemmaarbeit und andere Grundformen Systemischer Strukturaufstellung für Querdenker und solche, die es werden wollen*, Heidelberg

Varga von Kibéd, M. (2003): *Zwischen den Menschen. Über die Anwendungen systemischer Strukturaufstellungen auf historische und politische Zusammenhänge*, in: Mahr, Albrecht (Hg., 2003): *Konfliktfelder – Wissende Felder. Systemaufstellungen in der Friedens- und Versöhnungsarbeit*, Heidelberg: 54-64

Varga von Kibéd, M. (2004): Vortrag „*Systemische Strukturaufstellungen*" im Rahmen des COMPAIR-Dialogs am 28.07. 2004; unveröffentlichte DVD-Aufzeichnung, bezogen vom Institute for Integrative Conflict Transformation and Peacebuilding (IICP), Wien

Varga von Kibéd, M. (2008): *Systemische Strukturaufstellungen II – Vertiefung und fortgeschrittene Anwendungen in OE und anderen Beratungskontexten,* Sonderseminar vom 10.-12.12.2008, Institut für Systemaufstellungen Berlin

Vierecke, A. (2009): *Holismus,* Microsoft Encarta Online-Enzyklopädie, http://de.encarta.msn.com/encyclopedia_72543173_2/Holismus.html#howtocite, letzter Zugriff: 12.10.2009

Visser, F. (2009): *Criticism of the writings of Ken Wilber,* http://www.integralworld.net/criticism.html, letzter Zugriff: 02.04.2010

Weber, C. (2005): *ERLEUCHTUNG nicht ausgeschlossen,* FOCUS Online, http://www.focus.de/wissen/wissenschaft/forschung-und-technik-erleuchtung-nicht-ausgeschlossen_aid_210506.html (letzter Stand: 23.12.2005)

Weblog (2009): Friedensforschung: Johan Galtung über Afghanistan, *25.07.2009, http://weblog-sicherheitspolitik.info/2009/07/25/friedensforschung-johan-galtung-uber-afghanistan/, letzter Zugriff: 13.10.2009*

Weinreich, W. M. (2005): *Integrale Psychotherapie – Ein umfassendes Therapiemodell auf der Grundlage der Integralen Philosophie nach Ken Wilber,* Leipzig, gekürzte Online-Version unter http://www.integrale-bibliothek.info/, letzter Zugriff: 15.09.2007

Wiedemann, U. (Hg.): *Holismus,* PhilLex (Philosophisches Lexikon), http://www.phillex.de/holism.htm, letzter Zugriff: 12.10.2009

Wilber (1981): *Halbzeit der Evolution,* München

Wilber, K. (1988): *Die drei Augen der Erkenntnis: Auf dem Weg zu einem ganzheitlichen Weltverständnis,* München

Wilber, K. (1996): *Mut und Gnade,* München

Wilber, K. (1997): *Eine kurze Geschichte des Kosmos,* Frankfurt a.M.

Wilber, K. (2001a): *Ganzheitlich Handeln,* Freiamt

Wilber, K. (2001b): *Integrale Psychologie,* Freiamt

Wilber, K. (2001c): *„The Deconstruction of the World Trade Center":*

- Part I: http://wilber.shambhala.com/html/books/boomeritis/wtc/part1.cfm/
- Part III: http://wilber.shambhala.com/html/books/boomeritis/wtc/part3.cfm/, letzter Zugriff: 15.09.2006

Wilber, K. (2002a): *Eros, Kosmos, Logos. Eine Jahrtausend-Vision,* Frankfurt a.M.

Wilber, K. (2002b): *Einfach „Das", Tagebuch eines ereignisreichen Tages*, Frankfurt a.M.

Wilber, K. (2003a): *On Critics, Integral Institute, My Recent Writing, and Other*

Matters of Little Consequence: A Shambhala Interview with Ken Wilber, Part II, Interview von Shambhala, http://wilber.shambhala.com/html/interviews/interview1220_2.cfm/, letzter Zugriff: 24.03.2007

Wilber, K. (2003b): *Volume 2 of the Kosmic Trilogy*, Excerpts (letzter Zugriff: 19.05.2007):

- *Introduction to Excerpts, from Volume 2 of the Kosmos Trilogy*, http://wilber.shambhala.com/html/books/kosmos/index.cfm/
- Excerpt A: *An Integral Age at the Leading Edge*
  - Part I: *Kosmic Karma: Why is the Present a Little Bit Like the Past?* http://wilber.shambhala.com/html/books/kosmos/excerptA/part1.cfm/
  - Part III: *The Nature of Revolutionary Social Transformation* http://wilber.shambhala.com/html/books/kosmos/excerptA/part3-1.cfm/
- *Excerpt C: The Ways We Are in This Together: Intersubjectivity and Interobjectivity in the Holonic Kosmos,*
- Introduction: *Systems Theory versus Hermeneutics: Why Both Are Important*
  - Page 1: http://wilber.shambhala.com/html/books/kosmos/excerptC/intro-1.cfm
- Part II: *ZONE #1: The Insides of the Interior*
  - Page 1: http://wilber.shambhala.com/html/books/kosmos/excerptC/part2-1.cfm
  - Page 4: http://wilber.shambhala.com/html/books/kosmos/excerptC/part2-4.cfm
- Part III: *THE CRUCIAL IMPORTANCE OF HERMENEUTICS: What Is a "We"?*
  - Page 1: http://wilber.shambhala.com/html/books/kosmos/excerptC/part3-1.cfm
  - Page 2: http://wilber.shambhala.com/html/books/kosmos/excerptC/part3-2.cfm
- Excerpt D: *The Look of a Feeling: The Importance of Post/Structuralism,*

- Part I: *Overview and Summary to Date* http://wilber.shambhala.com/html/books/kosmos/excerptD/part1.cfm/
  - Page 4: http://wilber.shambhala.com/html/books/kosmos/excerptD/part1-4.cfm/
- Part II: Entering *ZONE #2: The Outsides of the Interior*
  - Page 2: http://wilber.shambhala.com/html/books/kosmos/excerptD/part2-2.cfm
- Part IV: *Conclusions of Adequate Structuralism,*
  - Page 1: http://wilber.shambhala.com/html/books/kosmos/excerptD/part4-1.cfm
  - Page 2: http://wilber.shambhala.com/html/books/kosmos/excerptD/part4-2.cfm
  - Page 4: http://wilber.shambhala.com/html/books/kosmos/excerptD/part4-4.cfm
- Excerpt G: *Toward A Comprehensive Theory of Subtle Energies*
  - Part II: *An Integral Theory of Subtle Energies,* http://wilber.shambhala.com/html/books/kosmos/excerptG/part2.cfm

Wilber, K. (2003c): *Shambhala Interview with Ken Wilber: On the Release of Boomeritis, and the Completion of Volume 3 of the Kosmos Trilogy,* Page 1, Interview von Shambhala, http://wilber.shambhala.com/html/interviews/interview_bms_kk_1.cfm/, letzter Zugriff: 21.09.2007

Wilber, K. (2003d): *The War in Iraq* unter http://wilber.shambhala.com/html/misc/iraq.cfm, Stand: 19.04.2003

Wilber, K. (2005a): *How to Stage a 2nd Tier Protest?* Interview von Integral Naked, http://in.integralinstitute.org/live/view_leadership.aspx#stage_2nd_tier_protest, letzter Stand: 31.01.2005

Wilber, K. (2005b): *Das Wahre, Gute, Schöne,* Frankfurt a. M.

Wilber, K. (2005c): *Was ist integrale Spiritualität?* (Erster Entwurf), Integral Spiritual Center, Denver, Colorado

Wilber, K. (2006a): Ken Wilber Stops His Brain Waves, *Integral Naked in: You Tube http://www.youtube.com/watch?v=LFFMtq5g8N4, Stand: März 2006, letzter Zugriff: 12.07.2007*

Wilber, K. (2006b): *Shadow, States and Stages,* Integral Naked, http://in.integralinstitute.org/talk.aspx?id=696, letzter Stand: 31.07.2006

Wilber, K. (2007a): *The Many Faces of Terrorism*, Excerpts, *Integral Politics Part 3* unter www.kenwilber.com letzter Zugriff: 15.09.2007

Wilber, K. (2007b): *Integral Students at Fielding - Q&A with Ken Wilber*, Integral Naked, http://in.integralinstitute.org/live/listen_to_Ken_Wilber.aspx#sustainability Stand: 22.01.2007, letzter Zugriff: 02.04.2010

- Part I: *Integral Sustainability and Enlightened Leadership*
- Part IV: *How Close Is Your Consciousness to Being One with Everything?*

Wilber, K. (2007c): *Big Mind Big Heart. Part 1. The Most Important Discovery in Two Centuries of Buddhism*, Integral Naked, http://in.integralinstitute.org/talk.aspx?id=882 Stand: 16.04. 2007, letzter Zugriff: 02.04.2010

Wilber, K. (2008a): *Integrale Spiritualität - Spirituelle Intelligenz rettet die Welt*, München

Wilber, K. (2008b): *An Interview with Myriades 1. Part 4. The Architecture of Growth*, Interview von Integral Naked, http://in.integralinstitute.org/talk.aspx?id=1040, letzter Stand: 31.03.2008

Wilber, K. (2009): *Medien von der IF Tagung 2009*, Interview vom Integralen Forum, http://if.integralesforum.org/index.php?id=584, letzter Zugriff: 01.02.2010

Wilber, K./Patten, T./Leonard, A./Morelli, M. (2010): *Integrale Lebenspraxis - ein Übungsbuch*, München

WilberWatch (2009): http://wilberwatch.blogspot.com/ letzter Zugriff: 15.10.2009

Wolff-Jontofsohn, U. (2001): *Friedenspädagogik in Israel. Beiträge nichtstaatlicher Gruppen zur Bewältigung gesellschaftlicher und politischer Konflikte.* Schwalbach/TS.

Worldwork (2008): *Information about Worldwork*, London (Handout about Process Work)

Wurst, M.P. (2009): *Spiral Dynamics und AQAL in der Mediation - Ein integraler Ansatz mit einem Praxisfall*, Gelsenkirchen

Zimmermann, K. (2004): *Berufungsspiele des wissenschaftlichen Feldes im Lichte des Konzepts symbolische Gewalt.* In: Ebrecht, Jörg/Hillebrandt, Frank (Hg.): *Bourdieus Theorie der Praxis*, VS Verlag, 2. Auflage: 139-151

Zimmerman, M. (2003): Summaries of Mark Edwards' Constructive Criticisms of Integral Theory, *http://www.integralworld.net/index.html?zimmermanx.html, letzter Zugriff: 10.09.2006*

Zohar, D. (1990): *The Quantum Self*, New York: Morrow

Zohar, D./Marshall, I. (2000): *SQ - Spirituelle Intelligenz*, Scherz-Verlag

ANHÄNGE

ANHANG A: Kurzbeschreibung einiger Dialogdesigns

Apreciative Inquiry (AI) ist eine von David Cooperrider entwickelte Change-Management-Methode, in der die wertschätzende Befragung ein zentrales Element bildet. Die AI-Methode basiert auf der Grundannahme, dass sich Menschen und Systeme in die Richtung bewegen, in die sie schauen. Dementsprechend entscheiden die Fragen, die sie sich stellen, darüber, was sie finden. AI konzentriert sich daher darauf, die Stärken, das Positive, das Potenzial eines Systems (z.B. Unternehmen, Organisation, Person) in den Vordergrund zu stellen. Im Gegensatz zu traditionellen Ansätzen werden beim AI Probleme nicht direkt bearbeitet, sondern in Änderungswünsche umformuliert. Der Einsatz von AI ist dort vorgesehen, wo Verhaltensweisen, Leistungen, Strukturen oder sogar Kulturen eines ganzen Systems weiterentwickelt oder für die Zukunft neu gestaltet werden sollen. Das Kernelement von AI ist das „wertschätzende Interview" (vgl. Bonsen/Maleh 2001).

Change Laboratory ist eine von Yrjö Engeström entwickelte Interventionsmethode für Konflikte in Organisationen zur Musterunterbrechung kollektiven Konfliktverhaltens und zur Anregung kollektiven Lernens. Es sind drei Arbeitsschritte zu unterscheiden, die jeweils auf einem Wandschirm fixiert werden. 1) I.d.R. „beginnt die Tätigkeit im *Change Lab* mit dem „Spiegel": Die aktuellen Probleme und Schwierigkeiten werden dargestellt und diskutiert. 2) Dann werden ihre Wurzeln in früheren Praktiken und Erfahrungen aufgedeckt und das entsprechende Tätigkeitssystem modelliert. Die aktuelle Praxis wird auf ihre inneren Widersprüche untersucht. 3) Dann werden Mittel für die Veränderung gesucht und Visionen künftiger Tätigkeit entwickelt, die im weiteren Verlauf konkretisiert und schrittweise realisiert werden. Moderator, Schreiber und Protokollant werden bestimmt. Die Teilnehmer sitzen im Halbkreis, um sowohl die Aufzeichnungen verfolgen als auch aktiv an der gemeinsamen Diskussion teilnehmen zu können. Insgesamt werden bis zu zehn zweistündige Sitzungen durchgeführt. Nach ca. vier Wochen Erprobung der neuen Tätigkeitsformen erfolgt eine abschließende Sitzung zum Zweck der Bilanz (Lompscher 2003: 33f.).

Dynamic Facilitation ist eine von Jim Rough begründete Moderationsmethode, die keiner sequenziellen Struktur folgt. Der Moderator achtet nicht darauf, dass die Gruppe bei einem begonnenen Thema bleibt, sondern vielmehr, den kreativen Fluss der Gruppe zu jeder Zeit zu ermöglichen und zu prozessieren. Hierzu sammelt der Moderator die Beiträge der Teilnehmer permanent auf vier Listen, die i.d.R. wie folgt betitelt sind: 1) Herausforderungen/Fragen, 2) Lösungen/Ideen, 3) Bedenken/Einwände, 4) Informationen/Sichtweisen. Durch diesen chaotischen Prozess werden die Teilnehmer eingeladen und angeleitet, sich von ihren Gedanken und Gefühlen, die sie mitgebracht haben, zu „reinigen" bzw. zu „entleeren". Dadurch erst entsteht in ihnen und in der Gruppe offener Raum für etwas Neues. Die Lösung, die von den Teilnehmern als die richtige empfunden wird, kommt oft als unerwarteter Durchbruch. Wichtige Voraussetzungen für ein Gelingen der Sitzung sind u.a., dass die Teilnehmer ein echtes Lösungsinteresse haben und die ganze Zeit über zusammen bleiben und dass das Thema eine emotionale Komponente hat (vgl. Dynamic Facilitation Associates).

Future Search ist ein „Planning Meeting", das die Handlungsfähigkeit von Konfliktakteuren innerhalb sehr kurzer Zeit transformieren soll. Das Meeting ist aufgabenorientiert und zielt darauf ab, möglichst das ganze offene Konfliktsystem repräsentativ in einen Raum zu bringen. Daher ist eine Teilnahme von 60-80 Personen in einem Raum oder eine parallele Teilnahme von Hunderten in mehreren Räumen durchaus üblich. Ziel ist es, den Konflikt bzw. das Thema zu untersuchen und gemeinsam nach Verbesserungsstrategien zu suchen. Die Konfliktberater nehmen die Rolle von Facilitators ein und konzentrieren sich in erster Linie auf den organisatorischen (weniger den inhaltlichen) Ablauf. Wie andere kreative Konferenz-Tools lebt das Future Search von der Diversität ihrer Teilnehmer mit ihren unterschiedlichen (ungenutzten) Ressourcen, Expertisen, Autoritäten und Bedürfnissen (vgl. futuresearch).

Knowledge-Café ist ein Tool des personalisierten Wissensmanagements und bietet die Möglichkeit einer zwanglosen, offenen, kreativen Konversation mit dem Ziel, ein besseres gemeinsames Verständnis sowie erste Inputs zur Lösung einer bestimmten Frage- oder Problemstellung zu entwickeln. Knowledge-Cafés teilen ein Gruppen-Plenum in kleinere Gruppen von fünf bis sechs Personen, die sich jeweils an einem runden Caféhaus-Tisch versammeln, um zu einem bestimmten Thema oder einer spezifischen, aber offenen Fragestellung zu diskutieren. Auf Basis der Zusammenfassungen aller Cafés eröffnet sich anschließend eine neue Diskussion (vgl. Hage-Malsch 2007: 26-28).

Listening Project ist ein Interview-Tool, basierend auf den Ansätzen des aktiven Zuhörens und des Facilitated Dialogues. Der Kern dieser Methode liegt darin, möglichst viele unterschiedliche Menschen zu einem bestimmten Thema nach ihrer Meinung zu fragen („what is your oppinion about...?") und eine möglichst begleitende Rolle beim Interview einzunehmen (facilitation) (vgl. listening project).

Open Space stellt ein in mehreren Phasen ablaufendes Online-Konferenz-System dar, das zwischen 5 und 125 Personen gleichzeitig und weltweit zur Bearbeitung eines für sie wichtigen Themas nutzen können. Open Space wurde von der Beraterin Gabriela Ender entwickelt und ist auf eine selbstorganisierte Internet-Echtzeit-Kommunikation ausgerichtet. Ziel und Zweck dieser Einrichtung ist es, ganzheitliche Kommunikationsprozesse, bei denen Kontinuität und Schnelligkeit über Distanzen hinweg eine immer wichtigere Rolle spielen, zu optimieren (vgl. OpenSpace).

Theory U wurde von Prof. Dr. Claus Otto Scharmer (MIT) entwickelt. In der Praxis zielt diese Methode darauf ab, die möglichen Zukunftspotenziale von individuellen und kollektiven Akteuren wahrzunehmen und daraus Handlungen zu entwickeln. Der U-Prozess führt von der Kontaktaufnahme mit der Welt und einer immer tieferen Wahrnehmung dessen an der linken Seite des U herunter bis zum Bodenpunkt des U. An diesem Punkt, dem „Presencing“, wird das Alte „losgelassen“ und das Neue „zugelassen“. Dadurch verbinden sich die im U-Prozess eingebundenen Akteure mit einer tieferen Quelle des Wissens und dem, was sich aus uns heraus entwickelt. Der Bereich vom Bodenpunkt über die rechte Seite des U hinauf beschreibt die Prozessphasen, in denen das „Neue“ vorangebracht wird (Creating). Den gesamten Prozess beschreibt Scharmer in der Praxis als „Journaling“ - einer Reise, die anhand von Fragen durch die verschiedenen Phasen des U-Prozesses führt und den Praktizierenden mit dem Prozess vertraut macht (vgl. Scharmer 2007).

Spirituelle Methoden Der Begriff der Spiritualität (von lat. *spiritus* = Geist, Hauch bzw. *spiro* = ich atme) wird sehr breit verwendet und lässt sich darum schwer prägnant definieren. Unabhängig von ihren spezifischen Ausprägungen in den unterschiedlichen Religionen lässt sich für die Spiritualität festhalten, dass sie sich stets auf das Prinzip der transzendenten, nicht-personalen letzten Wahrheit bezieht (vgl. Sponsel 2008), welche zwar nicht sinnlich fassbar, aber dennoch erfahr- oder erahnbar ist (Büssing et al. 2006). Diese sich in Form eines „Erwachens“ oder einer „Erleuchtung“ ausprägenden Einsichten erschließen sich über die Praktiken unterschiedlicher Weisheitstraditionen. Hierzu gehören z.B. sufistische oder christlich-gnostische Herzensgebete, schamanische Trancetänze, holotrope Atempraktiken, hinduistisches Yoga, kabbalistische Zahlenmystik, jainistische Askese, QiGong/Tai Chi, buddhistische Meditation oder Kontemplation. Die Spiritualität zeichnet sich also nicht durch die Befolgung unhinterfragbarer Dogmen einer Glaubensreligion aus, sondern vielmehr durch eine durch innere Arbeit hervorgerufene Überwindung des dualen Ego-Bewusstseins („Ich“ vs. „Umwelt“)

sowie der Einsicht in die profunde Identität mit dem nicht-dualen Seinsgrund (Unio mystica).

Der Zusammenhang mit der Konfliktarbeit erschließt sich daher vor allem durch die der Spiritualität zu Grunde liegende Psychologie. In dieser Arbeit werden „spirituelle Methoden“ bzw. „Dialogdesigns“ in erster Linie als Werkzeuge der inneren Dialogführung berücksichtigt, mit der Funktion, „Selbst-Transzendenz“ und damit „Konfliktauflösung“ zu bewirken.

ANHANG B: Meta-Modell des Fragens

Das von Bandler/Grinder entwickelte Meta-Modell des Fragens dient dazu herauszufinden, was die Dialogpartner genau meinen (vgl. im Folgenden Ponschab/Schweizer 2008: 30):

Nominalisierungen verwandeln *„Sie kriegt zu wenig Anerkennung."* Wovon genau kriegt sie zu wenig?

Unbestimmte Verben konkretisieren *„Er weiß es!"* Wie genau kommt er dazu, es zu wissen? Was genau weiß er?

Fehlende Beziehungen herstellen / unbestimmten Inhaltsbezug klären *„Das kann man leicht lernen!"* Was genau kann man leicht lernen?

Tilgungen / Löschungen ergänzen *„Ich weiß, dass er interessiert ist."* Woran genau ist er interessiert?

Vergleiche ersichtlich machen *„Dieses Angebot ist besser!"* Besser als was? Verglichen womit?

Verallgemeinerungen auflösen *„Er hat noch nie etwas richtig gemacht!"* Wirklich nie? Gab es nicht einen einzigen Fall, in dem er irgendwann irgendetwas richtig ge-macht hat?

Möglichkeiten erweitern *„Ich kann es nicht machen!"* Was würde passieren, wenn Sie es könnten? Was hindert Sie daran, es zu tun?

Ursache-Wirkungskreise offenlegen *„Ich bin sauer, weil er nicht bezahlt hat!"* Wie genau löst das Nichtbezahlen dieses Gefühl aus?

Gedanken lesen *„Das sollte er doch wissen."* Wie kommen Sie dazu zu wissen, dass er es wissen sollte?

Generalisierungen klären, verlorene Zitate wiederfinden *„So muss es gemacht werden!"* Wer sagt das?

FSC
www.fsc.org
MIX
Papier | Fördert gute Waldnutzung
FSC® C083411

Kolibri 360 GmbH
Ferdinand-Jühlke-Straße 7
99095 Erfurt, Deutschland
produktsicherheit@kolibri360.de